Für
Karl-Heinz Menzel sel. A. und Alfred Salomon

und für die
Jüdische Gemeinde Bochum-Herne-Hattingen

Erich Mendel / Eric Mandell
Zwei Leben für die Musik der Synagoge

Herausgegeben von
Manfred Keller

Mit einer Studie von
Ronna Honigman

Mit freundlicher Unterstützung durch die

KUNSTSTIFTUNG ➲ NRW

und die

Stiftung der Sparkasse Bochum
zur Förderung von Kultur und Wissenschaft

Seite 1: Linden auf dem Grundstück der neuen Bochumer Synagoge.
Foto: Lutz Leitmann (Stadt Bochum, Presseamt)

Impressum

Bibliografische Informationen der Deutschen Bibliothek

Die Deutsche Bibliothek verzeichnet diese Publikation in der Deutschen Nationalbibliografie;
detaillierte bibliografische Daten sind im Internet über http://dnb.ddb.de abrufbar.

Übersetzung der Studie von Ronna Honigman: Berenike Kloos, München

Übersetzung der amerikanischen Texte von Eric Mandell
und des Beitrags von Marsha Bryan Edelman: Winfried Weber, Arnsberg

Redaktion: Renate Blätgen, Bochum · Gestaltung: Renate Lintfert, Q3 design, Dortmund
Satz und Druck: Esdar GmbH, Bochum · Verarbeitung: Buchbinderei Krupp, Essen

Klartext Verlag Essen 2006 · ISBN 3-89861-154-X

Erinnern und begegnen · Zur Einführung   9
Manfred Keller

Erster Teil

Erich Mendel – Leben und Wirken in Europa 1902 bis 1941   15
Manfred Keller

Die Vorfahren Erich Mendels und seine Kindheit in Gronau   15
Jugend in Herne   19
Ausbildung zum Lehrer und Kantor in Münster   24
Mendels Entdeckung der synagogalen Musik   29
Wirksamkeit in Bochum als Kantor und Lehrer   35
Mendels Engagement für jüdische Musik im nationalsozialistischen Deutschland   56
– *Aufbau einer ersten Sammlung* –
Der schwere Weg in die Emigration   76
Anmerkungen   100
Literaturverzeichnis   103

Texte aus der Bochumer Zeit   107
Erich Mendel

Der Sabbat   107
Der Sabbat – Licht und Freude   107
Den Sabbat in die Herzen singen   120
Sabbatfeier und jüdische Identität   126

Zur Geschichte und Pädagogik jüdischer Musik   131
Herz Hähnle Hachenburger (1787-1851)   131
Elias Grün   138
100 Jahre Haggada von Isaak Offenbach   139
Ignaz Brüll (1846-1907)   141
Niggunim   143
Das hebräische Lied im Musikunterricht der jüdischen Schule   145

Porträts   153
Jüdische Sängerinnen – Geschichte und Geschichten   153
Michael Joseph Gusikow   157
Bogumil Zepler   159
Abschied von Oberkantor Peissachowitsch   160
Arno Nadel   161
Arno Nadel – sein Werk überlebt ihn   163
Abraham Zwi Idelsohn – Ein Nachruf   165

Zweiter Teil

Eric Mandell – Leben und Wirken in den USA 1941 bis 1988 — 167
Eine Studie von Ronna Honigman

Neubeginn in Philadelphia — 169
Entstehung und Inhalt der Eric-Mandell-Collection — 187
Sichtweisen jüdischer Musik — 199
Kompositionen und Bearbeitungen von Erich Mendel/Eric Mandell — 207
Anmerkungen — 218
Literaturverzeichnis — 220

Texte aus der Zeit in Philadelphia — 221
Eric Mandell

Kolumnen in der Wochenzeitung „Jewish Exponent" — 221
Die Geschichte von En Kelohenu — 221
Sch'ma Jisrael – Höre, Israel — 223
Die Vertonung des Pentateuch — 225
L'cho Dodi – Komm, mein Freund — 226
Adon Olam – Herr der Welt — 228
Jigdal Elohim Chai – Groß ist der Gott des Lebens — 230
Schabbat Hamalkah – Königin Sabbat — 232
Das Lied des Mose — 234
Schalom Alechem — 236
Anmerkungen zu Seder-Melodien — 238
Das „Hallel"-Gebet — 239
Maoz Tsur – Chanukka-Lied — 240
Musik zu Purim — 241
Niggunim — 242
Hava Nagila — 243
Die Geschichte von „Eili, Eili" — 244
Oif'n Pripetschik brent a Faierli — 245
Zion und Israel — 247
Hatikva – 50 Jahre Jüdische Nationalhymne — 248
Joseph Achron (1886-1943) — 249
Michael Joseph Gusikow (1806-1837) — 250
Mordechai Sandberg — 251
Joachim Stutchevsky — 252

Beiträge in wissenschaftlichen Periodica — 254
Vom Sammeln jüdischer Musik — 254
Salomon Sulzer (1804-1890) — 262

Letters to the Editor — 270

Dritter Teil

Die Sammlung Eric Mandell im Gratz College 273
Brücke zur Vergangenheit und Quelle für die Zukunft jüdischer Musik
Marsha Bryan Edelman

Notenblätter 281
der Kompositionen und Bearbeitungen von Erich Mendel/Eric Mandell
gesammelt von Ronna Honigman

Adon Olam · Musik der Synagoge 316
Zu einer CD-Einspielung ausgewählter Kompositionen
von Erich Mendel/Eric Mandell
Ensemble „mendels töchter"

Bibliographie 319
Verzeichnis der Veröffentlichungen von Erich Mendel/Eric Mandell
zusammengestellt von Ronna Honigman

Anhang

Glossar liturgischer Texte und Lieder 324
Michael Rosenkranz

Glossar der Sachbegriffe 343
Michael Rosenkranz

Dank 350

Verzeichnisse 350
Dokumentennachweis und Fotonachweis 350
Autorinnen und Autoren · „Spurensuche – Jüdisches Leben in Bochum" 351

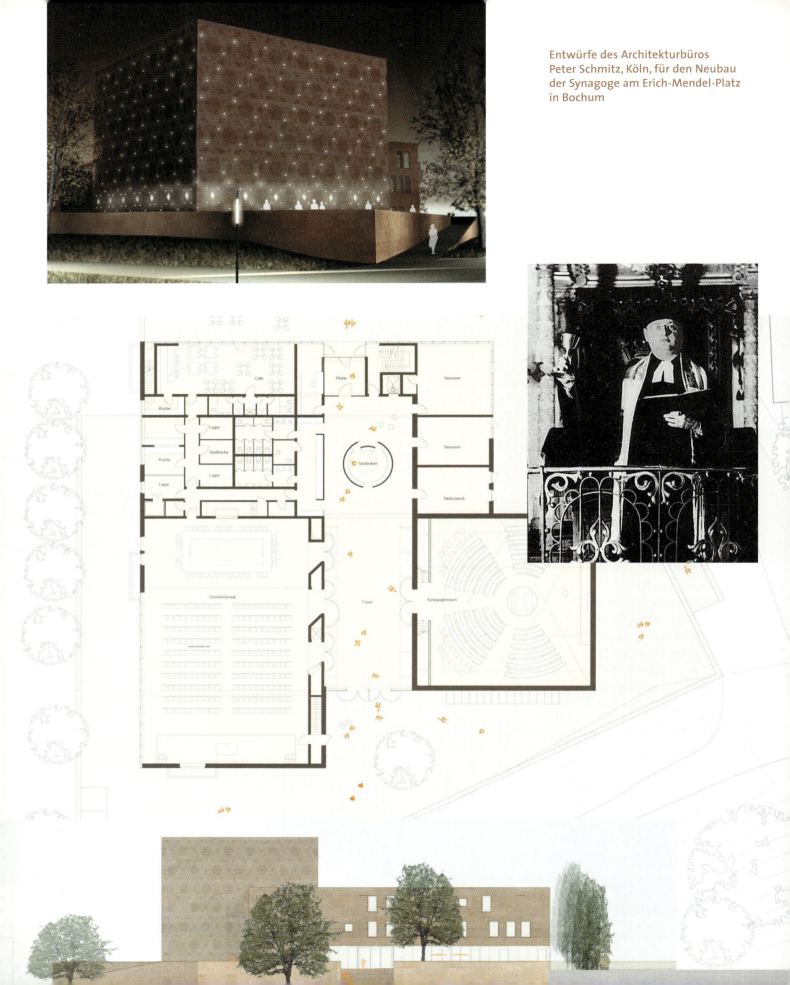

Entwürfe des Architekturbüros Peter Schmitz, Köln, für den Neubau der Synagoge am Erich-Mendel-Platz in Bochum

Erinnern und begegnen
Zur Einführung

*„Hierdurch erkläre ich, Eric Mandell, wohnhaft in Philadelphia/Pa.,
dass ich identisch bin mit Erich Mendel, früher Bochum …".*

Dieses Buch rekonstruiert das Bild eines Mannes, der als Kantor an der Bochumer Synagoge für das religiöse und kulturelle Leben der örtlichen Gemeinde wichtig war, von dem aber zugleich ohne Übertreibung gesagt werden darf, dass er durch sein Wirken im amerikanischen Exil für die Bewahrung der großen europäischen Tradition synagogaler Musik weltweite Bedeutung gewonnen hat.

Auf den folgenden Seiten wird der Versuch unternommen, sein Leben und Wirken in biographischen Skizzen und durch eine Auswahl seiner eigenen Texte darzustellen. Eigentlich sind es zwei Leben, die ganz der Musik der Synagoge gewidmet waren: das erste – das des Erich Mendel – von 1902 bis 1941 in Europa und nach der Emigration dann das zweite – das des Eric Mandell – von 1941 bis 1988 in den USA.

Von Anfang an war Musik ein wesentlicher Bestandteil des jüdischen Gottesdienstes. Im Tempel zu Jerusalem gestalteten die Leviten das öffentliche Gebet mit Chorgesang und Instrumentalmusik. Die Zerstörung des Ersten Tempels durch Nebukadnezar im Jahr 587 v. Chr. und des Zweiten Tempels durch Titus im Jahr 70 n. Chr. führten zum Ende der Tempelmusik. Große Teile des jüdischen Volkes verließen Israel-Palästina, siedelten im Mittelmeerraum oder in Europa. Als Sephardim in spanisch-arabisch geprägten Ländern und als Aschkenasim in Mittel- und Osteuropa entwickelten sie unterschiedliche liturgische Traditionen. Religiöser Mittelpunkt einer jeden Diasporagemeinde wurde die Synagoge, die den Tempel aber nie ersetzen sollte. In manchen aschkenasischen Synagogen – z.B. in Prag im 17. Jahrhundert – wurden Saitenspiel und Gesang im synagogalen Gottesdienst von einer eigens dafür gegründeten Vereinigung der Gemeinde übernommen. Die Instrumentalmusik ging verloren, als der „Chasan", der Vorbeter oder Kantor, allein für die musikalische Gestaltung der Gottesdienste zuständig wurde.

Die „Chasanim" unterlagen mit ihren Lokaltraditionen aber auch den Einflüssen ihrer Umwelt im Wandel von Zeit und Ort. Zu Beginn des 19. Jahrhunderts bildeten die Synagogengesänge noch eine eigene musikalische Welt im religiösen Ghetto. Mit der Emanzipation wuchs in Westeuropa das Bestreben, den Gesang in der Synagoge musikalisch der Umgebung anzugleichen. Bedeutung für die jüdischen Gemeinden gewann diese Bewegung, als Salomon Sulzer in Wien und Louis Lewandowski in Berlin darangingen, synagogale Musik für Kantor, Chor und Orgel zu schreiben. Beide waren stark von der Musik der westeuropäischen Klassik und Romantik beeinflusst. Lewandowski hat in der Folgezeit wie kein anderer die synagogale Musik in Deutschland bestimmt. Als Musikdozent am jüdischen Lehrerseminar in Berlin und als Komponist prägte er ganze Generationen von Kantoren in den deutsch-jüdischen Gemeinden – einer dieser Kantoren war Erich Mendel.

Im ersten Teil dieses Buches werden Leben und Wirken Erich Mendels bis zur erzwungenen Emigration aus Deutschland im Jahr 1939 – einschließlich der Zeit des befristeten Exils in England bis Januar 1941 – nachgezeichnet. Dabei liegt der Schwerpunkt auf seiner Bochumer Wirksamkeit.

Mendel entstammte dem westfälischen Landjudentum. Seine religiöse Prägung erfuhr er aber, wie zu zeigen ist, in einer liberal ausgerichteten jüdischen Gemeinde des Ruhrgebiets. Nach der Ausbildung zum Kantor und Lehrer an der Marks-Haindorf-Stiftung in Münster berief ihn die Jüdische Gemeinde Bochum im Jahr 1922 als Kantor an ihre Synagoge. Engagiert verfolgte er neue Tendenzen in der synagogalen Musik, die auf eine Stärkung der jüdischen Identität abzielten. Nach der Machtübernahme durch Hitler im Jahr 1933 führten die politischen Repressalien und der Ausschluss aus dem kulturellen Leben der Stadt dazu, dass Erich Mendel die Musik der Synagoge zum Lebensinhalt machte. In seiner Wohnung entstand ein bedeutendes Archiv mit Handschriften und gedruckten Noten von jüdischer liturgischer Musik nicht nur aus Deutschland, sondern aus ganz Europa. Nach der Pogromnacht 1938 wurde Erich Mendel ins KZ Sachsenhausen deportiert, kurze Zeit später jedoch wieder freigelassen. In den folgenden Monaten gelang es ihm, zuerst seine Sammlung nach Holland zu schaffen, bevor er selbst emigrierte.

Die systematische Sammeltätigkeit hatte den Bochumer Kantor und Lehrer zu musikhistorischen und musikpädagogischen Studien geführt. Mendel veröffentlichte seine

Arbeiten in jüdischen Wochenzeitungen und in Fachzeitschriften, die heute lediglich in Spezialbibliotheken – teilweise nur außerhalb Deutschlands – zugänglich sind. Deshalb werden Mendels Aufsätze aus seiner Bochumer Zeit in diesem Buch vollständig abgedruckt. Zusammen mit zwei bisher unveröffentlichten Arbeiten, die Mendel zwischen 1935 und 1938 geschrieben hat, spiegeln sie höchst eindrucksvoll seine Bemühungen um das musikalische Erbe des Judentums, das zu jener Zeit bereits akut bedroht war. Die Nationalsozialisten wollten die Musik der Juden – religiöse und säkulare, Kunst- und Volksmusik – vollständig auslöschen. Weder erkannten sie, dass diese Musik in verschiedenen Kulturen über die Jahrhunderte gewachsen war, noch nahmen sie wahr, dass sie in ihrer Zerstörungswut der deutschen Kultur, der gerade die synagogale Musik des 19. und 20. Jahrhunderts aufs engste verbunden war, schweren Schaden zufügten.

Der zweite Teil des Buches beleuchtet und dokumentiert das „zweite Leben", das sich der Emigrant mit dem amerikanisierten Namen Eric Mandell nach 1941 in den USA aufbaute. Dabei liegt der Schwerpunkt auf seinem Wirken in Philadelphia/Pa. als Chordirektor an der Har Zion Synagoge und Dozent für synagogale Musik am Gratz College, einer Ausbildungsstätte für jüdische Religionslehrer und Kantoren. Die Darstellung des Mandell'schen Lebens und Wirkens in den USA stammt von Ronna Honigman, einer Absolventin des Gratz College. Sie legte im Jahr 1982 eine Arbeit vor, die das Ziel hatte, die Bedeutung Eric Mandells nicht nur als Sammler und Forscher auf dem Gebiet jüdischer Musik zu würdigen, sondern auch als Komponist und Arrangeur synagogaler Gesänge. Vier Abschnitte dieser Studie in der Übersetzung von Berenike Kloos sind hier aufgenommen.

Die Arbeit von Ronna Honigman ist nicht nur ein erster Versuch, Mandells Leben und Wirken in den USA darzustellen. Sie ist zugleich eine wichtige Quelle, denn sie basiert auf einer Reihe von Interviews, die zwischen Juli 1980 und April 1982 mit Mandell, seiner Frau Martha, Mitarbeitern der Har Zion Synagoge sowie Kollegen und Schülern des Gratz College geführt wurden. Sie zeigen, dass es Mandell nicht nur um das Sammeln und Erforschen, sondern mehr noch um die praktische Pflege synagogaler Musik im Gottesdienst der Gemeinde ging. Dazu bot die große und kulturell sehr lebendige Har Zion Synagoge in Philadelphia beste Voraussetzungen. Zeitweise leitete Mendel mehrere Chöre und Instrumentalkreise nebeneinander. Da die Synagoge über eine große Orgel verfügte, musste sich Mandell nicht auf die Vokalmusik beschränken. Er konnte auch Kompositionen für Chor und Orgel einstudieren und wagte sich selbst an die aufwändigen Werke des Pariser Oberkantors Samuel Naumbourg, der den Pomp der französischen Oper in die Synagogalmusik eingeführt hatte.

Persönlich bevorzugte Mandell aber die schlichte, auf theatralische Wirkung verzichtende Musik. In dieser Weise komponierte er auch selbst. Den Charakter seiner Arrangements und Kompositionen beschrieb ein Kritiker mit der schönen Formel „Eleganz in der Schlichtheit". Es ist ein Verdienst von Ronna Honigman, die – wenn auch geringe – Zahl der von Mandell geschriebenen und bearbeiteten Melodien gesammelt und in ihrer Studie veröffentlicht zu haben. Damit und mit ihrer Interpretation der gottesdienstlichen Lieder wies sie eine Facette in Mandells Schaffen auf, die bis dahin zu Unrecht ignoriert wurde.

Honigman zeigt auch, dass Mandell als Chorleiter an seine Sängerinnen und Sänger hohe Anforderungen stellte. Zu singen waren in aller Regel hebräische Texte. Da aber nicht alle Chormitglieder des Hebräischen mächtig waren, gab Mandell in den Proben die englische Übersetzung aus. Denn er wollte, dass alle den Text verstanden, den sie singend interpretierten. Dieses Detail zeigt nicht nur, dass Mandell ein erfahrener Praktiker war. Es ist zugleich ein Beleg für sein liberales Judentum, das den Einzelnen ermunterte, sich mit den Inhalten des Glaubens persönlich auseinanderzusetzen – ganz im Sinne von Leo Baeck, der zur ersten Weltkonferenz der liberalen Juden 1926 in London geschrieben hatte: „In dem Menschen mit all seiner Individualität soll die Religion lebendig werden, damit sie ihn nicht nur umgebe, sondern in seinem Ich lebe, und sein Ich sich in ihr entfalte und gestalte."

Schon in seinem „ersten Leben" in Bochum hatte der Kantor und Kenner jüdischer Musik zur Feder gegriffen, um das Wissen von und die Freude an synagogaler Musik zu fördern. Diese Tätigkeit setzte er in Philadelphia fort, indem er Kolumnen für jüdische Wochenzeitungen schrieb. In kurzen, leicht lesbaren Feuilletons versuchte er, Kriterien für die Beurteilung jüdisch-liturgischer Musik zu vermitteln und Liebe zu wecken zu der Wurzel, aus der sie ihre Lebenskraft bezog. Neben diesen musikalischen Streiflichtern veröffentlichte er Aufsätze in Fachzeitschriften und streitbare Leserbriefe in der Emigrantenzeitung „Der Aufbau". Eine Auswahl dieser Texte, übersetzt von Winfried Weber, dokumentiert das Wirken des Musikpädagogen und Musikforschers Eric Mandell in seinem „zweiten Leben".

Seine ganze Leidenschaft aber gehörte in den USA dem Neuaufbau einer umfassenden Sammlung jüdischer Musik. Nach dem Ende des Zweiten Weltkriegs hatte Mandell zunächst alles darangesetzt, das Schicksal seiner Bochumer Sammlung zu klären. Doch die Nachforschungen blieben erfolglos. Der Verlust wirkte sich bei Eric Mandell aus als starke Antriebskraft, noch einmal eine Sammlung aufzubauen, zumal die jüdische Kultur und mit ihr die jüdische Musik nach dem Holocaust, der Shoa, in Europa gänzlich ausgelöscht schien. Dieses Bewusstsein steigerte die Intensität, mit der Mandell zu Werke ging. Zweimal im Monat fuhr er nach New York, um in den Antiquariaten der East Side zu stöbern. Er entwickelte ein besonderes Gespür, wo seltene Bücher, Noten und Autographen zu finden waren. Er korrespondierte mit Sammlern und Antiquaren in der ganzen Welt und wurde immer wieder fündig.

Innerhalb von nur fünf Jahren hatte er den Grundstock seiner Sammlung wiederhergestellt. Er ergänzte sie um jüdische Volksmusik, um israelische Musik und um Lieder aus den Ghettos und Konzentrationslagern. Im Zentrum aber stand nach wie vor die große europäische kantorale Musik. Beim Katalogisieren der Sammlung, die zuletzt mehr als 15.000 Stücke umfasste, half Martha Mandell.

Eric Mandell mit der Partitur des „Sacred Service" von Ernest Bloch

Für das kinderlose Ehepaar wurde die Sammlung zum gemeinsamen Lebensinhalt. Am 24. Mai 1970, wenige Monate nach seiner Emeritierung als Musikdirektor der Har Zion Synagoge, übergab Mandell die Sammlung an die Musikbibliothek des Gratz College, die dadurch weltweit eine der umfangreichsten und bedeutendsten Bibliotheken jüdischer Musik wurde.

Der dritte Teil des Buches dokumentiert ausschnitthaft den Ertrag der beiden Leben des Erich Mendel / Eric Mandell in Bochum und Philadelphia. Am Anfang würdigt Marsha Bryan Edelman, Direktorin der Musikbibliothek des Gratz College, die Mandell'sche Sammlung als „Brücke zur Vergangenheit und Quelle für die Zukunft jüdischer Musik". Zeit seines Lebens war dem Bochumer Kantor und Musikdirektor in Philadelphia daran gelegen, Menschen zum Singen und Musizieren anzuregen. Diesem Anliegen wird mit der Wiedergabe von siebzehn Kompositionen oder Bearbeitungen Rechnung getragen, die Ronna Honigman gesammelt und aufgezeichnet hat. Eine Auswahl dieser Melodien wurde im Jahr 2004 auf der CD „Adon Olam" eingespielt, die hier im Anschluss an die Notenblätter als Beispiel kreativer Begegnung mit dieser Musiktradition vorgestellt wird. Den Abschluss des dritten Teils bildet die Bibliographie aller Veröffentlichungen von Erich Mendel / Eric Mandell, zusammengestellt von Ronna Honigman. Das Verzeichnis hebt durch farbige Markierung alle Texte hervor, die in Teil 1 oder Teil 2 dieses Buches abgedruckt sind.

Der Anhang des Buchs enthält Lesehilfen. Unser Wissen vom Judentum ist weithin so gering, dass manche Texte dieses Buches nicht zu verstehen sind, weil die Kenntnis vor allem religiöser Begriffe fehlt. Diesem Mangel will das von Michael Rosenkranz erstellte Glossar der Sachbegriffe durch gezielte, knappe Information abhelfen. – Weit größere Schwierigkeiten bereiten die zahlreichen Lieder und Gebete, die Mendel / Mandell in seinen Aufsätzen zitiert, zumeist nur in der deutschen Umschrift der hebräischen Liedanfänge, die ohne Übersetzung und noch dazu in unterschiedlichen Varianten je nach Tradition – aschkenasisch oder sephardisch – aufgeführt werden. Deshalb hat Michael Rosenkranz ein zweites Glossar erarbeitet, das die Anfänge liturgischer Texte und Lieder in drei unterschiedlichen Sprachformen synoptisch darstellt. Die Synopse ist hilfreich, weil der Deutsche Erich Mendel ein anderes Hebräisch benutzte als der Amerikaner Eric Mandell. In den Beiträgen, die Erich Mendel bis 1938 in Bochum geschrieben hat, sind Liedtitel und Textzitate deutsch-aschkenasisch wiedergegeben. Dieses Idiom unterscheidet sich vom Osteuropäisch-aschkenasischen und vor allen Dingen vom Sephardischen, welches auch im heutigen Israel gesprochen wird. Als Eric Mandell passte er sich nach 1941 in Aussprache und Umschrift dem osteuropäisch-aschkenasischen Idiom an, das von osteuropäischen Juden in die USA mitgebracht worden war.

Eric Mandell ist am 6. Februar 1988 nach langer, schwerer Krankheit in Philadelphia gestorben. Sein Werk lebt fort in der „Eric Mandell Collection", durch welche die Musikbibliothek des Gratz College zu einer international bedeutenden Lern- und Forschungsstätte für jüdische, speziell synagogale Musik wurde. Andor Izsák, der Direktor des Europäischen Zentrums für Jüdische Musik, hat das Jahr 1938, das die Synagogen in Deutschland zu einem Opfer der Flammen werden ließ, mit der Zerstörung des Jerusalemer Tempels verglichen: „Dieses Jahr", so Izsák, „schien den endgültigen Schlussstrich unter die Musik der europäischen Juden zu ziehen." Der Bochumer Kantor und Musikdirektor in Philadelphia hat diesen Schlussstrich nicht akzeptiert, mehr noch, er hat ihn mit seiner Sammlung durchkreuzt und aufgehoben.

Im Rahmen ihres Projekts „Spurensuche – Jüdisches Leben in Bochum" legt die Evangelische Stadtakademie Bochum hier einen weiteren Beitrag zur Erinnerungskultur vor. Dieses Buch verfolgt zwei Ziele. Zum einen will es an diesen bedeutenden Kantor, Lehrer, Sammler und Musikforscher erinnern, zum andern will es einladen zu Begegnungen mit einer großen Tradition jüdischer Kultur. Damit soll es einen Beitrag leisten zur lokalen jüdischen Geschichte und zur Kulturgeschichte eines heute auch in Deutschland wieder lebendigen Judentums.

Erinnerung bedarf der Begegnung. Persönlich bin ich dankbar für die Begegnung mit zwei Schülern Erich Mendels, Karl-Heinz Menzel sel. A. (1921–2006) und Alfred Salomon (geb. 1919), die trotz schlimmer Erfahrungen im Exil und in Auschwitz nach der Shoa einen Neuanfang in Deutschland wagten und im Dezember 1945 Mitbegründer der „Jüdischen Religionsgemeinde Bochum" wurden. Menzel war es, der nach dem Zusammenschluss der Jüdischen Gemeinden Bochum, Herne und Recklinghausen dafür sorgte, dass regelmäßig Gottesdienste in der Recklinghäuser Synagoge gefeiert werden konnten. Er, der das jüdische Leben der Nachkriegszeit in unterschiedlichen Funktionen bis zur Gründung der Jüdischen Gemeinde Bochum-Herne-Hattingen im Jahr 1998 wesentlich geprägt hat, wünschte sich eine neue Synagoge in Bochum. Wenige Tage nach dem ersten Spatenstich für das Bauvorhaben ist er gestorben. – Salomon ist Ehrenmitglied der Jüdischen Gemeinde Bochum-Herne-Hattingen. Seine Verdienste um die Integration der jüdischen Einwanderer und eine positive Außenwirkung der Jüdischen Gemeinde sind nicht hoch genug einzuschätzen.

Karl-Heinz Menzel und Alfred Salomon haben mir über zwei Jahrzehnte hinweg durch ihre Offenheit, durch ihre stets aufmerksame Begleitung des Projekts „Spurensuche – Jüdisches Leben in Bochum" und durch ihre freundschaftliche Verbundenheit immer neu den Rücken gestärkt. Diesen beiden „alten" Bochumer Juden ist das Buch gewidmet, ihnen und der „neuen" Jüdischen Gemeinde Bochum-Herne-Hattingen. Damit verbindet sich die Hoffnung, dass Erich Mendel in der neuen Bochumer Synagoge einen Platz erhält, und die von ihm gepflegte Musiktradition des europäischen Judentums – trotz des Zivilisationsbruchs der Shoa - über Bochum hinaus offene Herzen findet.

Bochum, im Oktober 2006   Manfred Keller

Erster Teil

Erich Mendel – Leben und Wirken in Europa 1902 bis 1941
Manfred Keller

15

Die Vorfahren Erich Mendels und seine Kindheit in Gronau	15
Jugend in Herne	19
Ausbildung zum Lehrer und Kantor in Münster	24
Mendels Entdeckung der synagogalen Musik	29
Wirksamkeit in Bochum als Kantor und Lehrer	35
Exkurs: Synagogen in Bochum vom 18. bis ins 20. Jahrhundert	37
Exkurs: Das Jahr 1933 und die antisemitische Politik bis 1939	49
Mendels Engagement für jüdische Musik im nationalsozialistischen Deutschland	56
Aufbau einer ersten Sammlung	
Der schwere Weg in die Emigration	76
Anmerkungen	100
Literaturverzeichnis	103

Texte aus der Bochumer Zeit
Erich Mendel

107

Der Sabbat — 107

Der Sabbat – Licht und Freude — 107
Erläuterungen zu den Gebeten und Melodien des Freitagabendgottesdienstes

Den Sabbat in die Herzen singen — 120
Vom Semirot-Singen

Sabbatfeier und jüdische Identität — 126
Zur Gestaltung des Oneg Schabbat in der jüdischen Schule

Zur Geschichte und Pädagogik jüdischer Musik — 131

Herz Hähnle Hachenburger (1787-1851) — 131
Ein vorsulzerischer Synagogenkomponist

Elias Grün — 138
Ein unbekannter Aufzeichner süddeutscher „Chasanut" um 1830

100 Jahre Haggada von Isaak Offenbach — 139
Erinnernde Gedanken aus dem Jahre 1938

Ignaz Brüll (1846-1907) — 141
Zur Frage der „Jüdischen Musik"

Niggunim — 143
Eine Plauderei über jüdische Melodien

Das hebräische Lied im Musikunterricht der jüdischen Schule — 145

Porträts — 153

Jüdische Sängerinnen – Geschichte und Geschichten — 153

Michael Joseph Gusikow — 157
Zur 100. Wiederkehr seines Todestages am 21. Oktober 1937

Bogumil Zepler — 159
Zu seinem 20. Todestag am 17. August 1938

Abschied von Oberkantor Peissachowitsch — 160

Arno Nadel — 161
Zu seinem 60. Geburtstag am 3. Oktober 1938

Arno Nadel – sein Werk überlebt ihn — 163
Ungehobene Schätze aus dem Nachlass des vielseitigen Künstlers

Abraham Zwi Idelsohn – Ein Nachruf — 165
Zum Tode des Gelehrten am 16. August 1938

Erich Mendel – Leben und Wirken in Europa, 1902 bis 1941

Manfred Keller

Die Vorfahren Erich Mendels und seine Kindheit in Gronau

Mendels Vorfahren entstammen dem westfälischen Landjudentum. Die väterliche Linie ist im Westmünsterland – in Coesfeld, Lette und Rorup – zu Hause, die mütterliche Linie am Hellweg zwischen Hamm und Lippstadt. Mendels Vater, *Julius Isaak Mendel,* wurde am 25. Juni 1868 in Coesfeld geboren. Dort siedelten Juden seit Mitte des 17. Jahrhunderts. Die Coesfelder Synagoge, 1810 erbaut, beherbergte im vorderen Teil einen Schulraum, in dem auch Mendels Vater unterrichtet wurde.

Karoline Löhnberg, Mendels Mutter, wurde am 13. Oktober 1868 in Bausenhagen geboren. Das Dorf gehörte damals zum Kreis Hamm, später zu Unna. Auch dieser Landstrich kann zu jenen Regionen Westfalens gerechnet werden, in denen Juden seit Jahrhunderten siedelten. Als im Jahre 1812 das preußische Judengesetz in Kraft trat, das den in Preußen lebenden Juden die Gleichberechtigung gab und sie zur Annahme eines Familiennamens verpflichtete, wählte ein in Unna lebender *Abraham Hohna* (dessen hebräischer Name auf Chone = Elchanan zurückgeführt wird) den Namen *Löhnberg*, der an einen westfälischen Ortsnamen anklingt.[1] *Julius Mendel* bemühte sich in den ersten Monaten des NS-Regimes um Angaben für den staatlich geforderten „Familienstammbaum". Seinem Sohn *Erich* teilte er auf einer Postkarte mit, welche Auskünfte er bei den Kreisverwaltungen in Coesfeld und Unna bekommen hatte.

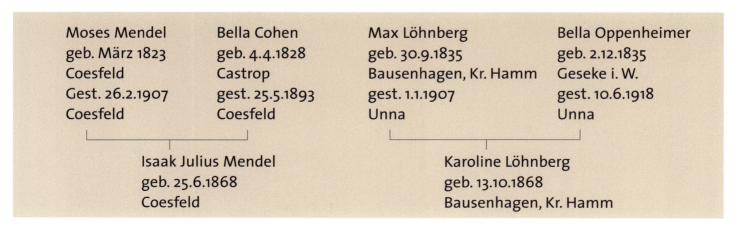

Die Mutter fügte diesen Daten den Nachsatz an: „Das genaue Geburtsdatum von Großvater in Coesfeld wissen wir nicht."

Erich Mendel wurde am 14. Juni 1902 in Gronau geboren. Hier wuchs er zusammen mit seinem drei Jahre älteren Bruder *Wilhelm* auf. Die Stadt nahe der holländischen Grenze erlebte am Ende des 19. Jahrhunderts durch die Textilindustrie eine wirtschaftliche Blüte und einen starken Anstieg der Bevölkerung. Die jüdische Gemeinde war vergleichsweise klein. Sie besaß zu jener Zeit keine Synagoge, sondern begnügte sich mit einem angemieteten Gebetsraum. Erst im Jahre 1926 wurde in Gronau eine Synagoge errichtet. Hinsichtlich ihrer religiösen Ausrichtung war die Gemeinde Gronau traditionsorientiert. Sie war Mitglied im orthodoxen „Verein zur Wahrung der religiösen Interessen des Judentums in Westfalen." Gesellschaftlich waren die jüdischen Familien, die vor dem 1. Weltkrieg in Gronau lebten, durchaus integriert, vor allem im örtlichen Vereinsleben. Ihre Kinder besuchten die christlichen Volksschulen und vereinzelt das Gronauer Gymnasium.

Aus Kindertagen in Gronau: Erich Mendel mit seinem älteren Bruder Wilhelm

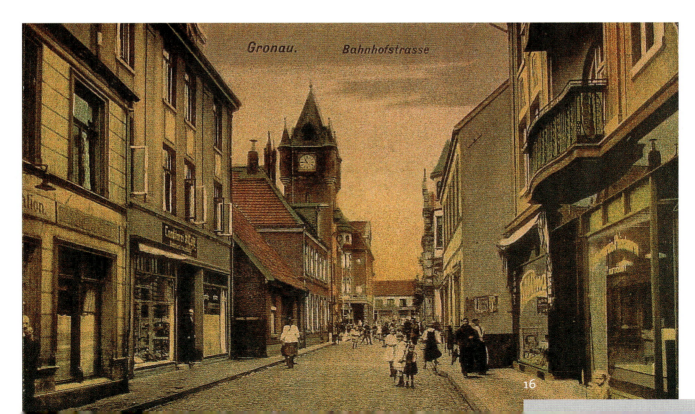

Innenstadt Gronau mit Konfektionsgeschäft Julius Mendel (links)

Stadtansicht von Gronau zu Beginn des 20. Jahrhunderts, im Hintergrund Betriebe der Textilindustrie

Geschäftsanzeige der Firma Mendel

Auch *Julius* und *Karoline Mendel*, die in Gronau ein Textil- und Schuhgeschäft betrieben, schickten ihre beiden Söhne auf die höhere Schule. In der Schülerkartei des heutigen Werner-von-Siemens-Gymnasiums sind *Wilhelm Mendel* von Ostern 1910 bis 15. November 1912 und Erich Mendel vom 16. April bis zum 15. November 1912 verzeichnet. Jüdischen Religionsunterricht erhielten beide jeweils an den Sonntagen, an denen ein auswärtiger Lehrer nach Gronau kam, um die jüdischen Kinder zu unterweisen. Der Religionslehrer erhielt neben den Fahrtkosten eine Vergütung von 1 Mark pro Unterrichtsstunde. Die Kosten wurden von den Familien übernommen, deren Kinder den Religionsunterricht besuchten. In der Honorarabrechnung des Jahres 1912 für den jüdischen Lehrer *Jacob Lederer* aus Ahaus findet sich der Nachsatz: „Es wird gebeten, den von Kaufmann Mendel noch zu zahlenden Betrag von 20,78 Mark auf die übrigen Israeliten zu verteilen. Mendel hat erklärt, den Betrag nicht zahlen zu können und ist inzwischen nach Sodingen/Herne verzogen."[2]

Es dürften also wirtschaftliche Gründe gewesen sein, die *Julius Mendel* bewogen, mit seiner Familie ins Ruhrgebiet zu ziehen. Seit November waren die Mendels in Herne-Sodingen gemeldet. Mit der Nordwanderung des Bergbaus von der Ruhr zur Emscher wuchs die Bevölkerung auch im Gebiet der Stadt und des Amtes Herne – mit Ortschaften wie Eickel und Wanne im Westen und Sodingen im Osten – sprunghaft an. In Sodingen und Herne, wo rund um die Zechen ausgedehnte Bergarbeitersiedlungen entstanden, fand *Julius Mendel* als Handelsvertreter („Hausierer") für Textilien seine Kunden. Ein Ladengeschäft haben Mendels Eltern in Herne nicht mehr betrieben.

Die Vorfahren Erich Mendels und seine Kindheit in Gronau

Ausschnitt aus dem Adreß-Buch 1914 der Stadt Herne: Mendel, Isaak, Hausierer, Gartenstr. 20

Ausschnitt aus dem Einwohnerbuch der Stadt Herne 1929: Mendel, Julius, Vertr., Altenhöfener Straße 10

Jugend in Herne

Seit November 1912 besuchte Erich Mendel die einklassige Israelitische Volksschule in Herne. Offenbar war es seinen Eltern nicht möglich, das Schulgeld für eine höhere Schule aufzubringen. Aus der jüdischen Einwohnerschaft gingen relativ viele Jugendliche in weiterführende Schulen, was nach 1911 zu einem allmählichen Rückgang der Schülerzahl der jüdischen Volksschule in Herne führte.[3] Mit dem Eintritt in eine weiterführende Schule verließen sie als Kinder einer gesellschaftlichen Minderheit auch den geschützten Raum der jüdischen „Konfessionsschule". Umso mehr bemühte sich die jüdische Gemeinde, Angebote für die heranwachsende Generation zu machen. Bis zur „Bar Mizwa", die Erich im Jahr 1915 beging, trafen sich die Jungen im Religionsunterricht und in Sportgruppen wie den „Kameraden". Zu den Gruppen der Gemeinde zählte auch eine Laienspielschar, die sich im Jüdischen Jugendheim an der Herner Bahnhofstraße traf. Sie gestaltete regelmäßig Aufführungen an Chanukka und Purim.

Obwohl die Herner Gemeinde keinen eigenen Rabbiner hatte, wurden die Feiertage stets festlich begangen. Lehrer Jacob Emanuel, der zugleich die Funktion des Kultusbeamten und des Vorbeters hatte, legte großen Wert auf die musikalische Gestaltung der Gottesdienste. An den Feiertagen erklang mehrstimmige Chormusik mit Orgelbegleitung. Dies war möglich in einer Gemeinde, die über einen Gemischten Chor und eine Orgel in der Synagoge verfügte.

Die Zulassung von Frauen im Synagogenchor und die Anschaffung einer Orgel waren in erster Linie von der religiösen Ausrichtung einer Gemeinde abhängig. An der Orgelfrage spaltete sich im 19. Jahrhundert die jüdische Welt. Für die Orthodoxie sprachen gewichtige Gründe gegen eine Orgel in der Synagoge. Sie argumentierten: 1. Nach der Zerstörung des Tempels darf keine Instrumentalmusik im Gottesdienst erklingen. 2. Der Einsatz einer Orgel am Sabbat ist nicht erlaubt, weil das Spielen der Orgel Arbeit ist. – Und schließlich galt die Orgel als „christliches" Instrument schlechthin. Auch deshalb lehnten orthodoxe Juden sie ab, um so ihre jüdische Identität zu bewahren.

Über alle diese Gründe setzte sich der Braunschweiger Landrabbiner *Israel Jacobson* hinweg, als er im Jahre 1810 in seiner Privatsynagoge in Seesen im Harz zum ersten Mal einen jüdischen Gottesdienst mit Orgelspiel begleiten ließ. Von da an wurde die Orgel zum Symbol der jüdischen Reformbewegung, die eine Erneuerung des Gottesdienstes anstrebte. Kernpunkte der Reform waren die Einführung einer auf Deutsch gehaltenen Predigt, die Verwendung deutscher Gebete und Lieder, der Einsatz der Orgel und schließlich die gemeinsame Feier von Frauen und Männern im Gottesdienst ohne räumliche Trennung. Das zuletzt genannte Ziel wurde nur in radikalen Reformgemeinden umgesetzt. Konservativ-liberale Gemeinden begnügten sich mit der Zulassung eines Gemischten Chores und der Anschaffung einer Orgel. Dies gilt auch für die Jüdische Gemeinde Herne.

Nach der Gründung der Herner Gemeinde, die bis zum Jahre 1889 zur Bochumer Synagogengemeinde gehörte, entschied sich der Gemeindevorstand nicht, wie sonst häufig geschehen, für den Bau einer Synagoge. Vielmehr bauten die Herner als erstes eine Schule. Im großen Klassenraum dieses Gebäudes an der Schulstraße fanden dann am Sabbat und an den Feiertagen die Gottesdienste statt. Der Schulsaal war jedoch nur ein Provisorium, auch wenn er den Herner Juden über zwei Jahrzehnte gute Dienste leistete. Dann aber wurden, bedingt durch das kontinuierliche Wachstum der jüdischen Einwohnerschaft, die Räume in der Schulstraße zu klein.

In den Jahren 1910/11 errichtete die Herner Gemeinde eine Synagoge, „einen repräsentativen, wenn nicht sogar prunkvollen Bau", wie die Detailbeschreibung des Gebäudes an der Schäferstraße 32 zeigt: „Die Synagoge war über eine Vorhalle zu betreten, die ein Marmorbrunnen schmückte; die eichenen Portaltüren waren mit Bronze beschlagen und die Fenster bleiverglast. Hier war also ein Rahmen geschaffen, der erheblich über das Maß der meisten westfälischen Synagogen hinausging. Zudem hatte die Synagoge eine hervorragende Akustik, die häufig auch zu weltlichen Konzerten genutzt wurde. – Die Synagoge verfügte im Erdgeschoss über 196, auf der Empore über weitere 138 Sitzplätze. Integriert in den Baukörper war ein Sitzungssaal von etwa 40 qm, der auch als Wochentagssynagoge benutzt werden konnte."[4]

Die von dem Bochumer Architekten *Heinrich Robert* entworfene Synagoge wurde am 16. und 17. Juni 1911 eingeweiht. *Rabbiner Dr. Moritz David* aus Bochum begann den Gottesdienst zur Einweihung mit den Worten: „ ‚Und es war an dem Tage, da Moses mit der Errichtung des Stiftzeltes fertig war, da weihte er es und heiligte er es und alle seine Geräte'. Also, meine Andächtigen, haben wir am letzten Sabbat in der Thora gelesen, und uns ist, als seien diese Worte eigens für unsere Feier geprägt worden. Auch wir sind fertig mit der Errichtung dieses Gotteshauses. Nach dem Beschluß des Vorstandes und der Gemeindevertretung, unter wohlwollender Förderung der Behörden ist es von kunstverständiger Hand entworfen und von vielen fleißigen Händen ausgeführt worden, und nun

Synagoge in der Schäferstraße, Herne

steht es da – ein stattlich ragender Bau von außen, harmonisch und stimmungsvoll im Innern, eine Zierde dieser emporblühenden Stadt, ein Ehrendenkmal für die Opferwilligkeit dieser Gemeinde, ein dauerndes Zeugnis für den weitblickenden Sinn ihrer Vertretung und Verwaltung. Wir aber haben uns in dieser Stunde versammelt, um Zeugen zu sein der Weihe und Heiligung dieses Hauses und aller seiner Geräte. So lasset uns nun sprechen, wie Moses sprach, als er das Stiftzelt weihte: ‚Wir haben getan, o Herr, was du uns geheißen, so tue du nun wie du uns verheißen: Jehi rozaun schetischreh schechinoh bemaase jodenu'. O, daß doch der Geist herabkäme und sich niederließe auf das Werk unserer Hände. Ja, Gott selbst muß herniederkommen und dies Haus mit seiner Gegenwart erfüllen."[5]

Als Predigttext wählte der Bochumer Rabbiner ein Wort aus dem Buch des Propheten Micha, Kapitel 6, Vers 8, und führte dann aus:

„Verkündet wurde dir, o Mensch, was gut ist und was der Ewige von dir fordert: Das Rechte tun und Liebe üben und in Demut wandeln vor deinem Gotte."

Meine Andächtigen, diesen Halt und Mittelpunkt brauchen wir alle. Das Hasten und Treiben des Alltagslebens, das Arbeiten und Genießen – es betäubt, aber es befriedigt auf die Dauer nicht, wenigstens den nicht, der den Menschen noch nicht in sich ertötet hat, der noch nicht zur Maschine herabgesunken ist, der noch etwas in sich trägt von dem „zelem elohim", dem Ebenbild Gottes. Bei unserem Eingang steht das Rätsel des Lebens, bei unsrem Ausgang das Geheimnis des Todes. Es kommen Stunden, da wir nachsinnen über unseres Lebens Inhalt, auch zweifeln an unseres Lebens Zweck, da wir eine Lösung suchen für das Menschenrätsel und das uns umgebende Welträtsel. Es kommen Stunden, da wir, unserer Nichtigkeit innewerdend, Ausschau halten nach einem Großen und Gewaltigen, das uns tragen soll. Dürfen wir, meine Andächtigen, diesen gerade heute die Menschen wieder bewegenden Fragen gegenüber die Augen verschließen und die Zeiten naiver Frömmigkeit, schlichten Kinderglaubens wieder zurückwünschen? Es

> wäre dem religiösen Leben damit wahrlich nicht geholfen. Nein, das Judentum lehrt uns, diesen Fragen nachzugehen, ihnen mutig ins Auge zu schauen. Und im Judentum fand man keinen Ort geeigneter, uns mit den Zeitfragen auseinanderzusetzen, als das Gotteshaus, es wurde zum „Beth-Hamidrasch", zum Lehrhaus, zu einem Berge, auf den man stufenweise hinaufsteigt zur Erkenntnis, bis man atmet die reine Gottesluft.
>
> An jedem Sabbat und an jedem Festtage sei dieses schöne Gotteshaus das Bethaus für die ganze Gemeinde. Nichts Unmögliches mute ich euch zu! Ich verkenne nicht, dass das rasch pulsierende Wirtschaftsleben zumal in unserem Industriebezirk hohe Anforderungen an Euch stellt, so dass Ihr vielleicht den Sabbat nicht so zum Ruhetag ausgestalten könnt, wie es bei euren Vätern Sitte war. Aber möglich, ja leicht auszuführen ist es, an jedem Sabbat und an jedem Festtage eine Stunde Gott zu weihen, eine Stunde der Pflege des Edelsten, was wir in uns tragen."[6]
>
> **Auszug aus der Predigt von Rabbiner Dr. David, Bochum, am 17. Juni 1911**

Die Beschreibung der Synagoge und die Worte, die zu ihrer Einweihung gesprochen wurden, spiegeln den Geist, den der heranwachsende Erich hier atmete und der ihn prägte. Musikalisch übten sowohl das Elternhaus als auch das gottesdienstliche Leben in der Synagoge ihren Einfluss auf den jungen Mendel aus: Die Mutter sang im Synagogenchor, und den Lehrer *Jacob Emanuel*, den Herner Vorbeter und Kantor, von dem er zur Bar Mizwa geführt worden war, hat Mendel später auch als seinen ersten Lehrer im synagogalen Gesang bezeichnet. Diese Einflüsse, nicht zuletzt aber die eigene musikalische Begabung, ließen in ihm den Entschluss reifen, selbst Kantor und Lehrer zu werden.

Ausbildung zum Lehrer und Kantor in Münster

Für die Ausbildung zum Lehrer an jüdischen Volksschulen gab es in Westfalen eine gute Adresse: die Präparandenanstalt und das Lehrerseminar der Marks-Haindorf-Stiftung in Münster. Diese Einrichtung geht zurück auf den jüdischen Mediziner, Schriftsteller und Pädagogen *Alexander Haindorf* (1784-1862), der durch Verbesserung der Schulbildung und der Ausbildung im Handwerk zur Integration der jüdischen Minderheit beitragen wollte. Im Jahre 1825 gründete er in Münster den „Verein zur Beförderung von Handwerkern unter Juden und zur Errichtung einer Schulanstalt, worin arme und verwaiste Kinder unterrichtet und künftige jüdische Schullehrer gebildet werden sollen." Durch finanzielle Unterstützung seines Schwiegervaters, des jüdischen Bankiers Elias Marks (1763-1854) aus Hamm, entwickelte sich aus dem Verein die „Marks-Haindorf-Stiftung", die in drei Bereichen tätig war. Sie
– vermittelte jüdischen Jungen eine Handwerkerausbildung,
– unterhielt eine zweistufige Ausbildungsstätte für Lehrer („Präparandie" und Seminar) und
– gründete eine Elementarschule, in der jüdische und nichtjüdische Kinder koedukativ nach für die damalige Zeit fortschrittlichen pädagogischen Leitlinien unterrichtet wurden.

Alexander Haindorf und seine beiden Enkelkinder. Gemälde von Caspar Görke, 1854, Landesmuseum für Kunst- und Kulturgeschichte Münster

Das Marks-Haindorf-Haus in Münster

Der fünfzehnjährige Erich Mendel

Die Elementarschule der Marks-Haindorf-Stiftung hatte in der Anfangszeit mehr christliche als jüdische Schulkinder; im Jahre 1836 wurden dort 61 evangelische, 25 katholische, aber nur 23 jüdische Schülerinnen und Schüler unterrichtet, u. a. von jüdischen und christlichen Lehrkräften. Eine solche integrative Schule war ganz im Sinne *Haindorfs*, der „im Gegensatz zu der von radikalen jüdischen Reformern geforderten einseitigen Anpassung der jüdischen Minderheit an die christliche Gesellschaft die gegenseitige Annäherung der jüdischen und christlichen Kultur" postulierte und diesen Prozess anschaulich mit dem aus der Naturwissenschaft entlehnten Begriff „Amalgamierung" bezeichnete.[7]

Die Ausbildung jüdischer Handwerker war wenig erfolgreich, nicht zuletzt deshalb, weil das Handwerk durch die Industrialisierung in dieser Zeit allgemein in eine Krise geriet. Folgerichtig stellte die Marks-Haindorf-Stiftung diesen Arbeitsbereich im Jahre 1900 ein. Stattdessen konzentrierte man sich auf die Lehrerausbildung. Da aber nur die wenigsten jüdischen Gemeinden einen Rabbiner bezahlen konnten, ergab sich die Notwendigkeit, die angehenden Lehrer zugleich zu Vorbetern, Kantoren und Predigern auszubilden. Als im Jahre 1926 die Ausbildung der Volksschullehrer den neu gegründeten Pädagogischen Akademien übertragen wurde, musste das Seminar der Marks-Haindorf-Stiftung – nicht anders als sämtliche anderen Lehrerseminare in unterschiedlicher Trägerschaft – den Betrieb einstellen. In ihrer fast hundertjährigen Geschichte hat die Münstersche Einrichtung etwa 430 jüdische Lehrer ausgebildet, die in den jüdischen Volksschulen Westfalens unterrichteten und den Synagogengemeinden als Kantoren und „Kultusbeamte" dienten. Einer von ihnen war Erich Mendel.

Ostern 1916 begann Erich, damals vierzehn Jahre alt, seine Ausbildung in Münster. Sie umfasste sechs Jahre, davon drei in der Präparandenanstalt und drei im Lehrerseminar. In der Präparandenanstalt, die einer Oberrealschule vergleichbar war, lag das Schwergewicht auf den sprachlichen, naturwissenschaftlichen und musischen Fächern. Erich Mendel hatte, wie die von ihm sorgfältig aufbewahrten Zeugnishefte zeigen, von Anfang an gute Zensuren, vor allem in Deutsch und Geschichte, in den Sprachen (Hebräisch und Französisch) und in den musischen Fächern. Das Abschlusszeugnis der Präparandenanstalt testiert ihm unter den Leistungen im Fach Musik: „Gesang: gut"; „Geigenspiel: im ganzen gut"; „Klavierspiel: sehr gut" und „Musiktheorie: gut". Das Zeugnis datiert vom 3. April 1919 und schließt mit der Bemerkung: „Versetzt in die 3. Seminarklasse".

Erster Abschnitt der Ausbildung: In der Präparandenanstalt

Während der sechsjährigen Schul- und Studienzeit lebte Erich Mendel im Internat, das mit den anderen Einrichtungen der Marks-Haindorf-Stiftung – einschließlich der jüdischen Volksschule – zusammen in einem stattlichen Gründerzeithaus an der Wehrstraße (heute: Kanonengraben) untergebracht war. Von außen „führte eine Treppe an der Front zu dem mit farbigen Majolikaplatten ausgelegten Aufgang, von dem aus man zuerst in die Lehrsäle, das Konferenzzimmer, das Sekretariat und die Bibliothek gelangte. Im Obergeschoss befanden sich die Wohnräume des Direktors, die Studiersäle und die Aula, welche zugleich als Synagoge diente. Unterm Dach lagen Schlafsaal und Waschräume mit den „Spinden" für die Schüler. Im tief liegenden Erdgeschoss endlich fand sich der Speisesaal und nebenan die Wohnung der Hausverwalterin und Köchin. Zwei Hintertreppen führten zum Schulhof und zum Garten."[8] Zum Morgen- und

Lehrplan der Marks-Haindorf-Stiftung (Präparandie und Seminar) Sommerhalbjahr 1906 [9]

	Präparandie			Seminar		
	III	II	I	III	II	I
Pädagogik	-	-	-	3	3	3
Lehrproben	-	-	-	-	1	2
Konferenz	-	-	-	-	-	2
Unterrichtspraxis	-	-	-	-	2	6
Religionslehre	1	1	1	-	1	1
Bibl. Gesch. und Bibelkunde	1	1	1	1	1	-
Nachbibl. Gesch.	-	-	-	1	1	-
Bibel und Gebetübersetzen	5	5	5	4	4	2
Hebr. Grammatik	-	-	-	1	1	-
Rabbinisch	-	-	-	-	1	1
Deutsch	5	5	5	5	5	3
Französisch	3	3	3	2	2	2
Geschichte	3	3	3	2	2	2
Methotik	-	-	-	-	-	1
Rechnen	3	3	3	3	2	1
Raumlehre	2	2	2	2	2	1
Naturkunde	2(4)	4	4	4	4	1
Erdkunde	2	2	2	3	2	1
Zeichnen	2	2	2	2	2	1
Turnen	3	3	3	3	3	3
Klavier	1	1	1	1	1	1
Geige	1	1	1	1	1	1
Harmonielehre	-	-	-	1	1	1
Gesang	1	1	1	1	1	1
Kantorat	-	1	1	1	1	1
Landwirtschaft	-	-	-	1	1	1

Abendgebet versammelten sich die Schüler der Präparandenanstalt zusammen mit den Seminaristen in der Aula. Am Sabbat und an den Festtagen besuchte man die Synagoge der Münsterschen Gemeinde.

Zweiter Abschnitt der Ausbildung: Auf dem Lehrerseminar

Hatte die Präparandenanstalt die Funktion, eine fundierte Allgemeinbildung zu vermitteln, so diente das Seminar in erster Linie dazu, eine pädagogische Fachausbildung zu gewährleisten, die auf die erste Lehrerprüfung vorbereitete. Obwohl das Marks-Haindorfsche Lehrerseminar der Aufsicht des Königlichen Provinzialschulkollegiums unterstand, galt die jüdische Einrichtung als Privatanstalt und war nicht berechtigt, ein staatliches Lehrerexamen abzunehmen.[10]

Im Lehrplan des Seminars nahmen Pädagogik, Unterrichtspraxis und die religiös-theologischen Inhalte einen breiten Raum ein. Letztere wurden unterrichtet von *Dr. Siegfried Kessler*, der als Seminarlehrer auch das

Amt des Kantors in der Synagogengemeinde innehatte. In der zweiklassigen Volksschule, die zur Marks-Haindorf-Stiftung gehörte, wurden in regelmäßigem Turnus von den Lehrern und Seminaristen Lehrproben gehalten. Im Mai 1921 schloss Erich Mendel seine Ausbildung in Münster ab. Er hatte eine Doppelqualifikation als „Religionslehrer und Vorbeter" sowie als „Schulamtsaspirant", wie es im Entlassungszeugnis der Marks-Haindorf-Stiftung hieß. Das Zeugnis des jüdischen Lehrerseminars wurde staatlich nicht anerkannt. Dies bedeutete, dass die Absolventen an einem Lehrerseminar mit Prüfungsrecht eine zusätzliche Prüfung ablegen mussten. Mendel ging nach Paderborn und bestand dort im Frühjahr 1922 das staatliche Examen als Volksschullehrer.

Abschluss der Ausbildung als Lehrer und Kantor

Mendels Entdeckung der synagogalen Musik

Schon während seiner Zeit in Münster hatte Erich Mendel begonnen, synagogale Musik zu sammeln. Er setzte Anzeigen in jüdische Zeitungen und bekam Angebote über Bücher, gedruckte Noten, ja sogar über Noten-Autographen. So erwarb er als Student von einem Kantor in Schlesien unveröffentlichte Chormusik von *Salomon Sulzer*, darunter die Noten für einen Freitagabend-Gottesdienst mit Orgelbegleitung.

An dieser Stelle ist es notwendig, etwas über die Geschichte synagogaler Musik und Mendels Zugänge zu ihrer Tradition zu sagen. Die Wurzeln der synagogalen Musik liegen in der hebräischen Bibel und im Tempelgottesdienst. Für die biblischen Ursprünge sei an das Lied des Mose beim Auszug aus Ägypten (2. Mose 15)[11] erinnert oder an den jungen David, der durch sein Harfenspiel die Schwermut König Sauls vertreibt. In der biblischen Überlieferung wird David zum Urbild des Musikers schlechthin. Die Erzählung vom Einzug der Bundeslade in Jerusalem schildert ihn in musikalischer Ekstase: „David aber und ganz Israel tanzten mit aller Macht vor Gott her, mit Liedern, mit Harfen, mit Psaltern, mit Pauken, mit Zimbeln und mit Trompeten." (1. Chronik 13,8) Die Überführung der Lade ermöglicht später den Tempelgottesdienst. Damit verbindet sich in der Überlieferung die Vorstellung von David als Dichter vieler Psalmen. Mit der in ihnen festgehaltenen Glaubenserfahrung ungezählter Menschen und mit ihrer sprachlichen Schönheit werden die Psalmen eine Quelle der Inspiration für den jüdischen Gottesdienst und die synagogale Musik. Bildliche Darstellungen des Psalmensängers auf dem Königsthron finden sich auf berühmten Ausgaben der Pessach-Haggada, z. B. in Prag und Venedig.[12] Dieses Bildmotiv sollte später auch das Exlibris der Bücher in Mendels Sammlung schmücken.

Nach dem Bau des Tempels durch Salomo (ca. 900 v. Chr.) wird die Liturgie immer reicher und die Rolle der Musiker und der Musik immer wichtiger. Welche Wirkung die Musik bei der Tempelweihe hat, zeigt der Bericht im 2. Chronikbuch: „Und alle Leviten, die Sänger waren, angetan mit feiner Leinwand, standen östlich vom Altar mit Zimbeln, Psaltern und Harfen und bei ihnen hundertundzwanzig Priester, die mit Trompeten bliesen. Und es war, als wäre es einer, der trompetete und sänge, als hörte man eine Stimme loben und danken dem Herrn. Und als sich die Stimme der Trompeten, Zimbeln und Saitenspiele erhob und man den Herrn lobte: ‚Er ist gütig und seine Barmherzigkeit währt ewig', da wurde das Haus des Herrn erfüllt mit einer Wolke" (2. Chronik 5, 12 f.). Die Wolke ist Zeichen der Gegenwart Gottes.

Obwohl der Tempel in Jerusalem eine wechselvolle Geschichte hatte, in der es Zerstörung und Entweihung gibt, haben sich die Traditionen – auch die musikalischen Traditionen – des Tempelgottesdienstes erhalten. „Talmudische Quellen weisen auf, dass eine enge Verbindung der Musik des Tempels und der der Synagoge bestanden haben muss. ... Die melodischen Phrasen und die ihnen unterliegenden Tonalitäten (Skalen) haben einen starken Einfluss auf die Entwicklung des Gesangs der Kantoren, der Vorsänger und Vorbeter in den Synagogen ausgeübt, indem sie diese zur Grundlage ihrer Improvisationen und der Übernahme von traditionellen Modi machten."[13]

Gottesdienstliche Musik als Brücke zwischen Tempel und Synagoge

Die Zerstörung des zweiten Tempels (70 n. Chr.) bedeutet zwar das Ende der Instrumentalmusik im synagogalen Gottesdienst, nicht aber das Ende der jüdisch-liturgischen Musik überhaupt. Beibehalten werden die kunstvollen Rezitative der Psalmen und anderer Gebete, deren musikalische Sprache in Form von Leitmotiven und traditionellen Melodien (nusach) bis in die Gegenwart im Kern erhalten bleibt. Dem Kantor (chasan) ist es erlaubt, Teile der Gebetstexte in freier Improvisation melodisch auszugestalten. In der Diasporasituation kommt es dadurch zu vielfältigen musikalischen Einflüssen des jeweiligen Landes und der jeweiligen Zeit auf die Gesänge der Synagoge. Vor allem in Zeiten der Assimilation droht die Gefahr, dass den traditionellen Formen und Motiven keine Beachtung mehr geschenkt wird.

Eine solche Entwicklung zeichnete sich mit der gesellschaftlichen Emanzipation der Juden in Westeuropa am Beginn des 19. Jahrhunderts ab. In ihrer Folge entstand die liturgische Reformbewegung, die sich mit den Namen *Sulzer* und *Lewandowski* verbindet.

Liturgische Reformbewegung im 19. Jahrhundet

Salomon Sulzer wurde 1804 in Tirol geboren und starb 1890 in Wien. Seine Entwicklung vom jugendlichen Vorbeter in seiner Heimatgemeinde Hohenems zum berühmten Kantor an der Synagoge in der Wiener Seitenstettengasse hat Mendel später eindrucksvoll beschrieben.[14] Neben *Salomon Sulzer* war *Louis Lewandowski* der zweite große Klassiker synagogaler Musik des 19. Jahrhunderts. Beide sammelten die alten, im Laufe von Jahrhunderten entstandenen jüdischen Gebetsgesänge, zeichneten sie auf und versahen sie teilweise mit Orgelbegleitung und Chorsätzen im Geschmack ihrer Zeit. *Louis Lewandowski*, 1821 in Wreschen bei Posen geboren, verließ mit 15 Jahren das Ghetto der westpreußischen Kleinstadt und ging nach Berlin. Hier konnte er aufgrund seiner großen Musikalität und seiner außergewöhnlich schönen Stimme sofort im Chor des Kantors Ascher Lion singen, durfte das Gymnasium besuchen und wurde – dank der Unterstützung durch die Familie *Mendelssohn* – der erste jüdische Musikstudent an der Hochschule der Künste in Berlin. *Lewandowski* war verwurzelt in der jüdischen Tradition. Nun vertiefte er sich in die klassische europäische Musikkultur. In diesen Jahren fand er seine Lebensaufgabe, die – kurz gesagt – darin bestand, eine Synthese zu schaffen zwischen den beiden religiösen und musikalischen Kulturen. *Lewandowski* komponierte eine Fülle hebräischer Gebetsgesänge für Chor und Solisten – teilweise mit Orgel- und Instrumentalbegleitung. 1840 wurde er als Chordirigent an die Alte Synagoge in Berlin berufen. Im Jahre 1866 schließlich erhielt er einen Ruf an die Neue Synagoge in der Oranienburger Straße. Damit erfüllte sich für ihn ein Lebenstraum, denn die Neue Synagoge war nicht nur eine der größten und prächtigsten ihrer Zeit, sie besaß auch eine Orgel. Als Musikdirektor an dieser Synagoge wurde *Lewandowski* zum „*Mendelssohn* der Synagogenmusik".

Erich Mendel hat in dem bereits genannten Aufsatz über *Salomon Sulzer* – übrigens seiner letzten Veröffentlichung – die Entwicklung aufgezeigt, die *Sulzer* als Komponist genommen hat. Der junge Wiener Kantor hatte *Haydn, Mozart* und *Schubert* studiert. Er beherrschte die Tonsprache der Klassik und Romantik, wie der erste Band seines Werkes „Schir Zion – Gesänge für den israelitischen Gottesdienst" zeigt, der im Jahre 1840 erschien. Mendel weist nach, dass Salomon Sulzer in dieser Zeit dem Einfluss der zeitgenössischen Musik zu stark erlegen ist. Mendel dürfte dem Urteil des Münchner Kantors *Emanuel Kirschner* zugestimmt haben, der über das zweibändige Monumentalwerk schrieb: „Den Inhalt des ersten Bandes mit seinen pompösen Chören (Wien 1840) hätte mit wenigen Ausnahmen auch ein tüchtiger Musiker eines anderen Bekenntnisses geschrieben haben können (tatsächlich finden sich im 1. Band Chöre und Soli von *Schubert, Seyfried, Volkert, Würfel* und *Haslinger*). Der zweite Band hingegen (Wien 1865) mit seiner ausgeprägt jüdischen Physiognomie konnte nur von einem genialen Chasan geschrieben werden."[15] Ganz entsprechend wertet auch Mendel den 2. Band von „Schir Zion" als das Werk eines jüdischen Kantors, der die synagogale Musik zu ihren Ursprüngen zurückführt, ohne die zeitgenössische Kompositionssprache zu verleugnen. Mendel beeindruckten die Werke Sulzers aus dieser Schaffensperiode als „tiefgründige musikalische Interpretation des jüdischen Geistes. Ihre vollkommene Wiedergabe stellt höchste musikalische Ansprüche an Kantor und Chor."[16]

Mit ihrer Synthese von jüdischer Tradition und europäischer Musikkultur übten Sulzer und Lewandowski Einfluss auf ganze Generationen von Kantoren in den jüdischen Gemeinden Deutschlands aus. Zu den bedeutendsten Vertretern der ersten Generation dieser Schule zählten *Emanuel Kirschner* in München und *Magnus Davidson* in Berlin. Bei beiden hat Erich Mendel Unterricht genommen.

Emanuel Kirschner, 1857 in Rokittnitz geboren und in Beuthen aufgewachsen, hat – geprägt durch das orthodoxe Judentum Oberschlesiens – die Bindung an den jüdisch-traditionellen Gesang der „chasanut" nie aufgegeben. Seine musikalische Ausbildung als Sänger, Chorleiter und Organist erhielt er in Berlin bei niemand Geringerem als *Louis Lewandowski*. Im Jahre 1881 wurde *Kirschner* an die Münchner Hauptsynagoge als Kantor und Religionslehrer (mit 12 Wochenstunden!) berufen. Außerdem lehrte er Sologesang an der Akademie der Tonkunst.

Mendels Lehrer in München und Berlin

Emanuel Kirschner

Magnus Davidsohn

Für Erich Mendel war Kirschner nicht nur als Kantor, Sänger und Lehrer interessant, sondern mehr noch als Musikwissenschaftler, der die Geschichte der synagogalen Musik erforschte, und als Komponist, der weit über 100 Synagogengesänge geschaffen hatte, die in vier Bänden zwischen 1896 und 1926 erschienen.[17] Als der vierte Band im Jahre 1926 herauskam, schrieb der Wiesbadener Oberkantor Abraham Nussbaum in einer begeisterten Rezension in der Bayerischen Israelitischen Gemeindezeitung: „Ein neuer Kirschnerband ist erschienen! Das klingt für die jüdischen Kantoren Deutschlands und darüber hinaus wie eine Fanfare, denn Kirschner bedeutet für uns eine neue Synagogengesangs-Epoche. Wenn man von Sulzer sagte, er sei ‚der unvergleichliche, gottbegnadete Sänger und Wegweiser auf dem Gebiet der hebräischen Tonkunst gewesen', wenn man Lewandowski als ‚den Heros unter den Synagogengesangs-Komponisten' bezeichnete, so darf man von Kirschner sagen, dass er die Eigenschaften der beiden in sich vereinigt. ... Kirschner erst blieb es vorbehalten, dem traditionellen Erbgut ein neues Gewand zu geben, und zwar in der Weise, dass die jüdische Eigenart nie verwischt wird. ... Kollegen, studiert den neuen Kirschner, das Studium wird euch Genuß bereiten!"[18] Der Unterricht, den Mendel bei *Kirschner* erhielt, half dem jungen westfälischen Kantor, die synagogale Musik aus ihrem Wesen und aus ihrer Geschichte zu verstehen. Er stärkte sein Interesse an der Geschichte der synagogalen Musik und vermittelte ihm wahrscheinlich auch Impulse, selbst zu komponieren.

Erich Mendel hatte das Glück, auch den bedeutenden Berliner Kantor *Magnus Davidsohn* zu seinen Lehrern zu zählen. Ebenso wie *Kirschner* war der 1877 geborene *Davidsohn* im schlesischen Beuthen aufgewachsen, hatte zunächst drei Jahre an der Prager Oper gesungen, bevor er 1912 als Oberkantor an die Synagoge in der Fasanenstraße in Berlin berufen wurde. Dort übte er sein Amt bis zur Pogromnacht 1938 aus. Seine Wirksamkeit beschränkte sich aber nicht auf die Gemeinde. *Davidsohn* war Dozent am Jüdischen Lehrerseminar in Berlin, er redigierte die Zeitschrift „Der jüdische Kantor" und war Vorsitzender der „Vereinigung jüdischer Kantoren in Deutschland". Im Februar 1939, kurz vor seiner Auswanderung nach England, schrieb er seinem Bochumer Schüler und Kollegen das folgende Zeugnis: „Erich Mendel ... weilte wiederholt bei mir in Berlin zur kantoralen Fortbildung. Mit seiner weichen sympathischen Baritonstimme verbindet er einen tiefreligiösen Vortrag der Gebete. Vermöge seiner ausgezeichneten hebräischen Kenntnisse ist er sehr wohl in der Lage, den Geist der Gebete der Gemeinde nahe zu bringen. ... Vornehmheit der Gesinnung, Würde und taktvolles Auftreten sind die Charakteristika seiner Wesensart. In Hinsicht auf sein großes musikalisches Wissen ist er auch sehr wohl befähigt, das Amt eines Chordirigenten auszuüben. Er wird jeder Gemeinde zur Zierde gereichen."

Magnus Davidsohn über Erich Mendel – zwei Zeugnisse

Weniger pathetisch in der Wortwahl, aber mit nicht geringerer Wertschätzung hatte *Magnus Davidsohn* über Mendel bereits im Jahre 1935 geurteilt, als er ihn der Jüdischen Gemeinde Franfurt/Main als Nachfolger für ihren verstorbenen Kantor vorschlug. In dem Empfehlungsschreiben heißt es: „Herr Mendel war zweimal bereits bei mir in Berlin zum Zwecke der Fortbildung; ich hatte also Gelegenheit, ihn sowohl in seinen kantoralen wie auch persönlichen Qualitäten kennenzulernen. Ich muß schon sagen, dass mir selten ein Kollege mit so hervorragenden menschlichen Qualitäten in den Weg gekommen ist wie Mendel. Meine Auffassung von der priesterlichen Aufgabe des Vorbeters teilt Mendel voll und ganz, und er hat sein Leben danach eingerichtet. – Nun zu seinen kantoralen Qualitäten: Wir machen die Erfahrung, dass die Singweise eines Menschen sehr oft ein Spiegelbild seines Charakters ist. Das trifft auch hier zu. Mendel ist kein Stimmprotz. Eine warme, ungemein sympathische Baritonstimme. Sehr musikalisch. Vortrag und Gestaltung durchaus vornehm – eben wie der ganze Mensch."[19]

Die Verbindung zwischen Erich Mendel und *Magnus Davidsohn* ist nie abgebrochen. Ihre Wege kreuzten sich im Londoner Exil, und der Briefwechsel zwischen den beiden Kantoren setzte sich bis zur Rückkehr *Davidsohns* nach Deutschland im Jahre 1956 fort. *Magnus Davidsohn* starb im Jahre 1958 in Düsseldorf. Auch mit *Emanuel Kirschner* hatte Erich Mendel bis zu dessen Tod im Jahre 1938 korrespondiert.[20]

Wirksamkeit in Bochum als Kantor und Lehrer

Der Duisburger Lehrer *Samuel Rosenthal* war seit 1911 im Nebenamt Kantor der Jüdischen Gemeinde Bochum.[21] Als er im Jahre 1922 seine Tätigkeit in Bochum aufgab, wählte der Synagogenvorstand den eben zwanzigjährigen Erich Mendel zu seinem Nachfolger. Traditionell bestand in den jüdischen Gemeinden eine enge Verbindung von Kantorendienst und Lehreramt. Diese beiden Funktionen mit ein und derselben Person zu besetzen war nicht zuletzt deshalb vorteilhaft, weil die Lehrer an den öffentlichen Konfessionsschulen staatlich besoldet wurden. So bemühte man sich auch in Bochum, dem Kantor eine Stelle an der „Israelitischen Volksschule" zu verschaffen. Zunächst aber waren beide Lehrerstellen an der zweiklassigen Schule besetzt. Da sich die Aussichten für eine Beschäftigung im Schuldienst schwer abschätzen ließen, begann Erich Mendel eine Ausbildung als Textilkaufmann. Das Kantorat verpflichtete ihn, am Sabbat und an allen Feiertagen die Gottesdienste zu gestalten. Mit einem solchen Dienst ließ sich die Stelle als Verkäufer in einem Bochumer Bekleidungsgeschäft ebenso verbinden wie das Studium an der Höheren Fachschule für Textilindustrie in Mönchengladbach. Bevor er dort einen Abschluss machen konnte, ergab sich doch noch die Möglichkeit, an der jüdischen Schule als Lehrer zu arbeiten. Von April 1925 bis Juni 1928 übernahm der „Schulamtsanwärter" zunächst mehrfach Vertretungen, bis er dann zum 1. Juli 1928 eine feste Anstellung erhielt. Vorausgegangen war die 2. Lehrerprüfung, die Mendel im Jahr 1927 bestanden hatte.

Als *Erich Mendel* in Bochum sesshaft wurde, war die Synagogengemeinde die drittgrößte jüdische Gemeinde Westfalens. Bochum hatte sich im 19. Jahrhundert zu einer der bedeutendsten Industriestädte des Ruhrgebiets entwickelt. Die Bevölkerung war explosionsartig gewachsen: von etwa 10.000 Einwohnern im Jahr 1860 über rund 30.000 im Jahr 1875 hatte sie auf 136.931 Menschen im Jahre 1910 zugenommen, wovon 76.590 im ursprünglichen Stadtgebiet lebten.[22] Zu den Einwanderern, die als Arbeitskräfte aus den Ostprovinzen Deutschlands und aus Polen angeworben worden waren, gehörten auch viele Juden. Sie kamen in zwei Schüben ins Ruhrgebiet: der erste in den letzten Jahrzehnten des 19. Jahrhunderts, der zweite in den Anfangsjahren der Weimarer Republik. Durch den Zuzug osteuropäischer Juden der zweiten Einwandererwelle in den

Luftbild von Bochum (ca. 1930): Stadtmitte und Weststadt mit „Bochumer Verein". Im Vordergrund die Synagoge (Bildmitte unten)

Jahren um 1920 stieg auch in Bochum die Schülerzahl an der „Israelitischen Volksschule" relativ stark an. Im Jahr 1926 besuchten 68 Kinder die Schule, 1928 waren es bereits 85 und 1930 sogar 115.[23]

Die Wirtschaftsstruktur Bochums war zwischen 1850 und 1950 durch Kohle und Stahl geprägt. Die Bevölkerung lebte mehrheitlich vom Bergbau, von der Eisen- und Stahlerzeugung sowie von der Metallverarbeitung. Zechen und Hüttenwerke bestimmten das Stadtbild, Industriebetriebe und Siedlungsgebiete wucherten und mischten sich, vor allem westlich der Innenstadt. Der enge, verwinkelte Stadtkern rund um die Propsteikirche mit seinen alten Fachwerkhäusern erinnerte noch an die Vergangenheit Bochums als „Ackerbürgerstadt", während südlich davon – zwischen der lutherischen Pauluskirche und dem Bahnhof an der Viktoriastraße – eine neue, mit breiten Straßen versehene Innenstadt entstanden war, die sich zum Geschäfts- und Verwaltungszentrum entwickelte. Hier, gleichsam in der „Neustadt", auf einem großzügigen Grundstück an der Wilhelmstraße 16-18, hatte die Jüdische Gemeinde in der zweiten Hälfte des 19. Jahrhunderts ein modernes Gemeindezentrum geschaffen, das auch Erich Mendel später noch gute Vorraussetzungen für seine Arbeit in Schule und Synagoge bieten sollte.

Zeche Constantin der Große, eine von 30 Schachtanlagen in Bochum

Exkurs:
Synagogen in Bochum vom 18. bis ins 20. Jahrhundert[24]

Als Carl Arnold Kortum im Jahr 1790 seine Bochumer Stadtgeschichte veröffentlichte, schilderte er sehr anschaulich und zugleich mit deutlichem Respekt, wie sich die jüdische Gemeinschaft am Ort bis zu seiner Zeit entwickelt hatte: „Es wohnen auch Juden in der Stadt, welche sich vom Handeln, Wechseln und besonders vom Schlachten ernähren. Sie haben ohngeachtet der geringen Zahl dennoch eine gut eingerichtete Synagoge oder Schule, welche auf der Schützenbahn liegt. Im Jahre 1722 waren hier 7 Familien. Sie haben sich seitdem vermehrt, denn im Jahre 1789 waren vorhanden 11 Familien, die aus 49 Personen bestanden."[25]

Die Synagoge, die als Hinterhaus nachweislich seit 1765 an der Schützenbahn stand – dort, wo sich heute der Neubau der Sparkasse befindet – reichte bereits um die Mitte des 19. Jahrhunderts nicht mehr aus. Im Jahr 1852 war die jüdische Gemeinde schon auf über 200 Mitglieder angewachsen. Das Haus, einst für 50 Personen errichtet, war also viel zu klein, dazu baufällig und unansehnlich. Zwar wurde in den Jahren 1841/42 eine Erweiterung vorgenommen, weil die Frauen der Gemeinde sich mit der – wie es in den Quellen heißt – „engen, hühnerstiegenartigen Frauenempore" nicht länger abfinden wollten. Aber die angestrebte Verbesserung hatte nur Streit zur Folge, weil die Frauenempore nach dem Umbau bloß noch durch das vorgelagerte Wohnhaus zu erreichen war. Auch der Synagogendiener musste diesen Weg nehmen, wenn er die Lichter löschen oder andere Arbeiten auf der Empore verrichten wollte. Der betroffene Hausbesitzer fühlte sich massiv gestört, weil er den Eindruck hatte, dass der Synagogendiener viel zu oft und unnötigerweise seine Wohnung betrete. Es kam zu handgreiflichen Auseinandersetzungen, die bald auch die Stadtverwaltung beschäftigten.

Die Synagoge an der Schützenbahn (Gebäude mit der Ziffer 42), Ausschnitt aus dem ältesten Bochumer Stadtplan – gezeichnet 1790 von Carl Arnold Kortum

Die Synagoge an der Wilhelmstraße, Vignette zu einer Stadtansicht von Bochum, ca. 1865

Bürgermeister *Maximilian Greve* begnügte sich nicht mit Schlichtungsversuchen, sondern gab den Impuls für eine grundlegende Änderung der Situation. In einem Brief vom 25. November 1853 regte er den Bau einer neuen Synagoge an. Ein gut gelegenes Grundstück hatte der weitblickende Bürgermeister auch schon im Visier. Bedenken wegen fehlender finanzieller Mittel suchte Greve in seinem Brief zu zerstreuen. Er schrieb: „Die Beschaffung der Geldmittel anlangend, so kann selbstredend die hiesige Gemeinde (sc. gemeint ist die jüdische Gemeinde) allein die Kosten nicht aufbringen; doch ist es wohl unzweifelhaft, dass auf Antrag seitens des Oberpräsidenten eine Kollekte bewilligt wird. Zudem hege ich das Vertrauen, dass auch die hiesige Einwohnerschaft ihre jüdischen Mitbürger bei Ausführung des Werkes unterstützen wird." Bei Gelegenheit des Synagogenbaus – so regte der tatkräftige Erste Bürger in seinem Schreiben an – könne auf dem Grundstück an der Wilhelmstraße auch gleich ein dringend benötigtes Schulgebäude mit errichtet werden.

Der Brief von Bürgermeister *Greve* aus dem Jahr 1853 bildete die Initialzündung für den Bau des Gemeindezentrums. Zwar sollte es bis zur Einweihung noch genau zehn Jahre dauern, aber ein Prozess war in Gang gesetzt, der nicht mehr umkehrbar sein sollte. Der Oberpräsident von Westfalen genehmigte die vorgeschlagene Kollekte in den jüdischen Gemeinden der Provinz, und in Bochum gaben auch viele christliche Bürger kleinere und größere Spenden für das Projekt.

Die Pläne für die Synagoge entwarf der Bochumer Kreisbaumeister *Theodor Haarmann*.[26] Er orientierte sich am Vorbild der Dresdner Synagoge, die kein Geringerer als der große Architekt *Gottfried Semper* entworfen hatte.

Die Bochumer Synagoge als Sehenswürdigkeit, Ausschnitt einer Postkarte von 1900

Synagoge an der Wilhelmstraße nach dem Ausbau in den Jahren 1895/96

Vergleicht man Darstellungen der Bochumer Synagoge mit Abbildungen der Semper-Synagoge von 1845, so lassen sich hohe Übereinstimmungen feststellen. In beiden Fällen handelt es sich um Zentralbauten mit einem mächtigen achteckigen Mittelturm und zierlichen Ecktürmchen, dazu Fenster und Portale mit romanischen Rundbögen. Es ist bekannt, dass *Gottfried Semper* den romanischen Baustil, den man damals auch den „deutschen Stil" nannte, bewusst als Ausdruck einer Integration der Juden in die christliche Gesellschaft gewählt hatte. Man darf wohl schließen, dass auch der Bochumer Kreisbaumeister das Verhältnis der jüdischen Minderheit zur christlichen Mehrheit so gestaltet wissen wollte, als er dem Vorbild Sempers folgte.

Hatten an der feierlichen Grundsteinlegung am 29. Mai 1861 neben der jüdischen Gemeinde auch die Pfarrer der christlichen Kirchen teilgenommen, so entwickelte sich die Einweihung der Synagoge nach zweijähriger Bauzeit zu einem Fest für die ganze Stadt. Drei Tage, vom 28. bis 30. August 1863, wurde gefeiert. Viele Bochumer Bürger nutzten die Gelegenheit, um das Innere der Synagoge zu besichtigen. Dort stand an der Ostseite der um einige Stufen erhöhte Thoraschrein, davor das Lesepult, die Bima. An den übrigen drei Seiten waren die Emporen eingebaut, die von den Frauen durch den Seiteneingang über Treppen erreicht werden konnten. Die Synagoge hatte unten im Hauptraum für die Männer 220 und auf den Emporen für die Frauen 100 Sitzplätze.

Blick in die Bochumer Altstadt mit engen Gassen und Winkeln (Große und Kleine Beckstraße)

Historischer Stadtplan von Bochum aus dem Jahre 1905 (technische Nachzeichnung)

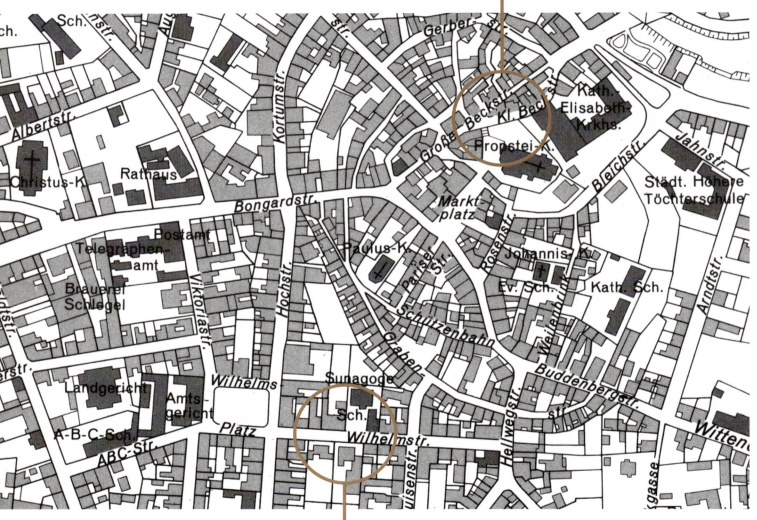

Die großzügig bebaute Wilhelmstraße (heute Huestraße) entstand mit der Süderweiterung der Bochumer Innenstadt. Im Schatten der alten Bäume links lag die Synagoge.

Das Innere der Synagoge an der Wilhelmstraße, 1896

Bereits in den Jahren 1895/96, also nur gut dreißig Jahre nach ihrer Fertigstellung, musste die Synagoge erweitert werden. Diesmal beauftragte die jüdische Gemeinde den Kölner Architekten *Josef Seché*[27], der nicht nur die Anzahl der Plätze auf insgesamt 500 erhöhte, sondern das Erscheinungsbild der Synagoge durch die üppige Verwendung maurischer Stilelemente innen und außen völlig veränderte.

Über die Innenausstattung heißt es in der Festschrift zum 20. Westfälischen Städtetag, der 1896 in Bochum stattfand: „Das ganze Innere wurde in Wachsfarbe im maurischen Stil reich ausgemalt, ein neuer Belag in Marmor ausgeführt, eine neue Zentralheizungs- und elektrische Beleuchtungsanlage angebracht. Auf einem fünfstufigen Marmor-Unterbau wurde der neue aus Marmor gearbeitete Torarollenschrank aufgeführt, über welchem sich eine von vier Marmorsäulen getragene baldachinartige, vergoldete Kuppel erhebt. Sämtliche Fenster wurden in neuer, reicher Bleiverglasung im Stil des Baues versehen."[28] Gerade dieser maurische Stil, der die Synagoge schon äußerlich als Fremdkörper in ihrer Umgebung erscheinen ließ, machte der Gemeinde im Lauf der Zeit zu schaffen. So entschloss man sich 1925 zu einem erneuten Umbau: „Diesmal beseitigte man allen äußeren Zierrat: die kleinen Doppelkuppeln, die Türmchen, die Zinnenbekrönung; auch die Fenster scheinen vereinfacht worden zu sein. Mit anderen Worten: Man entfernte gerade das, was für den maurischen Stil so charakteristisch war. Offenbar empfand man ihn zum damaligen Zeitpunkt ... als zu exotisch, zu orientalisch, zu ‚jüdisch'."[29] Die Nationalsozialisten hatten bereits Mitte der 20er Jahre in Bochum Fuß gefasst.

Zusammen mit der Synagoge hatte die jüdische Gemeinde – der Empfehlung von Bürgermeister Greve folgend – im Jahr 1863 an der Wilhelmstraße eine neue Schule gebaut. Auch dieses Gebäude erwies sich schon bald als zu klein. Im Jahre 1887 wurde das Gebäude aufgestockt und um einen Anbau im Hof erweitert. Damit schuf sich die Gemeinde einen Rahmen, der im Laufe der nächsten Jahrzehnte je nach Bedarf variabel genutzt werden konnte und auch unterschiedliche Einrichtungen beherbergen sollte.[30]

Die Synagoge nach dem Umbau 1925

So befanden sich zu Mendels Zeiten in dem Gebäudekomplex ein Kinderhort und die Gemeindebibliothek, außerdem die „Wanderfürsorgestelle", die im Jahr 1920 für jüdische Arbeiter aus Osteuropa gegründet worden war, und die Gemeindeverwaltung. Schließlich gab es hier seit den Zwanziger Jahren einen eigenen Betraum für die orthodoxen „Ostjuden", die – u. a. wegen der Orgel und der liberalen Gottesdienstgestaltung – nicht in die Synagoge gingen.

Kantor Erich Mendel in der Bochumer Synagoge (1937)

Rabbiner Dr. Moritz David

Als Rabbiner wirkte in Bochum seit 1901 der aus Gimbsheim bei Worms stammende *Dr. Moritz David* (1875 – 1956).[31] Seine Ausbildung hatte *David* am konservativen Breslauer Rabbinerseminar und an der liberal-reformorientierten „Hochschule für die Wissenschaft des Judentums" in Berlin erhalten. Die Wahl *Davids* in Bochum war durchaus auch eine Richtungsentscheidung des Synagogenvorstands gewesen. Denn die Bochumer Jüdische Gemeinde hatte sich in der zweiten Hälfte des 19. Jahrhunderts der Reformbewegung angeschlossen. Mit dem Neubau der Synagoge an der Wilhelmstraße hielten Orgelmusik, Chorgesang und nach und nach auch die Predigt in deutscher Sprache Einzug in die Gemeinde. In der Leitung der Gottesdienste konnte Rabbiner *David* sich die Arbeit mit Kantor Mendel teilen.

Obwohl *Moritz David*, wie Mendel in einem Brief an den Mannheimer Kantor *Hugo Adler* kritisch anmerkt, „kein unbedingt musikalischer Mensch ist"[32], verstehen sich beide gut und schätzen sich gegenseitig. Die Gründe liegen auf der Hand: Beide sind derselben konservativ-liberalen Richtung des Judentums verpflichtet, beiden sind Gottesdienst und die Arbeit mit der Jugend wichtig – wobei die Arbeitsfelder und Schwerpunkte jeweils deutlich unterschieden sind – und beide engagieren sich in der sozialen Arbeit, die in der Jüdischen Gemeinde Bochum damals beachtlich entwickelt war.

Im Arbeitsfeld Gottesdienst war die Predigt die ureigene Aufgabe des Rabbiners, der sich *Moritz David* mit besonderer Freude und Hingabe widmete. Glücklicherweise ist eine – wenn auch kleine – Anzahl dieser Predigten gedruckt worden und erhalten geblieben, darunter eine Predigt am Passahfest 1910[33], sowie die Ansprachen zur Einweihung der Synagogen in Wanne-Eickel und Herne[34]. Alle diese Predigten zeichnen sich aus durch

Die jüdische Volksschule an der Wilhelmstraße, 1887

einen klaren Bezug auf die Hebräische Bibel auf der einen und durch Offenheit für die Entwicklung der modernen Gesellschaft auf der anderen Seite. Als in der Zeit des Nationalsozialismus alle Mitglieder der jüdischen Gemeinde – Erwachsene und Kinder – den Demütigungen ihrer „arischen" Umwelt ausgesetzt waren, bedeuteten die Besuche in der Synagoge Stärkung und Ermutigung durch die menschliche Wärme, die aus den Worten des Rabbiners sprach, und durch das starke Erlebnis der Liturgie, die „schönen Gottesdienste", die der Kantor gestaltete.

So erinnerte sich *Jerry (Gerhard) Freimark*, der im Jahre 1938 als 17-Jähriger auswanderte, noch in einem Brief aus dem Jahre 1997 mit großer Dankbarkeit: „Dr. David war ein hervorragender Redner. Die Synagoge und seine Predigten waren damals für uns eine Oase in der braunen Wüste. Nachdem wir die ganze Woche hören mussten, wie schlecht und minderwertig wir Juden wären, gab uns der Gottesdienst mit Dr. Davids Predigten wieder einen festen Halt und Stolz auf unser Judentum."[35] Als im Jahre 1941 die Synagogen in Deutschland zerstört waren und ihre Musik nirgends mehr erklang, schrieb *Karoline Mendel* voller Wehmut an ihren Sohn, der gerade seine neue Stelle als Chordirektor an der Har-Zion-Synagoge in Philadelphia angetreten hatte: „Ich kann mir denken, wie Du, lieber Erich, Dir Mühe gibst, den Gottesdienst so schön wie möglich zu gestalten. Ich höre im Geist den Kantor und Chor. Wie ist die Stimme Eures Kantors? Wie wunderbar waren die Gottesdienste in Bochum und die Synagogenkonzerte!"[36]

Das zweite Arbeitsfeld mit erheblichen Schnittmengen für den Rabbiner und den Kantor war das Gebiet des „Lernens". Wo Juden leben, wird gelernt – von der Kindheit bis ins hohe Alter. Den Schwerpunkt in diesem Bereich bildete sowohl für *Moritz David* wie für Erich Mendel die pädagogische Arbeit mit der Jugend. David gab Religionsunterricht an

Ein Wochenstundenplan Erich Mendels

den höheren Schulen und leitete die Hebräische Sprachschule, die von der Synagogengemeinde unterhalten wurde. Zur pädagogischen Arbeit mit der Jugend gehörte auch die Vorbereitung der Jungen auf die Bar Mizwa und der Mädchen auf die Bat Mizwa, die in liberalen Gemeinden damals „Mädchen-Konfirmation" genannt wurde. Das überregionale „Israelitische Familienblatt" berichtete im Jahre 1932 über die „Mädchen-Konfirmation" in Bochum: „Seit dem Jahre 1917 sind mit der Konfirmation dieses Jahres am Schawuotfest über 100 Mädchen eingesegnet worden. Die würdige Feier machte auf die Konfirmandinnen und die Besucher des Gottesdienstes einen tiefen Eindruck. Auch diese Einsegnung zeigte wieder, wie sie sich in der ganzen Gemeinde durchgesetzt hat. Der Brauch der Mädchenkonfirmation wird schon fast seit seinem Bestehen durch den Liberalismus in Bochum gepflegt. Der sechs Monate vorher beginnende vorbereitende Unterricht durch Rabbiner Dr. David machte die Mädchen mit den Grundproblemen der jüdischen Religion bekannt. Die Konfirmandinnen legten durch ihre Vorträge davon Zeugnis ab, mit welchem Eifer sie dem Unterricht gefolgt sind."[37] Örtlicher Korrespondent des Israelitischen Familienblatts war über viele Jahre Erich Mendel.

Erich Mendel mit seiner Schulklasse, 1938

Kam der Bochumer Rabbiner bereits auf rund 20 Unterrichtsstunden pro Woche, so hatte der Lehrer ein Deputat von 33 Wochenstunden. Diese entfielen in erster Linie auf die Schule. Hier unterrichtete Mendel die älteren Jahrgänge (Klasse 5 bis 8), während sich die Lehrerinnen – zunächst *Berta Sachs*, danach *Else Hirsch* – den jüngeren Kindern (Klasse 1 bis 4) widmeten. Zusammen mit dem Rabbiner und seiner Kollegin *Hirsch* gab Mendel nachmittags Hebräischunterricht. Sein Unterricht war so gut, dass eine seiner Schülerinnen, *Steffi Perlstein*[38], einzig mit dieser Vorbildung in der Emigration an amerikanischen Schulen Hebräisch lehren konnte.[39]

Wirksamkeit in Bochum als Kantor und Lehrer

Noch in einem dritten Arbeitsfeld waren in Bochum sowohl der Rabbiner als auch der Kantor persönlich stark engagiert: im Bereich der „Wohlfahrtspflege". Die religiöse Wurzel dieses Handlungsfeldes liegt im Grundbekenntnis des Judentums: „Höre, Israel, der Ewige, unser Gott, der Ewige ist Einzig!" (5. Mose 6,4). Diesem zentralen Glaubenssatz folgt in der Tora das Gebot der Gottesliebe, dem das Gebot der Nächstenliebe unmittelbar korrespondiert. Die Liebe zu Gott verwirklicht sich in der Befolgung seiner Gebote. In einem Lehrbuch der „Ethik des Judentums" von *Moritz Lazarus*, das zu *Davids* und *Mendels* Studienzeit verbreitet war, heißt es: „Im Gesetzbuch, in der Tora, wird mit schlichten Worten gefordert: ‚Liebe deinen Nächsten wie dich selbst.' (3. Buch Mose 19, 18) Und warum wie dich selbst? Weil er ist wie du, ein Mensch, ein Kind Gottes."⁴⁰ Und *Leo Baeck*, mit

Identitätsbescheinigung der Jüdischen Arbeiterfürsorgestelle Bochum für Chaim Goldstein

dem der Bochumer Rabbiner befreundet war, erklärt: „In diesem ‚wie du' liegt der ganze Gehalt des Satzes. Der Begriff Mitmensch ist darin gegeben: Er ist wie du, er ist im eigentlichen dir gleich, du und er sind als Menschen eines ... Nicht weil er vielleicht dieses oder jenes leistet und gilt, sollen wir ihn achten, sondern weil er Mensch ist. Sein Wert besteht in dem, was unseren Wert ausmacht, sein Wert ist in der Tiefe gegründet und zum Ziele emporgewiesen, ist unendlich, wie der unsere."⁴¹ Ein Mensch wird in seinem Wert nur erkannt, wenn er als Ebenbild Gottes gesehen wird. Diese Sicht findet sich bei Rabbiner *David* in seiner Predigt zur Einweihung der Herner Synagoge.⁴² Aus derselben Wurzel resultiert auch die ethische Verpflichtung zu sozialem Handeln.

Bochum – eine jüdische Gemeinde mit sozialem Profil

Für das Jahr 1932 existiert eine Liste von sieben jüdischen Vereinen in Bochum, die sich zum „Wohlfahrtsamt der Synagogengemeinde" zusammengeschlossen haben.[43] Es ist erstaunlich, wie vielfältig die Hilfe war, die von der Gemeinde koordiniert wurde. Es handelt sich in erster Linie um Beistand und Unterstützung in individuellen Notlagen, doch zeigen sich durchaus auch Ansätze eines sozialpolitischen Handelns. Wie sehr sich *Moritz David* im karitativ-sozialen Bereich engagierte, belegen zwei von ihm selbst ins Leben gerufene Einrichtungen. 1920 gründete er den „Schwesternverein" (Verein für jüdische Krankenpflegerinnen) und 1924 die „Rabbiner Dr. David-Stiftung", die armen Frauen zur Eheschließung eine Brautausstattung finanzierte und jungen Familien zinslose Darlehen gewährte. Überregionale Funktionen übernahm David in der „Jüdischen Wandererarbeiterfürsorge", deren Zentralstelle für das Ruhrgebiet in Bochum angesiedelt war, und als Vorstandsmitglied des „Israelitischen Altersheims in Westfalen e.V." in Unna, in dem der Bochumer Rabbiner von der Eröffnung des Heims im Jahre 1905 bis zur Emigration im Frühjahr 1939 das Amt des Hausseelsorgers versah. Im „Landheimverein", der Erholungsmaßnahmen für bedürftige Kinder organisierte, hatte Lehrer Mendel den Vorsitz. Die beiden größten Hilfsorganisationen waren der „Israelitische Frauenverein e. V.", gegründet 1875, und der „Israelitische Männerwohltätigkeitsverein, Chewra Gemilus Chassodim e.V." aus dem Jahre 1873. Der alte hebräische Name, hergeleitet aus „gemilut chessed", bedeutet „tätige Anteilnahme an Freud und Leid des Nebenmenschen".[44] Traditionell zählte zu den Aufgaben dieses Vereins die Unterstützung bei Todesfällen in einer Familie, angefangen von Krankenbesuchen und der Begleitung Sterbender bis zur Hilfe bei den Formalitäten auf dem Standesamt und bei der Friedhofsverwaltung.

Im Jahr 1933 wählte die Bochumer Männer-Chewra, wie der Verein, dem damals 215 Mitglieder angehörten, kurz genannt wurde, Erich Mendel zum Vorsitzenden. Als Mendel sechs Jahre später emigrierte, bescheinigte ihm der Synagogenvorstand: „Überall dort, wo soziale Hilfe notwendig war, war er ehrenamtlich zur Verfügung."[45] In der wirtschaftlich schwierigen Zeit Ende der Zwanziger Jahre bemühten sich die jüdischen Wohltätigkeitsvereine, über ihre Mitgliedsbeiträge hinaus weitere Finanzquellen zu erschließen.

Dazu zählten auch Benefizkonzerte. Über eines dieser Konzerte schreibt das „Israelitische Familienblatt" am 3. Dezember 1930: „Zum Besten des Jüdischen Frauenbundes, des Israelitischen Frauenvereins und der Männer-Chevra fand in der Synagoge ein gut besuchtes Konzert statt." Nach einer positiven Kritik des Organisten und der Sopranistin heißt es über den Beitrag des Kantors: „Gute Eindrücke hinterließ auch der Baritonist Erich Mendel. Er verfügt über ein weiches Organ mit freier Höhe, welches den Melismen der hebräischen Gesänge von Naumburg (sic!), Kaufmann, Lewandowski und Birnbaum durch geschmeidige Linienführung gerecht wird. Auch dynamisch dringt der Sänger in die wechselnden Stimmungen ein, so war der ernste Schluss von „Kwakkoraß" („Du bist der Hirt und wir die Herde deiner Hut"), das liedartige Kiddusch, die innige Abendstimmung im „Haschkiwenu" belebt vorgetragen, wobei auch eine sorgfältige Artikulation zutage trat. Neuere hebräische Musik, die alte Tradition in melodischer Hinsicht mit einer gemäßigten Harmonik verbindet, ist von eigenartigem Reiz."[46]

Trotz starker beruflicher Beanspruchung hatte Erich Mendel in diesen Jahren noch Zeit und Kraft für eine intensive musikalische Fortbildung. Zwischen 1927 und 1933 nahm er Gesangunterricht in Bochum und Düsseldorf und erwarb die Qualifikation als staatlich geprüfter Gesanglehrer, wobei er in den Fächern Musikerziehung und Klavier jeweils die Note „Mit Auszeichnung" erhielt.[47] Sein Bochumer Lehrer *C. Glettenberg* schrieb „Musikalisch kennt Herr Mendel keine Schwierigkeiten und seinen Vortrag weiß er künstlerisch zu gestalten. ... Mit Erfolg hat er sehr oft im Konzertsaal seine Stimme erproben können."[48]

Exkurs:
Das Jahr 1933 und die Etappen antijüdischer Politik bis 1939

Am 30. Januar 1933 waren die Nationalsozialisten in Deutschland an die Macht gekommen. Reichspräsident Paul von Hindenburg hatte Adolf Hitler zum Reichskanzler ernannt. Als diese Nachricht am Nachmittag des 30. Januar in Bochum bekannt wurde, beeilte sich die örtliche NSDAP, einen „spontanen" Siegeszug zu organisieren. „Tausende standen an den Straßen, um die Fahnen der deutschen Freiheitsbewegung zu begrüßen", jubelte die nationalsozialistische Parteizeitung „Rote Erde" in ihrer Bochumer Ausgabe.[49] Die Wirklichkeit bot ein differenzierteres Bild. In der Bevölkerung rief die Machtübernahme keineswegs nur Begeisterung hervor, sondern auch Angst. Ein Zeitzeuge schildert die Stimmung: „Das war eine Begeisterung von SA-Leuten, SS, das konnte man sich gar nicht vorstellen, und die Zustimmung der Bevölkerung, die teilweise Zustimmung der Bevölkerung schon damals. ... Unüberhörbar die Rufe: Deutschland erwache! Juda verrecke! ... Es wurde einem eiskalt dabei."[50]

Auch die Reaktion der politischen Gegner war uneinheitlich. Die Sozialdemokraten bekämpften die neue Regierung, allerdings nur mit legalen Mitteln. „Wir führen unseren Kampf auf dem Boden der Verfassung", schrieb das sozialdemokratische „Volksblatt" am 3. Februar 1933. In der trügerischen Hoffnung, die Nationalsozialisten auf die verfassungsmäßig garantierten Rechte verpflichten zu können, erklärte der Bochumer SPD-Reichstagsabgeordnete Fritz Husemann: „An unserer Geschicklichkeit sollen unsere Gegner zugrunde gehen."[51] Die Kommunisten riefen demgegenüber zum offenen Widerstand auf und scheuten auch die Gewalttätigkeit auf der Straße nicht. Es kam zu handgreiflichen Auseinandersetzungen bei Streikaufrufen und Demonstrationen der KPD in Bochum wie in vielen anderen Städten. Nach dem Reichstagsbrand vom 27. Februar 1933 in Berlin, den die Nationalsozialisten als kommunistische Brandstiftung hinstellten, erließ das neue Regime bereits am Tag darauf die Notverordnung „Zum Schutz von Volk und Staat". Darin wurden

Aufmarsch der Nationalsozialisten in Bochum

Das Bochumer Rathaus mit Hakenkreuzfahnen

Grundrechte aufgehoben, u.a. das Recht, sich innerhalb von 24 Stunden gegen eine Verhaftung zu wehren und an die Gerichte zu appellieren. Knapp einen Monat später, am 24. März 1933, folgte mit dem „Ermächtigungsgesetz" die Entmachtung des Reichstags.[52] Die Willkürherrschaft Hitlers und seiner Partei war nun legalisiert.

In den folgenden Wochen ging die SA überall in Deutschland mit brutalem Terror gegen ihre politischen Gegner vor. Sie verhaftete und folterte Kommunisten, Sozialdemokraten und Gewerkschafter, aber auch Bürger jüdischen Glaubens. In Bochum entstanden im Frühjahr und Sommer 1933 einige berüchtigte Folterstätten: Das Hedtberghaus in Dahlhausen, die Zeche Gibraltar in Stiepel und die Hegelschule in Gerthe. Im Keller dieser Schule, dem „Gerther Blutkeller", wurde am 5. Juli 1933 der jüdische Kaufmann Albert Ortheiler zu Tode geprügelt. Er ist das erste von über 500 jüdischen NS-Opfern aus Bochum. Im Unterschied zu all denen, die später deportiert und in den Vernichtungslagern ermordet wurden, fand er seine letzte Ruhestätte auf dem jüdischen Friedhof an der Wasserstraße. Der Grabstein vermerkt außer dem Namen aber lediglich das Geburts- und das Sterbejahr von Albert Ortheiler: 1877-1933. Die Todesursache auch nur anzudeuten oder gar offen zu nennen, hätte grausame Gewalt zur Folge gehabt.

Am 1. April 1933 wurde reichsweit ein Boykott gegen jüdische Geschäfte, Arztpraxen und Anwaltskanzleien durchgeführt. Die zentral gesteuerte Aktion war das Signal, das die antijüdischen Maßnahmen auf wirtschaftlichem Gebiet auslöste. Wenige Tage später, am 7. April, wurde das „Gesetz zur Wiederherstellung des Berufsbeamtentums" erlassen, das in §3 – dem so genannten „Arierparagraphen" – folgende Bestimmung enthielt: „Beamte, die nicht arischer Abstammung sind, sind in den Ruhestand zu versetzen." Als „nicht arisch" galt, wer von „nicht arischen, insbesondere jüdischen Eltern oder Großeltern" abstammte.[53] Der Staatskommissar für Bochum und spätere Oberbürgermeister Piclum ging noch einen Schritt weiter und teilte den städtischen Behörden mit, das Berufsbeamtengesetz sei auch auf die Angestellten und Arbeiter der Stadt anzuwenden.[54] Piclum

Boykott am 1. April 1933

war ein überaus eifriger Betreiber der Boykottmaßnahmen. Schon am 30. März schloss er ohne gesetzliche Grundlage jüdische Firmen von öffentlichen Aufträgen aus und verpflichtete jeden städtischen Mitarbeiter „in seinem Privatleben durch Meidung der jüdischen Geschäfte bei Einkäufen diesen Abwehrkampf zu unterstützen."[55] Den Entlassungen aus dem öffentlichen Dienst und dem Boykott „nicht arischer" Firmen folgten drastische berufliche Einschränkungen für jüdische Ärzte und Rechtsanwälte. Außerdem wurde die höhere Schulbildung jüdischer Kinder und Jugendlicher eingeschränkt. Das „Gesetz gegen die Überfüllung deutscher Schulen und Hochschulen" vom 25. April 1933 verfügte eine proportionale Beschränkung der Zahl jüdischer Schüler und Studenten.[56]

Soziale Ausgrenzung

Wie einschneidend die soziale Ausgrenzung und der wirtschaftliche Boykott das Leben eines jüdischen Kindes veränderte, beschreibt Werner Blumenthal, Jahrgang 1923, der zwischen 1929 und 1933 die Israelitische Volksschule in Bochum besuchte: „Frühjahr 1933. Ich war gerade neun Jahre alt, wusste noch nicht, was das bedeutet: Die Nazis an der Macht. ... Da wollte bzw. sollte ich nach vier Jahren Volksschule auf die ‚höhere Schule' gehen. Es sollte die ‚Goethe-Oberrealschule' sein. Man nahm mich aber nicht auf. Nicht, weil meine Leistungen nicht genügt hätten, sondern weil ich Jude war. Und einige meiner Spielgefährten schnitten oder beschimpften mich. War denn Judesein etwas Schlechtes oder Schlimmes gar? Vor dem Geschäft an der Kortumstraße, das damals ‚Heymann & Co.' hieß, und bei dem mein Vater und mein Onkel zu den ‚Co's' gehörten, standen SA-Leute in ihren braunen Uniformen, beschmierten die Scheiben mit ihren Losungen, die sie auch riefen und mit denen sie die möglichen Kunden bedrohten: ‚Kauft nicht bei Juden! – Juda verrecke!' Bald darauf wurde das Geschäft ‚arisiert', d.h. zwangsweise an ‚Arier' übereignet. Vater und Onkel machten ein kleines Etagengeschäft an der Bongardstraße auf, um sich über Wasser zu halten. ...Ich konnte dann doch zur Goethe-Schule gehen. Mein Vater war schließlich ‚Frontkämpfer' – im ersten Weltkrieg mit dem ‚Eisernen Kreuz' zweiter und auch erster Klasse ausgezeichnet. Das wog damals gelegentlich noch etwas. Doch nur wenige Jahre später war auch das vorbei. Anfang 1938 musste ich die Schule verlassen."[57]

Die Diskriminierung und Verfolgung der Juden ging in Schüben vor sich, und auch die Entrechtung erfolgte in Etappen. Nach den brutalen Ausbrüchen von Judenfeindschaft zu Beginn der Nazi-Herrschaft brachte das Jahr 1934 scheinbar eine Pause, da Hitler sich genötigt sah, zunächst mit seinen Rivalen in der SA abzurechnen. Tatsächlich aber wurde die Judenpolitik konsequent fortgesetzt im Sinne des Parteiprogramms der NSDAP vom Februar 1920, das für die rechtliche Stellung der Juden den Grundsatz verkündete: „Staatsbürger kann nur sein, wer Volksgenosse ist. Volksgenosse kann nur sein, wer deutschen Blutes ist ohne Rücksicht auf Konfession. Kein Jude kann daher Volksgenosse sein."[58] Im Jahre 1935 war der Zeitpunkt gekommen, um diese programmatischen Aussagen in Gesetzesform zu gießen. Die wirtschaftlichen Erfolge der ersten beiden Jahre erlaubten es dem Regime, die Schraube der antijüdischen Maßnahmen weiter anzuziehen, ohne Proteste aus der Bevölkerung befürchten zu müssen.

So beschloss der Reichstag im September 1935 nach Abschluss des Parteitags in Nürnberg zwei seit langem vorbereitete Gesetze: das „Reichsbürgergesetz" und das „Gesetz zum Schutz des deutschen Blutes und der deutschen Ehre". Das „Reichsbürgergesetz" unterschied zwischen dem „Staatsangehörigen" und dem „Reichsbürger". Während der „Staatsangehörige" allen gesetzlichen Pflichten unterworfen war, blieben die Rechte dem „Reichsbürger" vorbehalten, der „Arier" sein musste. Damit wurden die Juden aus der Gemeinschaft der „Volksgenossen" juristisch ausgeschlossen und zu Menschen zweiter Klasse gemacht. Wie menschenverachtend das für sie geschaffene Sonderrecht war, belegt das „Gesetz zum Schutze des deutschen Blutes und der deutschen Ehre". Es verbot die Ehe zwischen Juden und „Ariern"; außerehelicher Verkehr zwischen Juden und „Ariern" war ebenfalls verboten und wurde als Rassenschande" gerichtlich verfolgt. Von nun an mussten „arische" Ehepartner, die sich pro forma hatten scheiden lassen, um ihren Beruf weiter ausüben zu können, damit rechnen, als „Rassenschänder" verurteilt zu werden, wenn sie weiter im Kreis ihrer Familie lebten. Ihnen drohten hohe Freiheitsstrafen oder die Einlieferung in ein Konzentrationslager.

„Nürnberger Gesetze" von September 1935

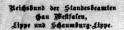

Pseudowissenschaftliches Schaubild aus dem Jahre 1935 über jüdisch/deutsche Abstammung

In mehreren Verordnungen zum „Blutschutzgesetz" definierten das Regime und seine Bürokratie, wer als Jude zu betrachten und damit den Sondergesetzen zu unterwerfen sei; sie schufen Begriffe wie „Volljude", „Mischling ersten Grades" oder „Halbjude" und „Mischling zweiten Grades" oder „Vierteljude". Nachdem diese Definitionen Gesetzeskraft erhalten hatten, glaubten die Betroffenen anfangs, dass ihre Rechtsstellung – wenn auch eingeschränkt – für die Zukunft feststehe und sie vor „Einzelaktionen" geschützt seien. In Wirklichkeit waren die „Nürnberger Gesetze" aber der Einstieg in die Vernichtung der Juden. Sie lieferten später die Grundlage dafür, wer deportiert und umgebracht wurde.

Pogromnacht vom 9. November 1938

Eine weitere Etappe auf dem Weg von der Verfolgung zur Vernichtung bildeten die Ereignisse in der Nacht vom 9. auf den 10. November 1938, als überall in Deutschland die Synagogen in Brand gesetzt wurden. Die Polizei griff nicht ein. Die Feuerwehr war nur bemüht, ein Übergreifen der Brände von den Synagogen auf die umliegenden Gebäude zu verhindern. Als fadenscheiniger Vorwand für diesen Progrom von bisher nicht gekanntem Ausmaß diente das Attentat des Herschel Grynszpan auf den Legationssekretär Ernst vom Rath in der deutschen Botschaft in Paris. Der junge polnische Jude entschloß sich zu der Tat, weil seine Familie zusammen mit weiteren 12.000 staatenlosen Juden Ende Oktober 1938 von einem Tag auf den anderen ins Niemandsland zwischen Deutschland und Polen abgeschoben worden war. Auch aus Bochum wurden alle staatenlosen Juden, die aus Polen stammten, ausgewiesen und deportiert. Ottilie Schoenewald, die Vorsitzende des Jüdischen Frauenbundes in Deutschland, hat über den Ablauf der Ereignisse einen erschütternden Bericht gegeben, nachzulesen in dem Buch „Die Kristallnacht" von Rita Thalmann.[59]

In München hatte sich am 9. November 1938 die NS-Führung versammelt zur Erinnerung an Hitlers Putschversuch im Jahr 1923, den „Marsch auf die Feldherrnhalle". Überall im Reich fanden an diesem Abend derartige Gedenkveranstaltungen statt. In Bochum war die Parteiprominenz im „Schützenhof" zusammengekommen. Als in München die Nachricht eintraf, dass vom Rath in Paris seinen Verletzungen erlegen war, erhielten alle örtlichen Parteiorganisationen die Anweisung, den längst geplanten Pogrom durchzuführen. In dieser Nacht wurden 281 Synagogen zerstört, 91 jüdische Menschen ermordet, unzählige Geschäfte und Wohnungen geplündert und verwüstet. Hannah Deutsch, Jahrgang 1922, die im Februar 1939 mit einem Kindertransport nach England gebracht wurde, wohnte damals in unmittelbarer Nachbarschaft der Synagoge. Sie erinnert sich in einem Brief vom November 1998, sechzig Jahre nach den Ereignissen: „Den 9. November 1938 habe ich noch heute vor Augen. Wir wohnten damals in der Luisenstraße, an dem Platz hinter der Synagoge und zwar genau dort, wo heute das Café Zürich ist. In der Nacht vom 9. auf den 10. November 1938 war ich im Bett und habe geschlafen, als meine Mutter in mein Zimmer kam, sich auf mein Bett setzte und mich aufweckte. ‚Was ist denn los? Das Zimmer ist so hell.' Da sagte sie: ‚Die Synagoge brennt.' Ich wollte aus dem Bett springen und schauen, aber sie ließ mich nicht. ‚Nicht

Der „Schützenhof" an der Castroper Straße. Von hier aus gab die Bochumer Nazi-Führung am Abend des 9. November 1938 den Befehl zur Zerstörung der Synagoge an der Wilhelmstraße.
Auf dem Gelände des im Krieg zerstörten „Schützenhofs" entsteht die neue Synagoge der Jüdischen Gemeinde Bochum-Herne-Hattingen in den Jahre 2006/2007

Die zerstörte Synagoge 1938

ans Fenster gehen', sagte sie. Morgens haben wir dann erfahren, daß der künftige Schwiegervater meiner Mutter sich das Leben genommen hatte. Wir mußten ihn in aller Herrgottsfrühe im Dunkeln beerdigen. In der selben Nacht und am nächsten Tag wurden alle jüdischen Männer verhaftet. Ich erinnere mich noch heute daran, daß ich einen langen Polizeiwagen sah, der an den Seiten offen war. Alle jüdischen Männer, die ich kannte, saßen darin. Die wurden dann nach Oranienburg gebracht. Auch mein künftiger Stiefvater, der Otto Mayer, kam nach Oranienburg. ... Zum Glück hat meine Mutter durch Freunde Visa für Chile erhalten. Deshalb hat sie ihn aus dem Konzentrationslager herausbekommen."[60] Mehr als 20.000 jüdische Männer wurden in den Tagen nach dem Syngagogenbrand verhaftet und in Konzentrationslager verschleppt.

Die Juden in Deutschland, die seit 1933 durch eine Fülle von Gesetzen und Verordnungen diskriminiert und entrechtet worden waren, mussten spätestens jetzt erkennen, dass es für sie in diesem Land kein sicheres, geschweige denn ein menschenwürdiges Leben geben könnte. Die Jüdische Gemeinde Bochum war im Jahr 1932 mit 1132 Mitgliedern die drittgrößte Gemeinde in Westfalen. Am 1. April 1934 waren es 1069, am 1. April 1935 lediglich 839. Die „Nürnberger Gesetze" und die Vernichtung der wirtschaftlichen Existenz führten in der Folgezeit zu steigender Abwanderung. Am 10. Oktober 1938 betrug die Zahl der Juden in Bochum nur noch 644. Nach der offenen Gewalt in der Pogromnacht und den anschließenden Massenverhaftungen setzte eine Fluchtwelle ein, die im Jahr 1939 ihren Höhepunkt erreichte.

Mendels Engagement für jüdische Musik im nationalsozialistischen Deutschland
Aufbau einer ersten Sammlung

Im Jahr 1932 war Erich Mendel die Stelle des Hauptlehrers und damit die Leitung der Schule an der Wilhelmstraße übertragen worden. Doch bereits 1933 setzten die behördlichen Angriffe auf die jüdische Schule, ihre Lehrer und ihre Schüler ein. Der erste Angriff galt der dritten Lehrerstelle. Obwohl die bestehenden Gesetze dazu noch keine Handhabe boten, gelang es dem nationalsozialistischen Oberbürgermeister Piclum gemeinsam mit dem Bochumer Schulamt und der Bezirksregierung Arnsberg, die Streichung der Stelle zum 1. Januar 1935 zu erwirken. Seither arbeiteten in dieser Schule nur noch zwei Lehrkräfte, Else Hirsch und Erich Mendel. Während die Lehrerin die jüngeren Kinder (Jahrgänge 1 bis 4) betreute, hatte der Schulleiter die älteren (Jahrgänge 5 bis 8) in einer Klasse zu unterrichten.

Doch diese Reduktion auf zwei Schulklassen reichte den Machthabern noch nicht aus. Im zweiten Angriff sollte die Funktionsstelle des Hauptlehrers abgeschafft werden. Erich Mendel wurde so lange unter Druck gesetzt, bis er im Juli 1936 an das Regierungspräsidium in Arnsberg schrieb: „Ich verzichte auf die von mir verwaltete Hauptlehrerstelle an der israelitischen Volksschule in Bochum sowie auf die mit dieser Stelle verbundene Zulage von 300 RM und die Amtsbezeichnung ‚Hauptlehrer'. Meine Ernennungsurkunde zum Hauptlehrer reiche ich hiermit zurück. Ich bitte, mir bis zu meiner etwaigen Versetzung die 1. Lehrerstelle an der israelitischen Volksschule in Bochum zu übertragen."[61] Der „freiwillige" Verzicht ist verständlich nur vor dem Hintergrund des gnadenlosen Kesseltreibens gegen die Juden, die als „Schädlinge" an Volk und Staat diffamiert, auf üble Weise gedemütigt, entrechtet und wirtschaftlich ruiniert wurden. Immerhin durfte Mendel in Bochum bleiben. Offenbar fand sich zu diesem Zeitpunkt keine auswärtige Schule, an die er hätte versetzt werden können.

Auswirkungen antisemitischer Schulpolitik

Wie reagierte Erich Mendel auf Diskriminierung und Beeinträchtigung seiner Existenz unter nationalsozialistischer Herrschaft? Charakteristisch für ihn ist die Bemerkung im Brief an einen Kollegen: „Ich habe bisher neben der täglichen Arbeit immer in meiner Bibliothek gesteckt und habe dadurch manches von all dem, was über uns ergeht, doch nicht so mitbekommen, wie Du es empfindest und sicher noch viele Andere."[62] Vielleicht darf man annehmen, dass die Schikanen und Repressionen ihn nur bis zu einem gewissen Grade erreichten, weil er sich in diesen Jahren zunehmend der jüdischen Musik verschrieb. Mendel war Lehrer und Kantor. Die Ausgrenzung aus dem öffentlichen gesellschaftlichen und kulturellen Leben veranlasste ihn, sich verstärkt in jüdischen Berufsverbänden zu engagieren, vor allem aber, der synagogalen Musik seine ganze Kraft zu widmen und die Musik als Instrument des Gemeindeaufbaus einzusetzen.

Bewusste Pflege jüdischer Kultur

Über die Jahre hinweg hatte Mendel im Musikunterricht an der Schule einen hervorragenden Kinderchor herangebildet. Mit ihm gestaltete er nicht nur Gottesdienste, sondern auch Gemeindeveranstaltungen der verschiedensten Art. Ob es galt, den neuen Bezirksrabbiner Dr. Josef Kliersfeld zu begrüßen[63], ob die Ortsgruppe Bochum des Jüdischen Frauenbundes ihr zehnjähriges Bestehen feierte[64] oder die Jüdische Winterhilfe zu einer Werbeveranstaltung einlud, stets war der Kinderchor beteiligt[65]. Eigene Auftritte verschaffte Mendel seinem Chor in den „Singestunden", zu denen die ganze Gemeinde eingeladen war. Über eines dieser Chorkonzerte berichtet die „Jüdische Allgemeine": „Hauptlehrer Mendel veranstaltete mit dem von ihm geleiteten Kinderchor der Jüdischen Volksschule eine Singestunde, zu der die Mitglieder der Gemeinde zahlreich erschienen waren. Das mit Beifall aufgenommene Programm umfasste neben deutschen Liedern eine Reihe von religiösen und weltlichen hebräischen Gesängen. Besonderen Anklang fanden die Semiraus. Einstimmige, mehrstimmige, polyphone Lieder sowie hebräische und deutsche Kanons wechselten in bunter Folge ab. Es war eine Freude festzustellen, mit welcher Liebe die Kinder der Stabführung des Herrn Mendel folgten und mit welcher Exaktheit sie auch schwierigen musikalischen Aufgaben gerecht wurden."[66] Da Juden von den öffentlichen Kulturveranstaltungen ausgeschlossen waren, boten solche Darbietungen den Mitgliedern der Gemeinde einen gewissen Ersatz, vermittelten ein wenig Lebensfreude oder halfen zumindest, dem aufgezwungenen Leid standzuhalten.

Aufbau der ersten Sammlung

Während der dreißiger Jahren entwickelte sich Mendel mehr und mehr zu einem leidenschaftlichen und immer kenntnisreicheren Sammler jüdischer Musik. In seiner Wohnung im ersten Stock des Hauses Goethestr. 20 entstand ein Archiv mit mehreren hundert Bänden gedruckter Noten und

Notenhandschriften, dazu eine umfangreiche Bibliothek und eine Materialsammlung mit einschlägigen Aufsätzen aus Zeitungen und Zeitschriften. Unablässig korrespondierte er mit Verlagen und Antiquariaten, um den Bestand zu erweitern und sowohl aktuelle Neuerscheinungen als auch seltene alte Werke seines Spezialgebiets hinzu zu erwerben.

Im Haus Goethestraße 20 entsteht bis 1938 eine der größten Privatsammlungen jüdischer Musik in Deutschland.

Hand in Hand mit der Sammeltätigkeit ging die Erforschung jüdischer Musik. Dabei galt Mendels besonderes Interesse der Synagogenmusik des 19. und beginnenden 20. Jahrhunderts sowie dem hebräischen Lied. Die früheste Arbeit, die von dem Bochumer Kantor erhalten blieb und in diesem Buch erstmals veröffentlicht wird, ist ein Vortrag über den Sabbatgottesdienst am Freitagabend. Mendel hat ihn – wie am Schluss des Vortragsmanuskripts vermerkt – Ende 1935 zweimal in Bochum und Anfang 1936 dann noch in Herne und Dortmund gehalten. Der Vortrag will nicht nur informieren oder belehren, sondern die Adressaten in ihrer existentiellen Situation ansprechen und zu innerer Erneuerung führen. Deutlicher als die späteren, von vornherein für die Veröffentlichung bestimmten Texte bringt dieser ungedruckte Vortrag zum Ausdruck, dass Forschung und Bildungsarbeit der Stärkung und Selbstbehauptung des Einzelnen wie der Gemeinde dienen sollten. Deshalb wird der frühe Text hier exemplarisch vorgestellt.[67]

Anlass für die Behandlung des Themas – so der aktuelle Einstieg – ist die aus den Umbrüchen der Zeit erwachsene Rückbesinnung auf die Religion: „Unsere Zeit hat uns das Beten wieder gelehrt." Mendel kennt den „Hilferuf Unzähliger, die seelisch gebrochen und wirt-

Ansicht des Hauses Nr. 20 in der Goethestraße heute

Die Goethestraße ist zu Mendels Zeiten eine der bevorzugten Adressen Bochums. In unmittelbarer Nähe befindet sich der 1876 auf Betreiben des jüdischen Stadtrats Philipp Würzburger geschaffene Stadtpark. Die Anlage im Stil eines englischen Gartens gilt in dieser Zeit als der größte und schönste Park des Ruhrgebiets. Mendel schwärmt davon in seinen Briefen.

schaftlich hilflos" sind. Sie suchen „den Beistand und die Gnade des Gottes unserer Väter, der vielen fremd geworden war." Der Weg zu ihm führt durch das Gebet, das seinem Wesen nach „die verbindende Stufenleiter" ist, „die von der Erde empor zum Himmel führt."

Mendels Engagement für jüdische Musik im nationalsozialistischen Deutschland

Zur allgemeinen Orientierung gibt Mendel dann eine Grundinformation über die jüdischen Gebetszeiten und den Sinn der drei Gebete im Tageslauf: „Die Tageszeiten des Morgens und des Abends finden die Herzen des Menschen in ganz verschiedenen Stimmungen." Entsprechend werde „die göttliche Gnade zum Leitgedanken des Morgengebets", während das Abendgebet um die „beschützende göttliche Treue" bitte. Das Mittagsgebet diene der Selbstprüfung des Menschen und bitte Gott, seine Gerechtigkeit walten zu lassen. So seien die drei „Ureigenschaften" Gottes – seine Gnade, seine Gerechtigkeit und seine Treue – die leitenden Blickpunkte des jüdischen Morgen-, Mittags- und Abendgebets.

Hinführung zum Gebet

Nach diesem Überblick wendet sich Mendel dem Abendgebet am Freitag zu, dem Eingangsgebet für den Sabbat. Zum Grundmotiv des täglichen Abendgebets, dem Vertrauen auf Gottes Treue, tritt im Abendgebet zu Beginn des Sabbats die Erfahrung heilsamer Unterbrechung hinzu: „Im gleichmäßigen Ablauf der Tage des Jahres ist in der Woche der Sabbat das Besondere, das Heilige, der Gast, der uns über alles Alltägliche erheben soll." Der Sabbat befreit den jüdischen Menschen von Sorge und Not. Er hüllt ihn in den Frieden Gottes ein, schenkt ihm Geborgenheit und offenbart ihm die Heiligkeit Gottes, die im Gottesdienst aufstrahlt: „Alles Weh und aller Jammer des irdischen Seins treten zurück vor der Freude des Sabbats. Alle Trauer und aller Schmerz sind vergessen, denn der Sabbat bringt Trost und Hoffnung."

Bedeutung des Sabbats

Um seine Hörerschaft die Wirklichkeit dieser Erfahrung erleben zu lassen, führt Mendel Schritt für Schritt durch die Freitagabendliturgie. Er erläutert die Dramaturgie des Gottesdienstes vom Empfang der „Königin Sabbat" über den Lobpreis von Gottes Schöpfertum bis zum „Kiddusch", dem Segen, der am Schluss des Gottesdienstes über dem mit Wein gefüllten Becher gesprochen wird, damit „die eingetretene Heiligkeit des Tages vor der versammelten Gemeinde öffentlich verkündet" wird. Mit spürbarer Liebe zum Detail erklärt er die einzelnen Gebete, ihre gegenwärtige Gestalt samt der historischen Entwicklung, die sie von ihren biblischen Ursprüngen bis in die Strömungen des modernen Judentums genommen haben. Die Höhepunkte des Vortrags aber bilden offenkundig die gesungenen

Sabbatliturgie am Freitagabend

Passagen, denn Mendel stellt nicht nur die Texte, sondern auch die Melodien der Gebete vor. Immer wieder findet sich im Manuskript eine Klammer mit Hinweis auf die jeweilige Tonart und der Aufforderung: singen. Hier schlägt Mendels Herz. Sein Vortrag möchte nicht nur „in den Inhalt und den Geist der Gebete", sondern auch in „die Schönheit der dazugehörigen Melodien" einführen. Mit dem gesprochenen und dem gesungenen Wort will er dazu beitragen, dass die Hörer „wieder eine nähere Beziehung zum Gebet erhalten", denn – so schließt Mendel – „das Gebet kann uns allen in dieser schicksalsschweren Zeit eine Quelle des Trostes und der Kraft sein."

Der Sabbat gründet nach jüdischem Glauben in Gottes Schöpfung, von deren Vollendung es am Anfang der Bibel heißt: „Und Gott vollendete am siebenten Tage sein Werk, das er gemacht, und er ruhte am siebenten Tag von all seinem Werk. Gott segnete den siebenten Tag und heiligte ihn." Dieser Tag wird nicht nur in der Synagoge, sondern auch in der jüdischen Familie gefeiert. Die häusliche Sabbatfeier und ihre Gesänge, die „Semirot", sind Gegenstand der zweiten Arbeit Mendels, die unter dem Titel „Den Sabbat in die Herzen singen" in diesem Band abgedruckt ist.[68] Sie erschien ursprünglich mit der Überschrift „Vom Semirot-Singen" in den „Blättern des Jüdischen Frauenbundes" im Mai 1937.[69]

Häusliche Sabbatlieder

„Semer" (Plural: Semirot) ist die Bezeichnung für ein religiöses Volkslied, das am Sabbat im Familienkreis gesungen wird. „Die sogenannten Semirot sind Lieder, die textlich und musikalisch einen unabhängigen Zweig der jüdischen Musik bilden. Sie sind kunstvolle Schöpfungen, die im häuslichen Bereich entstanden sind. Zu alten Texten sind neuzeitliche Melodien hinzugefügt worden. ... Dadurch, dass diese Lieder am Schabbat gesungen wurden, an einem Tag, an dem nicht geschrieben werden darf – und die Beter auch zumeist keine Noten schreiben konnten –, veränderten sich die Melodien schnell und die Virtuosität des Vortrages wurde als wichtigste Tugend gepriesen."[70] Den Impuls zur Beschäftigung mit den Semirot verdankte Mendel einer Veröffentlichung von Arno Nadel, dem Band „Die häuslichen Sabbatgesänge". In der Einleitung dieses Buches hatte Nadel den in Osteuropa geübten Brauch des Semirot-Singens dargestellt, der in

Deutschland – von wenigen Ausnahmen abgesehen – längst verloren gegangen war. Der Band selbst enthielt nicht nur die Texte der Lieder, sondern legte auch – wie Mendel hervorhob – „zum ersten Mal der Öffentlichkeit eine größere Meloldiensammlung von ‚Semirot' vor, von denen viele bisher noch nicht gedruckt waren." Ähnlich wie im Vortrag zum Freitagabendgottesdienst schildert auch dieser Aufsatz zunächst die Riten – hier die häuslichen Mahlzeiten am Freitagabend und am Samstagmittag sowie das Zünden der Hawdala-Kerze zum Sabbatausgang –, um danach die Texte der Lieder und schließlich deren Melodien zu interpretieren. Mendels Ausführungen sind so anschaulich und einladend, dass die Redaktion dem Aufsatz einen Appell an die Leserinnen voranstellte, in den Gemeindegruppen Singkreise zu bilden, unter Anleitung des Rabbiners oder Kantors die alten Sabbatgesänge einzuüben und sie zu Hause in der Familie neu erklingen zu lassen.

Zur Erneuerung des jüdischen Lebens und zur Stärkung jüdischer Identität bei der Jugend will Mendel mit seinem dritten Beitrag zu Fragen des Sabbats beitragen. Der Artikel erschien im April 1938 in der „Jüdischen Schulzeitung" und enthielt – wie der Titel sagt – Anregungen zur „Gestaltung des Oneg Schabbat in der jüdischen Schule".⁷¹ Zweifellos sind die Überlegungen und die praktischen Vorschläge dieses Aufsatzes auf dem Hintergrund der sozialen Isolierung jüdischer Jugendlicher im Nationalsozialismus zu verstehen, was im Text explizit natürlich nicht gesagt wird.

Für jüdische Schülerinnen und Schüler wurde das Leben im nationalsozialistischen Deutschland unerträglich. Schon im April 1933 war ein numerus clausus erlassen worden: Die Nazis hatten den Anteil von „fremden" (vor allem jüdischen) Schülern in den weiterführenden Schulen auf 1,5 % begrenzt. In den folgenden Jahren verboten sie ihnen die Teilnahme an Schulfesten, Klassenfahrten und Schullandheimaufenthalten. Auch die deutschen Turn- und Sportvereine schlossen „nichtarische" Kinder und Jugendliche aus. Schwimmbäder, Kinos, Theater und Bibliotheken waren ihnen verschlossen. In dieser Situation bot die jüdische Schule ihnen einen Schutzraum vor den Diskriminierungen, denen sie täglich ausgesetzt waren. Außerdem wurde ihnen hier ihre jüdische Identität als positiver Wert

Die Köpfe einiger Zeitschriften, in denen Erich Mendel Beiträge veröffentlichte.

bewusst gemacht. Dies geschah, wie Mendel anmerkt, „durch die Feiern im Ablauf des Jahres", die nicht „für Außenstehende aufgezogen werden", sondern „zum Gesamtbild des Lebens einer jüdischen Schule gehören".

„Oneg Schabbat" – ein Angebot für die Jugend

Eine weitere Möglichkeit, die Kinder und Jugendlichen aus ihrer Isolierung herauszuholen, ihnen Gemeinschaft zu bieten, jüdische Kultur und eine gestärkte Selbstachtung zu vermitteln, sieht Erich Mendel in der wöchentlichen Feier des „Oneg Schabbat". Der hebräische Ausdruck bedeutet „Sabbatfreude". Nur kurz beleuchtet Mendel den Ursprung der Oneg-Schabbat-Bewegung. Aus chassidischen Quellen gespeist, nahm sie „von Palästina ausgehend ... ihren Weg zur bündischen jüdischen Jugend der Welt und hielt nach dem politischen Umbruch in Deutschland auch hier ihren Einzug in die jüdischen Schulen". Breiteren Raum nehmen praktische Erwägungen hinsichtlich der Zeit und des Ortes für ein freies, ungezwungenes, zugleich aber festliches Beisammensein der Jugend am Sabbat ein. Die inhaltliche Gestaltung ist offen für viele Themen, fordert aber „im Grundaufbau eine möglichst an jüdische Überlieferungen anknüpfende Form". Mendel selbst hat gute Erfahrungen mit dem Singen und Musizieren beim Oneg Schabbat gemacht. Darüber berichtet er in aller Ausführlichkeit, doch ohne Anspruch auf Allgemeingültigkeit und Vollständigkeit. Vielmehr: Sein Bericht in der „Jüdischen Schulzeitung" will Fachkollegen „anregen, andere Erfahrungen in diesen Blättern darzustellen, um dadurch einen praktischen Beitrag zu einer neuen Aufgabe der jüdischen Schule zu geben."

Korrespondenz mit Fachkollegen

In den dreißiger Jahren führte Mendel eine rege Korrespondenz mit zahlreichen Fachkollegen im In- und Ausland. Seine Studien auf dem Gebiet der synagogalen Musik und des jüdischen Liedes hatten in ihm verschiedene Pläne reifen lassen, denen er sich neben seiner Arbeit als Lehrer und Kantor mit großer Energie widmete.

Erstes und vordringliches Projekt war ihm stets die Erweiterung seiner Sammlung. Er begnügte sich keineswegs mit dem Studium von Verlagsankündigungen und Antiquariatskatalogen, sondern wandte sich gezielt an einzelne, teilweise sehr angesehene Kantoren, um deren Kompositionen, vor allem aber die Werke ihrer Vorgänger zu erhalten. So schrieb er dem Bonner Kantor Abraham Nussbaum: „Sie waren schon früher einmal so freundlich, mir Material für meine Sammlung zu überlassen. In einer Zeit der Liquidation fühle ich die besondere Verpflichtung, alles Material, was erreichbar, zu sammeln und dadurch vor dem Zerstampfen zu retten. Wenn Sie mir noch zu weiteren Noten, Gesangbüchern, Zeitschriften, Manuskripten, Briefwechseln usw. verhelfen könnten, so würden Sie mir einen großen Dienst erweisen. Bei mir wird alles geordnet, ich hoffe, noch manches zu arbeiten und später wird vielleicht einmal meine Sammlung in einer großen Bibliothek bleiben."[72] Im Zusammenhang mit der Ordnung und Katalogisierung seiner Sammlung plante Erich Mendel eine Bibliographie der synagogalen Musik und ihrer Literatur.

Das zweite Ziel, dem sich der Bochumer Kantor über kleine Einzelstudien näherte, war eine Geschichte der synagogalen Musik im 19. Jahrhundert. Auch hier führte der Weg – neben intensiven Archiv- und Bibliotheksstudien – über den Briefwechsel mit Fachkollegen. Nicht immer hatte er Erfolg, obwohl seine Korrespondenz an Umsicht und Beharrlichkeit nichts zu wünschen übrig ließ. Eine bereits begonnene Abhandlung über Hermann Aaron Ehrlich, der Mitte des 19. Jahrhunderts die jüdische „Liturgische Zeitschrift" herausgegeben hatte, brach Mendel ab, da sich in der Korrespondenz mit Kantorenkollegen in Arnstadt, Meiningen und Halle herausstellte, dass der Nachlass von Ehrlich spurlos verschwunden war.

Nur teilweise befriedigend waren die Ergebnisse von Mendels Recherchen hinsichtlich des jüdischen Musiklebens in Kassel im frühen 19. Jahrhundert. In einem Brief vom 1. April 1938 bat Mendel den Kasseler Kantor Ludwig Louis Horwitz, ihm die Noten der „Kasseler Gesänge" und biographisches Material über den Kasseler Hofmusikus Philipp Rosenthal zu vermitteln, der an einem im Jahr 1832 in Kassel erschienenen Gesangbuch „Kaul Simroh. Gesänge für die israelitische Jugend" mitgewirkt hatte. Charakteristisch für den passionierten Sammler war, dass er nachbohrte; in einem zweiten Brief, genau einen Monat später, fragt Mendel bei Horwitz an: „Gibt es dort bei der Gemeinde noch ein Manuskript der sogenannten ‚Kasseler Gesänge' aus dem Anfang des 19. Jahrhunderts? Haben

Sie inzwischen das Kasseler Chorbuch gefunden? Über den Musiker Philipp Rosenthal habe ich bisher leider noch nirgends biographische Notizen finden können. Sind noch vielleicht Kollegen in Kassel, die kantorale Noten oder Manuskripte abgeben wollen?" Als Horwitz dann liefert, antwortet Mendel dankbar und begeistert: „Sie haben mir mit Ihrer freundlichen Sendung und mit Ihrem Schreiben eine große Freude gemacht. Sie wissen selbst, was es bedeutet, wenn man bei seinen Forschungen auf Menschen stößt, die dafür Verständnis haben und dazu ihre Unterstützung leihen. Das Kasseler Liederheft besaß ich nicht. ... Ich suche schon lange nach zwei Liederbüchern mit Noten, die in Seesen benutzt wurden und 1810 und 1816 in Kassel gedruckt wurden. Haben Sie schon mal davon ein Exemplar gesehen? ... Auf das Ergebnis ihrer Nachfrage beim Staatsarchiv betreffend Philipp Rosenthal bin ich gespannt."[73]

In ähnlicher Weise forschte der erfahrene Sammler in Darmstadt bei seinem Kollegen Löwenthal nach Quellen über Herz Hähnle Hachenburger und in Worms nach Elias Grün, in beiden Fällen mit gutem Erfolg. Das ihm zugänglich gemachte Material nutzte Mendel für zwei Arbeiten zur Geschichte der synagogalen Musik im frühen 19. Jahrhundert: Die kleine Studie über Elias Grün erschien im November 1937 in der Zeitschrift „Der jüdische Kantor", das umfangreichere Manuskript über Herz Hähnle Hachenburger, das im Jahr 1938 nirgends mehr angenommen wurde, erscheint erstmals in diesem Buch.[74]

Zu Mendels bekanntesten Korrespondenzpartnern gehören Arno Nadel und Abraham Zwi Idelsohn. Arno Nadel (1878 – 1943) – Kantor, Komponist und Sammler jüdischer Musik – war vielseitig begabt und machte sich einen Namen auch als Schriftsteller und Maler. Nadel stammte aus Wilna und hatte bei Eduard Birnbaum, einem der Erneuerer jüdischer Musik, in Königsberg studiert. Abraham Zwi Idelsohn (1882 – 1938) gilt als einer der Pioniere jüdischer Musikwissenschaft in der ersten Hälfte des 20. Jahrhunderts. Als Musikethnograph bediente sich Idelsohn auf seinen Forschungsreisen der neuesten technischen Mittel: Er notierte nicht nur die Texte und Noten der von ihm aufgenommenen jüdischen Gesänge, sondern zeichnete sie auch mit dem „Phonographen" auf Walzen auf.

Den Briefwechsel mit Nadel begann Mendel nach der Lektüre des Buches „Die häuslichen Sabbatgesänge", in denen der Berliner Musikwissenschaftler eine Auswahl der von ihm gesammelten Sabbatlieder veröffentlicht hatte.[75] Aus dem gemeinsamen Interesse an der Sammlung synagogaler Musik entwickelte sich eine Freundschaft, deren Bedeutung für Erich Mendel kaum zu überschätzen ist. Nadel galt als Autorität im Bereich der jüdischen Musik. Mendel besuchte ihn des öfteren in Berlin und nutzte Nadels Archiv und dessen umfangreiche Privatbibliothek für seine musikhistorischen Studien.

Freundschaft mit Arno Nadel – Musikwissenschaftler, Schriftsteller und Maler

Nadel hatte im Jahr 1900 die Jüdische Lehrerbildungsanstalt in Berlin absolviert, war aber nie als Lehrer an eine Schule gegangen. Zunächst betätigte er sich freiberuflich als Musikschriftsteller. Er betreute die Musikbeilage der jüdischen Zeitschrift „Ost und West", schrieb für die von Martin Buber herausgegebene Monatsschrift „Der Jude", arbeitete gelegentlich für den „Vorwärts" und lieferte auch Beiträge für die Fachzeitschrift „Die Musik".

Im Jahr 1916 wurde Nadel Chordirigent an der Synagoge Cottbuser Ufer in Berlin-Kreuzberg. Sein Interesse galt gleichermaßen der Volksmusik des Ostjudentums wie der synagogalen Musik. Er hatte verschiedene Sammlungen jüdischer Volkslieder herausgegeben, und seine Aufsätze zur Synagogenmusik erstreckten sich auf alle Termine des jüdischen Festjahres. Für Nadel konnte einzig die Musik der Synagoge den Anspruch erheben, unzweifelhaft jüdische Musik zu sein.

Die Jüdische Gemeinde Berlin beauftragte ihn im Jahr 1923 mit der Neubearbeitung der musikalischen Teile der Liturgie. Aus diesem Auftrag entwickelte sich ein „opus magnum", das „Kompendium Hebräischer Musik", an dem Nadel fünfzehn Jahre arbeitete. Das auf sieben Bände angelegte Werk war, wie Mendel in einem unveröffentlichten Manuskript formuliert, „eine Bearbeitung der gesamten, nicht nur in Deutschland gesungenen liturgischen Musik". Erläuternd fügt er hinzu: „Das Kompendium stützt sich auf ältere, bisher unbekannte Quellen und enthält viele Neukompositionen, nicht nur solche des Herausgebers, sondern

„Kompendium Hebräischer Musik"

von jüdischen Komponisten in aller Welt. Arno Nadel besitzt die größte Manuskriptsammlung hebräischer Musik, die sich in Privatbesitz befindet."[76] Es gelang Arno Nadel, den abschließenden siebten Band im Jahr 1938 unmittelbar vor der Pogromnacht fertigzustellen. Anfang November war Nadel bei Mendel zu Besuch in Bochum. Hier hat er seine Vertonung des 150. Psalms geschrieben, mit der das große Werk schließt. Unter das Manuskript setzte Arno Nadel, dem Bach'schen „Soli Deo Gloria" gleich, den handschriftlichen Vermerk:

> *„Halleluja"*
> *Der letzte Psalmvers für 13-stimmigen Chor, Horn, zwei Klaviere und Orgel*
> *von*
> *A.N.*
> *(1. – 8. November 1938 in Bochum)*

Als Mendel im Sommer 1939 kurz vor seiner Emigration noch einmal nach Berlin kam, hat Nadel ihm dieses Manuskript zum Abschied geschenkt; für Mendel gehörte es zeitlebens zu den größten Kostbarkeiten seiner Sammlung. Der letzte Text, den Mendel im „Israelitischen Familienblatt" vor seiner erzwungenen Emigration veröffentlichte, war eine Würdigung Arno Nadels zu dessen 60. Geburtstag am 3. Oktober 1938.[77] Obwohl Arno Nadel ein Visum für England besaß, emigrierte er nicht. Zusammen mit seiner Frau wurde er am 12. März 1943 mit dem 36. Transport von Berlin nach Auschwitz verschleppt und ermordet.

Abraham Zwi Idelsohn

Der ebenso wie Nadel aus Litauen stammende Abraham Zwi Idelsohn hatte in Berlin und Leipzig studiert. Nach einem Kantorat in Regensburg wirkte er für kurze Zeit in Johannesburg (Südafrika), danach etwa fünfzehn Jahre als Lehrer und Kantor in Jerusalem. „Diese Station seines Lebens von 1906 bis 1921", so schrieb Mendel 1938 in seinem Nachruf auf Idelsohn, „war der zentrale Punkt seines Schaffens. Wissenschaftliche Institutionen ermöglichten es ihm, u. a. die Gesänge der jemenitischen, der persischen und der marokkanischen Juden zum erstenmal aufzunehmen, um sie so der wissenschaftlichen Forschung zugänglich zu machen. So entstanden die ersten grundlegenden Veröffentlichungen über die orientalische Musik. Diese Arbeiten wurden später in den ersten fünf

Bänden des ‚Hebräisch-Orientalischen Melodienschatzes' niedergelegt. Der erste Band, ‚Gesänge der jemenitischen Juden', erschien 1914."[78] Im Jahr 1921 verließ Idelsohn Palästina und ging auf Forschungs- und Vortragsreisen nach Deutschland, England und in die USA. Hier wirkte er von 1924 bis 1937 als Professor für Jüdische Musik am Hebrew Union College in Cincinnati (Ohio). In dieser Zeit schrieb er die erste umfassende Geschichte der jüdischen Musik „Jewish Music in its Historical Development", New York 1929. Zur gleichen Zeit kamen in schneller Folge die restlichen Bände des „Melodienschatzes" heraus, der zehnte und letzte Band erschien 1932.

Idelsohns monumentales Werk wurde auch ins Deutsche übertragen, und Erich Mendel schaffte sich alle zehn Bände an. In einem Brief an Idelsohn vom 10. Juli 1938 schrieb Mendel: „Viele meiner freien Stunden verbringe ich damit, in Ihrem ‚Melodienschatz' und in Ihrer ‚Jewish Music' zu arbeiten. ... Sehr verehrter Herr Professor! Sie haben mich durch das Studium Ihrer Werke zu Ihrem Schüler gemacht, ohne dass es mir vergönnt war, persönlich von Ihnen unterrichtet zu werden." Diesem Bekenntnis fügt der unter zunehmender Entrechtung und Ausgrenzung leidende Bochumer Kantor eine Bitte an: „Da auch ich der Frage der Auswanderung nähertreten muss, möchte ich Ihnen heute einmal von dem Wunschtraum meines Lebens schreiben. Vielleicht steht es in Ihrer Macht, diesen Traum zur Wirklichkeit werden zu lassen. Es wäre mein Wunsch, an der Bibliothek des Hebrew Union College in Cincinnati in der Sammlung Birnbaum zu arbeiten. Ich möchte zwar annehmen, dass dort sicherlich schon jemand arbeitet, aber vielleicht will es der Zufall, dass auch für mich dort ein Arbeitsplatz wäre."[79] Mendel nennt in diesem Brief auch seine wissenschaftlichen Pläne, darunter eine „Bibliographie der gesamten synagogalen Musik" und ein „Handlexikon der jüdischen Musik und Musiker."

Dass der Bochumer Sammler und Musikhistoriker für derartige Projekte gute Voraussetzungen mitbrachte, wusste Idelsohn schon aus der vorausgegangenen Korrespondenz. Denn Mendel hatte – als ein „Schüler par distance", wie er sich nannte – Idelsohn bereits früher einige seiner Aufsätze geschickt. So ließ er ihm im Jahr 1937 etwa die Abhandlung „Ignaz Brüll. Zur Frage der ‚Jüdischen Musik' "[80] mit der Bitte um Prüfung zugehen,

Überlegungen und Wünsche für einen Neuanfang n der Emigration

außerdem die Arbeit „Zum Semirot-Singen".[81] Mit letzterer signalisierte Mendel seine persönliche Zustimmung zu einer Beobachtung Idelsohns aus der Praxis des jüdischen Musiklehrers: „Sie schrieben mir mit Recht, dass gerade die Arbeit mit Kindern immer neue Erkenntnisse über das hebräische Lied eröffnet." Die gegenseitige Wertschätzung des weltweit renommierten Forschers und des Bochumer Kantors beruhte auf der für beide unverzichtbaren Verbindung von Theorie und Praxis. Da Idelsohn am 14. August 1938 starb, konnte er dem bedrängten Bochumer Kantor für dessen Zukunft nicht mehr behilflich sein. Erich Mendel aber widmete seinem großen Lehrer einen Nachruf, in dem er an Idelsohn hervorhob, was ihm selbst das höchste Ziel war: „Sein Leben und Werk ist von einer Synthese erfüllt: Von der Verbindung von Lehre und Tat, von der Umsetzung der theoretischen Erkenntnis in die lebendige Wirklichkeit."[82]

Freundschaft mit Hugo Chaim Adler

Auch Mendel ging es nicht nur um das Sammeln und Erforschen. Ihm ging es ganz wesentlich um das Musizieren, um die praktische Pflege der synagogalen Musik im Gottesdienst und des jüdischen Liedes in der Schule. Welche Chancen hier lagen, welche Wege zu gehen und welche Schwierigkeiten zu überwinden waren, belegt der umfangreiche Briefwechsel mit dem Mannheimer Kantor Hugo Chaim Adler (1894 – 1955).[83]

Die Jüdische Gemeinde Mannheim, die schon im 19. Jahrhundert ein vielseitiges Musikleben hervorgebracht hatte[84], entwickelte sich nach dem Ersten Weltkrieg musikalisch zu einem der aktivsten Zentren jüdischen Lebens in Deutschland: „Unter Führung des jungen liberalen Rabbiners Max Grünewald (1899 – 1993) stand die Pflege jüdischer Musik in dieser Gemeinde – die auf über zehn jüdische Orchester und Chöre verweisen konnte – im Dienste des umfassenden Bildungsauftrags der jüdischen Renaissance. Im Mannheimer Lehrhaus, das Grünewald im September 1929 eröffnete, war Musik das wichtigste Fach des Lehrplans."[85] Neben dem Rabbiner waren es die beiden Musiker der Gemeinde, der Kantor Hugo Adler und der Kapellmeister Max Sinzheimer, die – in ihren Grundauffassungen und Zielsetzungen mit Max Grünewald übereinstimmend – das religiöse und kulturelle Leben zur Blüte brachten.

Hugo Chaim Adler – Kantor und Komponist

Hugo Chaim Adler, gebürtig aus Antwerpen, wirkte von 1924 bis zu seiner Emigration 1939 an der liberal geprägten Mannheimer Hauptsynagoge. Nach seiner Ausbildung zum Kantor studierte er Komposition an der Musikhochschule Mannheim bei Ernst Toch, der ihn mit der Musiksprache Paul Hindemiths vertraut machte. Adler stand in Verbindung mit Franz Rosenzweig, dessen Vorstellungen von der Wiedergeburt jüdischer Bildung durch das „Lehrhaus" er teilte. Auf diesem Hintergrund schrieb Adler umfangreiche Werke wie die Lehrkantate „Licht und Volk", zu der Rabbiner Grünewald den Text geliefert hatte. Es geht in dem für das Chanukka-Fest geschaffenen Werk um die Unterdrückung und Befreiung des jüdischen Volkes in der Makkabäerzeit. Grünewalds Text ist „transparent für das Ringen um Selbstbesinnung und innere Erneuerung in der Situation von 1930. ... In seiner Komposition setzte Hugo Adler an die Stelle vertrauter, wohlklingender Harmonien eine lineare Stimmführung, die nach seiner Überzeugung der jüdischen Musik entsprechen würde."[86] Die Entstehung weiterer großer Kompositionen von Hugo Adler spiegelt sich bereits im Briefwechsel mit Erich Mendel, etwa die Arbeit an dem biblischen Oratorium „Balak und Bileam" (1934) und vor allem die mühevolle Genese der „Akeda", einer musikalischen Gestaltung der Geschichte von „Isaaks Bindung".

Die Arbeit an der „Akeda", die als Schuloper geplant war und in Stuttgart aufgeführt werden sollte, beeinträchtigte in den Jahren 1937 und 1938 immer wieder ein Projekt, zu dem Adler und Mendel sich verabredet hatten: die gemeinsame Herausgabe eines Chorliederbuchs für die Jugend. Manchmal musste Mendel wochenlang auf eine Antwort von Adler warten. Außerdem störte ihn, dass Adler des öfteren vergaß, seinen Herausgeberkollegen über den Stand der redaktionellen Arbeiten und der Verhandlungen mit Verlagen, Genehmigungsbehörden oder Zuschussgebern zu berichten. So schreibt Mendel in einem Brief vom 30. April 1938 einigermaßen frustriert: „Ich will Dir nun einmal auseinandersetzen, warum Du mich so verärgert hattest. Du hast mir nicht nur wochenlang nicht geschrieben. Sieh Dir einmal unsere Korrespondenz an, wenn Du sie verwahrst.

Aufführung der Lehrkantate „Licht und Volk" durch den „Liederkranz" im Musensaal des Rosengartens, Mannheim 1930. Der Text stammte von Rabbiner Grünewald, Komponist war Hugo Chaim Adler.

Schon seit Dezember hast Du kaum von Dir hören lassen. Selbstverständlich hätte ich erwartet, dass Du mich über den Stand des Liederheftes auf dem Laufenden gehalten hättest. Aber darüber hinaus habe ich es gar nicht verstehen können, dass Du Dich so ausgeschwiegen hast. Ich habe doch durch verschiedene Briefe und sogar zwei Anrufe versucht, Dich zum Schreiben zu bringen, aber Du hast nicht reagiert. Unter dem 7. Februar schrieb mir die Schulabteilung, dass sie mit Dir mehrfach korrespondiert habe und der Annahme sei, dass Du mich unterrichtet hättest. Darauf schrieb ich Dir am 8. Februar, telefonierte mit Dir einige Tage später und höre dann am 24. Februar von Dir, dass Du das Manuskript schon nach Berlin geschickt hast. Ich habe es als sehr eigenartig empfunden, dass ich es nicht wenigstens einmal gesehen habe."[87]

Chorliederbuch für die Jugend von Hugo Adler und Erich Mendel – Entwicklung des Konzeptes

Das Konzept des Chorliederbuchs hatten die beiden Freunde im August 1937 entwickelt, als Mendel bei Hugo Adler in Mannheim zu Besuch war. Unmittelbar nach seiner Rückkehr in Bochum bestätigt er noch einmal voller Enthusiasmus die Ergebnisse der inhaltlichen Planung, bevor er über die Gestalt des Buches und den verlegerischen Wunschpartner schreibt: „Ich habe mir den Inhalt des Singebuchs noch einmal durch den Kopf gehen lassen und habe die feste Überzeugung, dass das Buch auf ein starkes Interesse stoßen wird, dass es überhaupt dem hebräischen Singen einen mächtigen Auftrieb geben wird, nicht nur in Deutschland, auch darüber hinaus. Dem wertvollen Inhalt muss aber auch ein entsprechendes Gewand gegeben werden. Deshalb mache ich Dir folgenden Vorschlag: Ich habe mir in den Kopf gesetzt, dass das Buch im Schocken-Verlag erscheinen muß. ... Das Vorwort werde ich in den nächsten Tagen entwerfen. Du hast tatsächlich recht, das Buch muss jetzt heraus, aber es muss richtig heraus."[88]

Probleme bei der Realisierung

Die Realisierung des Buches gestaltete sich allerdings schwierig. Enttäuscht musste Mendel im Oktober berichten, dass der Schocken-Verlag abgewinkt habe, da ein Chorliederbuch nicht in seine Produktion passe.

Der Jüdische Verlag Berlin zeige sich zwar interessiert, brauche aber binnen kürzester Frist ein vollständiges Manuskript, um die Genehmigung des Verlegers in Jerusalem einzuholen. Mendel schlägt dem Freund vor, sich für eine Woche beurlauben zu lassen und nach Bochum zu kommen: „Dann kannst Du hier das Manuskript (sc. der Noten) schreiben. Ich helfe Dir, was ich kann. Die hebräischen Texte werden aus anderen Büchern geschnitten und darunter geklebt. Ich werde zwar morgens in der Schule sein, da kannst Du hier in aller Ruhe arbeiten."[89] Doch Adler kann auf diesen Vorschlag nicht eingehen, und beide überlegen nun, durch Anträge an die jüdischen Landesverbände in Baden und Württemberg und an die Schulabteilung der „Reichsvertretung der Juden in Deutschland" Druckkostenzuschüsse und Abnahmegarantien für das geplante Buch zu bekommen.

Wer bezweifelt, dass Juden in Deutschland noch in der Zeit des Nationalsozialismus „deutsch" dachten und handelten, findet im Schriftwechsel von Hugo Adler und Erich Mendel mit diesen Behörden groteske Belege. Die Schulabteilung in Berlin braucht volle sechs Wochen, um überhaupt den Eingang eines Antrags zu bestätigen.[90] Und auf das devote Anschreiben „An den verehrlichen Oberrat der Israeliten" in Karlsruhe bzw. Stuttgart reagieren diese Behörden mit der umständlichen Einforderung von Fachgutachten.[91] Dass die beiden Antragsteller nicht nur angesehene Kantoren waren, sondern der eine dazu noch ein bekannter Komponist und der andere ein erfahrener Musikpädagoge, hätten die Behördenleute wissen können. Vor allem aber hätten sie vor Augen haben müssen, wie es aktuell in den jüdischen Schulen und Gemeinden aussah.

Das ehrgeizige Projekt scheitert ...

In eben jenen Tagen, in denen die bürokratischen Mühlen der „Oberräte" mahlten, schrieb Mendel an Adler: „Ich will kein Schwarzseher sein, aber mir scheint doch, dass sich die Lage der Gemeinden in den kommenden Monaten sehr verschlechtern wird. Die Auswanderung geht stürmisch weiter, der Rest bei uns sind die Wohlfahrtsempfänger. Auch der Weg der jüdischen Schulen geht steil abwärts. ... Es ist eine große Tragik, wenn man sieht, wie das Judentum in Deutschland auseinanderfällt."[92] Trotz aller Widrigkeiten geben Adler und Mendel nicht auf. Sie werden bestätigt durch die Erfahrung, dass Materialien, wie sie das Chorbuch enthalten soll, von den Lehrern an jüdischen Schulen nachgefragt werden. Als Erich Mendel im „Verein Israelitischer Lehrer der Rheinprovinz und Westfalens" auf der Bezirkskonferenz Ruhr-Niederrhein in Mülheim am 23. Januar 1938 einen Vortrag über „Das hebräische Lied und seine unterrichtliche Behandlung" hielt, wurde aus der Versammlung genau dieser Wunsch geäußert. Über den Vortrag und die Aussprache berichtete die Jüdische Schulzeitung: „Für die unterrichtliche Behandlung fordert er (sc. Erich Mendel), dass die Kinder (möglichst unter Mitwirkung des hebräischen Lehrers) die Texte gut lesen können und den Inhalt verstehen. Für die weltlichen Lieder schlägt er die sephardische, für die religiösen die aschkenasische Aussprache vor. Auf die Anregung des Kollegen Frank-Duisburg, der Vortragende möchte die von ihm genannten neuen Lieder und ein Chorbuch herausgeben, teilt Kollege Mendel mit, dass ein von ihm in Gemeinschaft mit Hugo Adler verfasstes Manuskript: ‚Samru bemakheloth' (Singt im Chor) bereits vorliege und hoffentlich die Mitwirkung interessierter Kreise finden werde, so dass es in absehbarer Zeit herausgegeben werden könne."[93]

... an behördlicher „Saumseligkeit und Verschlafenheit".

Diese Hoffnung erfüllte sich nicht. Noch weitere sechs Monate kämpften Adler und Mendel um das Erscheinen des Chorbuchs. Dann gaben beide auf. Es war Selma Adler, die Ehefrau Hugo Adlers, die Klartext redete. Am 13. August 1938 schrieb sie an Erich Mendel: „Ich halte es für sinnlos, in dieser Zeit so etwas zu machen, insbesondere noch, wo wir im Aufbruch sind. ... Dass es heute nicht mehr angängig ist, liegt ... an der Saumseligkeit und Verschlafenheit der Schulabteilung. ... Ich möchte Ihnen vorschlagen: Lassen Sie sich vor allem die gesamten Partituren zurückgeben. ... Es wäre zu überlegen, ob man dieses Material nicht auch im Ausland gut gebrauchen könnte."[94]

Ob die beiden Freunde dem Rat der klugen Frau gefolgt sind, ist nicht bekannt. Wahrscheinlich ist das Manuskript des Chorbuchs verschollen. Erhalten geblieben sind das Inhaltsverzeichnis und das Vorwort. Das Vorwort wird hier abgedruckt, um zu dokumentieren, welche Impulse Hugo Adler und Erich Mendel der jüdischen Jugend in der immer bedrohlicher werdenden Situation des nationalsozialistischen Deutschland am Ende der dreißiger Jahre geben wollten.

Vorwort

Dieses Chorliederbuch will die Pflege des hebräischen Liedes durch neue Kompositionen und durch Neubearbeitungen von zum Teil mehr oder weniger bekannten Melodien weiteren Auftrieb geben, will helfen, dass der Gesangunterricht zum Musikunterricht im weitesten Sinne werde, will neben dem Singen durch die Heranziehung des Instrumentalspieles die Lust zum Musizieren wecken und fördern.

Schon bei der Musik im Tempel verbanden sich Gesang und Instrumentalspiel, um den heiligsten Gefühlen der Juden Ausdruck zu geben. Und diese Lust zum Singen und zum Musizieren, sie hat sich durch das Ghetto des Mittelalters hindurch in der Synagoge und im Hause bis auf unsere Zeit erhalten. Mit der Renaissance der hebräischen Sprache wurde auch das hebräische Lied zu neuem Leben erweckt. Sowohl religiöse als auch weltliche Weisen erklingen wieder aus dem Munde jüdischer Menschen.

Die Sammlung will speziell dem Chorgesang neuen Stoff bieten. Zum echten fröhlichen Singen gehören Kanons, polyphone und mehrstimmige Bearbeitungen, die bisher fehlten.

Das Buch bringt im ersten Teile Kinderlieder, die gleichzeitig mit Bewegungsspielen verbunden werden können und sich teilweise auch schon für das vorschulpflichtige Alter eignen. Die Kanons im Zweiten Teile wollen den oft trockenen Gesangunterricht im alten Sinne zum bewussten musikalischen Gestalten führen und zur Mehrstimmigkeit überleiten. Der dritte Teil lässt das Jahr der Juden, ausgehend vom Sabbat, im Liede vorüberziehen, wobei den Semirot Schabbat ein besonderer Platz eingeräumt wurde. Die Psalmen des vierten Teiles sollen bei den festlichen Veranstaltungen in der Schule und im Bund, in der Synagoge und in der Gemeinde, Ausdruck einer neuen Form der Feier werden, die dem Juden unserer Tage adäquat ist.

Voraussetzung der ausdrucksvollen Gestaltung dieser Psalmen und des hebräischen Liedes ist die sprachliche und inhaltliche Beherrschung des Textes. Diese Forderung muss mit aller Entschiedenheit und Eindringlichkeit erhoben werden. Zur Erreichung dieses Zieles müssen, insbesondere an den ausgebauten Schulsystemen, der Musiklehrer und der Lehrer für Hebräisch Hand in Hand arbeiten, um eine wirkliche Einfühlung in den Text zu erreichen.

Entwurf des Vorworts für das geplante Chorliederbuch

Die Herausgeber haben bei der Anlage des Buches bevorzugt Gebettexte, einzelne Tenachverse und Psalmen ausgewählt, die in der heiligen Sprache bisher nicht in Musik gesetzt waren oder so vertont wurden, dass sie für das lebendige Singen unserer Jugend zum grossen Teile ungeeignet waren. Mit dieser bewussten Hinwendung zum religiösen Lied soll dem weltlichen Lied in keiner Weise Abbruch getan werden. Dieses Chorliederbuch gibt Neuschöpfungen und Bearbeitungen, die versuchen, den tiefen Inhalt des Textes in der Tonsprache unserer Zeit auszuschöpfen und zu verlebendigen.

Wenn auch bei der Zusammenstellung des Buches der inhaltliche Aufbau in erster Linie massgebend war, so wurde der Anordnung in bezug auf die Schwierigkeiten der Lieder dadurch entsprochen, dass die Kinderlieder und die Kanons an den Anfang gestellt wurden. In diesen beiden Abschnitten sind die Stoffe der Schwierigkeit nach geordnet. Für die folgenden Abteilungen konnte diese Reihenfolge aus dem vorgenannten inhaltlichen Gesichtspunkt heraus nicht durchgeführt werden. Um jedoch den Musikunterrichtenden mit einer Stoffverteilung an die Hand zu gehen, wurde in einem besonderen Anhang das gesamte Liedgut der Schwierigkeit nach für die Unter-, Mittel- und Oberstufe zusammengestellt. Der Einfachheit halber werden für diese Stufen die Bezeichnungen III, II und I gebraucht. Die Herausgeber schulden einer Reihe von Mitarbeitern und der Frankfurter Lehrerschaft Dank für die Unterstützung, die ihnen zuteil wurde. Beiträge lieferten die Herrn ...* teils durch eigene Kompositionen, teils durch Bearbeitungen. Die nichtbezeichneten Lieder sind Bearbeitungen von Hugo Adler. Das gemeinsam gesungene Lied hat zu allen Zeiten Juden zusammengeführt und sie einander nähergebracht. Die enge Verwandtschaft des Wortes „Makhelah" mit dem Worte „Kehillah" zeigt schon die verbindende Macht des Chorgesanges.

Wenn diese Chorliederbuch zur Erneuerung und zur Vertiefung der Tonsprache unseres Volkes beitragen würde, so wäre das sein schönster Erfolg.

Mannheim – Bochum, im ...**

Hugo Adler   *Erich Mendel*

* Im Manuskript sind keine Namen angegeben.
** Das Datum ist noch nicht angegeben.

Der schwere Weg in die Emigration

In den Tagen nach dem Novemberpogrom wurden Tausende jüdischer Männer in „Schutzhaft" genommen. Die meisten von ihnen kamen in die Konzentrationslager Buchenwald, Dachau und Sachsenhausen. Einige wenige blieben in den örtlichen Polizeigefängnissen und wurden schon nach wenigen Tagen wieder freigelassen. Auf die anderen warteten qualvolle Wochen und Monate, auf viele der Tod. Unter den etwa sechzig Bochumer Juden, die in das KZ Sachsenhausen deportiert wurden[95], befand sich auch Erich Mendel.

Das Konzentrationslager Sachsenhausen wurde 1936 bei Oranienburg nördlich von Berlin errichtet. Die von SS-Architekten konzipierte Anlage hatte als Modell- und Schulungslager der SS eine Sonderstellung im System der nationalsozialistischen Konzentrationslager. Sachsenhausen war Ausbildungsort für KZ-Kommandanten und Bewachungspersonal.

Schon der Grundriss des Lagers zeigt, dass die Häftlinge völlig ihren Bewachern ausgeliefert waren. Die Anlage – heute eine Gedenkstätte – hat die Form eines Dreiecks, auf dessen Mittellinie der Turm mit dem Sitz der Lagerleitung lag. Vor diesem Turm befand sich der halbkreisförmige Appellplatz, dahinter gruppierten sich fächerförmig die Baracken für die KZ-Insassen. Außerhalb der Lagermauer war das SS-Truppenquartier für die Bewacher angelegt, dazu eine Wohnsiedlung für die höheren SS-Dienstgrade und ihre Familien. Im weiten Umkreis befanden sich Außenlager, in denen die Häftlinge Zwangsarbeit leisten mussten. Nach der Pogromnacht vom 9./10. November 1938 wurden etwa 6.000 Juden eingeliefert. Insgesamt

Luftbild des KZ Sachsenhausen

Links: Eingang des sogenannten Schutzhaftlagers Sachsenhausen
Rechts: Zählappell jüdischer Häftlinge im Lager

waren zwischen 1936 und 1945 mehr als 200.000 Menschen in Sachsenhausen inhaftiert. Viele von ihnen starben an Unterernährung und Krankheit, wurden Opfer von Misshandlungen oder medizinischer Experimente.

Wer die Haftbedingungen ausgehalten und das Glück hatte, entlassen zu werden, bekam die Auflage, nichts Nachteiliges über seine Lagerzeit zu erzählen. Leo Trepp, Rabbiner aus Oldenburg, berichtet: „Bei der Entlassung wurden wir ermahnt: ‚Es ist euch hier gut ergangen, eure Behandlung in der Schutzhaft war sehr menschlich. Wagt niemals etwas anderes zu sagen, sonst kommt ihr zurück. Selbst wenn ihr aus Deutschland weg seid, sagt nie eine Lüge über schlechte Behandlung. Der Führer erreicht euch, ob ihr in England oder Amerika seid. Habt ihr irgendeine Klage? Jetzt habt ihr die Möglichkeit, sie vorzubringen.' Keiner hatte eine Klage, und wir unterzeichneten die Erklärung, dass wir sehr gut behandelt worden seien."[96]

Wie die Häftlinge tatsächlich behandelt wurden, ist inzwischen durch eine ganze Reihe biographischer Berichte bekannt geworden. In seinen unveröffentlichten „Erinnerungen" beschreibt der Bochumer Kaufmann Leo Baer den „Empfang" der Häftlinge in Sachsenhausen so: „Der Zug hielt noch nicht ganz, als auch schon von allen Seiten das blendende Licht von Scheinwerfern in unsere Waggons drang. Türen wurden aufgerissen und in einem ohrenbetäubenden Gebrülle hörte man: ‚Raus, Ihr verdammten Judenschweine! Seid Ihr noch nicht heraus?' Kolbenschläge sausten auf uns nieder. ... Ich ... weiß nur, dass ich nach einem heftigen Tritt nach draußen flog und auf dem Boden liegend mit Stiefeln der SS traktiert wurde."[97] Im Lageralltag machten sich die SS-Leute einen Spaß daraus, mit den Häftlingen, oft älteren Herren, ihren Mutwillen zu treiben. Hans Reichmann, Jurist beim „Centralverband deutscher Staatsbürger jüdischen

Zahlungsbelege für Geldsendungen an Erich Mendel (KZ Sachsenhausen)

Glaubens" berichtet in seinem Buch „Deutscher Bürger und verfolgter Jude": „Der unverhüllte Trieb des Pervertierten wird offenbar, ungebärdig, wild, dreckig. Sie kreischen wie Geier und schlagen wie der Geier auf seine Beute auf uns nieder. Sie stellen den Vorwärtshastenden ein Bein und schlagen mit dem Kolben, wenn jemand zu Boden fällt. Alte Männer stürzen. Sie fallen über die Vordermänner. Das erhöht die Lust an der Quälerei. Wer fällt, wird wuchtig mit dem Fuß getreten."[98]

Erich Mendel bekam nach seiner Einlieferung im KZ Sachsenhausen die Häftlingsnummer 011682 und wurde in den Block 19 eingewiesen.[99] Aus Bochum befanden sich dort neben dem schon genannten Kaufmann Leo Baer u.a. auch die Rabbiner Moritz David und Josef Kliersfeld sowie der aus einer jüdischen Familie stammende evangelische Pfarrer Hans Ehrenberg.

In den persönlichen Erinnerungen, die Leo Trepp in seine „Geschichte der deutschen Juden" eingefügt hat, schreibt der Rabbiner über die Unterbringung in den Baracken und über den Tagesablauf im Lager: Die Baracken „bestanden aus einem Aufenthalts- und Schlafraum mit Gerüsten aus Brettern, auf welchen wir zusammengepfercht schliefen. Daneben war ein Waschraum mit Latrine. ... Es gab keine Heizung, und wir froren, vor allem, wenn wir völlig durchnässt aus dem Regen zurückkamen. ... Um vier Uhr morgens und dann am Nachmittag traten wir in Reih und Glied auf dem Paradeplatz an. Scheinwerfer ließen ihre Strahlen über die Menge kreisen, die Maschinengewehre auf den Wachttürmen waren auf uns gerichtet. So standen wir, wurden gezählt und wieder gezählt, dass keiner fehlte."[100] Unter den jüdischen Häftlingen befanden sich viele Angehörige akademischer Berufe, außerdem Kaufleute und Künstler, die allesamt körperliche Arbeit nicht kannten. Für die Älteren war die Tortur besonders schwer zu ertragen, zumal unter den Bedingungen des norddeutschen Winterwetters. Erich Mendel, damals sechsunddreißig Jahre alt, überstand das Lager zwar, allerdings krank und zunächst dienstunfähig. Als er An-

Häftlingsalltag im KZ Sachsenhausen

fang Dezember 1938 entlassen wurde, musste er nicht nur versprechen, nichts Nachteiliges über die Zeit im KZ zu erzählen. Er hatte auch, wie er später bei der Klärung seiner Pensionsansprüche dem Innenministerium des Landes Nordrhein-Westfalen mitteilte, „ein Schriftstück des Inhalts zu unterschreiben, dass ich Deutschland binnen bestimmter Frist verlassen würde."[101]

Systematische Auslöschung jüdischen Lebens nach dem Novemberpogrom

Offensichtlich betrachtete das Naziregime die befristete Inhaftierung im Konzentrationslager nach der Pogromnacht als Druckmittel für die beschleunigte Auswanderung der Juden. Weitere Repressionen, die diesen Zweck verfolgten, lieferte die staatliche Verordnungsmaschinerie unverzüglich. Sie produzierte im November 1938 in rascher Folge eine Bestimmung nach der anderen. Alle zielten darauf ab, die wirtschaftliche Existenz der Juden endgültig zu zerstören.

Inhaber von Geschäften, die zerstört und geplündert worden waren, mussten nicht nur die Reparaturen selbst bezahlen, sondern auch die Schäden im Straßenbild auf ihre Kosten beheben lassen. Versicherungsleistungen wurden vom Deutschen Reich konfisziert. Damit nicht genug. Am 12. November 1938 kam die Verordnung einer „Sühneleistung" heraus.[102] Am selben Tag ordnete das Regime die Einstellung aller jüdischen Geschäftstätigkeit zum 1. Januar 1939 an. Ein weiterer Erlass vom 3. Dezember verfügte den Zwangsverkauf jüdischer Betriebe. In der Folge wurden Gewerbebetriebe, die noch in jüdischer Hand waren, zunächst enteignet, danach von staatlichen „Treuhändern" unter Wert geschätzt und zum normalen Verkehrswert an „Arier" verkauft. Der Gewinn floss in Hitlers Rüstung. Außerdem mussten Juden innerhalb der genannten Frist ihren Grundbesitz sowie Wertpapiere, Juwelen und Kunstwerke veräußern. Auch bei diesen Verkäufen verdiente der Staat. Mit einer Verordnung, die gleichfalls zum Stichtag 1. Januar 1939 in Kraft trat, wurden Juden obendrein aus der öffentlichen Fürsorge ausgeschlossen.

In den Wochen nach dem Novemberpogrom entzogen die Nazis den Juden aber nicht nur jede wirtschaftliche Basis, sie verschärften auch die gesellschaftliche Ausgrenzung. Am 15. November wurden alle jüdischen

Kinder und Jugendlichen aus deutschen Schulen ausgeschlossen. Auch diejenigen, die ein Gymnasium oder eine Realschule besuchten, mussten zurück in die jüdische Volksschule. Dort waren in Bochum vor dem 9. November 1938 zuletzt noch 49 Schülerinnen und Schüler unterrichtet worden. Da die Räume im Schulgebäude an der Wilhelmstraße verwüstet waren, musste der Unterricht bis zum Jahresende ausfallen. Als die jüdische Schule am 7. Januar 1939 wieder öffnete, hatte die Zahl mit 34 einen neuen Tiefstand erreicht, obwohl relegierte Schüler hinzugekommen waren. Den Unterricht erteilten nach wie vor Else Hirsch und Erich Mendel. Die Lehrerin unterrichtete – wie bisher – die Klassen 1-4, der Lehrer die Klassen 5-8, in die jetzt auch alle diejenigen kamen, die ihre weiterführende Schule hatten verlassen müssen, aber noch schulpflichtig waren. Eine dieser Schülerinnen erinnert sich: „Weil ich im 5. Schuljahr die Sexta am Freiherr-vom-Stein-Lyzeum bezog, habe ich Erich Mendel nur sehr kurz als Lehrer erlebt, nämlich nach der Kristallnacht. ... Niemand war bei der Sache. Die ausgebrannte Synagoge war vom Klassenzimmer aus sichtbar. Es war eine schlimme Zeit, und ich glaube, Erich Mendel war nicht mehr lange dort, ehe er nach Amerika auswandern konnte, nach seinem KZ-Erlebnis."[103]

Erich Mendels Ausweis als Mitglied des Jüdischen Kulturbundes in Deutschland für das Jahr 1938.

Schritte zur Vorbereitung der erzwungenen Emigration

Tatsächlich begann Erich Mendel sofort nach seiner Rückkehr aus Sachsenhausen damit, umsichtig und konsequent seine Auswanderung vorzubereiten. Auch dieser Abschnitt des Weges in die Emigration war unangenehm und beschwerlich. Während die Politik die Auswanderung der Juden zu dieser Zeit noch forcierte, legte die Bürokratie ihnen Hindernisse in den Weg. Die Auswanderungswilligen mussten sich nicht nur Visa und Einreisegenehmigungen der Ziel- und Transitländer beschaffen, sie hatten auch alle möglichen Bescheinigungen deutscher Behörden vorzulegen. Es galt, die Wohnung aufzulösen, eine Genehmigung für den Aufenthalt im Ausland („Heimatschein") zu erwerben und die finanziellen Angelegenheiten zu regeln, insbesondere im Blick auf die Absicherung der Versorgungsbezüge. Dass die „Auswanderung" in Wahrheit eine Vertreibung oder eine Flucht war, wird durch die Auflage der „Reichsfluchtsteuer" indirekt bestätigt. Wer nachgewiesen hatte, dass keinerlei Steuerschulden – weder gegenüber der eigenen Stadt noch gegenüber dem

Heimatschein für den Aufenthalt im Ausland – Bescheinigung über die Reichsangehörigkeit Erich Mendels mit zeitlicher Einschränkung (6. Juli 1941)

Reich – bestanden, hatte zuletzt sogar für die erzwungene Emigration zu zahlen. Im Nachlass Erich Mendels findet sich aus der Zeit zwischen Dezember 1938 und Juli 1939 eine umfangreiche Korrespondenz mit kommunalen und staatlichen Stellen, insbesondere mit der Polizei, mit Finanz- und Zollämtern sowie mit dem Regierungspräsidium in Arnsberg. Eine detaillierte Wiedergabe und Auswertung würde den Rahmen dieser Darstellung sprengen.[104] Hier werden nur einige Schriftstücke herangezogen, die Mendels Bemühungen spiegeln, seine Sammlung jüdischer Musik zu retten.

Da die Sammlung viel zu groß war, um sie bei der Ausreise mitzuführen, entschied Mendel sich für eine Zwischenlagerung in Holland. Sally Löhnberg in Enschede, der Bruder seiner Mutter, hatte sich bereit erklärt, die Kisten vorübergehend auf dem Dachboden seines Hauses zu lagern. Am 27. Dezember 1938 heißt es in einem Brief an die Devisenstelle des Oberfinanzpräsidenten in Münster: „Ich beabsichtige, in Kürze nach Amerika über Holland auszureisen, sobald mir meine Verwandten in Holland die beantragte Einreiseerlaubnis übersenden. Zur Zeit gebe ich schon meine Wohnung auf. Deshalb bitte ich höfl. um die Genehmigung, schon jetzt meine Bücher und Noten zu meinen Verwandten nach Holland schicken zu dürfen. ... Die Bücher sind zum größten Teil antiquarisch erworben, zu einem Teil mir von pensionierten Kollegen geschenkt worden. ... Ich hoffe, im Ausland wieder eine Stellung als Lehrer und Kantor zu finden. Für diese Berufsarbeit benötige ich meine Bücher und Noten. Deshalb bitte ich höfl. um die erbetene Genehmigung."[105] Ähnlich wie hier gegenüber der

Der schwere Weg in die Emigration

Devisenstelle hatte Mendel zuvor auch schon gegenüber dem staatlich vereidigten Auktionator den Wert seiner Sammlung heruntergespielt. Die Aufstellung nimmt sich entsprechend bescheiden aus:

Taxierung der Sammlung Erich Mendels durch den amtlich bestellten Bochumer Auktionator

Im Auftrage des Lehrers und Kantors Erich Mendel in Bochum, Goethe-Strasse 20 habe ich heute die zum Umzugsgut gehörigen und zum Versand nach U S A Nordamerika bestimmten Gegenstände lt. untenstehender Aufstellung aufgenommen und taxiert.

———————————

Gebrauchte Gegenstände welche vor dem Jahre 1933 im Besitze des Herrn Erich Mendel gewesen sein sollen. Die Anschaffungsjahre sind mir von Herrn Mendel angegeben.

100 Bücher und Broschüren über Musik	Wert RM. 50.--
50 Bände Klavier und Gesangsnoten	" " 40.--
4 einfache Bücherregale	" " 20.--
1 kleiner Aktenschrank mit Jalousie	" " 20.--
500 hebräische Bücher, Bücher über jüdische Musik, jüdische Noten, jüdische Literatur, einzelne jüdische Zeitschriften. Von sämtlichen vorstehenden Büchern und Noten sind nach Angabe des Herrn Mendel für nach dem Jahre 1933 für angeschafft worden.	" " 150.--
	RM. 280.--

Eine Taxe über hebräische und jüdische Bücher kann ich nicht abgeben.

Die mir von Herrn Erich Mendel gemachten Angaben über Anschaffungs-jahre habe ich geprüft und für richtig befunden.
Den Wert der Gegenstände habe ich auf Grund der Beschaffenheit fest-gestellt und bildet den heutigen Verkaufswert. Die Richtigkeit vorstehen-Taxe habe ich in meiner Eigenschaft als vereidigter und bestellter Verstei-gerer festgestellt, dieses bescheinige ich nach bestem Wissen und Gewissen.

Bochum, den 24. 12. 1938

Versuche zur Rettung von Mendels erster Sammlung synagogaler Musik

Der Antrag wurde genehmigt. Natürlich war die in einem Zeitraum von mehr als zwei Jahrzehnten zusammengetragene Sammlung synagogaler Musik für Mendel nicht nur die Handbibliothek eines Lehrers und Kantors. Welche Bedeutung sie wirklich hatte, geht aus zwei Dokumenten hervor, die er im Frühjahr 1939 den Anfragen an die Jüdische National- und Universitätsbibliothek in Jerusalem und an die Bibliothek des Hebrew Union College in Cincinnati (USA) beifügte. In gleich lautenden Briefen bot Mendel den renommierten Bibliotheken seine Sammlung an und bat zugleich um Beschäftigung. Zwei Anlagen waren beiden Schreiben beigegeben: 1. das kommentierte Verzeichnis der Sammlung, 2. eine Skizze möglicher Arbeitsvorhaben zur jüdischen Musik.

Aus der ersten Anlage, einem nach systematischen Gesichtspunkten abgefassten Verzeichnis der Bücher und Noten, geht – ganz im Gegensatz zu der Liste des Bochumer Auktionators – deutlich hervor, welche Schätze die Sammlung beinhaltete und welchen Rang sie beanspruchen durfte. Dem Typoskript ist allerdings formal und inhaltlich anzusehen, dass es unter Zeitdruck geschrieben wurde. Auf Vollständigkeit musste bei der Auflistung der Bücher verzichtet werden, denn – so fügt Mendel in Klammern entschuldigend ein – „die Bibliothek ist z.Zt., da diese (sc. Übersicht) geschrieben wird, schon verpackt, so dass ich nur nach dem Gedächtnis eine Auswahl von Namen angeben kann."[106]

Erich Mendel, Meine Sammlung

Meine Sammlung jüdischer synagogaler Musik umfasst außer den Manuskripten rund 400 Nummern. Hinzu kommen noch rund 200 Bände allgemeine Musikgeschichte, darunter vorzugsweise Literatur über Juden in der allgemeinen Musik, darunter z.B. das 11-bändige Musiklexikon von Hermann Mendel.

I. Notendrucke synagogaler Musik: Es sind Drucke von 1839 bis heute vorhanden. 1839 erscheint die erste gedruckte Sammlung von Synagogengesängen in München. Mein Exemplar stammt aus dem Besitze des Vorsängers Lichtenstein, Berlin, der Lewandowski maßgeblich beeinflusste, ohne dass L. seiner jemals gedächte. Die Werke Sulzers sind in Erstausgaben und Nachdrucken vorhanden, 1840, 1860, 1865, weiter fast alle Standardwerke bis heute. (Die Bibliothek ist z.Zt., da dieses geschrieben wird, schon verpackt, so dass ich nur nach dem Gedächtnis eine Auswahl von Namen angeben kann.) Ich nenne u.a. Naumbourg, 3 Bände, 4 Ausgaben der Braunschweiger Synagogengesänge, Goldberg, von 1843 an, Löwenstamm, Rosenhaupt, Katz und Waldbott, Mainzer Gesänge von Mayer und Staab, Wiss, Speyer, Lachmann, Hürben, Saqui-England,

David-Paris, Rubin-Prag, Lewandowski, Kirschner, Kornitzer, Rose-Hannover, Breidenstein-Frankfurt, Ackermann, Guttmann-Prag, Abrass-Odessa, Brüsseler Gesänge von Samuel, Synagogenbibliothek von Weiss-Warschau, Eisenstädt-Berlin, Hebräisch-Orientalischer Melodienschatz von Idelsohn, 10 Bände, Stuttgarter Synagogengesänge von Feisst, ferner: Sola-Aquilar, Sephardische Melodien, London 1857, u.s.w. . Diese Notendrucke umfassen mehr als 100 Bände, fast alle gebunden.

II. <u>Synagogengesangbücher,</u> in der Regel deutsche Lieder, beginnend mit Johlson, Gesänge der Israeliten, Frankfurt 1816, weiter 4. Auflage desselben als Teil seiner Religionslehre „Alume Jossef", Württembergisches Gesangbuch-Stuttgart, 1836, Kasseler Gesangbuch 1843, Gesangbücher u.a. von Berlin, Bielefeld, Brakel, Dortmund, Kassel, Elberfeld, Stuttgarter Gebetbuch von Meier mit eingedruckten Noten von deutschen Liedern, weiter Liederbücher aus verschiedenen Städten Deutschlands und des Auslandes.

III. <u>Literatur und Zeitschriften - über jüdische und synagogale Musik.</u> Saalschütz, Geschichte und Würdigung der Musik bei den alten Hebräern, 1826, Geschichte der Musik in der Bibel von Joel Brill, vorgedruckt in Hebräisch der jüdisch-deutschen Übersetzung der Psalmen von Mendelssohn, weiter besitze ich komplett „Liturgische Zeitschrift" von Hermann Aaron Ehrlich, auch alle Notenbeilagen, die Zeitschrift erschien von 1855-1863 und ist sehr selten komplett. (Die Bearbeitung dieses Materials und eine biographische Darstellung von Ehrlich wird einer meiner Spezialarbeiten sein, ich besitze abschriftlich ein unveröffentlichtes Tagebuch von Ehrlich.)

IV. <u>Manuskripte und Partituren synagogaler Musik.</u>
Hauptband mit über 100 Nummern, aus Österreich, zusammengestellt um 1860, mit wertvollen Notierungen, darunter 11 ungedruckte Sulzerchöre, ferner viele originelle Rezitative, Partitur der Synagogengemeinde Essen/Ruhr, geschrieben um 1895 durch den Kantor Graf, das ganze Jahr umfassend, viele Manuskripte aus Metz und Straßburg, Kompositionen von Prof. Roos-Straßburg, Blum-Straßburg, Partitur aus Metz 1869, Partitur aus Bunzlau, geschrieben von M. Tintner, 4 Bände, Handschriftliches von Lewandowski, 2 Partituren aus dem Münchener Kreis, geschrieben um 1845, darunter unveröffentlichte Kompositionen von Meier Kohn, dem Herausgeber der „Münchener Terzettgesänge", weiter unbekannte hebräische Kompositionen der nichtjüdischen Musiker Rottmanner und Chelard (Siehe Mendel, Lexikon), Handschrift eines Musaffkaddisch im Barock, so gesungen um 1750, eine ganz unbekannte Notierung, Abschriften von unbekannten Kompositionen von Grün-Worms, Machenburger-Darmstadt u.s.w.

V. <u>Eine Reihe von hebräischen und jüdischen Liederbüchern,</u> beginnend mit Loewe, Liederbuch für jüdische Vereine, Köln 1896, Vereinsliederbuch Jung-Juda-Berlin, 1911, Sefer haschirim-Berlin 1912, II. Teil Berlin 1922. Blau-Weiss-Liederbuch-Berlin 1918, Machreseth-Frankfurt 1923, Missimrat-Haaret-Warschau, Schire Jeladim-Warschau, Liedersammelbuch von Kisselgoff, weiter jiddische Liederbücher, u.a. 2 Bände Lewin Kipnis, Nadel, Mordechai Kaufmann u.s.w.

VI. <u>Quellenmaterial über jüdische Musiker in Deutschland u.a.</u> von Hermann Aaron Ehrlich, dem Herausgeber der „Liturgischen Zeitschrift", Material über den hessischen Hofmusikus Philipp Rosenthal aus Kassel, er war auch als Komponist tätig, gedruckte Musik vorhanden, z.B. Militärmärsche, Noten und Biographisches über den Dirigenten und Komponisten Herz Hähnle Hachenburger aus Darmstadt, studierte mit dem jungen Meyerbeer bei Ant. Vogler Komposition, Hachenburger ist ein vorsulzerischer Synagogenkomponist. Abschriftlich besitze ich weiter ein Tagebuch von Ehrlich, das interessante Mitteilungen über das Leben in den jüdischen Gemeinden Mitteldeutschlands um 1850-1865 enthält, auch viele Bemerkungen über Synagogenmusik. Weiter besitze ich drei Originalchasanuthbriefe von 1815, 1816 und 1819 aus Schwerin in Mecklenburg, einer von diesen enthält ausführlich die Einrichtung des Terzettes Chasan, Sänger und Bass. (Vergleiche Idelsohn, Jewish Music unter Chasanuthbrief.)

Wissenschaftliche Pläne

In der zweiten Anlage, einer Skizze möglicher Projekte zur Geschichte der jüdischen Musik, lässt Mendel erkennen, dass die von ihm angestrebte Stelle möglichst mehr als nur archivarische und bibliothekarische Aufgaben umfassen sollte, obwohl er gern bereit war, auch solche Arbeiten zu übernehmen. Seine Leidenschaft aber gehörte der jüdischen Musik, ihrer Entwicklung und ihren Eigenheiten, ihrer Interpretation und ihrer Vermittlung. Die Skizze belegt, dass Erich Mendel in seinem Fach auf der Höhe der Zeit war. Sie zeigt zugleich konkret, welchen wissenschaftlichen und pädagogischen Aufgaben er sich zuwenden wollte und welche Veröffentlichungen er plante.

Erich Mendel – Meine Studien

Meine Studien auf dem Gebiete der Jüdischen, speziell der Hebräischen Musik haben verschiedene Pläne reifen lassen, deren Verwirklichung mir bisher neben meiner Berufsarbeit als Lehrer und Kantor nur in geringem Maße möglich war. Das für diese Arbeiten notwendige Material besitze ich zu einem Teil in meiner Sammlung, die Verwirklichung dieser Pläne ließe sich jedoch nur in einer großen Bibliothek unter Hinzunahme von weiteren Fachkennern durchführen.

I. Bibliographie der synagogalen Musik und ihrer Literatur.
Die gedruckt vorliegende Literatur der Synagogengesänge beginnt, von ganz geringen Ausnahmen abgesehen, mit dem Jahre 1839. Trotz nur eines Jahrhunderts ist diese Literatur gerade in Deutschland sehr umfangreich. Hinzu kommen Veröffentlichungen in Osteuropa, Amerika und kleinere Teile in Österreich, Frankreich und England. Eine solche Bibliographie ist bisher nicht vorhanden, kaum Ansätze dazu, sie könnte durch kurze Bemerkungen erweitert werden. Eine Bibliographie über die Literatur über synagogale Musik, auch über Fragen der Jüdischen Musik, fehlt bisher vollkommen. Die wertvollen Vorarbeiten von Prof. Idelsohn sind mir selbstverständlich bekannt. Diese Bibliographie könnte Grundlage für die weiteren Arbeiten auf dem Gebiete der Jüdischen Musik werden.

II. Handlexikon der Jüdischen Musik und der jüdischen Musiker.
Die junge jüdische Musikwissenschaft ist garnicht so jung, wie es oberflächlich betrachtet erscheint. Die hierüber vorhandenen Materialien führen zwar oft auf die synagogale Musik zurück, insbesondere auf die ersten wissenschaftlichen Bearbeiter dieser Materie, auf Birnbaum, Idelsohn und Nadel. Es gilt dieses Material zu durchforschen, um Grundbegriffe festzulegen. Dabei muss auch die umfangreiche Literatur über die Musik in der Bibel berücksichtigt werden. Auf Grund einer Bibliographie der Notendrucke und der Literatur der synagogalen und jüdischen Musik können dann auch die Vorarbeiter und ersten Schöpfer einer jüdischen Musik herausgezogen werden, weiter kann das Material über Juden als produzierende und reproduzierende Künstler in der allgemeinen Musik bearbeitet werden. Dieses Handlexikon könnte in Verbindung mit dem „Weltzentrum für jüdische Musik" entstehen,

> da diese Vereinigung alle an der jüdischen Musik Interessierten in der Welt zusammenschließt. Das Lexikon kann neben der Bearbeitung der historischen Daten und Tatsachen, neben personellen Notizen versuchen, die Begriffe einer jüdischen Melodik und Harmonik an Notenbeispielen darzustellen. Auch das jiddische Lied würde eine ausführliche Behandlung erfordern, ebenso das im Wachsen und Werden begriffene hebräische Lied in Palästina, ferner die Geschichte des Synagogengesanges.
>
> III. Musikbibliothek des Hebrew Union College.
> Ich wäre gerne bereit, meine Erfahrungen beim Sammeln jüdischer Musik der Bibliothek zur Verfügung zu stellen, ebenso wie ich bereit bin, gegebenenfalls meine Sammlung zu übereignen. Durch eine systematische Korrespondenz mit den in Betracht kommenden Verlegern in aller Welt, mit jüdischen Komponisten und jüdischen Gemeinden kann noch viel Material gesammelt werden. Dieses Material ist nach meinen Erfahrungen nur durch zähe Kleinarbeit zu erreichen. So lässt sich zum Beispiel aus den Archiven jüdischer Gemeinden noch manches Stück herausholen, das wahrscheinlich dort nicht beachtet wird und so eventuell verloren geht. Ich denke hier besonders an Manuskripte synagogaler Musik. Die jüdischen Komponisten werden sicher, wenn man systematisch an eine Sammlung geht, gern Belegexemplare ihrer Werke der Bibliothek überlassen. Es wäre nach meiner Meinung eine große Aufgabe der Bibliothek des H.U.C., die Sammlung Birnbaum zu einer umfassenden jüdischen Musikbibliothek auszubauen.

Von den berühmten Bibliotheken, denen Mendel sein doppeltes (und gekoppeltes) Angebot gemacht hatte, kamen Absagen, die im Nein allerdings noch das Ja erkennen ließen. So antwortete der Direktor der Jerusalemer National- und Universitätsbibliothek: „Ich hatte Gelegenheit, mich aus den Anlagen von dem Wert Ihrer jüdisch-musikalischen Sammlung zu überzeugen: es bedarf keiner Erwähnung, dass der Erwerb einer solchen Sammlung für die Nationalbibliothek von größtem Wert wäre. Leider kann jedoch die National-Bibliothek der anderen, von Ihnen damit in Verbindung gebrachten Frage Ihrer Anforderung nach Palästina in keiner Weise näher treten, da in unserem Institut keinerlei Vakanzen bestehen und auch in absehbarer Zeit nicht zu erwarten sind. Es besteht somit nicht die geringste Möglichkeit, Sie bei der Bibliothek zu beschäftigen und den von Ihnen entwickelten Plänen zur Verwirklichung zu verhelfen."[107] Ähnlich war der Tenor der Antwort, die Professor Eric Werner für die Bibliothek des Hebrew Union College in Amerika gab. Es wird Mendel trotz aller Enttäuschung gefreut haben, dass er in diesem Absagebrief aus Cincinnati zugleich eingeladen wurde, Beiträge zu einem „Jahrbuch für jüdische Musikwissenschaft" zu liefern, zu dessen Herausgabe sich Eric Werner mit anderen renommierten Gelehrten zusammengefunden hatte.

Internationale Anerkennung des Wertes von Mendels erster Sammlung synagogaler Musik

Doch wie sollte Erich Mendel unter den Bedingungen des Jahres 1939 in Deutschland wissenschaftlich arbeiten? In Bochum war – zusätzlich zu der in vielfacher Hinsicht gefährdeten Existenz jüdischer Menschen –

auch sein Arbeitsplatz als Lehrer und Kantor konkret bedroht. Zwar unterrichtete Mendel seit Jahresbeginn 1939 wieder regelmäßig, aber wie lange noch? Mendels Kollegin, die Lehrerin Else Hirsch, begleitete zwischen Dezember 1938 und August 1939 gemeinsam mit der Gemeindesekretärin Erna Philipp zehn Kindertransporte nach England. Bei der dadurch stetig abnehmenden Schülerzahl war es nur noch eine Frage der Zeit, wann die Lehrerstellen samt der Schule aufgehoben würden. In dieser Situation trat Erich Mendel die Flucht nach vorn an. Er betrieb mit unverminderter Energie seine Auswanderung, bemühte sich zugleich aber um eine Stelle als Kantor und Verwaltungsangestellter beim Jüdischen Religionsverband Hamburg.

Die letzten Monate vor der Ausreise

In Bochum sah Mendel für sich jedenfalls keine Zukunft mehr. Am 5. Juli 1939 beantragte er bei der Unterrichtsabteilung des Regierungspräsidiums in Arnsberg die Versetzung in den Ruhestand zum 1. August 1939. Zur Begründung seines Antrags und im Blick auf die „unterrichtliche Versorgung" der verbleibenden Kinder heißt es in dem Gesuch: „Die Schülerzahl an der Jüdischen Schule in Bochum beträgt zur Zeit 24. Es ist jedoch in nächster Zeit durch Auswanderung und durch Fortzug der Kinder von Staatenlosen ein weiterer Rückgang zu erwarten. Die unterrichtliche Versorgung der Kinder könnte durch die noch an der Schule tätige Lehrerin Hirsch erfolgen. Aus diesem Grunde bitte ich, mich in den Ruhestand versetzen zu wollen."[108] Der Antrag wurde nicht nur sofort angenommen, sondern obendrein auf den 30. Juni rückdatiert, so dass Mendel bereits für den Monat Juli 1939 bloß noch das reduzierte Ruhegehalt eines pensionierten Lehrers erhielt.

Die Jüdische Gemeinde Bochum konnte ihm den Verdienstausfall nicht ersetzen. Auswanderung und Verarmung bedrohten inzwischen die wirtschaftliche Basis der Gemeinde. Schon im Jahr 1937 hatte der personelle und finanzielle Erosionsprozeß beängstigende Ausmaße angenommen. In einer großen Reportage „Jüdische Gemeinden an Rhein und Ruhr" schrieb die CV-Zeitung damals über die Situation in Bochum: „Die Gemeinde, die ursprünglich … 1200 Seelen (hatte), ist um volle 50 %, also auf 600, zurückgegangen. … Die Steuerkraft ist auf ein Zehntel gesunken, die Rücklagen sind angegriffen, die Prozentsätze sind stark erhöht – und so wagt man nicht, über dieses Jahr hinaus zu denken. Bochum hat nur noch einen jüdischen Arzt; von 13 Anwälten sind noch drei am Ort. Alle Vereine haben sich zu einem Vortragsverband zusammengeschlossen, dessen Darbietungen die einzige Abwechslung der Gemeindeglieder bieten. Denn Bochum ist selbst für den ‚Kulturbund' nicht mehr tragfähig! Es muss aus Mangel an Menschen und Mitteln auf diesen großen Tröster und Anreger, der überall mit seinen Ankündigungen Spannung, mit seinen Aufführungen Freude und Belebung hervorruft, verzichten. ... Rechtsanwalt Dr. Schoenewald, Vorsitzender der Gemeinde und des Central-Vereins zugleich, ... berichtet diese Tatsachen ruhig und ohne Sentimentalität. Nur wenn davon die Rede ist, dass Bochum einmal Vorort des westfälischen Judentums war, dass hier der erste jüdische Literaturverein gegründet wurde und dass die jüdische Durchwanderer-Betreuung von hier ihren Ausgang nahm, dämmt auch die strengste Sachlichkeit der Erzählung nicht mehr die Trauer darüber zurück, dass ehemals blühendes Leben so schnell geschwunden."[109]

Personeller und finanzieller Auflösungsprozess der Jüdischen Gemeinde Bochum

Nach dem Schockerlebnis des 9. November 1938 stand die Frage der Auswanderung im Vordergrund aller Überlegungen der Juden in Bochum wie überall in Deutschland: „Man fragt nicht, wollen Sie auswandern, sondern: wie weit sind Sie?", schrieb eine Wuppertaler Jüdin im April 1939 ihrer bereits emigrierten Tochter.[110] Vielfach belegt und illustriert wird diese lakonische Feststellung für Bochum durch die Briefe von Karola und Simon Freimark an ihre Kinder Stefanie und Gerhard. Den beiden Geschwistern war es gelungen, wenige Tage vor der Pogromnacht zu Verwandten nach Philadelphia (USA) zu emigrieren.[111] Nachrichten über die Auswanderung von Verwandten, Freunden und Bekannten ziehen sich wie ein roter Faden durch alle Briefe der Eltern im Zeitraum zwischen Oktober 1938 und Oktober 1941. Auch über das eingeschränkte Leben der jüdischen Gemeinde nach dem Pogrom finden sich Hinweise in den Briefen der Freimarks.

Im ersten Halbjahr 1939 entwickelte sich die Auswanderung zur Massenflucht: Vom Novemberpogrom bis zum 17. Mai 1939 emigrierten allein aus Bochum 318 jüdische Menschen.[112] Im Januar 1939 ging Siegmund Schoenewald, der Gemeindevorsitzende, nach Holland, seine Frau folgte ihm im März. Auch die beiden Rabbiner verließen mit ihren Frauen in dieser Zeit die Stadt. Josef und Hilda Kliersfeld wanderten im Frühjahr 1939 nach Palästina aus, wenig später emigrierten Moritz und Lotte David nach England.

Dennoch fanden seit Ende Januar 1939 wieder regelmäßig Gottesdienste statt. Der Vorstand der Synagogengemeinde hatte ein Gemeindezimmer im Schulhaus als Betraum hergerichtet. Die Mitteilung über die Wiederaufnahme der Gottesdienste ist im Original erhalten, denn Simon Freimark benutzte für einen Brief an seine Kinder vom 2. Februar 1939 die Rückseite eines Blattes, mit dem die Synagogengemeinde ihre Mitglieder benachrichtigt hatte. Die Mitteilung lautete:

```
                                        Bochum, den 24. Jan. 1939

An die Mitglieder der Synagogengemeinde, Bochum

Mit behördlicher Genehmigung findet ab Freitag, dem 27. Januar
1939 im Gemeindezimmer, Wilhelmstr. 16 Gottesdienst statt.

Freitag abend Beginn 1/2 5 Uhr, Samstag morgen Beginn 9 Uhr.

                     Der Vorstand der Synagogengemeinde Bochum
```

Aufgabe des Kantors war es, die Gottesdienste zu leiten. Die Frage, „wie der Gottesdienst gestaltet wurde, nachdem die beiden Rabbiner emigriert waren"[113], stellte sich nicht, solange Erich Mendel noch in Bochum war und die Kantorenstelle innehatte. Die entscheidende Person im Synagogengottesdienst ist nicht der Rabbiner, sondern der Kantor oder Vorbeter. Denn grundsätzlich kann in jüdischen Gemeinden das gemeinschaftliche Gebet von jedem gültig aufgenommenen Mitglied geleitet werden, wobei in orthodoxen Gemeinden nur Männern diese Aufgabe vorbehalten ist. Was diejenigen, die vorbeten, freilich auszeichnen sollte, ist eine vernehmliche und möglichst wohltönende Stimme, mit der die liturgischen Gebete vorgetragen werden sollen. Hier erlebt die gottesdienstliche Gemeinde in aller Regel die Unterschiede zwischen dem ausgebildeten Kantor und dem zum Vorbeten ausgewählten Gemeindemitglied. Der Niggun, die durch die Tradition vorgegebene Melodie[114], ist es, die dem Gottesdienst die – im wahrsten Sinne des Wortes – besondere Note verleiht. Um die verschiedenen Niggunim zu beherrschen, bedarf es sorgfältiger Ausbildung und langer Übung. Erich Mendel, ein Meister seines Fachs, hatte viele Jahre des Studiums darauf verwendet. Als Bochumer Kantor gestaltete er nicht nur die Liturgie, er hielt – sofern kein Rabbiner mitwirkte – im Gottesdienst am Samstag morgen und bei den Kasualien auch die Predigt. Mendels Dienstverhältnis – so bescheinigte es der Vorstand der „Jüdischen Kultusvereinigung Bochum" am 1. August 1939 – dauerte bis zu seiner Auswanderung nach England. Auf demselben Briefbogen heißt es in einer schon Monate zuvor von Siegmund Schoenewald ausgestellten Bescheinigung: „Wir nehmen gern Gelegenheit, zu bestätigen, dass Herr Mendel durch seine Predigten bei allen Gelegenheiten die Gemeinde erbaut und aufgerichtet hat."[115]

Im Frühjahr 1939 musste auch Mendel um seine wirtschaftliche Existenz fürchten. Die jüdische Schule in Bochum sollte bald geschlossen werden, und auch die „Kultusvereinigung", wie die Synagogengemeinde nach dem Verlust ihres Status als Körperschaft des Öffentlichen Rechts seit April 1939 hieß, würde auf Dauer die Kantorenstelle nicht mehr bezahlen können.[116]

Also verstärkte Mendel seine Bemühungen, in die Vereinigten Staaten zu gelangen. Es war allerdings nicht leicht, ein Einwanderervisum für die USA zu bekommen. Zunächst einmal benötigte jeder Einwanderungswillige das „Affidavit" eines US-Bürgers, d.h. eine eidesstattliche Erklärung, durch die dem Staat alle Kosten für Sozialleistungen abgenommen wurden. Außerdem gab es eine Quotenregelung. Seit 1924 galt die „Johnson Immigration Act", die Einwanderungsquoten für jede einzelne Nation festlegte. Ende der dreißiger Jahre führte die schwierige wirtschaftliche Lage in Nordamerika zu weiteren Restriktionen. In dieser Situation entschloss Mendel sich, mehrere Wege gleichzeitig zu versuchen. Er beantragte ein Einwanderungsvisum für die USA, bemühte sich um ein Transitvisum für England und – damit nicht genug – bewarb sich um eine Stelle beim Jüdischen Religionsverband Hamburg.

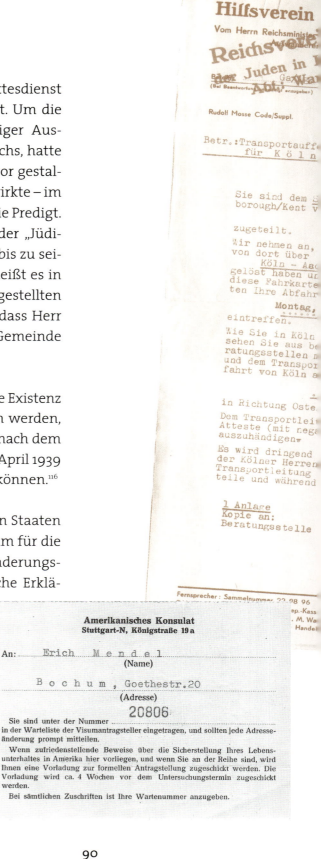

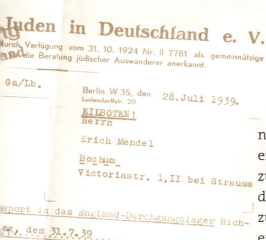

Der Bochumer Synagogenvorstand hatte Mendel bescheinigt, dass er nicht nur ein besonders befähigter Kantor und Lehrer war, sondern dazu ein rundum versierter Mitarbeiter der Gemeinde. Unter diesen Voraussetzungen bot ihm der Jüdische Religionsverband Hamburg eine Stelle an, in der er im Bedarfsfall das „Mädchen für alles" sein würde. Mendel sollte zum 1. Juli 1939 als Angestellter folgende Aufgaben übernehmen: „In erster Linie werden Sie als Kantor für den liberalen Gottesdienst sowie für Unterrichtszwecke zur Verfügung stehen. Darüber hinaus behält sich der unterzeichnete Vorstand vor, Sie entweder im Unterrichtswesen des Religionsverbandes oder im Wohlfahrtsbüro oder anderen Einrichtungen der Gemeinde zu beschäftigen. – Ihre Bürotätigkeit soll werktags 5 Stunden nicht übersteigen."[117] Die Vergütung war auf 450,– RM monatlich festgelegt, ein Betrag, der über dem Einkommen lag, das Mendel in Bochum für seine beiden Ämter als Kantor und Lehrer bezogen hatte.[118] Mit diesen Konditionen konnte er durchaus zufrieden sein. Von Hamburg, der Stadt mit dem größten Hafen in Deutschland, erhoffte sich der pragmatisch denkende Mendel wohl auch gewisse Chancen für eine Flucht per Schiff.

Zu dem geplanten Wechsel nach Hamburg aber ist es nicht mehr gekommen, denn die Möglichkeit, Deutschland ganz zu verlassen, ergab sich für den Bochumer Kantor im Sommer 1939 früher, als er angenommen hatte.

Mendels Antrag auf ein Einwanderervisum für die USA war beim amerikanischen Konsulat in Stuttgart unter der Wartenummer 20.806 registriert; das bedeutete eine Wartezeit von etwa zwei Jahren. Diese Zeit musste er in einem Transitland überbrücken. Mendel entschied sich für England. Innerhalb weniger Wochen erhielt er alle notwendigen Bescheinigungen der deutschen Behörden. Vor allem aber war es dem bereits in die USA emigrierten Hugo Adler gelungen, für seinen Freund ein Affidavit zu besorgen. David Putterman, ein New Yorker Kantor und Sammler synagogaler Musik, übernahm für den bedrängten deutschen Kollegen die Bürgschaft. Als Mendel Ende Mai von dieser großzügigen Hilfeleistung erfuhr, konnte er sich bei der „Reichsvereinigung der Juden in Deutschland" um einen Platz bei den Sammeltransporten ins Ausland bewerben.

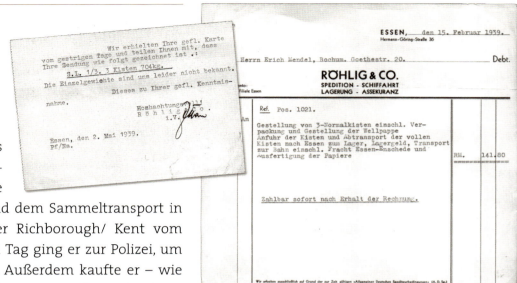

Zwei Monate später war es dann soweit. Am 29. Juli erhielt Mendel per Eilboten die erlösende Mitteilung: „Sie sind dem Sammeltransport in das England-Durchgangslager Richborough/ Kent vom 31.7.39 zugeteilt."[119] Am selben Tag ging er zur Polizei, um sich in Bochum abzumelden. Außerdem kaufte er – wie die Eintragung in seinem mit einem großen roten J gezeichneten Reisepass belegt – beim Reisebüro Dr. van Elsen eine Fahrkarte von Bochum nach London. Einen Tag später gab er sein Gepäck auf, in dem sich neben der Kleidung u. a. dreißig Bücher und Notenbände, ein Ordner mit der Korrespondenz vorwiegend des Jahres 1938 sowie seine Amtstracht als Kantor befanden. Schon Wochen vorher hatte Mendel durch eine Essener Spedition seine umfangreiche Bibliothek und seine Sammlung jüdischer Musik nach Holland bringen lassen, wo sie seinem Onkel Sally Löhnberg in Enschede zur Zwischenlagerung anvertraut waren.

Frachtpapiere für den Transport der ersten Sammlung, ausgestellt von der Essener Spedition Röhlig & Co.

Am 31. Juli schrieb Karola Freimark an ihre Kinder in Philadelphia: „Gestern war Erich Mendel nochmals bei uns, verabschiedete sich und lässt Euch vielmals grüßen, er will heute abreisen nach England, kommt in ein Camp."[120] Weder die Schreiberin des Briefes noch die beiden Empfänger und ebenso wenig Mendel selbst konnten damals ahnen, dass der Bochumer Kantor eines Tages ausgerechnet in Philadelphia amtieren und dort für Gerhard Freimark wie für seine Schwester Stefanie Perlstein die Hochzeitsliturgie gestalten würde. Als Erich Mendel jetzt, am letzten Juli-tag des Jahres 1939, Bochum verließ, ging er allein, begleitet – unsichtbar – von einem großen Schatz jüdischer Musik, die für ihn Lebensinhalt und Lebenskraft geworden war.

Abschied von Bochum

Achtzehn Monate dauerte der Aufenthalt in England. Aus dieser Zeit liegen keine Aufzeichnungen Mendels vor, wohl aber einige Dokumente, die seinen Weg und eine für ihn sehr wichtige Begegnung im Londoner Exil beleuchten. Die erste Station war das Transitlager Richborough in der Grafschaft Kent an der Südküste Englands. Der Ort, so erinnert sich

Mendel im Kitchener Camp, England 1939, Vierter von links in der hinteren Reihe

Aufenthalt im Transitlager in England

der Journalist Herbert Freeden, der ebenfalls 1939 in dieses Lager kam, „bestand aus nichts weiter als den Baracken des ehemaligen Kitchener Camp. Im Ersten Weltkrieg hatte das Lager als Ausgangspunkt für die britischen Streitkräfte unter Feldmarschall Kitchener gedient, und so wurde es nach ihm benannt. ... Aus den vermoderten Hütten in dieser abgelegenen Ecke der britischen Inseln wurde eine Lagerstadt mit pulsierendem Leben – Straßen entstanden, Wohnblocks, ein riesiger Speisesaal, ja sogar ein Kino und ein Gebäude für die sogenannte ‚Lager-Universität', da gab es Vorlesungen und Sprachunterricht."[121] Das Lehrangebot reichte von Theologie und Philosophie über Rechts- und Staatswissenschaften bis Mathematik und Medizin. Auch Mendel beteiligte sich an diesem Gemeinschaftsprojekt. Wie aus einer Ankündigung der „Camp University" hervorgeht, begann „Mr. Mendel" am 14. November 1939 um 8.30 p.m. eine Vorlesungsreihe zu den Semirot: „Introduction into the knowledge of Sabbath Songs for the Home; with Singing".[122]

Jüdische Flüchtlingshilfe in London

Aus gesundheitlichen Gründen musste Mendel das Lager nach einiger Zeit verlassen. Die zweite Station seines englischen Exils war ein Quartier in London, das ihm von der jüdischen Flüchtlingshilfe im Bloomsbury House zugewiesen wurde. Diese Hilfsorganisation hatte den staatlichen Stellen garantieren müssen, dass die Flüchtlinge nicht den britischen Steuerzahlern zur Last fallen würden. Für den Unterhalt der Emigranten, die hier auf ihre Weiterreise warteten, kamen die Jüdischen Gemeinden Englands auf, unterstützt von den christlichen Kirchen. Die Flüchtlingsorganisation musste auch darauf achten, dass die Flüchtlinge keine Konkurrenz auf dem Arbeitsmarkt bildeten. In einer kleinen Broschüre, die alle jüdischen Einwanderer vom Bloomsbury House erhielten, wurde dringend appelliert: „Auf keinen Fall darf es heißen, dass die Flüchtlinge britischen Arbeitnehmern die Arbeit wegnehmen. ... Sie dürfen deshalb keinerlei Stellung annehmen – weder bezahlte, noch unbezahlte – noch dürfen Sie sich an einem Geschäft beteiligen oder einen Beruf ausüben."[123] Allerdings gab es Ausnahmen. Die Broschüre weist ausdrücklich auf „erlaubte Arbeit" hin, die bei der Ausländerabteilung des Innenministeriums

Der schwere Weg in die Emigration

beantragt werden könne: „Das Innenministerium wird stets solche Fälle wohlwollend in Erwägung ziehen, in denen Geschäftsleute und Angehörige freier Berufe Spezialkenntnisse und besondere Fertigkeiten haben."[124] Erich Mendel hatte solche Fertigkeiten. Er konnte Instrumente stimmen und verdiente sich in London seinen Lebensunterhalt als Klavierstimmer.

In diesen Monaten begegnete Mendel in London Martha Wolff, einer deutschen Jüdin, die seine Frau werden sollte. Sie hatte ihr Visum für England als Hausangestellte bekommen.[125] Das Haus, in dem sie eine Stelle gefunden hatte, lag im idyllischen Stadtteil Barnes im Südwesten von London. Hausarbeit war aber weder damals noch später eine Beschäftigung, der Martha sich gerne widmete. Von ihrer Tätigkeit bei Mrs. Alice Bishop in den Jahren 1939 und 1940 erzählte sie Jahre später mit humorvoller Übertreibung: „I was such a terrible housekeeper. The only reason why my employer kept me was that I was the only servant she ever had that didn't steal."[126] Tatsächlich bescheinigte ihr Mrs. Bishop: „I have always found her to be industrious, scrupulously honest and thoroughly reliable in every way."[127] Martha Wolff, geboren am 26. September 1896, entstammte einer alteingesessenen jüdischen Familie im westfälischen Dülmen. Ihr Vater besaß dort eine Ziegelei. Sie hatte nach der mittleren Reife die Katholische Höhere Mädchenschule verlassen und sich dann im Textilgewerbe „zu einer brauchbaren Kraft herangebildet", wie das Arbeitszeugnis des Dortmunder Modehauses Rose & Co. lakonisch vermeldet.[128] Im Februar 1916, im Alter von neunzehn Jahren, siedelte die junge Frau nach Berlin über. Hier war sie zunächst wieder in einem Textilgeschäft (als „Abnehmerin") tätig, bevor sie 1920 einen Neuanfang in der Sozialarbeit versuchte.

Martha Wolff absolvierte zwei Jahre die von Alice Salomon gegründete und geleitete „Soziale Frauenschule" in Berlin-Schöneberg. Hier lernte sie eine an der Verknüpfung von gesellschaftlichen und individuellen Aspekten orientierte Sozialarbeit kennen, die nicht „Wohlfahrtspflege" im Sinne einer bloß karitativen „Liebestätigkeit" war. Parallel zur theoretischen Ausbildung lief eine intensive praktische Anleitung der Schülerinnen. Martha machte ihr Praktikum in der „Jüdischen Kinderhilfe", einer großen Organisation der Gesundheitsfürsorge, die in Berlin eine Fürsorgeabteilung für Frauen und Kinder, ein Ambulatorium und ein Tagesheim

Martha Wolff

für Säuglinge und Kleinkinder unterhielt. Man bescheinigte ihr dort, dass sie im Binnenbereich der Organisation „unbedingt zuverlässig" und „unter Zugabe eigener Initiative und Verantwortung" gearbeitet habe. Dann aber folgt das Urteil: „Es ist Fräulein Wolff nicht gegeben, nach außen heraustretend soziale Arbeit zu leisten."[129]

Mit diesem Zeugnis zog Martha Wolff es vor, nicht in die Sozialarbeit zu gehen, sondern in den kaufmännischen Beruf zurückzukehren. Drei Jahre arbeitete sie als Kassenführerin und Buchhalterin in einer Textilwaren-Großhandlung und weitere dreizehn Jahre in einem jüdischen Leihhaus bis zu dessen Liquidierung am 31. Dezember 1938. Von beiden Geschäftsinhabern erhielt sie exzellente Zeugnisse, in denen vor allem ihre Gewissenhaftigkeit, ihre Intelligenz und ihre Fähigkeit, Situationen schnell zu erfassen, gerühmt werden. So wundert es nicht, dass die selbständige und versierte Frau sich nach ihrer Entlassung in die Arbeitslosigkeit erfolgreich um ein Visum für England bemühte, und sei es auch mit der für sie keineswegs reizvollen Aussicht, dort als Hausangestellte zu arbeiten.

In London begegnen sich Erich Mendel und Martha Wolff

Bei welcher Gelegenheit, wann und wo Erich Mendel und Martha Wolff sich in London kennen gelernt haben, ist nicht überliefert. Es wird im Frühjahr 1940 gewesen sein, in der Zeit, als Mendel – aus Richborough entlassen[130] – für einige Monate in London lebte, bevor er in das Internierungslager Lingfield kam. Vielleicht hat Martha ihren späteren Ehemann zuerst als Kantor erlebt, denn Erich hielt von Februar bis Juli 1940 Gottesdienste für jüdische Emigranten im „Hostel Belsize Park".[131]

Im Frühsommer 1940 verschlechterte sich in England die Situation für deutsche und österreichische Emigranten. Als die deutschen Armeen innerhalb weniger Monate Westeuropa überrannten und Norwegen besetzten, wuchs auch in England die Furcht vor einer Invasion. In großen Zeitungen wie „Daily Mail" und „Times" wurde die Gefahr einer „Fünften Kolonne" Hitlers beschworen: Unter den Flüchtlingen könnten Spione, Saboteure und eingeschleuste Agenten sein. Unter dem Druck der öffentlichen Meinung, der durch die deutsche „Luftschlacht" erheblich wuchs, ordnete die britische Regierung die Internierung aller männlichen Flüchtlinge aus Deutschland und Österreich an.

Im Juli 1940 wurde auch Erich Mendel interniert; er kam in das Lager Lingfield in Surrey County, südlich von London. Hier traf er einige Bochumer wieder, darunter Viktor Wassermann, einen Freund der Familie Freimark, und Dr. Moritz David. Wie einst in der Synagoge an der Wilhelmstraße, hielten Kantor und Rabbiner nun im Internierungslager gemeinsam Gottesdienste[132], bis Moritz David Lingfield verließ, um einen Transport von Internierten nach Australien zu begleiten.

Internierung in England

Der Kontakt zu Martha wurde in dieser Zeit durch die Luftangriffe auf London und durch Erichs Internierung zwar erschwert, aber er brach nicht ab. Im Gegenteil, die beiden beschlossen, allen Widrigkeiten zum Trotz, schon bald zu heiraten. Von der Hochzeit gibt es keinen Bericht, aber auch hier sind Dokumente erhalten, die nicht nur Zahlen und Daten wiedergeben, sondern in chiffrierter Form das volle Programm einer jüdischen Eheschließung und Hochzeitsfeier spiegeln.

Wo und wann fand die Eheschließung statt? Nun, da ist zunächst ein Telegramm von Martha Wolff an den Chief Constable der Polizei von Surrey County, in dem sie eine Besuchserlaubnis beantragt, um ihren internierten Bräutigam auf dem Standesamt („at the Registrar's Office") in Reigate heiraten zu können. Sodann wird ihr am 24. August 1940 vom „Home Office" mitgeteilt, der Kommandant von Lingfield Camp werde Erich Mendel so rechtzeitig („in time") beurlauben, dass dieser am festgelegten Tag, dem 26. August, um 11.30 Uhr vor dem Standesbeamten erscheinen könne. Als Bürger eines säkularen Staates und auch als Emigranten schließen Juden eine Ehe, wie sie im jeweiligen Landesgesetz vorgesehen ist. Anschließend findet die Hochzeit gemäß der jüdischen Tradition statt. Dazu gehört auf jeden Fall die Zeremonie unter der Chuppa, dem Hochzeitsbaldachin.

Urlaub fürs Standesamt

Diese fand einige Tage später statt, am 12. September 1940. In der Tradition, in der Martha und Erich Mendel standen, begann sie mit gottesdienstlichen Gebeten, die der Tageszeit entsprechen. Darauf folgte „der Trauungsakt: Dieser wird nach dem Vortrag des Liedes ‚Mi addir' durch den Vorbeter ... mit der Rezitation des ersten Teiles der für die Trauung vorgeschriebenen Segenssprüche (Schewa berachot) eröffnet. Darauf folgt

Hochzeitsfeier

das Anstecken des Ringes an den Zeigefinger der Braut durch den Bräutigam und die Verlesung der Eheurkunde (Ketubba). Beim Anstecken des Ringes spricht der Bräutigam die eigentliche Trauungsformel: ‚hare at mekud-deschet li betabaat so kedat Mosche wejisrael', ; durch diesen Ring seiest du mir angetraut nach dem Gesetze Moses' und Israels'. ... Den Schluss des Trauungsaktes bildet die Rezitation des zweiten Teils der Schewa berachot. An ihrem Schlusse trinken Braut und Bräutigam ... als Symbol der ehelichen Vereinigung aus einem Becher."[133] Es ist anzunehmen, dass dieses ganze Programm in voller und vollendeter Form gestaltet wurde, denn den Hochzeitsgottesdienst leitete kein Geringerer als Mendels Lehrer und Freund Magnus Davidsohn, der bis zur Progromnacht 1938 als Oberkantor an der Synagoge in der Berliner Fasanenstraße gewirkt hatte. Auch er lebte in London im Exil. Die von ihm und den Trauzeugen B. Sutro und R. Mayer unterschriebene Urkunde trägt den Text:

> Unter dem Beistand Gottes ,ist heute am 5th Tage in der Woche, dem 9th des Monats Ellul 5700, das ist nach bürgerlicher Zeitrechnung der 12th September 1940, das Brautpaar
>
>   Herr Erich Mendel
>   Fräulein Martha Wolff
>
> hier in London nach dem Religionsgesetz ehelich verbunden worden. Bräutigam und Braut geloben einander Liebe, Treue und aufrichtige Achtung.
>
> Für diesen vor Gott geweihten Ehebund erflehen wir alle Heil, Glück und Segen.
>
> Zeuge: *B. Sutro*
> Zeuge: *Richard Asher Mayer*
>   Reverend. *Magnus Davidsohn*

Das fröhliche Fest, das zu einer jüdischen Hochzeit gehört, fand anscheinend am 28. August, also zwischen den beiden Zeremonien, im Lager von Lingfield statt. Darauf deutet ein schwungvolles Hochzeitsgedicht. In Form von Limericks wird vor allem der Bräutigam besungen – und beiläufig auch das, was er seinen Gefährten im Lager bedeutete:

Hochzeits–Carmen zum 28. August 1940

Heut lasst uns vor anderen Dingen
Den Mendel, den Erich, besingen,
Der mit seiner Frau
Die blumige Au
Des Eheglücks konnte erringen.

Im Lager von Lingfield und Huyton
Kennt jeder den Erich von weitem.
Sein stattlicher Gang
Durch die Straßen entlang
Muss bestimmt etwas Höheres bedeuten.

Mit ernst-pentateuchigen Mienen
Sein Stolz ist's, dem Ganzen zu dienen
Und sein Lecho Dau –
S' ist köstlich genau
Wie beim Kiddusch sein Wein von Rosinen.

Seine Martha, die mag ihm vertrauen,
Sie mag auf den Himmel nur bauen:
Bei den Connectionen
Zu höchsten Regionen
Werden bessere Tage sie schauen.

Der abschließende Limerick bringt nicht nur die Freude über den Anlass zum Ausdruck und die guten Wünsche für das Hochzeitspaar, sondern auch die allen gemeinsame Hoffnung auf eine gute Zukunft:

Wir wünschen als fröhliche Gäste
Zum heutigen seltenen Feste:
    – Kommt Frieden ins Land,
    Ist das Leiden verbannt –
    Vom Guten das Schönste und Beste.

Für Martha und Erich Mendel sollten die besseren Tage bald anbrechen. Am 13. Januar erhielten beide das Einreisevisum für die USA. Unmittelbar danach nutzten sie die Gelegenheit, mit einem amerikanischen Schiff, das noch einige Plätze für Flüchtlinge frei hatte, den Atlantik zu überqueren. Das Schiff nahm einen nördlichen Kurs in Richtung Island, um die deutschen U-Boote und die davon gelegten Minen zu umgehen. Ende Januar 1941 erreichten sie New York. Es war der Anfang eines neuen Lebens.

Während Martha und Erich Mendel emigrieren konnten, mussten ihre Angehörigen in Deutschland zurückbleiben. Diese wurden – wie die meisten der nach 1941 hier verbliebenen Juden – fast ausnahmslos Opfer der Shoa. Fünf Geschwister von Martha Mendel, vier Schwestern und ein Bruder, fanden in Riga, Minsk und Auschwitz den Tod. Marthas Eltern, Abraham Wolff und Johanna, geb. Ostwald, waren schon früher gestorben: der Vater im Jahr 1928, die Mutter 1936; beide sind auf dem jüdischen Friedhof in Dülmen beerdigt worden. Der Grabstein mit einer später angebrachten Gedenkinschrift (Abb. oben) erinnert auch an ihre ermordeten Kinder.

Die Eltern Mendel hatten noch bis Ende des Jahres 1941 Kontakt zu ihrem Sohn Erich und der Schwiegertochter. In einem Brief der Mutter aus Herne vom 20. Oktober 1941 heißt es: „Nächstens schreibe ich ein paar Verse, aus denen Ihr meine derzeitige Stimmung ersehen könnt." Das Gedicht, das Erich Mendel in einer Mappe mit sehr persönlichen Schriftstücken aufbewahrte, lautet:

Auf dem alten Friedhof an der Marienstraße

Ich weile hier im Reich der Toten!
Des Himmels wunderbares Blau
Es dringet nicht in meine Seele
Mein Herz ist düster, öd' und grau.

Mir nähert sich kein einzig Wesen
Von ferne tönt der Menschen Laut.
Ich sitze im entleg'nen Winkel,
Dass ja kein Auge mich erschaut.

Die Blätter fallen leis hernieder
Und decken fast die Erde zu.
Ach, wer doch erst da unten schliefe,
Denn dort ist Frieden nur und Ruh'.

Oben: Originalhandschrift Karoline Mendels „Auf dem alten Friedhof an der Marienstraße"

Der Wunsch, in der Heimat einen Platz für die ewige Ruhe zu finden, erfüllte sich weder für Karoline und Isaak Julius Mendel noch für ihren ältesten Sohn Wilhelm. Die Eltern wurden am 29. Juli 1942 nach Theresienstadt deportiert und am 23. September 1942 in Treblinka ermordet. Wilhelm Mendel ist in Riga verschollen.[134]

Rechts: Karoline und Isaak Julius Mendel

Anmerkungen

Manfred Keller

[1] Vgl. Brilling: Aus alten Archiven, in: Jüdische Allgemeine Zeitung vom 9. Mai 1958. – Den Zeitungsausschnitt bewahrte Eric Mandell bei seinen persönlichen Dokumenten auf.

[2] Zitiert nach Diekmann, S.52

[3] Tohermes, S.25

[4] Birkmann/Stratmann, S.71

[5] Zitiert nach: Brocke, S. 242

[6] Zitiert nach: Evangelische Kirche von Westfalen, Hauptvorlage 1999, S. 11. Beim Lesen dieser Predigt empfindet man schmerzlich und auch mit Scham, welch eine Untat die Zerstörung der Synagogen im November 1938 bedeutete. Die Predigt von Rabbiner Dr. David macht deutlich, wie viel Gemeinsamkeit zwischen Juden und Christen besteht. Angefangen von der Auswahl des schönen Bibelwortes aus dem Alten Testament, der Hebräischen Bibel, bis zu einzelnen Aussagen wären Passagen dieser Predigt auch bei der Einweihung eines christlichen Gotteshauses vorstellbar.

[7] Freund, Jüdisches Schul-und Ausbildungswesen, S.93

[8] Braun, S.48

[9] Lehrplan der Marks-Haindorf-Stiftung (Präparandie und Seminar), Sommerhalbjahr 1906 (nach Freund, Jüdische Bildungsgeschichte, S. 274)

[10] Zu den Bemühungen der Marks-Haindorf-Stiftung, das Prüfungsrecht zu erhalten, vgl. Freund, Jüdische Bildungsgeschichte, S. 268ff.

[11] Vgl. die Mendelsche Interpretation zum „Lied des Mose", in diesem Buch S. 234f.

[12] Vgl. Artikel „David", in: Jüdisches Lexikon, Bd. II, Sp. 47

[13] Silbermann, Jüdische Musik, S. 329

[14] Vgl. den Aufsatz über Salomon Sulzer in diesem Buch, S. 262ff.

[15] Vgl. Artikel „Sulzer, Salomon" von Emanuel Kirschner, in: Jüdisches Lexikon, 1927, Bd. IV, 2, Sp. 778

[16] Aufsatz über Salomon Sulzer in diesem Buch, S.

[17] Vgl. Artikel „Kirschner, Emanuel", in: Jüd. Lexikon, Bd. III, Sp. 719

[18] Zitiert nach: Stadtarchiv München, S. 129

[19] Magnus Davidsohn in einem Brief vom 17.6.1935 an den Vorstand der Synagogengemeinde Frankfurt/Main

[20] Eine Auswertung des Briefwechsels von Mendel mit Kirschner und Davidsohn, die hier schon aus zeitlichen Gründen nicht geleistet werden konnte, wäre wünschenswert.

[21] Zur Biographie Rosenthals vgl. von Roden, S. 518ff.

[22] Stadt Bochum, Cholera, S. 40 ff.

[23] Wilbertz, Synagoge und jüdische Volksschule, Teil 2 (Schluss), S. 62

[24] Zum Folgenden vgl. Wilbertz, Synagogen und jüdische Volksschulen in Bochum und Wattenscheid; Birkmann/ Stratmann, S. 44 ff.; Brocke S. 52 ff.

[25] Kortum, S. 69 f.

[26] Zur Person Haarmanns vgl. Wilbertz, Synagogen und jüdische Volksschulen in Bochum und Wattenscheid, S. 9 „Architekt und Bauleiter der neuen Synagoge war Theodor Haarmann. Von Dortmund war er 1858 als Königlicher Kreisbaumeister nach Bochum gekommen, wo er 1867 zum Kreisbauinspektor und 1882 zum Baurat ernannt wurde. 1890 trat er in den Ruhestand und starb hier 1895. Sein Grabdenkmal ist auf dem Friedhof an der Blumenstraße erhalten."

[27] Josef Seché hatte bereits 1887 in Euskirchen eine Synagoge in maurisch-orientalisierender Manier gebaut. – Den Innenraum der Bochumer Synagoge von 1895/96 gestaltete der Kölner Maler S. Cohn mit Wandmalereien, Inschriften und Mosaiken. Vgl. Brocke S. 53 und 167

[28] Zitiert nach Birkmann/Stratmann, S. 45

[29] Wilbertz, Synagoge und jüdische Volksschule, Teil I, S. 28

[30] ebd. S. 26

[31] Zu Moritz David vgl. Keller, Bochumer Rabbiner, S. 316-326. Und: Keller, Zum 125. Geburtstag von Moritz David., S. 6-14

[32] Brief vom 28. Oktober 1936

[33] Abgedruckt in: Keller/Wilbertz, , S. 323f.

[34] Vgl. in diesem Buch S. 22f.

[35] Brief von Jerry Freimark an den Verfasser vom 28. Juli 1997, in: Keller/Wilbertz, Spuren im Stein, S. 322

[36] Postkarte von Lina „Sarah" Mendel an Eric Mendel vom 25. August 1941

[37] Israelitisches Familienblatt, Jahrgang 1932, zitiert nach Keller, Zum 125. Geburtstag von Moritz David, S. 9f.

[38] Steffi Perlstein, geb. Freimark, emigrierte Anfang 1938 mit ihrem Bruder Gerhard in die USA. Vgl. Schneider, S. 20ff.

[39] Schneider, S. 49

[40] Lazarus, S. 352

[41] Leo Baeck, S. 211

[42] Abgedruckt in diesem Buch, S. 22f.

[43] Meyer, Hans Chanoch, S. 173f.

[44] So übersetzt im Artikel „Gemilut Chessed", in: „Jüdisches Lexikon", Bd. II Sp. 1007

[45] Zeugnis des Synagogenvorstands Dr. Siegmund „Israel" Schoenewald vom 4. Januar 1939

[46] Israelitisches Familienblatt vom 3. Dezember 1930

[47] Zeugnis des Provinzialschulkollegiums Münster vom 12. Oktober 1928

[48] Zeugnis der Gesangschule Glettenberg, Bochum 6. April 1934

[49] Rote Erde vom 1. Februar 1933, zitiert nach Wagner, S. 147.

[50] Interview mit Fritz Claus (SPD), Bochumer Oberbürgermeister von 1969 bis 1975, in: Eine Revierstadt wird braun, Film von J. V. Wagner, 1982

[51] Zitiert nach Wagner, S. 153.

[52] Vgl. Walk, Sonderrecht, S. 5: Gesetz zur Behebung der Not von Volk und Reich (Ermächtigungsgesetz): Art. 1: Reichsgesetze können durch die Reichsregierung beschlossen werden. Art. 2: Von der Regierung beschlossene Gesetze können von der Reichsverfassung abweichen.

[53] Zitiert nach Walk, Sonderrecht, S. 12

[54] Zu Einzelheiten dieser Aktion vgl. Weber, S. 336ff.

[55] Zitiert nach Wagner, S. 353

[56] Walk, Sonderrecht, S. 17f. Insgesamt erließ die NS-Regierung allein im Jahr 1933 über 300 Gesetze, Verordnungen und Anordnungen, die sich auf die jüdische Gemeinschaft bezogen. Der Wortlaut der Texte findet sich bei Walk, Sonderrecht, S. 3-66.

[57] Blumenthal, S. 5

[58] Parteiprogramm der NSDAP vom 24. Februar 1920, Punkt 4. Zitiert nach Walk, Sonderrecht, S. 3

[59] Thalmann, S.32-37

[60] Zitiert nach Stadtarchiv Bochum, S.191f.

[61] Brief an das Regierungspräsidium Arnsberg vom 19. Juli 1936

[62] Brief an Hugo Adler vom 29. Juni/2. Juli 1938

[63] Israelitisches Familienblatt vom 20. 2. 1936

[64] Israelitisches Familienblatt vom 2. Juli 1936

[65] „Die Eröffnung der Jüdischen Winterhilfe fand durch eine Feierstunde in der Synagoge statt. Nach der Begrüßung durch den Gemeindevorsitzenden RA Dr. Schoenewald sang der Kinderchor der jüdischen Volksschule hebräische religiöse und weltliche Lieder." Israelitisches Familienblatt vom 19.11.1936 – Ähnlich auch der Bericht vom Auftakt der Jüdischen Winterhilfe im Jahr darauf, Israelitisches Familienblatt vom 23.12.1937 – Diesen Hinweis verdanke ich Gisela Möllenhoff, Münster.

[66] Jüdische Allgemeine vom 6.4.1936

[67] Vgl. zum Folgenden „Der Sabbat – Licht und Freude. Erläuterungen zu den Gebeten und Melodien des Freitagabendgottesdienstes", in diesem Buch S. 107ff.

[68] vgl. in diesem Buch S. 120ff.

[69] Zu dieser Zeitschrift, dem Verbandsorgan des Jüdischen Frauenbundes, hatte Erich Mendel Verbindung durch Ottilie Schoenewald (1883-1961), die nicht nur der Bochumer Gruppe des Verbandes vorstand, sondern von 1934 bis zur Auflösung des Bundes auch 1. Vorsitzende auf Reichsebene war.

[70] Polnauer, S. 148

[71] Hier abgedruckt unter dem Titel „Sabbatfeier und jüdische Identität. Zur Gestaltung des Oneg Schabbat in der jüdischen Schule", S. 126ff.

[72] Brief an Abraham Nussbaum vom 24. August 1938

[73] Brief vom 16. Juni 1938 an Ludwig Louis Horwitz.

[74] Elias Grün. Ein unbekannter Aufzeichner süddeutscher „Chasanut" um 1830, abgedruckt in diesem Buch S. 138; Herz Hähnle Hachenburger (1787-1851). Ein vorsulzerischer Synagogenkomponist, ebenfalls hier S. 131ff.

[75] Vgl. Honigman, p. 11

[76] Arno Nadel, Biographische Notiz mit bibliographischem Überblick, undatiertes Manuskript

[77] Abgedruckt in diesem Buch S. 161f.

[78] Nachruf auf Idelsohn, in diesem Buch S. 165

[79] Brief an Idelsohn vom 10. Juli 1938

[80] Ignaz Brüll (1846 – 1907). Zur Frage der „Jüdischen Musik", abgedruckt in diesem Buch S. 141

[81] Brief an Idelsohn vom 27 Juli 1937

[82] Nachruf auf Idelsohn, in diesem Buch S. 165

[83] Im Nachlass bei Johannes Otto befinden sich zahlreiche zumeist handschriftliche Briefe von Hugo Adler und die Durchschläge der mit Maschine geschriebenen Briefe von Erich Mendel. Die vorliegende Korrespondenz, die im Jahr 1931 beginnt und bis in die Emigration 1941 reicht, wird hier nur ausschnitthaft herangezogen. Eine kritische Edition und wissenschaftliche Auswertung des Briefwechsels würde sich lohnen.

[84] Schlage, Das musikalische Leben der jüdischen Gemeinde Mannheim von 1855 bis 1938, unveröffentlichtes Manuskript, erscheint demnächst in: Mannheimer Geschichtsblätter, Neue Folge, Bd. 12

[85] Mendes-Flohr, S. 154

[86] Schlage, S. 16

[87] Brief an Hugo Adler vom 30. April 1938,

[88] Brief an Hugo Adler vom 30. August 1937

[89] Brief an Hugo Adler vom 12. Oktober 1937

[90] Schreiben der Reichsvertretung vom 7. Februar 1938

[91] Schreiben des Oberrats der Israeliten in Karlsruhe vom 13. November 1937

[92] Brief an Hugo Adler vom 17. November 1937

[93] Jüdische Schulzeitung, März 1938

[94] Brief von Selma Adler an Erich Mendel vom 13. August 1938

[95] Vgl. Schneider, S. 58

[96] Leo Trepp, Geschichte, S. 268

[97] Leo Baer, Erinnerungen, auszugsweise zitiert bei Wilbertz, Synagogen und jüdische Volksschulen in Bochum und Wattenscheid, S. 72 f.

[98] Reichmann, S. 173

[99] Auskunft der Gedenkstätte Sachsenhausen vom 2.11.2005

[100] Trepp, Geschichte, S. 266f.

[101] Antrag des Lehrers a. D. Erich Mendel, früher Bochum / Westfalen, jetzt Philadelphia, PA/USA, auf Genehmigung des Wohnsitzes im Ausland an das Innenministerium des Landes Nordrhein-Westfalen, vom 11. Januar 1949

[102] Walk, Sonderrecht, S. 254 f: „Den Juden deutscher Staatsangehörigkeit in ihrer Gesamtheit wird die Zahlung einer Kontribution von 1.000.000.000 RM an das Deutsche Reich auferlegt."

[103] Aus dem Brief einer ehemaligen Schülerin Mendels, die anonym bleiben möchte, an Prof. Uwe Ketelsen.

[104] Die historische Aufarbeitung dieses Materials würde sich lohnen. Bisher sind nur von wenigen Bochumer Juden die Bemühungen um Emigration aus Nazi-Deutschland dargestellt worden. Vgl. dazu Brockschmidt, S. 110 ff.

[105] Schreiben von Erich Mendel an die Devisenstelle beim Oberfinanzpräsidenten für Westfalen, Münster, vom 27. 12.1938

[106] Erich Mendel, Meine Sammlung, bisher unveröffentlichte Zusammenstellung vom Frühjahr 1939, hier S....,

[107] Brief von Prof. G. Weil, Direktor der „Jewish National and University Library" vom 14. April 1939

[108] Gesuch des jüdischen Lehrers Erich Israel Mendel um Versetzung in den Ruhestand zum 1. August 1939, datiert vom 5. Juli 1939

[109] Reichmann-Jungmann, S. 8

[110] Brief von L. Bukofzers, zitiert nach Yvonne Rieker/Michael Zimmermann, Von der rechtlichen Gleichstellung bis zum Genozid, in: Zimmermann, S. 248

[111] Schneider S. 9

[112] ebd., Einleitung S. 57 – Vgl. auch die Statistik der Bochumer Juden von 1933 bis 1945 in: Keller, Arbeitshilfen, S. B 2, 90: Die Volkszählung vom 17. Mai 1939 ergab für Bochum 615 Juden, Jüdinnen und „jüdische Mischlinge" gemäß den Nürnberger Gesetzen; die Synagogengemeinde zählte noch 326 Mitglieder.

[113] So fragt Schneider, S. 126, Anm. 162

[114] Hinweis auf Aufsatz „Niggunim" von Mendel, in diesem Buch S. 143 und S. 242

[115] Bescheinigung vom 1. August 1939 u. 26. Dezember 1938

[116] Mit Schreiben vom 21.7.1954 bescheinigt der Landschaftsverband Westfalen-Lippe, dass die Synagogengemeinde Bochum bis 31.3.1939 Mitglied der Westfälischen Versorgungskassen war. Nur bis zu diesem Zeitpunkt konnte die Gemeinde für ihre Angestellten, u.a. den Kantor, Versorgungs-Beiträge abführen.

[117] Brief des Vorstands des Jüdischen Religionsverbandes Hamburg vom 30. Mai 1939

[118] Mendel hatte im Jahr 1938 ein Einkommen von 4.850,– RM, so eine handschriftliche Notiz Mendels auf der Rückseite des Verzeichnisses, das die Gegenstände auflistete, die er bei seiner Auswanderung mitnehmen wollte. Als Lehrer verdiente Mendel am Stichtag 1.4.1936 monatlich 320,82 RM, das Jahresgehalt als Kantor betrug 1933 lt. Haushaltplan der Gemeinde 1.260,– RM.

[119] Schreiben der Reichsvereinigung vom 28. Juli 1939

[120] Schneider, S. 181

[121] Freeden, S. 25

[122] Ankündigungsblatt „Camp University, Lectures: 13.-19.11.1939

[123] While you are in England. Helpful information and Guidance for every refugee, Persönliches Exemplar für Erich Mendel, eingetragen im Bloomsbury House unter Nr. 30 978, S. 19

Literaturverzeichnis

Manfred Keller

[124] ebd. S. 21

[125] An Hausangestellten und Krankenpflegerinnen herrschte in England ein Mangel. Für Frauen, die in solchen Berufen tätig sein wollten, wurde eine besondere Quote eingerichtet. „Daraus erklärt sich ein überdurchschnittlich großer Anteil an Frauen unter den Exilanten in Großbritannien." Strickhausen, Sp. 252 f.

[126] Honigman, S. 13

[127] Zeugnis von Mrs. Alice Bishop vom 27.3.40

[128] Arbeitszeugnis der Fa. Rose & Co. Dortmund vom 14. Februar 1916. Über den Zeitraum und die Art der Beschäftigung heißt es dort: „Fräulein Martha Wolff aus Dülmen war vom 15. April 1912 bis zum heutigen Tage in unserem Hause zunächst als Lernende und dann als Hilfs-Directrice in dem Anfertigungsatelier für Kleider tätig".

[129] Jüdische Kinderhilfe, Zeugnis für Martha Wolff vom 20. Mai 1925 (sic)

[130] Dass Mendel noch Ende Januar 1940 im Kitchener Camp in Richborough war, geht aus einem Brief seines Vetters Berthold Oppenheimer vom 31. Januar 1940 hervor, in dem Oppenheimer schreibt: „Ich möchte nun hoffen und Dir wünschen, dass es Dir bald gelingt, aus dem Lager herauszukommen, und ich würde mich sehr freuen, Dich dann zu sehen."

[131] Bescheinigung des „Jewish Refugees Committee" im Bloomsbury House vom 8. August 1940

[132] Vgl. Brief von Karola und Simon Freimark vom 29.5.1946 an Emmy und Siegbert Vollmann in Bochum, Schneider S. 329. – In einem Brief vom 21. März 1947 an Siegbert Vollmann erinnert sich Moritz David an dieses Zusammentreffen. David berichtet aus Manchester: „Nachdem ich aus dem KZ Oranienburg zurückgekehrt war und nach vielen Bemühungen ein Permit für England erhielt, fanden wir hier eine recht bescheidene Unterkunft in einem Refugee-Altersheim, wo wir noch immer wohnen. Eine Unterbrechung fand allerdings statt, als ich (wie alle Leute mit einem deutschen Pass) am 26. Juni 1940 in einem Camp interniert wurde, in dem ich unter anderen Bekannten auch Herrn Lehrer Mendel traf, mit dem zusammen ich gleich am ersten Freitagabend einen Gottesdienst in einem großen Zelt abhielt." Für den Hinweis auf diesen Brief danke ich Hubert Schneider.

[133] Artikel „Hochzeit und Hochzeitsbräuche", in: Jüdisches Lexikon Bd. II, Sp. 1639 f.

[134] Vgl. Piorr S. 119 f.; Keller/Schneider/Wagner S. 33

Anwalt- und Notarverein Bochum (Hg.): Zeit ohne Recht. Justiz in Bochum nach 1933. Dokumentation einer Ausstellung, Recklinghausen 2003

Avenary, Chanoch / Braun, Joachim und Cohen, Judith: Art. Jüdische Musik, in: Musik in Geschichte und Gegenwart. Allgemeine Enzyklopädie der Musik, begr. von Friedrich Blume, 2. Auflage hrsg. von Ludwig Finscher, Sachteil 4: (Hamm – Kar), Kassel/Stuttgart 1999

Baeck, Leo: Das Wesen des Judentums, Darmstadt 1965

Barbian, Jan Pieter / Brocke, Michael / Heid, Ludger (Hg.): Juden im Ruhrgebiet. Vom Zeitalter der Aufklärung bis in die Gegenwart, Essen 1999

Benz, Wolfgang: Geschichte des Dritten Reiches, München 2000

Bergmeier, J.P. / Eisler, Ejal Jakob / Lotz, Rainer E. (Hg.): Vorbei...Beyond Recall (dt./engl.), Dokumentation jüdischen Musiklebens in Berlin 1933-1938, Box mit Dokumentation und elf CDs, Berlin 2001

Birkmann, Günter/Stratmann, Hartmut: Bedenke vor wem du stehst. 300 Synagogen und ihre Geschichte in Westfalen und Lippe, Essen 1998

Stadt Bochum (Hg.): Assimilationen. Jüdische Identität in der Musik, Bochum 1998

Stadt Bochum (Hg.): Trotz Cholera, Krieg und Krisen. Eine kleine illustrierte Stadtgeschichte, Horb am Neckar 2000

Böckler, Annette: Jüdischer Gottesdienst – Wesen und Struktur, Berlin 2002

Blumenthal, Werner: Erinnerungen, in: Günter Gleising u.a. Die Verfolgung der Juden in Bochum und Wattenscheid. Die Jahre 1933-1945 in Berichten, Bildern und Dokumenten, Bochum 1993

Braun, Siegfried: Die Marks-Haindorfsche Stiftung, in: Hans Chanoch Meyer: Aus Geschichte und Leben der Juden in Westfalen. Eine Sammelschrift, Frankfurt/Main, 1962

Brilling, Bernhard: Aus alten Archiven. Unna – die Stadt mit der dreimaligen Namensannahme durch die Juden, in: Jüdische Allgemeine Nr. XIII/6, S. 5, 9. Mai 1958

Brocke, Michael (Hg.): Feuer an dein Heiligtum gelegt. Zerstörte Synagogen 1938 – Nordrhein-Westfalen. Erarbeitet vom Salomon Ludwig Steinheim-Institut für deutsch-jüdische Geschichte

Brockschmidt, Jens: Hoffnung und Resignation im Selbstzeugnis. Jüdisches Leben in Bochum unter den Bedingungen der nationalsozialistischen Politik, unveröffentlichte Magisterarbeit, Ms Bochum 2000

Diekmann, Norbert: „...hat des Sabbats wegen die Unterschrift verweigert." Zur Geschichte der jüdischen Gemeinden in Gronau und Epe, Schriften aus dem Stadtarchiv Gronau, Band 4, Gronau 1999

Ev. Kirche von Westfalen (Hg.): Gott hat sein Volk nicht verstoßen, Hauptvorlage, Bielefeld

Feyer, Sven: Deutsche Exilanten und Flüchtlinge in England im Spiegel der Presse 1935-1945, Dokument Nr. 37871 aus den Wissenschaftsarchiven des GRIN Verlags (www.grin.com), 2005

Freeden, Herbert: Menetekel im November. Ein deutscher Jude zwischen „Reichskristallnacht" und englischem Exil, Köln o. J.

Freund, Susanne: Jüdische Bildungsgeschichte zwischen Emanzipation und Ausgrenzung. Das Beispiel der Marks-Haindorf-Stiftung in Münster (1825-1942), Paderborn 1997

Freund, Susanne: Jüdisches Schul- und Ausbildungswesen in Westfalen im 19. Jahrhundert, in: Kirsten Menneken / Andrea Zupancic, (Hg.): Jüdisches Leben in Westfalen, Essen 1998

Friedländer, Saul: Das Dritte Reich und die Juden. Die Jahre der Verfolgung 1933-1939, München 1998

Frühauf, Tina: Orgel und Orgelmusik in deutsch-jüdischer Kultur, Hildesheim 2005

Gidal, Nachum T.: Die Juden in Deutschland von der Römerzeit bis zur Weimarer Republik, Köln 1997

Gleising, Günter (u.a.): Die Verfolgung der Juden in Bochum und Wattenscheid. Die Jahre 1933-1945 in Berichten, Bildern und Dokumenten, Bochum 1993

Gradenwitz, Peter: „So singet uns von Zijons Sang!" Jüdische Musik und Musiker in ihrer Umwelt, in: Jüdische Lebenswelten. Essays, hg. v. Andreas Nachama u.a., Berlin 1992

Stadt Herne (Hg.): Sie werden nicht vergessen sein. Geschichte der Juden in Herne und Wanne-Eickel. Eine Dokumentation zur Ausstellung im Stadtarchiv Herne vom 15. März bis zum 10. April 1987, Herne 1987

Herrmann, Klaus: Die jüdische Reformbewegung zwischen Protestantismus und Katholizismus, in: Schuller, Florian u.a. (Hg.): Katholizismus und Judentum – Gemeinsamkeiten und Verwerfungen vom 16. bis zum 20. Jahrhundert, Regensburg 2005

Heuberger, Georg/ Backhaus, Fritz (Hg.): Leo Baeck 1873-1956. Aus dem Stamme von Rabbinern, Frankfurt/Main 2001

Honigman, Ronna: Eric Mandell – His Life And Work, unveröffentlichte Magisterarbeit, Philadelphia PA, 1982

Israelitische Kultusgemeinde Wien (Hg.): Der Wiener Stadttempel. Die Wiener Juden, Wien 1988

Istor, H.: Ein Hüter unseres musikalischen Erbes. Eric Mandell zum 70. Geburtstag, in: Jüdische Allgemeine Nr. XXII/23 vom 9. Juni 1972, S. 5

Iszák, Andor (Hg.): „Niemand wollte mich hören ...". Magrepha. Die Orgel in der Synagoge. Dokumentation des Europäischen Zentrums für Jüdische Musik, Hannover 1999

Jüdisches Lexikon begr. v. Georg Herlitz und Bruno Kirschner: Ein enzyklopädisches Handbuch des jüdischen Wissens in vier Bänden, Nachdruck der 1. Aufl. Berlin 1927, Königstein/Ts. 1982

Jüdisches Museum der Stadt Wien (Hg.): Salomon Sulzer – Kantor, Komponist, Reformer. Katalog zur Ausstellung des Landes Vorarlberg, Bregenz 1991

Katlewski, Heinz-Peter: Judentum im Aufbruch. Von der neuen Vielfalt jüdischen Lebens in Deutschland, Österreich und der Schweiz, Berlin 2002

Keller, Manfred: Der 9. November in der deutschen Geschichte. Reden zum Gedenken an den Novemberpogrom 1938, gehalten am 9. November 1994 in Bochum, in: Kirche im Revier, Jahrgang 1995, hg. v. Verein zur Erforschung der Kirchen- und Religionsgeschichte des Ruhrgebiets e.V., Bochum 1995

Keller, Manfred/Wilbertz, Gisela (Hg.): Spuren im Stein. Ein Bochumer Friedhof als Spiegel jüdischer Geschichte, Essen 1997

Keller, Manfred: Die Bochumer Rabbiner Moritz David und Josef Kliersfeld, in: Manfred Keller/Gisela Wilbertz (Hg.): Spuren im Stein. Ein Bochumer Friedhof als Spiegel jüdischer Geschichte, Essen 1997

Keller, Manfred (Hg.): Juden in Bochum – mit Dokumentation der Ausstellung „Spurensuche". Arbeitshilfen und Materialien für Schule, Jugendarbeit und Erwachsenenbildung, Bochum 1998

Keller, Manfred: Spurensuche – Jüdisches Leben in Bochum. Ein Projektbericht, in: Kirche im Revier, Jahrgang 1999, hg. v. Verein zur Erforschung der Kirchen- und Religionsgeschichte des Ruhrgebiets e.V., Bochum 1999

Keller, Manfred / Schneider, Hubert / Wagner, Johannes Volker (Hg.): Gedenkbuch. Opfer der Shoa aus Bochum und Wattenscheid, Bochum 2000

Keller, Manfred: Zum 125. Geburtstag von Moritz David, in: Kirche im Revier, Nummer 1-2/2001, hg. v. Verein zur Erforschung der Kirchen- und Religionsgeschichte des Ruhrgebiets e.V., Bochum 2001

Keller, Manfred/Nachama, Andreas (Hg.): Henry G. Brand, Freude an der Tora – Freude am Dialog, Bochum 2002

Keller, Manfred: Sie waren unsere Nachbarn – Gedenken an die deportierten Juden der Jahre 1941-1944, in: Kirche im Revier, 16. Jg./2003, hg. v. Verein zur Erforschung der Kirchen- und Religionsgeschichte des Ruhrgebiets e.V., Bochum 2003

Keller, Manfred: Rückkehr in die Mitte. Judentum als Thema der Evangelische Stadtakademie Bochum. In: Gott und der Welt begegnen – 50 Jahre Evangelische Stadtakademie für Bochum 2003, S. 125ff.

Keller, Manfred (Hg.)/Ensemble „mendels töchter": Adon Olam – Herr der Welt. Musik der Synagoge. Erich Mendel/Eric Mandell: Bochum – Philadelphia., CD, Bochum 2004

Keller, Manfred: Erich Mendel – Stimme der Synagoge. Ein Portrait, in: Kirche im Revier, 17. Jg./2004, hg. v. Verein zur Erforschung der Kirchen- und Religionsgeschichte des Ruhrgebiets e.V., Bochum 2004

Keller, Manfred: Orte der Erinnerung. Stationenweg zur jüdischen Geschichte Bochums, in: HisTourismus im Ruhrgebiet, hg. v. der Stiftung Industriedenkmalpflege und Geschichtskultur, Forum Geschichtskultur an Rhein und Emscher e.V., Heft 1/2004, Essen 2004

Keller, Manfred: Eine Synagoge für Bochum. Die jüdische Gemeinde Bochum-Herne-Hatingen erhält ein neues Gemeindezentrum, in: Impuls. Mitarbeitermagazin des Katholischen Klinikums Bochum, Bochum 2006

Keller, Volker: Bilder vom jüdischen Leben in Mannheim, Mannheim 1988

Kortum, Karl Arnold: Nachricht vom ehemaligen und jetzigen Zustande der Stadt Bochum, Nachdruck zum 200jährigen Erscheinen der Erstausgabe, bearbeitet von Gisela Wilbertz, Bochum 1990

Krohn, Claus-Dieter u.a. (Hg.): Handbuch der deutschsprachigen Emigration 1933-1945, Darmstadt 1998

Künzl, Hannelore: Synagogen im Ruhrgebiet. Vom Zeitalter der Aufklärung bis zur Gegenwart, in: Barbian/Brocke/Heid, Juden im Ruhrgebiet, Essen 1999

Kufeld, Maria: Jüdische Emigration aus Deutschland in die USA und nach Brasilien in den Jahren 1933-1945, Dokument Nr. 31713 aus den Wissenschaftsarchiven des GRIN Verlags (www.grin.com), 2004

Lazarus, Moritz: Die Ethik des Judentums, Frankfurt 1899

Lowenthal, E. G.: Eric Mandell – Sammlung Jüdischer Musik, in: Jüdische Allgemeine, Düsseldorf, 23. Juli 1965, S. 8

Maierhof, Gudrun: Selbstbehauptung im Chaos. Frauen in der jüdischen Selbsthilfe 1933-1943, Frankfurt/Main 2002

MASSKS (Ministerium für Arbeit, Soziales und Stadtentwicklung, Kultur und Sport des Landes Nordrhein-Westfalen) (Hg.): Zeitzeugen. Begegnungen mit jüdischem Leben in Nordrhein-Westfalen, Düsseldorf 1998

Mendes-Flohr, Paul: Jüdisches Kultur- und Geistesleben, in: Michael A. Meyer / Michael Brenner, hg. im Auftrag des Leo Baeck Instituts: Deutsch-jüdische Geschichte in der Neuzeit, Band IV: Aufbruch und Zerstörung 1918-1945, München 1997

Menneken, Kirsten / Zupancic, Andrea (Hg.): Jüdisches Leben in Westfalen, Essen 1998

Meyer, Hans Chanoch: Aus Geschichte und Leben der Juden in Westfalen. Eine Sammelschrift, Frankfurt/Main, 1962

Meyer, Michael A. / Brenner, Michael, hg. im Auftrag des Leo Baeck Instituts: Deutsch-jüdische Geschichte in der Neuzeit, Band IV: Aufbruch und Zerstörung 1918-1945, München 1997

Meyer, Winfried (Hg.): Verschwörer im KZ. Hans von Dohnanyi und die Häftlinge des 20. Juli 1944 im KZ Sachsenhausen, Berlin 1998

Nachama, Andreas: „Erneuere unsere Tage". Jüdisches aus Berlin, Berlin/Wien 2001

Nadel, Arno: Jüdische Musik. In: Zeitschrift „Der Jude", Jahrgang 1923, S. 227ff.

Piorr, Ralf (Hg.): „Nahtstellen, fühlbar, hier...". Zur Geschichte der Juden in Herne und Wanne-Eickel, Essen 2002

Polnauer, David: Über die jüdische Liturgie und jüdisches Beten, in: J.P. Bergmeier/Ejal Jakob Eisler/Rainer E. Lotz (Hg.): Vorbei...Beyond Recall. Dokumentation jüdischen Musiklebens in Berlin 1933-1938, Berlin 2001

Reicher, Benno: Jüdische Geschichte und Kultur in NRW: Ein Handbuch – zusammengestellt von Benno Reicher, hg. vom Sekretariat für gemeinsame Kulturarbeit in Nordrhein-Westfalen, Essen 1993

Reichmann-Jungmann, Eva: Jüdische Gemeinden an Ruhr und Rhein, in: CV-Zeitung, Nr. 27, 2. Beiblatt, 8. Juli 1937

Reichmann, Hans: Deutscher Bürger und verfolgter Jude. Novemberpogrom und KZ Sachsenhausen 1937 – 1939, München 2001

von Roden, Günter: Geschichte der Duisburger Juden. Duisburger Forschungen Band 34, Teile 1 und 2, Duisburg 1986

Schlage, Karl-Hermann: Das musikalische Leben der jüdischen Gemeinde Mannheim von 1855 bis 1938, unveröffentlichtes Manuskript, erscheint demnächst in: Mannheimer Geschichtsblätter, Neue Folge, Band 12

Schneider, Hubert (Hg.): „Es lebe das Leben..." Die Freimarks aus Bochum – eine deutsch-jüdische Familie. Briefe 1938-1946, Essen 2005

Schoenberner, Gerhard: Der gelbe Stern. Die Judenverfolgung in Europa 1933-1945, Frankfurt/Main, 1991

Silbermann, Alphons: Jüdische Musik, in: Julius H. Schoeps (Hg.): Neues Lexikon des Judentums, Gütersloh 2000

Schubert, Kurt: Die Religion des Judentums, Leipzig 1992

Stadtarchiv Bochum (Hg.): Vom Boykott bis zur Vernichtung. Leben, Verfolgung, Vertreibung und Vernichtung der Juden in Bochum und Wattenscheid 1933-1945, Essen 2002

Stadtarchiv München (Hg.): Beth ha-Knesseth – Ort der Zusammenkunft. Zur Geschichte der Münchner Synagogen, ihrer Rabbiner und Kantoren, München 1999

Stegemann, Wolf/Eichmann, Johanna: Jüdisches Museum Westfalen. Dokumentationszentrum und Lehrhaus für jüdische Geschichte und Religion in Dorsten. Ein Beitrag zur Geschichte der Juden in Westfalen – Katalog, Dorsten 1992

Stengel, Theo (Hg.):Lexikon der Juden in der Musik, Berlin 1943

Strickhausen, Waltraud: Großbritannien, in: Claus-Dieter Krohn u.a. (Hg.): Handbuch der deutschsprachigen Emigration 1933-1945, Darmstadt 1998

Thalmann, Rita/Feinermann, Emmanuel: Die Kristallnacht, Frankfurt 1987

Thieberger, Friedrich: Jüdisches Fest – Jüdischer Brauch. Ein Sammelwerk, Berlin 1936

Tohermes, Kurt: Für Kaiser, Stadt und Vaterland. Die jüdischen Gemeinden im Kaiserreich und in der Weimarer Republik, in: Piorr, Ralf (Hg.): „Nahtstellen, fühlbar, hier...". Zur Geschichte der Juden in Herne und Wanne-Eickel, Essen 2002

Trepp, Leo: Der jüdische Gottesdienst – Gestalt und Entwicklung, Stuttgart-Berlin-Köln 1992

Trepp, Leo: Geschichte der deutschen Juden, Stuttgart 1996

Trepp, Leo: Die Juden. Volk, Geschichte, Religion, Hamburg 1998

Tur-Sinai, Naftali Herz: Die Heilige Schrift. Übertragung ins Deutsche, Neuhausen 1993

Wagner, Johannes Volker: Hakenkreuz über Bochum. Machtergreifung und nationalsozialistischer Alltag in einer Revierstadt, Bochum 1983

Walk, Joseph: Kurzbiographien zur Geschichte der Juden 1918-1945, München, New York, London, Paris 1988

Walk, Joseph: Das Sonderrecht für die Juden im NS-Staat, Heidelberg 1996

Weber, Britta: Berufsverbot und Enteignung. Ausgrenzung der Bochumer Juden aus dem Berufs- und Wirtschaftsleben unter der Nationalsozialistischen Herrschaft, in: Manfred Keller/Gisela Wilbertz (Hg.): Spuren im Stein. Ein Bochumer Friedhof als Spiegel jüdischer Geschichte, Essen 1997

Weiß, Thomas: „Diese Tränen werde ich nie vergessen..." Geschichte der Synagogengemeinde Hattingen, Veröffentlichungen aus dem Stadtarchiv Hattingen, Band 16, Hattingen 2005

Wilbertz, Gisela: Synagogen und jüdische Volksschulen in Bochum und Wattenscheid. Ein Quellen- und Lesebuch, Bochum 1988

Wilbertz, Gisela: Synagoge und jüdische Volksschule in Bochum – 1. Teil, in: Der Märker, 38. Jahrgang, Heft 1, Januar/Februar 1989

Wilbertz, Gisela: Synagoge und jüdische Volksschule in Bochum – Schluss, in: Der Märker, 38. Jahrgang, Heft 2, März/April 1989

Wölk, Ingrid: Philipp Würzburger und die Gründung des Stadtparks in Bochum, in: Johannes Volker Wagner (Hg.): Das Stadtarchiv. Schatzkammer, Forschungsstätte, Erlebnisort. Beispiel Stadtarchiv Bochum, Essen 2004

Wölk, Ingrid: Erinnern tut Not. Zum Gedenken an Else Hirsch und andere Opfer der Shoa, in: Johannes Volker Wagner (Hg.): Das Stadtarchiv. Schatzkammer, Forschungsstätte, Erlebnisort. Beispiel Stadtarchiv Bochum, Essen 2004

Zimmermann, Michael (Hg.): Die Geschichte der Juden im Rheinland und in Westfalen, Köln 1998

Der Sabbat
Erich Mendel

Der Sabbat – Licht und Freude
Erläuterungen zu den Gebeten und Melodien des Freitagabendgottesdienstes

Unserem Zeitalter war die Gnade des Betenkönnens verloren gegangen. Es waren nur noch Wenige, Vereinzelte, die ihre Seele aus der drückenden Last der täglichen Sorgen, aus dem Eingefangen-Sein im materialistischen Denken, aus dem Hasten und Jagen nach dem Mammon zu befreien vermochten, um aus tiefster Inbrunst ihres Herzens die Erfüllung ihrer Wünsche von ihrem Schöpfer zu erflehen. Es waren nur noch Wenige, die sich so tief ins Gebet versenken konnten, wie einst *Hanna*, als sie vor Gott niederfiel. Nur noch Vereinzelte wurden von der tröstenden und läuternden Kraft des Gebetes erfasst, wurden nachhaltig von seiner erhebenden Wirkung ergriffen. Vielen, vielen Menschen hatte das Gebet nichts mehr zu sagen und für manche war es zu einer bloßen Gewohnheit herabgesunken. Wir kennen auch die Gründe, die für diese bedauerliche Tatsache angeführt werden. Unsere Gebete werden in einer fremden Sprache gesprochen, in der hebräischen, die manchen unter uns nur zum Teil oder fast gar nicht verständlich ist.

Dagegen möchten wir aber fragen: „Wer vermochte noch aus wahrhaftigem Herzen in seiner Muttersprache, d. h. in der deutschen, zu beten?" Wir wollen darauf eine ehrliche Antwort geben. Auch das Gebet in der Muttersprache war manchen verloren gegangen. Unsere Zeit hat uns das Beten wieder gelehrt. Laut und inbrünstig erhebt sich wieder der Hilferuf Unzähliger, die seelisch gebrochen und wirtschaftlich hilflos, den Beistand und die Gnade des Gottes unserer Väter, der vielen fremd geworden war, aufs Neue anflehen. Sie suchen Gott und möchten den Weg zu ihm gewiesen haben. Dieser Weg aber führt durch das Gebet, denn das Gebet ist seinem tiefsten Wesen nach die verbindende Stufenleiter, die von der Erde empor zum Himmel führt. Wir wissen, dass der Wunsch, wieder dem Inhalt und dem Verständnis unserer Gebete nahe zu kommen, in Vielen rege geworden ist.

Lassen Sie mich deshalb heute Ihnen über den Inhalt der Gebete des Freitagabend-Gottesdienstes Einiges sagen. In unseren Gebeten verbindet sich häufig mit dem Wort der Ton: Melodie. Ich will Sie deshalb weiter auch in den Geist unserer Melodien einführen. Unsere täglichen Gebete sind in Morgen-, Nachmittag- und Abendgebet eingeteilt. Sie sind nach der Überlieferung von den Stammvätern *Abraham*, *Isaak* und *Jakob* eingesetzt und von unseren Weisen in Anlehnung an die (drei) täglichen Opferhandlungen im Tempel angeordnet worden. Der Umstand, dass Gebete an gewisse Tagesstunden geknüpft sind, bedarf einer Erläuterung.

Das ganze Leben des Menschen bewegt sich im Laufe eines Tages in zwei Kreiseshälften, dem Tagesbogen und dem Nachtbogen. Die Tageszeiten des Morgens und des Abends finden die Herzen der Menschen in ganz entgegengesetzter Stimmung. Während der Mensch am Morgen wie neugeboren, voll Lebensmut und Hoffnung, an seine Arbeit geht, so legt er in der Stunde des Sonnenuntergangs sein Geschick vertrauensvoll in die Hände des Schöpfers. Im Tagesbogen ist der Mensch die Macht, und die Welt ist sein Produkt; im Nachtbogen ist der Mensch selber das Produkt, und das All mit seinen Urkräften ist die ihn bezwingende und gestaltende Macht. Diesem Gedanken hat der Dichter im Sabbatpsalm Ausdruck gegeben: „Lehagid babauker chasdecho weemunosscho baleilauss" – „zu verkünden am Morgen deine Gnade und deine Treue in den Nächten." So wird „chessed", die göttliche Gnade, zum Leitgedanken des Morgengebetes, während wir im Abendgebet um „Emunoh", um die uns beschützende göttliche Treue flehen.

Wir haben bisher das „Minchah-Gebet" bei unserer Betrachtung außer Acht gelassen. Der „Talmud" weist darauf hin, dass das „Minchah-Gebet" ganz auf die seelische

Abrechnung vor Gott, dem Richter, eingestellt ist. Alle jubelnden Lobpreisungen des Morgengebets fehlen. „Minchah" ist die Zeit der Selbstprüfung, die Zeit des strengen Rechtes, „Midass hadin". Im „Midrasch" wird erklärt, dass, als Gott die Welt als Ausdruck seiner Liebe schuf, er zuerst nur die Absicht hatte, in ihr das Recht walten zu lassen. Da Gott jedoch einsah, dass die Menschheit nicht dabei bestehen könne, so schenkte er die Barmherzigkeit, „Midass horachamim" und gesellte sie mit dem Recht, mit „Midass hadin". Die drei Ureigenschaften Gottes, „Chessed, Din, Werachamim" – „Liebe, Gerechtigkeit und Erbarmen" sind die Leitgedanken für unser Morgen-, Nachmittag- und Abendgebet.

Wir wollen uns heute nur dem Abendgebet zuwenden und zwar dem Abendgebet des Sabbats, dem Eingangsgebet für den Sabbat; wir wollen heute versuchen, in den Sinn, in die Bedeutung der Gebete, in die Schönheit der dazugehörigen Melodien des Freitagabend-Gottesdienstes einzudringen.

Ich habe schon aufgeführt, dass der Grundgedanke jedes Abendgebetes ist „Midass rachamim", die Barmherzigkeit. Zu diesem Grundmotiv tritt natürlich für das Abendgebet zum Beginn des Sabbats der große, hehre Gedanke des Sabbats, der Gedanke der Sabbatfeier, der Gedanke des Ruhetags. Im gleichmäßigen Ablauf der Tage des Jahres ist in der Woche der Sabbat das Besondere, das Heilige, der Gast, der uns über alles Alltägliche erheben soll. Das vierte Gebot beginnt im 2. Buch Moses „Sochaur ess jaum haschabboss" – „Gedenke des Sabbattages", während es bei seiner Wiederholung im 5. Buch lautet: „Schomaur ess jaum haschabboss" – „Hüte den Sabbat!" Dieses Hüten des Sabbats ist seine Betätigung, heißt, ihn durch die Tat begehen. „Sochaur ess jaum haschabboss" – „Gedenke des Sabbats" bedeutet, den Sabbat nicht in seiner Wirkung auf diesen Tag zu beschränken, sondern während der Woche sich auch gedanklich auf ihn einzustellen. Hieraus entspringt auch der Wunsch, etwas von dem vorangehenden oder nachfolgenden Werktag dem eigentlichen Sabbat hinzuzufügen. Durch eine solche Hinzufügung soll dem Gedanken Ausdruck gegeben werden, dass der Sabbat nicht vereinzelt dasteht, dass der Werktag, die Werkzeit durch den Geist des Sabbats selbst zum Sabbat umgeschaffen werden.

Diese Hinzufügung heißt „Hausofoh". Sie hat auch zur Folge, dass das Eingangsgebet des Sabbats früher gesprochen wird, als dies an Werktagen in der Regel geschieht. Das Werktagabendgebet beginnt, abgesehen von wenigen Einleitungssätzen, mit „Borachu ess adaunoj hamwauroch" – „Lobet den Ewigen, den Hochgelobten!"; während diesem „Borachu" am Freitagabend eine ganze Reihe von Psalmen, beginnend mit „Lechu nerannanoh" und schließend mit „Adaunoj moloch", vorangeht. Diese Gebetgruppe besteht aus den Psalmen 95 bis 99 und 29. Dann folgt das Sabbatlied „Lecho daudi". Den Schluss bilden der Sabbatpsalm 92 und Psalm 93. Die ganze Psalmreihe einschließlich „Lecho daudi" nennt man „Kabolass schabboss" – „Empfang des Sabbats".

Der Brauch, den Sabbat feierlich mit Gesängen zu empfangen, geht auf einen talmudischen Bericht zurück. *Rabbi Chanina* pflegte am Rüsttage des Sabbats zur Vesperstunde in einen Mantel gehüllt dazustehen und auszurufen: „Bauu weneizei likras schaboss hamalkoh" – „Kommt, lasset uns der Königin Sabbat entgegengehen!" *Rabbi Jannai* legte am Rüsttage des Sabbats seine schönen Gewänder an und rief: „Komme, o Braut, komme, o Braut!" (Diese Empfangssprüche des Sabbats liegen dem später noch zu besprechenden Liede „Lecho daudi" zugrunde.)

Der Brauch, dem Abendgottesdienst für den Sabbateingang eine Reihe von Psalmen mit einem Sabbatliede vorangehen zu lassen, hat sich etwa von der 2. Hälfte des 16. Jahrhunderts an, von Palästina ausgehend, in fast allen europäischen Gemeinden eingebürgert. Dieser Brauch wurde insbesondere von den Kabbalisten in Safed feierlich ausgestaltet. Im 16. Jahrhundert war Safed in Obergaliläa ein Zentrum der Kabbalah. Die Kabbalisten als Träger der Kabbalah suchen unter anderem mit Hilfe von Buchstabendeutung und Zahlenmystik in jedem Satz und in jedem Zeichen der Bibel einen geheimen Sinn aufzuspüren. Sie suchten zu erkennen, was vor der Schöpfung war und was über dem sichtbaren Himmel ist.

Am Freitag zur Abendzeit kamen diese Kabbalisten zusammen und riefen sich gegenseitig zu: „Kommt, lasst uns der Sabbatbraut entgegen gehen!" Sie gingen dann ins Freie hinaus, wenigstens aber in den Garten oder in einen Vorhof und sangen dabei die Psalmen 95-99, 29 und

„Lecho daudi". Diese kabbalistische Gebetfolge fand in fast allen Gemeinden Eingang. Jedoch erhob sich auch vereinzelt Widerspruch gegen ihre Einführung. Man machte geltend, dass diese Gesänge zum Empfang des Sabbats nicht zum eigentlichen Gottesdienst gehörten und bestimmte daher, dass ihr Vortrag nicht vom Vorbeterpult aus, vom „Omud", sondern von der „Bimoh", von einem besonderen Pult aus, das sich in alten Synagogen befindet und zur Vorlesung der Thora benutzt wird, erfolgen solle. Man findet diesen Brauch auch heute noch in konservativen Gottesdiensten.

Zunächst beginnt der Gottesdienst mit den sechs Psalmen, entsprechend den sechs Tagen der Arbeit. Ihr Inhalt ist das Werden des Gottesreiches auf Erden, ist ein Hinweis auf das einstige Ziel des allgemeinen Weltsabbats, des „Jaum schekullau schabboss umenuchoh lechaje hoaulomim," ist ein Hinweis auf den Tag, der ganz Sabbat und Ruhe des ewigen Lebens ist. Der Psalm 95 spricht einleitend von der Erreichbarkeit dieses Zieles. Wenn wir auch von Gott abgeirrt sind, wenn er auch über die Verirrung unserer Väter geschworen hatte: „Im jewauun el menuchossi" – „sie sollen nicht zu meiner Ruhestätte kommen", so hat er es doch in unsere Hand gelegt, in ihm den großen König über alle Mächtigen zu verehren, „Hajaum, im bekaulau sischmou" – „heute noch, wenn wir auf seine Stimme hören wollen". Im Psalm 96 ruft Israel die ganze Menschheit auf, in die allgemeine Gotteshuldigung einzustimmen. „Schiru ladaunoj schir chodosch, schiru ladaunoj kol hoorez!" – „Singet dem Ewigen ein neues Lied, singet dem Ewigen alle Lande!" „Ki wo, ki wo, lischpaut hoorez!" – „Denn er kommt, er kommt, um die Erde zu richten."

Wenn Gott die Herrschaft auf Erden angetreten hat, wie es die Psalmen 97 und 98 schildern, dann wird die Erde mitjubeln, die Natur und alle ihre Kräfte. Und endlich wird Gott wiederum in Zion thronen, hoch über allen Nationen, wie es in Psalm 99 heißt, dass alle Menschensöhne sich vor ihm auf seinem heiligen Berge niederwerfen. Gott wird zum wahren König der Welt, seinem Volke aber verheißt er Macht. Er segnet es mit dem heißersehnten Frieden. „Adaunoj aus leamau jitten, adaunoj jeworech ess amau wascholaum" – „Gott gibt seinem Volk Kraft, Gott segnet sein Volk mit Frieden". (Dieser Satz leitet über zum Sabbatliede „Lecho daudi".) Im Psalm 95 heißt es:

„Bismiraus noria lau!" – „mit Gesängen wollen wir Gott zujauchzen!" In Psalm 96 lesen wir: „Schiru ladaunoj schir chodosch!" – „Singet dem Ewigen ein neues Lied!" Was lag da näher, als diese Verse nicht leise zu beten, sondern sie laut erschallen zu lassen. Wir kennen es als allgemeinen Brauch, dass diese Psalmen als Wechselgesang zwischen Vorbeter und Gemeinde vorgetragen werden. Schon der Talmud erzählt uns von der Verwendung des Wechselgesanges beim Gottesdienste, so z. B. vom Vortrag des Hallel, bei dem die Gemeinde, wie die alten Quellen berichten, im ganzen 123 mal mit Hallelujah einfiel.

Bei der Feier des „Sukkaus"-Festes im Tempel sangen die Festbesucher, den „Lulow" in der Hand, als Wechselchor den Psalm 118. Sie alle kennen die Melodie, die von dem großen Synagogenkomponisten *Lewandowski* notiert, in dieser Form Eingang gefunden hat in viele Gottesdienste Deutschlands. (Sie kennen sie aus dem hiesigen Gottesdienst.) (Singen) In Gemeinden ohne Orgel ertönt häufig folgende Weise: (Rezitieren) Und wer, insbesondere in orthodoxen Gottesdiensten Gelegenheit hatte, zu hören, mit welcher Freude Vorbeter und Gemeinde diese Psalmen singen, der weiß, was wirkliche Empfangsstimmung für den Sabbat bedeutet. Wenn nun der letzte Vers des letzten Psalms verklungen ist, dann soll unser Gemüt eine gehobene und weihevolle Stimmung erfüllen, dann soll die „Neschomoh jesseroh" – „die besondere (die hochgestimmte) Seele" auch in uns eingezogen sein. Dann rufen wir mit Freude aus: „Lecho daudi likrass kalloh, penei schabboss nekabbloh!" – „Komm, mein Freund, der Braut entgegen, den Sabbat wollen wir empfangen!" Wir wissen, dass es ursprünglich mehrere „Lecho-daudi"-Lieder gegeben hat. Unter diesen hat sich das in allen Gemeinden Israels bekannte eingebürgert. Sein Verfasser ist *Salomo al Kabbez ha Levi*, der um 1510 in Saloniki geboren wurde und zu dem schon erwähnten Kreise der Kabbalisten in Safed gehörte. Dieses Sabbatlied ist wahrscheinlich das jüngste Stück unseres Gebetbuches. Die Anfangsbuchstaben der Strophen bilden als Akrostikon den Namen des Dichters *Schelaumauh helevi*. Da dieses Lied die besondere Empfehlung des Meisters der Kabbalah, *Isaak Lurjas*, fand, wurde es ohne Widerspruch fast überall in den Gottesdienst aufgenommen. Nur in den Ritus der Balkanländer fand es keinen Eingang. *Heine* nennt in seinem Gedicht „Prinzessin Sabbat" als Verfasser irrtümlich den spanisch-

Sabbatlied

„Komm, mein Freund, der Braut entgegen, den Sabbat wollen wir empfangen. „Hüte" und „gedenke" ließ uns in einem Wort der einzige Gott hören. Der Ewige ist einzig, und sein Name ist einzig, zum Ruhm, zur Herrlichkeit und zur Lobpreisung.

Lasst uns dem Sabbat entgegen gehen, denn er ist der Quell des Friedens von Anbeginn, von der Vorzeit her geweiht, das Ende der Schöpfung, im Plan der Anfang. Heiligtum des Königs, königliche Stadt! Erhebe dich, zieh hinaus aus der Verwüstung! Genug hast du gewohnt im Tale des Weinens! Und er wird sich Deiner erbarmen.

Schüttle von Dir den Staub ab, erhebe Dich, lege deine Prachtgewänder ab, mein Volk! Durch Isais Sohn aus Bethlehem nahe du meiner Seele, erlöse sie.

Erwache! Erwache, denn Dein Licht kommt. Erhebe Dich, leuchte, wach auf, wach auf, sprich Dein Lied! Des Ewigen Herrlichkeit hat sich über Dir offenbart. Nicht sollst du beschämt, nicht sollst Du enttäuscht sein.

jüdischen Dichter *Jehuda ha Lewi*. *Herder* hat es ins Deutsche übersetzt. Der Sabbat ist Israels Braut. Daudi, mein Freund, ist Gott. Gott und Israel empfangen gemeinsam den Sabbat. Wir wollen einmal die Schönheit des Sabbatliedes in einer deutschen Übersetzung auf uns wirken lassen, und zwar aus „Zobel", S. 166: „Komm, mein Freund, der Braut entgegen".

Der Sabbat wird im Liede als „Sauf maasseh" als Ende des Schöpfungswerkes bezeichnet. Aber schon vor der Schöpfung war er im Plane der Anfang, „bemachschowoh techilloh". Um des Sabbats willen hat Gott die Welt geschaffen, der Sabbat ist die Krönung seines Werkes. Alles Weh und aller Jammer des irdischen Seins treten zurück vor der Freude des Sabbats. Alle Trauer und aller Schmerz sind vergessen, denn der Sabbat bringt Trost und Hoffnung. Vor dem Auge des Dichters steht Jerusalem wieder da als „Mikdasch melech, ir meluchoh" – als „Heiligtum des Königs, als königliche Stadt"; die Verwüstung hat ein Ende, genug war des Wohnens im Tale der Tränen. „Hissaurari, hissaurari" – „erwache, erwache", denn wieder wird Zions Licht erstrahlen. Das ist die Zuversicht, die jeder Sabbat aufs neue in uns weckt.

Und so möge denn der Sabbat einziehen, Frieden und Freude bringend. Bei dem Beginne der letzten Strophe wenden sich in vielen Gemeinden die Gemeinde und der Vorbeter nach Westen oder zur Tür, um symbolisch den lieben Gast zu begrüßen. Dieser Brauch ist eine Erinnerung an den Gang ins Freie. Bei den Worten „Baui challoh, baui challoh", verneigt sich der Vorbeter, zuerst nach „Doraum", nach der Mittagseite und dann nach „Misrach", nach der Morgenseite.

Diese freudige Sabbatstimmung hat ihren musikalischen Ausdruck in einer Reihe von Melodien gefunden. Ich will einmal mit einer portugiesischen Weise, welche wohl unbekannt sein dürfte, beginnen. (Singen, s. Baer, B. T.) Der lustige Ton dieser Melodie überrascht sicher. Wenn wir aber an die gehobene, freudige Stimmung denken, die die Anhänger der Kabbalah in Safed erfüllte, wenn der Sabbat nahte, dann können wir auch diese fast tänzerische Vertonung verstehen. (Ev. s. Einlage S. 8 a.) (Singen in D-Dur, nur 1. Vers.) Diese, wie auch die folgende Melodie hat *Lewandowski* komponiert. (C-Dur, singen, sehr langsam singen!!) Diese Melodie ist ein typisches Beispiel dafür, wie man eine Melodie entstellen kann, wie klein der Schritt vom Erhabenen zum Lächerlichen ist. (Im scharf markierten 3/4 Takt singen.)

Es ist eine musikalische Grundtatsache unserer Gottesdienste, dass sich der Feiertag bei einem feststehenden Text in einer besonderen, nur für diesen Tag bestimmten, Melodie anzeigt. Die Melodie ist dem Standardwerk der kantoralen Literatur, dem „Baal Tefilloh" von *Abraham Baer* entnommen. (Nr. 329 u. f.) Der moderne jüdische Komponist *Heinrich Schalit*, ehemals Organist an der Synagogengemeinde München, jetzt in gleicher Eigenschaft an der großen Synagoge in Rom tätig, hat die gesamte Freitagabend-Liturgie in einer modernen Vertonung neu geschaffen. Er greift dabei aber oft auf alte, überlieferte, insbesondere orientalisch-jüdische Melodien zurück. Auch beim „Lecho daudi" hat er das getan. Sein von ihm verwandtes „Lecho daudi" stimmt fast original mit der von *Baer* aufgezeichneten Melodie überein. *Baer* notiert weiter eine interessante „Lecho daudi"-Melodie nach afrikanischem und marokkanischem Ritus. Diese Weise zeigt in ihrem scharfen Rhythmus und ihrer Wenigtönigkeit typisch orientalische Merkmale. Sie ist auf einer Sechston-Reihe aufgebaut und verrät in ihrer lustigen, bewegten Art eine ekstatische Freude zum Empfang der Sabbatbraut. (weiter: D-Dur angeben)

Nicht unbekannt ist die getragene Melodie *Lewandowskis* für die Zeit von „Pessach" bis „Schowuauss", für die „Sefiroh"-Zeit. (G-Dur angeben, singen, mit „Baui wescholaum"). Die ganze Trauer des „Tischoh beaw" tönt uns schon in den drei Wochen vor diesem Fasttage im „Lecho daudi" entgegen. (Singen in F-Moll). Die Melodien des bekannten Klageliedes „Eli zijaun" ist auf die letzte Strophe des Sabbatliedes übertragen worden. (Auch für den Monat „Elul" gibt es eine besondere Melodie, die auf das Herannahen der ehrfurchtgebietenden Tage hinweist.) Weiter will ich eine Vertonung des Opernkomponisten *Conradin Kreutzer* hier zu Gehör bringen. (F-Dur angeben, *Friedmann* s. 86) *Kreutzer*, Nichtjude, ist der Komponist der Oper „Das Nachtlager von Granada".

Als Abschluss weise ich noch auf einen „Lecho daudi" hin, den man früher oft in Gemeinden ohne Orgel hörte und der auch heute noch gern gesungen wird. (A-Dur angeben, *Goldberg*, „Braunschweiger Synagogengesänge", mit „Baui wescholaum".) Ich nehme an, dass diese Melodie für Viele eine Jugenderinnerung bedeutet.

Mit dem Schlusse des „Lecho daudi" haben wir nun den Sabbat empfangen, „Schalaum" – „der Friede" – „Simchoh" – „die Freude" und „Zoholoh" – „der Jubel" sind mit ihm eingezogen. Beendigt wird die Sabbatempfangsfeier durch die anschließenden Psalmen 92 und 93. Psalm 92, der bekannte Sabbatpsalm sei hier in deutscher Übersetzung wiedergegeben:

Psalmlied für den Sabbattag

„Gut ist es, dem Ewigen zu danken und deinem Namen zu singen, Höchster. Zu verkünden am Morgen deine Gnade und deine Treue in den Nächten. Auf Zehnsait und auf Psalter, beim Spielen auf der Harfe. Denn du erfreust mich, Ewiger, durch dein Werk, über die Taten deiner Hände jube ich.

Wie groß sind deine Werke, Ewiger, sehr tief sind deine Gedanken. Der unvernünftige Mensch versteht es nicht, und der Tor sieht dies nicht ein. Wenn Frevler wie Gras aufblühen und alle Übeltäter sprossen, ist es um sie zu vertilgen für immer. Du aber bist erhaben für immer, Ewiger.

Denn siehe, deine Feinde, Ewiger, denn siehe, deine Feinde gehen unter, es zerstreuen sich alle Übeltäter. Aber du erhöhst, dem Wildstier gleich mein Horn, getränkt bin ich von frischem Öl. Es schaut mein Auge auf meine Neider; wenn Böswillige gegen mich sich erheben, so vernehmen es meine Ohren.

Der Gerechte blüht wie die Palme, wie die Zeder auf dem Libanon wächst er empor. Gepflanzt im Hause des Ewigen, blühen sie in den Höfen unseres Gottes. Noch im Alter spriessen sie, markig und frisch bleiben sie. Um zu verkünden, dass gerade ist der Ewige, mein Hort, an dem kein Fehl ist."

Psalm 92

Der Sabbatpsalm 92 fordert die Betenden auf, Gott zu preisen mit Lied und Spiel. Gesang und Musik sollen ertönen, denn wir freuen uns und jubeln ob des Wirkens Gottes. Der Psalm hat die Synagogen-Komponisten besonders stark inspiriert, so dass wir eine ganze Reihe herrlicher Vertonungen von ihm besitzen. In Gemeinden mit großem Chor wird dieses Sabbatlied oft ganz laut durchgesungen. Wenigstens beginnen der Chor oder der Vorbeter an der Stelle: „Zadik katomor jifroch" – „der Gerechte sprosst wie die Palme". Das Lob des Gerechten wird musikalisch besonders hervorgehoben. *Lewandowski* hat den Psalm 92 mehrmals komponiert. Sehr bekannt ist folgende Weise: K.R. (B-Dur angeben, singen). Eine interessante Vertonung besitzen wir von *Emanuel Kirschner*, der noch als über Achtzigjähriger in München lebt. Diese Melodie ist auf einer eigenartigen Tonreihe aufgebaut, die sich von der Tonleiter, auf der die europäische Musik basiert, unterscheidet. Diese Tonreihe lautet: c-d-e-f-g-a-b-c-d-es. (spielen lassen) Als Gegensatz dazu hören Sie jetzt die Dur-Tonleiter. Es gibt unter den alt-überlieferten kantoralen Weisen einige, die auf solchen bestimmten Tonreihen aufgebaut sind. Diese Tonreihen nennt man Steiger. Die Steiger sind mit bestimmten Gebetsstücken verbunden, sie können jedoch auch auf andere Gebete übertragen werden. Dieser Methode ist *Kirschner* bei der Vertonung des „Zadik katomor" gefolgt. Denn die eben bezeichnete Tonreihe gehört nicht ursprünglich zu „Zadik katomor", sondern zu dem folgenden Psalm „Adaunoj moloch". Diese Tonreihe heißt in der kantoralen Literatur „Adaunoj-moloch-Steiger". Ich werde jetzt diese Komposition zum Vortrag bringen. (B-Dur angeben, singen)

Eine klassische Aufzeichnung des nun folgenden Psalms 93 (im „Adaunoj-moloch-Steiger") stammt von dem Breslauer Oberkantor *Deutsch*. (Dem Vater des bekannten Geheimrats *Deutsch*, Generaldirektor bei der A.E.G.) Der Psalm schildert das Brausen der Ströme, das Tosen der Meereswellen. Mächtiger als die Stimmen vieler Wasser sind die Meereswogen. „Addir bamoraum adaunoj!" – „Mächtig in der Höhe ist Adonaj, ist der Ewige". Dieses „Addir bamoraum adaunoj" ist der Höhepunkt der Komposition. Die Welt ist Gottes großes Zeugnis, und über dieser Welt, über Mensch und Natur ist Gott der mächtige Herrscher und Lenker.

Mit diesem erhabenen Gedanken schließt die Empfangsfeier für den Sabbat. Anschließend sprechen alle Leidtragenden das „Kaddisch"-Gebet. Im Rahmen dieses Vortrages muss ich es mir versagen, auf dies Gebet näher einzugehen. Der „Kaddisch" dient im Gottesdienst entweder als Abschluss eines Gebetes, als Abschluss der Thoravorlesung oder er wird von den Trauernden gesprochen. Hier vor „Borachu" ist es ein „Kaddisch" der Trauernden – „Kaddisch jossaum". Die Sitte, dass Leidtragende den „Kaddisch" sagen, hat ihren Ursprung in Deutschland und hat sich von hier aus vor mehr als 500 Jahren zu den Juden aller Länder der Welt verbreitet. Das Gebet enthält nichts vom Tod. Es ist ein Loblied auf Gottes Größe und Heiligkeit. Wenn der Trauernde „Kaddisch" sagt, so unterwirft er sich dadurch dem göttlichen Urteilsspruch. Abgesehen von wenigen hebräischen Wörtern, ist das Gebet in aramäischer Sprache abgefasst. In Palästina entstanden, verdankt er seine Erhaltung den Juden in Babylonien. Nur der letzte Satz: „Ausseh scholaum bimraumow, hujasseh scholaum olenu weal kol jisroel" ist ganz Hebräisch – „der Frieden schafft in seinen Höhen, er schaffe Frieden über uns und über ganz Israel!" Mit dieser Bitte beenden wir nicht nur den „Kaddisch", sondern auch die „Schemauneh essreh" und das Tischgebet. In den Höhen lebt ein Gott, der die unzählbare Menge der Scharen des Himmels in Harmonie vereint, er möge auch uns auf Erden der Friedensbringer sein.

Der „Kaddisch" ist gesprochen, das sabbatliche Abendgebet beginnt. „Borachu ess adaunoj hamwauroch" – „Lobet den Ewigen, den Hochgelobten!" Der Vorbeter verkündet diese Worte laut, indem er sich dabei verneigt, und die Gemeinde wiederholt die Lobpreisung. Die folgenden Gebetstücke bis zum „Sch'ma" stimmen mit dem werktäglichen Abendgebet überein. Gottes Weisheit wandelt die Zeiten, er schafft Tag und Nacht, Licht und Finsternis. In einfacher, schlichter Weise rezitiert der Vorbeter: „Wenissmach bediwre ssaurossecho" – „Gott hat sein Volk Israel mit ewiger Liebe geliebt." Er gab seinem Volk die Thora, Gesetze und Pflichten. Des freuen wir uns, das macht uns froh, und wir bitten weiter, dass Gott uns seine Liebe nie entziehen möge. Die Gemeinde betet nun das „Sch'ma". Bei diesem Bekenntnis Israels vereinigen sich alle Beter zum Gesang. Einmütig bekennen wir, dass der Ewige der einig-einzige Gott ist.

Das „Sch'ma" besteht aus 3 Stellen der Bibel, 5. Mose, 6 und 11, ferner 4. Mose 15. Aus der Fülle der Gedanken möchte ich im Rahmen dieses Vortrages nur einen, der mir zeitnah erscheint, herausgreifen. Der 2. Absatz beginnt: „Es wird sein, wenn Ihr immer auf meine Gebote hören werdet, den Ewigen, euren Gott zu lieben und Ihm zu dienen mit eurem ganzen Herzen und eurer ganzen Seele, so werde ich den Regen eures Landes zu seiner Zeit geben, Frühregen und Spätregen, du wirst dein Getreide einsammeln, deinen Most und dein Öl." Wir haben diese Worte jahrelang gebetet und konnten ihnen nicht nahe kommen. Heute verstehen wir den Satz: „So werde ich Regen eurem Lande geben zu seiner Zeit, Frühregen und

Spätregen". „Jaureh" und „Malkausch" sind zwei Begriffe, die in Palästina eine wichtige Rolle spielen, denn vom Regen „Beitau", zu seiner Zeit hängt es ab, wie die Ernte ausfällt, sei es die Getreide-, Orangen- oder die Weinernte. Jeder, der Beziehungen zu Palästina hat, weiß, welche Rolle das Thema des Regens in einem Briefwechsel spielt.

Wenn der letzte „Malkausch" um „Pessach" gefallen ist, dann dauert die Trockenzeit bis ungefähr „Sukkaus". In dieser Zeit fällt in der Regel kein Tropfen Regen. In diesem Jahre hat es jedoch ausnahmsweise in dieser Zeit geregnet. Und schon wurde mir, ganz unabhängig voneinander, hier in Bochum von zwei verschiedenen Seiten erzählt, dass man aus Palästina Berichte erhielt, es hätte in der Trockenzeit einmal geregnet. Jetzt verstehen wir auch, dass man wirklich um Regen beten kann, wenn wir an die große Bedeutung der Landwirtschaft in Palästina denken, wenn wir uns bewusst sind, dass das gesamte Wohl und Wehe des Landes abhängt vom „Metar arzechem beitau" – „vom Regen des Landes zu seiner Zeit". Gott aber gibt diesen Regen nur dann zu seiner Zeit, wenn wir Ihn lieben, „Ulowdau bechol lewawchem uwchol nafschechem" – „wenn wir Ihm dienen mit ganzem Herzen und mit ganzer Seele, wenn das Leben in Gottes Wegen gelebt wird".

Aus dem „Sch'ma" sprechen drei jüdische Symbole zu uns, „Mesusoh", das Erkennungszeichen eines jüdischen Hauses, die „Zizis", die Schaufäden am „Tallis", am Gebetmantel und endlich die „Tefillin", die Gebetriemen. Das Gotteszeichen am Kleid sind die Schaufäden, das Gotteszeichen am Körper sind die Gebetriemen, und das Gotteszeichen am Hause ist die „Mesusoh", sie enthält in einer Metall- oder Holzhülse die beiden ersten Abschnitte des „Sch'ma" auf Pergament geschrieben. Die „Mesusoh" ist ein „Auss", ein Zeichen, das uns beim Verlassen oder beim Betreten des Hauses an unser Bekenntnis, an Gott, erinnern soll.

In diesem Zusammenhang darf ich einmal kurz eine Geschichte von der Wirkung einer „Mesusoh" erzählen. Vorrausschicken möchte ich, dass es frommer Brauch ist, die „Mesusoh" beim Verlassen oder beim Betreten des Hauses zu küssen. Die Geschichte handelt von *Onkelos*, einem Proselyten, der zur Zeit des zweiten Tempels lebte. Er ist der angebliche Verfasser der aramäischen Pentateuch-Übersetzung, die bekanntlich „Targum" heißt. Seine Mutter wollte ihn mit Gewalt dem Heidentume zurückgewinnen. Aber die Boten, die sie zu ihrem Sohn sandte, überzeugte er immer zum Judentum. So erreichte die Mutter das Gegenteil ihrer Absichten. Da sandte sie einmal Bewaffnete zu ihm mit dem strengen Befehl, den Sohn abzuholen, ohne sich mit ihm in eine Diskussion einzulassen. Der Sohn wurde verhaftet, man führte ihn ab. Als er aber im Weggehen die „Mesusoh" küsste, wurde der Anführer von der Inbrunst dieser Religionsausübung so ergriffen, dass er seinen Befehl vergaß, nach dem Sinn des Brauches fragte und von dem abzuführenden *Onkelos* zum Übertritt zum Judentum veranlasst wurde.

Das „Sch'ma" ist gesprochen. Hinter dem letzten Worte des dritten Abschnittes steht die Bemerkung: „Hier schließt das Wort „Emess" unmittelbar an." (Es ist bekannt, dass die beiden letzten Worte des folgenden Abschnittes, mit dem Worte „Emess" verbunden werden.) Der Rabbiner spricht vor, und der Vorbeter wiederholt: „Adaunoj elauhechem emess." Diese Wortverbindung soll ausdrücken, Gott und Wahrheit sind eins, so wie es im Propheten *Jeremia*, Kap. 10, Vers 10, heißt: „Wadaunoj elauhim emess" – „der Ewige ist ein wahrhaftiger Gott." Auch hier kann ich auf die vielen Erklärungen dieser Wortverbindung nicht näher eingehen. Nach einer kabbalistischen Deutung wird die Zahl der Worte in den drei Abschnitten des „Sch'mas" von 245 durch die Wiederholung der drei Worte auf 248 ergänzt. 248 Gebote wurden in der Thora gezählt. Das folgende Gebet „Emess weemunoh" erinnert uns an die wunderbare Rettung Israels aus der Hand des *Pharaos* am Schilfmeer. Die Gemeinde stimmt an: „Mi chomaucho boelin adaunoj!" – „Wer ist wie du, unter den Göttern, Ewiger, wer ist wie Du herrlich in Heiligkeit!" Der Absatz schließt: „Boruch atoh adaunoj goal jisroel" – „gelobt seist Du, Ewiger, der Israel erlöst hat". Gott ist der Erlöser Israels zu allen Zeiten gewesen. Nun folgt ein gedankenvolles Abendgebet – „Hashkiwenu".

Ein solch wunderbares Gebet hat auch unsere Synagogen-Komponisten angeregt. Oft singen Chor und Gemeinde von der Stelle an „Uwezeilkenofecho" in der bekannten Vertonung von *Lewandowski*. (C-Dur angeben, singen) Der verstorbene Königsberger Oberkantor *Eduard Birnbaum* hat das Gebet in traditioneller Weise komponiert. Seine

> *Abendgebet – „Hashkiwenu"*
>
> *„Lass uns, Ewiger unser Gott, uns zum Frieden niederlegen und lass uns zum Leben, unser König, aufstehen.*
>
> *Breite über uns die Hütte Deines Friedens aus; vervollkomme uns durch einen guten Rat von Dir und hilf uns um Deines Namen willen.*
>
> *Schütze uns, halte uns fern Feind, Krankheit, Schwert, Hunger und Kummer. Entferne den Widersacher vor uns und hinter uns. Und im Schatten Deiner Fittiche birg uns, denn Du, Gott, bist unser Hüter und unser Retter, Du, Gott, bist ein gnädiger und barmherziger König.*
>
> *Hüte Du unseren Ausgang und unseren Eingang zum Leben und zum Frieden von nun an bis in Ewigkeit und breite über uns die Hütte Deines Friedens aus.*
>
> *Gepriesen seist Du, Ewiger, der die Hütte des Friedens ausbreitet über uns, über Dein ganzes Volk Israel und über Jerusalem."*

Komposition gibt den tiefen Schmerz des Juden wieder, den er empfindet, wenn er an sein oft so schweres Schicksal denkt, das über ihn im Laufe der Geschichte hereingebrochen ist: „Aujeiw" – „Feind", „cherew" – „Schwert", „roow" – „Hunger" und „jogaun" – „Kummer. (Singen des „Haschkiwenu" von *Birnbaum*. Evtl. Hinweis auf *Lewandowski* „Wehogen baadenu".)

Im folgenden „Weschomru" ergeht an die Kinder Israel die Aufforderung, den Sabbat als einen ewigen Bund in die Tat umzusetzen, ihn zu verwirklichen. Zwischen Gott und Israel steht der Sabbat. Der Sabbat ist das große Vermächtnis, das ewig die Beziehung zwischen Gott und Israel erhalten und befestigen soll. Dieser Abschnitt aus der Thora hat fast alle Synagogen-Komponisten gereizt, es als Solo- oder Chorsatz in Musik zu setzen. *Lewandowski* hat neben Chorsätzen mehr als ein halbes Dutzend Solomelodien notiert. Hierzu möchte ich gleich bemerken, dass *Lewandowski* diese Melodien nicht alle selbst erfunden hat. Er hat sich von verschiedenen Kantoren „Weschomru"-Weisen vorsingen lassen, diese aufgezeichnet und musikalisch überarbeitet. Ich kann wohl darauf verzichten, diese bekannten Melodien vorzutragen. Unter den vielen „Weschomru"-Melodien ist eine von *Emanuel Kirschner*, München, hervorzuheben. („Weschomru" in b-Moll vorsingen.) Schon äußerlich fällt die figurenreiche Begleitung auf, die *Kirschner* zu diesem „Weschomru" geschrieben hat. Er ist der erste moderne Synagogen-Komponist, der der Orgel nicht nur die Rolle eines Begleitinstrumentes zuteilte, sondern sie auch in Zwischenspielen solistisch hervortreten ließ.

Auch die Weise, in der diese Melodie geschrieben ist, bedarf einer Erklärung. Ich wies schon bei „Zadik katomor" darauf hin, dass *Kirschner* diese Melodie in der Tonreihe des folgenden Psalms „Adaunoj moloch" komponiert hat, im Adaunoj-moloch-Steiger. Bei diesem „Weschomru" hat *Kirschner* den „Jischtabach-Steiger" zugrunde gelegt. Dieser Steiger beherrscht das Sabbatmorgengebet. Sie kennen ihn z. B. von der Gebetsstelle in der „Schemauneh essreh" „Ledaur wodaur nagid godlecho". (d, e angeben, singen.) Dieser Jischtabach-Steiger ist auf folgender Tonreihe aufgebaut: e-f-g-a-h-c-d-e.) (vorspielen lassen). Ein wenig bekannter, schon verstorbener Kantor *Mannheimer*, früher in Landsberg a. d. Warthe, hat eine besonders schlichte, ergreifende, ganz auf den Sabbat-Ton eingestellte „Weschomru"-Melodie geschrieben. (Wiesbadener Gesänge c-Moll.)

Nach der leisen „Schemauneh essreh", hier besser gesagt nach „Tefillas schewa", d. h. Siebengebet, folgt eine laute Wiederholung. Dieser Wiederholung liegt wieder eine altüberlieferte Tonreihe zugrunde, der „Mogen-owaus-Steiger", so genannt nach dem zweiten Teile der Wiederholung. Er wurde von *Mannheimer* in der eben gesungenen „Weschomru"-Melodie meisterhaft verwandt. (Einer dieser unserer lebenden modernen Synagogen-Komponisten, *Hugo Adler*, Mannheim, dort als Kantor mitwirkend, hat auch einen „Weschomru" in Neuton geschrieben. Fußend auf altjüdischen Motiven, geht er jedoch ganz moderne, eigene Wege und verlässt die Harmonie, die in der klassischen Musik selbstverständliche Grundlage war. (singen.)

Aus der fast unübersehbaren Zahl der „Weschomru"-Melodien möchte ich als letzte auf eine traditionelle Weise von *Naumburg* hinweisen. *Naumburg* ist der große französische Synagogenkomponist, der als Oberkantor in Paris wirkte. (fis-moll angeben, singen) In diesem „Weschomru" ist auf das Motiv bei den Worten „Beni uwen benei jisroel" zu achten. (Noch einmal singen.) Dieses Motiv leitet zum „Halbkaddisch" vor der leisen „Tefillah" über. Sie werden es sofort bei diesem „Kaddisch" wieder erkennen. (Singen, d-Moll). (Evtl. Hinweis auf Notierung in *Weintraub*.) Diese traditionelle „Kaddisch"-Weise hat nachweislich ein besonders hohes Alter. In ihrer Innigkeit schafft sie die feierliche Stimmung für die leise „Tefillah". Ich muss mir auch hier versagen, ausführlich auf die „Tefillah", sonst auch genannt „Schemauneh essreh", das heißt Achtzehngebet einzugehen. (In Wirklichkeit hat dieses Gebet durch spätere Hinzufügung 19 Teile.) Der mittlere, aus 13 Lobsprüchen bestehende Teil, der an Werktagen gesprochen wird, fällt am Sabbat aus und wird durch einen Segensspruch ersetzt, der die Heiligkeit des Sabbats verkündet.

Die Heiligkeit des Sabbats – Segensspruch

„Du hast den siebenten Tag Deinem Namen geheiligt, die Vollendung der Schöpfung des Himmels und der Erde. Du hast ihn gesegnet von allen Tagen, Du hast ihn geheiligt vor allen Zeiten.

Und so steht es in Deiner Thora geschrieben: Vollendet waren der Himmel und die Erde und all ihre Schar. Da vollendete Gott am siebenten Tag sein Werk, das er gemacht hatte und feierte am siebenten Tag von all seinem Werke, das er gemacht hatte. Gott segnete den siebenten Tag und heiligte ihn, denn an ihm feierte er von all seinem Werke, das Gott geschaffen hatte, um fortzuwirken.

Unser Gott und Gott unserer Väter! Habe Wohlgefallen an unserer Ruhe, heilige uns durch Deine Gebote und gib unseren Anteil an Deiner Lehre, sättige uns von Deiner Güte und erfreue uns mit Deiner Hilfe, läutere unser Herz, Dir in Wahrheit zu dienen, und lass uns zuteil werden, Ewiger, unser Gott, in Liebe und in Wohlgefallen Deinen heiligen Sabbat, lass an ihm Israel ruhen, das Deinen Namen heiligt. Gepriesen seist Du, Ewiger, der den Sabbat heiligt."

Stille Sabbatfreude, heilige Sabbatruhe sind jetzt in unser Herz eingezogen. Alles Schwere des Werktages ist vergessen. Die Kraft des Sabbats hebt uns empor über die Sorgen und Mühen der Woche. Auf die leise „Tefillah" folgt noch einmal: „Wajechullu", das zwar schon gebetet wurde, und dann noch ein Ersatz für die Wiederholung der „Tefillah". Eine besonders schöne Weise von *Wajechullu*, komponiert von Oberkantor *Löwenstamm*, München, will ich jetzt zu Gehör bringen. (Singen.) Im täglichen Abendgebet, auch an den Feiertagen, die auf einen Werktag fallen, kennt man keine Wiederholung der leisen „Tefillah". Die Wiederholung der „Tefillah" am Freitagabend hat ihren Grund wohl darin, dass man den Zuspätkommenden die Gelegenheit geben wollte, noch mit der Gemeinde beten zu können. Man wollte sie auch nicht allein aus den Gotteshäusern zurückgehen lassen, da diese oft von den Wohnungen weit entfernt waren. Der Gesangsstil dieser Wiederholungen des Gebetes lässt ein hohes Alter vermuten. Dieses Sabbatrezitativ, im „Mogen-owaus-Steiger", auf den ich bei dem „Weschomru" von *Mannheimer* schon einmal hinwies, ist ein musikalisches Hauptstück des Freitagabend-Gottesdienstes. Es ist ganz von jüdischem Geiste durchweht. Anklänge an diese Tonreihe finden wir in den Melodien der Wallfahrtsfeste, und hören wir am „Rausch haschono" und am „Jaum Kippur". Nun folgt ein Ganz-„Kaddisch", der anzeigt, dass ein Teil des Gebets abgeschlossen ist.

Der Brauch, den „Kiddusch" vor Beendigung des Abendgebetes öffentlich in der Synagoge zum Vortrag zu bringen, reicht bis in die talmudische Zeit zurück. Ursprünglich gehört der „Kiddusch" nicht in das Bethaus, sondern in den Beginn der Sabbatmahlzeit in der Familie. Wenn wir heute den „Kiddusch" als etwas nicht aus dem Gottesdienst Wegzudenkendes betrachten, so dürfen wir jedoch nicht vergessen, dass es eine Zeit gab, in der man Bedenken gegen das Verbleiben des „Kiddusch" im Gottesdienst vorbrachte. Ein alter Grundsatz lautet: „En kiddusch ello bemokaum sseudoh." Das bedeutet, dass der „Kiddusch" nur in Verbindung mit einer Mahlzeit gesprochen werden soll. Ursprünglich hing auch der „Kiddusch" im Bethaus mit einer Mahlzeit zusammen. In früheren Zeiten war in vielen Synagogen ein Vorraum, in welchem umherreisende Fremde, durchaus nicht immer Arme, sich aufhielten, aßen und schliefen. Für diese „Orchim" das sind Wanderer oder Gäste, war nun der „Kiddusch" bestimmt, den der

Vorbeter im Gottesdienst sprach und der von allen Personen im Nebenraum laut und deutlich vernommen werden konnte. Da im Laufe der Zeit der Nebenraum in der Synagoge fortfiel, hätte man auch auf den Vortrag des „Kiddusch" verzichten können. Es wurden Bedenken vorgebracht, ob dieser Brauch noch zu recht bestände. Für das Verbleiben des „Kiddusch" im Gottesdienst wurde jedoch eine Reihe von Gründen, auf die ich hier nicht mehr eingehen kann, geltend gemacht. Und so ist er ein wichtiger, ein erhebender Bestandteil des Gottesdienstes geblieben. Das drückt sich schon darin aus, dass der Vorbeter sich in den meisten Gemeinden beim „Kiddusch" mit dem Gesicht zur Gemeinde zu wenden pflegt. Wohl der Hauptgrund für das Verbleiben des „Kiddusch" im Gottesdienst ist darin zu sehen, dass er die eingetretene Heiligkeit des Tages vor der versammelten Gemeinde öffentlich verkündet. (Es ist bekannt, dass in der Regel an den beiden ersten „Pessach"-Abenden in der Synagoge kein „Kiddusch" gemacht wird. Wir verstehen diesen Brauch sofort, wenn wir daran denken, dass man an den „Seder"-Abenden ganz selbstverständlich beim „Seder" „Kiddusch" macht.)

Der „Kiddusch" wird eingeleitet mit den Worten: „Gelobt seist du, ewiger unser Gott, der uns durch seine Gebote heiligt."

Der Sabbat ist Gottes großes Geschenk an Israel. Durch ihn hat er uns sein Wohlgefallen und seine Liebe kund getan. Der „Kiddusch" erinnert uns an zwei große Ereignisse, an die Schöpfung und an den Auszug aus Ägypten. An beides soll man beim Beginne des Sabbats denken. Die Schöpfung steht am Anfang jedes menschlichen Seins, während der Auszug aus Ägypten am Anfang der Volkwerdung Israels steht. Die Begriffe Menschheit und Volk klingen im Sabbat zusammen, im Sabbat, der der Höhepunkt aller geheiligten Zeiten ist. Und ebenso, wie der Sabbat an sich ein Höhepunkt ist, so ist auch der „Kiddusch", sei es in der Synagoge oder im Hause vor der Mahlzeit, ein Höhepunkt der Sabbatfeier. „Kiddusch" machen ist Sache des Mannes. Wir finden jedoch im Talmud eine Stelle, in der folgendes gelehrt wird: Auch die Frauen sind verpflichtet, den Weihesegen am Sabbat aufgrund des Toragebotes zu sprechen. Wie ist dies zu begründen? Sonst sind die Frauen von der Übung der Gebote, die an eine bestimmte Zeit geknüpft sind, befreit! Der Talmud antwortet darauf: Im

> ## *Segen zum Kiddusch*
>
> *„Gelobt seist Du, Ewiger, unser Gott, König der Welt, der uns durch seine Gebote geheiligt und an uns Wohlgefallen gefunden und seinen heiligen Sabbat uns in Liebe und Wohlgefallen zugeteilt hat.*
>
> *Denn er ist der Tag, der Anfang der Berufungen zur Heiligkeit, ein Gedenken an den Auszug aus Ägypten.*
>
> *Ja, uns hast Du auserwählt und uns geheiligt aus allen Völkern, und Deinen heiligen Sabbat hast Du uns in Liebe und Wohlgefallen zugeteilt. Gelobt seist Du, o Gott, der den Sabbat heiligt."*

zweiten Buche Moses steht „Sochaur" – „Gedenke!" Im fünften Buch dagegen heißt es „Schomaur" – „Hüte!" Daraus wird gefolgert: Wer die Verpflichtung hat, den Sabbat zu hüten, der ist auch verpflichtet, des Sabbats zu gedenken. Da auch für Frauen das Werkverbot am Sabbat gilt, so sind sie auch in das Gebot des Gedenkens eingeschlossen. (Daraus ergibt sich also praktisch, dass in Familien ohne Mann die Frauen „Kiddusch" machen können.) Über die musikalische Ausdeutung des „Kiddusch" ist nicht viel zu sagen. Ursprünglich wurde der „Kiddusch" nur als Rezitativ vorgetragen. Der Hausherr war gewohnt, seine Gebete nicht zu sprechen, sondern zu singen. So machte sich jeder früher seinen „Niggun" selbst. Unsere Synagogen-Komponisten haben jedoch einige „Kiddusch"-Melodien notiert. Allgemein verbreitet ist die Weise von *Lewandowski*. Mit einer anderen, schönen Melodie, deren Komponist unbekannt ist, will ich die musikalische Darbietung schließen. (F-Dur, singen.)

Nach dem „Kiddusch", betet man „Olenu", und die Trauernden vereinigen sich noch einmal im Gebet, um der Heimgegangenen zu gedenken. Der Gottesdienst ist beendet, man wünscht sich „Gut Schabbes" und begibt sich nach Hause, um im häuslichen Kreise die Sabbatfeier fortzusetzen. Der Talmud erzählt, dass Denjenigen, der nach Sabbateingang von der Synagoge nach Hause zurückkehrt, zwei Engel geleiten, ein guter und ein böser. Kommt man nun heim und findet das Sabbatlicht entzündet, den Tisch gedeckt, dann spricht der gute Engel: „Gebe Gott, dass es auch am nächsten Sabbat so sei", und der böse Engel fällt gegen seinen Willen mit „Amen" ein. Verhält es sich aber umgekehrt, ist das Licht nicht angezündet, ist der Tisch nicht gedeckt, dann spricht der böse Engel: „Gebe Gott, dass es auch am nächsten Sabbat so sei", und der gute Engel fällt gegen seinen Willen mit „Amen" ein. In vielen jüdischen Häusern kann heute der gute Engel sprechen. In vielen jüdischen Häusern erklingen heute „Semiraus"-Gesänge zur Ehre des Sabbats, zur Ehre Gottes. „Jaum seh lejisroel auroh wessimchoh!" – „Dieser Tag bringt Israel Licht und Freude."

Meine verehrten Zuhörer/innen! Ich habe versucht, Sie in den Inhalt und in den Geist der Gebete des Freitagabendgottesdienstes einzuführen. Ich habe Ihre Aufmerksamkeit auf die Schönheit der dazugehörigen Melodien hingelenkt. Das jüdische Gebet spricht heute zum jüdischen Menschen. Mögen meine Ausführungen Sie anregen, sich weiter mit unseren Gebeten zu beschäftigen, mögen Sie durch meine Ausführungen wieder eine nähere Beziehung zum Gebet erhalten, denn das Gebet kann uns allen in dieser schicksalschweren Zeit eine Quelle des Trostes und der Kraft sein.

Bochum, 27.11.35
Bochum, 11.12.35

Herne, 25.1.36
Dortmund, 26.2.36

CHALLEPLATTE
Deutschland, Silber, 20. Jahrhundert
Jüdisches Museum Westfalen, Dorsten

Auf der Challeplatte werden die Sabbatbrote (Challe oder Barches) angeboten. Mit Challedeckchen, deren Stickereien in Wort und Bild auf den Sabbat hinweisen, werden die Brote bis zur Segnung zugedeckt.

Freitagabend:
Junge jüdische Familie bei der häuslichen Feier zum Sabbatbeginn

Das Brotbrechen nach dem Segen über Wein und Brot im Angesicht der gesegneten Sabbatlichter

Die Segnung des Kindes

Samstagmorgen:
Gottesdienst des Egalitären Minjan Ruhrgebiet „Etz Ami" in der Synagoge von Selm-Bork, 2004

Vor und nach der Thora-Lesung wird die bekleidete und geschmückte Thora-Rolle unter Gesang durch die Gemeinde getragen.

Junge Frau liest aus der Thora-Rolle.

Nach der Lesung wird die Thora-Rolle, allen sichtbar, hochgehalten mit den Worten: „Dies ist die Thora, ein Baum des Lebens denen, die an ihr festhalten".

Den Sabbat in die Herzen singen
Vom Semirot-Singen

Neben den außerordentlich interessanten Ausführungen über das „Semirot-Singen" gibt der folgende Aufsatz auch eine wertvolle praktische Anregung für die kulturelle Arbeit unserer Gruppen: Wir schlagen vor, dass dieselben Arbeitsgemeinschaften und Singkreise bilden, damit unsere Frauen unter der Anleitung fachlich und musikalisch geschulter Kräfte (Rabbiner, Kantoren, Lehrer) lernen, in den Geist der Lieder einzudringen und die „Semirot" selbst zu singen.

Die Bundesleitung des Jüdischen Frauenbundes

Die häusliche Sabbatfeier

Nach talmudischer Erklärung besteht am Sabbat die Pflicht, drei Mahlzeiten einzunehmen. Unter den „Schalosch Sseudot" versteht man die Sabbatmahle am Freitagabend, am Vormittag nach dem Morgengebet und am Nachmittag nach „Mincha" vor Anbruch der Dämmerung.

Während dieser Sabbatbrauch in Deutschland, abgesehen von wenigen Ausnahmen, verloren gegangen ist, bilden die „Schalosch-Sseudot" einen wesentlichen Teil der Sabbatgestaltung bei den Juden in Osteuropa.

Es ist Sitte, bei diesen Mahlzeiten, insbesondere am Freitagabend und am Sabbatvormittag, „Semirot"-Lieder zu singen. Der Ausdruck „Semirot" kommt in der Bibel mehrere Male vor. Man versteht im allgemeinen unter „Semirot" Gesänge zum Lobe Gottes. Bekannt ist die Stelle in Psalm 95, dem ersten Eingangspsalm zum Freitagabendgebet, „bismirot naria lo", „mit Gesängen wollen wir Ihm (Gott) zujubeln".

Das Singen der „Semirot" hat unter den Juden in Deutschland niemals ganz aufgehört. Besonders in den östlichen Provinzen und im Süden Deutschlands gab es immer jüdische Häuser, in denen diese schöne jüdische Tradition gepflegt wurde. Aber ein großer Teil der heutigen Generation hat weder Kenntnis von diesen häuslichen Sabbatgesängen noch eine lebendige Beziehung zu ihnen. Durch das Buch „Semirot Schabbat" von *Arno Nadel*, dem bekannten Forscher auf dem Gebiete der jüdischen Musik, ist dieser altjüdische Brauch erneut in den Vordergrund getreten.

Im Kampf um die Erhaltung des Sabbats schuf *Bialik* in Tel-Aviv die Einrichtung des „Oneg Schabbat", die sich über Palästina hinaus verbreitet hat und auch von der jüdischen Jugend in Deutschland freudig aufgenommen wurde. In der Ausgestaltung dieser Feiern durch *Bialik* wurden die „Semirot" zu Anfang und am Schluß gesungen. Später bekamen die Teilnehmer ein Notenblatt in die Hand und vereinigten sich beim gemeinsamen Gesang zu einem machtvollen Chor.

Auch unsere Jugend hat wieder gelernt, hebräische Lieder zu singen. Ein Teil der „Semirot" ist durch ihren Mund wieder lebendig geworden. Im „Oneg Schabbat" erklingen aufs neue die alten Sabbatgesänge.

Wenn hier in diesen ‚Blättern' gerade bei den jüdischen Frauen, den Hüterinnen des Hauses, das Interesse für die häuslichen Sabbatlieder geweckt werden soll, so müssen wir unsere Aufmerksamkeit einerseits auf die Texte, auf die religiösen Dichtungen, und andererseits auf die Melodien, auf die musikalische Seite, richten.

Ursprünge des „Semirot"-Singens

Die Texte der „Semirot" sind, ausgenommen der Psalm „Schir hamaalot", teils im Orient, teils in Deutschland im frühen Mittelalter entstanden. Ihre Entstehungszeit beginnt ungefähr um das 10. Jahrhundert. Eine größere Anzahl dieser Lieder wurde im 14., 15. und 16. Jahrhundert gedichtet.

Während ein Teil der Dichter unbekannt ist, finden wir unter ihnen auch berühmte Namen wie *Abraham Ibn Esra, Jizchak Luria* und *Jissrael ben Mosche Nadschara (Nagara)*. Der Inhalt der Dichtungen kreist um die Wonnen des Sabbats, erzählt von den Freuden des Sabbatmahles.

Eine Reihe von guten „Semirot"-Übersetzungen von Rabbiner *Dr. Selig Bamberger*, entnommen dem „Ssiddur Ssefath Emeth", Verlag Lehrberger & Co., Frankfurt, findet man in dem Liederbuch „Hawa Naschira". Man muss sich in diese herrlichen Dichtungen hineinlesen, um etwas von einem wirklichen „Oneg Schabbat" zu empfinden. Die

Sabbatgedanken und Sabbatbräuche haben in diesen religiösen Liedern Ausdruck gefunden. Angefangen von den Vorbereitungen, von der Absonderung der „Challa", der Teighebe, vom Vorrichten der Speisen, vom Anziehen der Festkleidung, über Entzünden der Lichter, über „Kiddusch" und Mahlzeit, über das Arbeitsverbot, über Beschäftigung mit Thora und Psalmen bis zur „Hawdala" zieht der ganze Inhalt des Sabbats in den „Semirot" an uns vorüber.

Der Brauch des „Semirot"-Singens

Wir sind über das Aufkommen des Brauches, „Semirot" zu singen, nur dürftig unterrichtet. *Arno Nadel* teilt aus dem Werke „Schete jadot" mit, dass die Sitte zuerst in Deutschland und Italien aufgekommen ist. Über diesen Brauch liegen uns, wie er in dem Vorwort seines Buches „Die häuslichen Sabbatgesänge" sagt, seit Jahrhunderten literarische Zeugnisse vor. (Näheres über die Texte und ihre Dichter findet man in dem vortrefflichen Schockenbuch „Der Sabbat" von *Moritz Zobel*.)

In den chassidischen Kreisen des Ostens hat auch heute noch der Sänger, der an der Sabbattafel „Niggunim", Lieder mit und ohne Text vorträgt, eine hohe Aufgabe zu erfüllen. Die Verherrlichung des Sabbats durch Gesang soll zur höchsten Begeisterung führen.

Durch *Arno Nadels* Schocken-Buch „Semirot Schabbat" sind Melodien zu den allgemein gebräuchlichen Sabbatgesängen jedermann leicht zugänglich. Als Ergebnis seiner Sammlertätigkeit legt er zum ersten Male der Öffentlichkeit eine größere Melodiensammlung von „Semirot" vor, von denen viele bisher noch nicht gedruckt waren. An dieser Stelle sei auch auf das von *Leon Kornitzer* im Verlag Leßmann, Hamburg, herausgegebene Werk „Jüdische Klänge" hingewiesen. Es enthält eine Reihe von „Semirot" mit einer Klavierbegleitung.

Es ist allgemein bekannt, dass eine Anzahl von hebräischen Gesängen, wenn auch in veränderter Form, der Umwelt entlehnt ist. Das trifft bei den „Semirot" ganz besonders zu. Schon *Jissrael ben Mosche Nadschara* (1555-1628), der Verfasser des bekannten Sabbatliedes „Jah rib-

SABBATLAMPE
*Deutschland, 19. Jahrhundert, Messing, gegossen.
Jüdisches Museum Westfalen, Dorsten*

An den Dochten, die in die strahlenförmigen Ausbuchtungen der Schale gesetzt werden, wird die Lampe entzündet; das erwärmte Öl kann entlang der Abtropfrinnen in die untere Schale fließen. Die Sabbatlampe hängt an einer Vorrichtung, die es ermöglicht, die Lampe hoch oder niedrig zu hängen. Wurde sie zu Beginn des Sabbats hinuntergezogen, hieß es: Lamp' herunter, Sorg' hinauf!

bon alam wealmajja", gleichzeitig Dichter, Komponist und Sänger, unterlegte oft seinen Dichtungen allgemein beliebte orientalische Volksweisen. *Menachem di Lonsano*, der das schon erwähnte Buch „Schete jadot" schrieb, bemerkt nach *Idelsohn* zu der Übernahme fremder Melodien: „Ich sehe, dass manche Gelehrte sich über diejenigen beklagen, welche religiöse Poesien mit fremden Melodien singen. Sie sind aber im Unrecht, denn es ist nichts daran auszusetzen."

Sowohl die „Semirot" des Ostens als auch die süddeutschen Weisen zeigen mehr oder weniger starke Anlehnungen an fremde Melodien. Hier und dort zeigt sich der Einfluss von Volksliedern, von Tänzen, von Melodien trivialster Art und sogar von Märschen, die wegen ihrer Rhythmik übernommen wurden. Manche „Semirot" haben im Anklang an Synagogengesänge rezitativen Charakter. Die rhythmischen Lieder werden als Tischgesang gemeinsam gesungen, während die Rezitative oft als Solo vorgetragen werden. (Man vergleiche das Beispiel bei *Nadel* „Zur mischelo achalnu").

Diejenigen, die die „Semirot" noch wenig oder gar nicht kennen, studieren sie zuerst am zweckmäßigsten aus dem Liederbuch „Hawa Naschira" oder aus den schon besprochenen Büchern von *Nadel* und *Kornitzer*.

Erläuterungen der „Semirot"

Zum besseren Verständnis der „Semirot" sollen nachstehend einzelne Lieder vorzugsweise Freitagabendgesänge, kurz erläutert werden.

Nach einer talmudischen Erzählung begleiten den Menschen am Freitagabend auf dem Wege vom Bethause zu seiner Wohnung Dienstengel. Die Engel bringen den Sabbatfrieden ins Haus und werden mit dem Lied „Schalom alechem" begrüßt. Mit diesem Gesang wird die häusliche Freitagabendfeier eingeleitet. In manchen Familien ist es Sitte, bei dem Lied durch das Zimmer oder um den Tisch zu gehen. So berichtet auch *Berthold Auerbach* bei der Schilderung des Sabbats in seinem Elternhaus: „Nun wurde, den runden Tisch umkreisend, nochmals ein Gesang angestimmt." *Mendele Mocher Sforim* schreibt dazu in seinem Roman „Der Wunschring": „Und Vater und Sohn beginnen beide, im Zimmer auf- und abgehend, den Engelgruß zu singen. So empfangen sie die heiligen Engel, die der Herr schickt, der König aller Könige, der Heilige, er sei gepriesen, und die sie aus der Schul' heimbegleitet haben."

Nach dem „Kiddusch" setzt man sich zu Tisch. Nun werden zwischen den Gängen der Mahlzeit oder nach ihr, jedoch vor der Verrichtung des Tischgebetes, die „Semirot" gesungen. Das Einleitungslied „Kol mekaddesch schewii" ist im deutschen Ritus weniger gebräuchlich. Nach einer Bemerkung von Rabbi *Jacob Emden* singt man es nach der Melodie des Sabbatmorgengebetes „Hakol joducha". Eine allgemein verbreitete Weise, die als jüdisch-traditionell empfunden wird, zeigt nach *Emanuel Kirschner* frappante Ähnlichkeit mit dem alten Kirchenliede „Der Himmel jetzt frohlocken soll".

Im folgenden „Semer"-Lied: „Menucha wessimcha" behandelt der Dichter die Schöpfungsgeschichte, deren Krönung der Sabbat ist. Die sich des Sabbats freuen, schauen das Kommen des Gesalbten und die zukünftige Welt. Eine schöne, sehr sangbare Melodie zu „Menucha wessimcha" finden wir in „Hawa Naschira". *Nadel* bringt dazu eine fröhliche Dur-Weise.

Bessamimbüchse
Deutschland, 19. Jahrhundert, Silber.
Jüdisches Museum Westfalen, Dorsten

terische Kunst des Verfassers verrät. Die Melodien zu „Ma jedidut" gehen diesem Rhythmus leider nicht streng nach. Erst dann würde das Lied in seiner ganzen Schönheit zur Wirkung kommen.

Der Dichter von „Ma jafit uma naamt", *Mordechai ben Isaac*, ist nach einer Bemerkung von *Zunz* vielleicht mit dem Verfasser des „Chanukka"-Liedes „Maos zur" identisch. „Ma jafit" ist in Polen auch bei den Nichtjuden bekannt geworden und führte zur Prägung des Begriffes vom „Majufißjuden". Polnische Gutsherren zwangen Juden, zu ihren Gelagen zu kommen und gerade dieses Lied vorzusingen und dabei zu tanzen. Das Wort „Majufißjude" wurde auf denjenigen angewandt, dessen Verhalten der Umwelt gegenüber erniedrigend war. Die von *Nadel* mitgeteilte lustige Melodie hat einen scharf markierten Rhythmus, der jedoch noch stärker in einer ähnlichen Weise im „Hebräisch-Orientalischen Melodienschatz" von *Idelsohn* hervortritt.

Das nächste Lied „Jom schabbat kodesch hu" nimmt auf die schon erwähnte talmudische Erzählung von den Engeln, die den Juden am Freitagabend auf dem Wege von der Synagoge nach Hause begleiten, bezug. Auch die bekannte Geschichte „Die Perle", die von *Joseph*, dem Sabbatverehrer, handelt, ist vom Dichter hinein verarbeitet worden. (Siehe *M. J. bin Gorion*, „Der Born Judas") Die Melodie dazu aus „Hawa Naschira" ist schlicht und einfach; die von *Nadel* veröffentlichte Weise zeigt in der Motivbildung einen durchaus jüdischen Charakter. Die letzte Strophe des Liedes soll vom Dichter später hinzu gedichtet worden sein.

„Dieser Tag bringt Israel Licht und Freude." So beginnt der dem *Jizchak Luria* zugeschriebene Gesang. „Jom se lejissrael" wurde in Süddeutschland in mehreren Fassungen, die starke Anklänge an das deutsche Volkslied aufweisen, gesungen. Das Lied ist unter den Juden Deutschlands, abgesehen von „Schir hamaalot", die bekannteste „Semira". Diese Hymne soll die Herzen der gebeugten Nation am Sabbat erheben.

Jissrael ben Mosche Nadschara ist der Verfasser des „Jah ribbon alam", des Liedes, das in der gesamten Judenheit weite Verbreitung gefunden hat. *Leon da Modena* sagt von dem Dichter in Parallele zu dem bekannten Wort über

„Ma jedidut menuchatech" hat die auch bei den „Semirot" beliebte Form des Refrains, des Kehrreims. Der Verfasser *Menachem* hat mit wahrhaft dichterischem Schwung alle Köstlichkeiten und Wonnen des Sabbats darin beschrieben. Die schöne Melodie bei *Nadel* hat einen deutlichen Anklang an ein Motiv aus der „Hatikwa". Das Gedicht zeigt bei gesprochenem Vortrag einen Rhythmus, der die dich-

Mose am Ende der Tora: „Nicht stand auf einer in Israel wie I s r a e l." Viele seiner Lieder waren im Orient volkstümlich. Der Inhalt des Liedes ist eine Verherrlichung der Allmacht Gottes, seiner Ehre und Erhabenheit. Er möge sein Volk aus der Verbannung führen und zu seinem Tempel in Jerusalem zurückkehren. Die von *Nadel* gebrachte schwungvolle Melodie ist eine der schönsten „Semirot"-Weisen, die wir besitzen.

Nach dieser Melodie kann auch „Zur mischelo achalnu" gesungen werden. „Jah ribbon" und „Zur mischelo" stehen beide inhaltlich nicht in direkter Beziehung zum Sabbatgedanken. Die Beliebtheit des „Zur mischelo", dessen Dichter unbekannt ist, zeigt sich schon darin, dass wir von dieser „Semira" eine große Zahl von Vertonungen besitzen. Der Inhalt der ersten drei Strophen entspricht den drei ersten Lobsprüchen des Tischgebetes, während die vierte Strophe auf den Segensspruch über Wein hinweist, der nach dem Tischgebet gesprochen wird. Das Lied kann nicht nur an jedem Sabbat und Feiertag, sondern auch an Wochentagen gesungen werden. Interessant ist die von *Nadel* im Anhang wiedergegebene Bearbeitung von *Birnbaum*. Die vom Solosänger vorzutragenden Strophen können die Melodie bei jeder einzelnen Strophe wechseln. „Zur mischelo" bildet die Überleitung zum Tischgebet. Bevor es gesprochen wird, singt man „Schir hamaalot", den Psalm 126. Man könnte ein ganzes Notenbüchlein mit Melodien zu „Schir hamaalot" zusammenstellen. Die zwei in Deutschland gebräuchlichsten Melodien findet man mit einer Klavierbegleitung in den „Jüdischen Klängen" von *Kornitzer*. Die dort anschließend veröffentlichte alte „Schir-hamaalot"-Weise von *Raphael Hofstein* ist musikalisch besonders wertvoll und verdient, allgemein verbreitet und gesungen zu werden. Die vielgestaltige musikalische Ausdeutung des Psalms 126 zeigt die ursprüngliche Sangesfreudigkeit des Juden, die niemals, auch nicht in den Zeiten tiefster Erniedrigung, aufgehört hat. Wir vergessen oft ganz die Gesangskunst der Chöre im Tempel unter der Führung der berühmten Sänger- und Musikerfamilien *Assaf*, *Heman* und *Jeduthun*.

Mit der Verrichtung des Tischgebetes ist der gesangliche Teil der häuslichen Freitagabendfeier beendet. Auf die Besprechung der Gesänge beim Mahl am Sabbatmorgen muß hier verzichtet werden. *Nadel* teilt zu diesen „Semirot" eine Reihe wertvoller Melodien mit, die des Studiums wert sind, und aus denen nur die lustige Weise zu „Baruch el eljon" hervorgehoben sei.

„Semirot" zum Sabbatausgang

Zum Schluss sollen nur noch einige kurze Hinweise auf einzelne „Semirot" für den Sabbatausgang erfolgen. Nach einer alten Überlieferung ist das Kommen des Propheten *Elijahu*, der als Vorbote des „Maschiachs" die Nachricht von der Erlösung bringen wird, am Freitagabend und während des Sabbats nicht zu erwarten. Da aber nach talmudischer

Ebenso die folgenden Strophen

Erklärung gerade durch die Heiligung des Sabbats die messianische Erlösung herbeigeführt wird, so geben wir der Sehnsucht und Hoffnung nach Befreiung aus aller Not in dem „Elijahu"-Lied Ausdruck.

Es kann, je nach Brauch, vor oder nach der „Hawdala" angestimmt werden. Im Mittelalter sang man diese „Elijahu"-Lieder, es gibt deren mehrere, auf der Straße, wenn man sich nach Sabbatausgang von der Synagoge nach Hause begab. Die von *Nadel* notierte schöne Weise hat durch die Jugendbünde auch in Deutschland allgemeine Verbreitung gefunden.

Nach der „Hawdala" singt man „Hammawdil ben kodesch lechol". Diese Dichtung erfleht Erlösung für Israel. Das Lied war ursprünglich für den Ausgang des „Jom Kippur" vorgesehen, wurde jedoch später für jeden Sabbatausgang bestimmt. Die Volkstümlichkeit zeigt sich auch hier wieder in zahlreichen Vertonungen. Während die Vertonung I bei *Nadel* lustigen Dur-Charakter hat, ist die Melodie II auf altjüdischen Motiven aufgebaut. Im „Melodienschatz" von *Idelsohn* finden wir noch eine Reihe von schönen „Hammawdil"-Weisen, darunter eine, die dem *Baal Schemtow*, dem Stifter des „Chassidismus", zugeschrieben wird.

Von den „Semirot" für den Sabbatausgang sei noch das Lied vom „Frommen Mann" genannt. Die Stimmung beim Ausgang des Sabbats schildert *Mendele Mocher Sforim* in dem schon erwähnten Roman „Der Wunschring" mit folgenden schönen Worten, in denen von *Schilek*, dem Hausvater, die Rede ist: „Und die Hoffnung strahlt ihm auf in den Gesängen der Sabbatnacht, Gesänge voll heiliger Gefühle, durchwürzt von Tränen und Trost, von Stöhnen und reinem Flehen, wie Honig und Wermut zusammen. Die Hoffnung leuchtet ihm beim Lied vom ‚Frommen Mann'. Seine Augen erglühen, das Gesicht färbt sich rötlich, er blickt auf sein Weib und die Kinder, und voll Gottvertrauen brummelt er innig das wundersame Begebnis von dem frommen Mann."

Der Kreis der „Semirot" führt tief in die Gedankenwelt des Schabbat hinein. Die Innigkeit vieler „Semirot"-Melodien hebt die Worte der Dichter in eine Sphäre der Spannung und Begeisterung.

Martin Buber spricht einmal vom Ertönen des Seelengrundes im magisch gebundenen Lied. Bis auf den Grund unserer Seele ergreift uns das Singen der Sabbatlieder, der „Semirot".

Wir wollen sie aufs neue anstimmen zu Ehren der Königin Sabbat und zu Ehren des Heiligen, gelobt sei Er, des Königs aller Könige und Herrn aller Welten.

(1937)

Sabbatfeier und jüdische Identität
Zur Gestaltung des Oneg Schabbat in der jüdischen Schule

Mit dem Begriff des „Oneg Schabbat" verbindet sich der Name desjenigen, der diese neue jüdische Form der Sabbatfeier zuerst praktisch in die Tat umsetzte, der Name des großen hebräischen Dichters *Chajjim Nachman Bialik* (1873-1934). *Bialik* war nicht nur der Rufer, der durch seine Dichtungen zum jüdischen Volke sprechen wollte, sein Wunsch war es, mit ihm zu leben. Deshalb wählte er seinen Wohnsitz in Tel-Aviv mitten im pulsierenden jüdischen Leben. Und hier wurde ihm auch die eine Erkenntnis: Die Idee des Sabbats war auch in dieser jüdischen Stadt, war überhaupt im jüdischen Land bedroht, das Fundament jüdischer Lebensgestaltung schien durch die Nichtbeachtung des Sabbatgedankens erschüttert zu werden. Mit der weiteren Zurückdrängung des Sabbats fiel auch das Höchste, um das *Bialik* kämpfte, jüdische Kultur im Geiste der jüdischen Religion und im Sinne echten jüdischen Volkstums. Deshalb galt es ihm, eine lebensnahe Form der Sabbatgestaltung zu finden, eine Form, zu der nicht nur ein kleiner Kreis schon jüdisch interessierter Menschen kommen würde, sondern eine Form, zu der der einfache jüdische Mensch, der jüdische Arbeiter und die z. T. der Religion abgewandte jüdische Jugend sich einfinden sollten.

Der Weg, den *Bialik* beschritt, ist bekannt; deshalb erübrigt es sich, hier über die ersten „Oneg"-Veranstaltungen und ihre spätere Gestaltung zu sprechen. (Darüber siehe: *Ernst Simon, Chajjim Nachman Bialik*, Bücherei des Schockenverlages, S. 143 ff.) Das mir wesentlich Erscheinende, das auch heute noch für die Formung des „Oneg Schabbat" gilt, soll jedoch gekennzeichnet werden. Zwei Momente sind hervorzuheben: das lebendige gesprochene und gesungene Wort. Im Aufbau bedarf der „Oneg Schabbat" einer festgelegten, allerdings nicht zu starren Gliederung, die die Voraussetzung des äußeren würdigen Verlaufes dieser Feierstunde ist. Der „Oneg Schabbat" soll die Zuhörenden, insbesondere wenn der Kreis nicht zu groß ist, zu Mitgestaltern machen, soll die Teilnehmer zu einer Gemeinschaft zusammenführen. Er soll etwas von jener gehobenen Stimmung vermitteln, wie sie in ekstatischer Weise bei den „Chassidim" des Ostens während der „Sseudah schelischit" herrscht. *Bialik*, der übrigens nicht der Schöpfer der „Oneg-Schabbat"-Idee ist, sondern ihr Gestalter, die theoretische Darlegung dieses Problems stammt von Rabbi *Benjamin*, einem orthodoxen Schriftsteller, hat diese Eindrücke in seiner Jugendzeit tief in sich aufgenommen und ist in der Formung des „Oneg" insbesondere dadurch beeinflußt worden, daß er das Singen der „Semirot" zum wesentlichen Bestandteil der Feierstunde machte. Mittelpunkt war jedoch die Ansprache von *Bialik* selbst.

Von Palästina ausgehend, nahm die „Oneg-Schabbat"-Bewegung ihren Weg zur bündischen jüdischen Jugend der Welt und hielt auch nach dem politischen Umbruch in Deutschland ihren Einzug in die jüdischen Schulen. *Dr. Siegfried Braun*, der Schriftleiter der „Jüdischen Schulzeitung" hat kürzlich in einem Aufsatz dargelegt, wie die jüdische Volksschule nach 1933 vor neue, grundlegende Probleme gestellt wurde. Dabei zitiert er den von *Martin Buber* als Ideal aufgestellten Begriff der „jüdischen Wesensschule".

Zum Gesamtbild des Lebens einer jüdischen Schule gehören die Feiern im Ablauf des Jahres. (Hier sei einmal in parenthesi bemerkt, daß die Leistung einer jüdischen Schule ganz selbstverständlich in der unterrichtlichen Arbeit liegt und nicht in vielen Feiern und Aufführungen, die z. T. für Außenstehende aufgezogen werden.) Zu den neuen Fragen, die der Verwirklichung bedürfen, gehört auch die wöchentliche Durchführung des „Oneg Schabbat", die in vielen Fällen der Schule selbst obliegt oder sich unter ihrer Mitwirkung vollzieht. Gerade die Gestaltung dieser Feierstunde kann dem *Buberschen* Begriff der jüdischen Wesensschule näher führen.

Im folgenden werden praktische Erfahrungen über den äußeren und den inhaltlichen Aufbau des „Oneg Schabbat" mitgeteilt. Er wird sich bei den ganz verschieden gelagerten Verhältnissen in den jüdischen Schulen Deutschlands, in Klein-, Mittel- und Großgemeinden, in sehr variablen Formen abwickeln. Ein dringendes Bedürfnis ist er an den Orten, an welchen jüdische Schulen nicht bestehen. Die weiteren Ausführungen, die in der Hauptsache auf Grund von Erfahrungen in einer Mittelgemeinde mitgeteilt werden, stellen nur einen Versuch dar. Sie erheben keinen Anspruch auf Allgemeingültigkeit und Vollständigkeit. Sie wollen anregen, andere Erfahrungen in diesen Blättern darzulegen, um dadurch einen praktischen Beitrag zu einer neuen Aufgabe der jüdischen Schule zu geben.

Bei der Durchführung des „Oneg Schabbat" ist eine Reihe von Gesichtspunkten nach vielen Richtungen hin durchzudenken und zu überprüfen.

1. Ort des „Oneg Schabbat"

Der „Oneg Schabbat" soll in einem würdigen Raum stattfinden. Diese Voraussetzung ist in der Synagoge gegeben. Eine Ideallösung der Raumfrage ist dieser Fall jedoch nicht, da für unsere westlichen Begriffe die Synagoge in erster Linie ein Haus des Gebetes ist und hier die gemütvolle Stimmung, die geschaffen werden soll, nicht ohne gewisse Hemmungen aufkommen kann. Dagegen spricht auch schon das Sitzen in den Bänken. Eine ausgesprochene Notlösung ist ein „Oneg" im Klassenzimmer. Der alltägliche Schulraum scheint mir für eine echte „Oneg"-Stimmung nicht geeignet zu sein. Ein, wenn auch schlichter, nicht zu großer Saal oder Raum ist die geeignete Stätte. Der „Oneg" sollte möglichst nur in kleinen Gruppen abgehalten werden. So erlebte ich einmal in einer Großgemeinde die Einleitung einer solchen Feier mit „Kiddusch" und „Mauzi" in einem Saal, in dem alle Kinder versammelt waren. Später gingen die Kinder, etwa 200, in Gruppen von 20 - 30 in verschiedene Räume, um das Thema im kleinen Kreise zu behandeln. Wenn man sich auch mit Recht auf den Standpunkt stellen kann, dass nicht der Raum den „Oneg" macht, sondern die Art und Weise, in der er vonstatten geht, so muß jedoch grundsätzlich daran festgehalten werden, dass nur ein würdiger Raum, mag er noch so schlicht sein, ihm den äußeren Rahmen geben kann.

2. Zeit des „Oneg Schabbat"

Auf die Beziehung zwischen dem „Oneg Schabbat" und den „Schalosch sseudot" wurde schon hingewiesen. Ihnen entsprechend, kann ein „Oneg" am Freitagabend nach dem Gottesdienst, im Anschluß an den Sabbatmorgengottesdienst oder am Sabbatnachmittag stattfinden. Der Freitagabend ist eine denkbar ungünstige Zeit, abgesehen von den Wintermonaten, in denen der Gottesdienst früh liegt. Schöne Feiern dieser Art habe ich im Winter in Berlin erlebt. Die Kinder saßen an langen, sabbatlich gedeckten Tischen, jedes Kind bekam ein kleines „Barches"; die Voraussetzungen für einen echten „Oneg" waren gegeben. Der häuslichen Freitagabendfeier wird im allgemeinen nichts vorweggenommen, da immer noch ein großer Teil der Kinder den Freitagabend im Hause nicht erlebt. In den Orten mit jüdischen Schulen, insbesondere, wenn auch jüdische Höhere Schulen vorhanden sind, liegt der „Oneg" am besten unmittelbar nach dem Gottesdienst am Sabbatmorgen. Die Kinder sind zu einem großen Teil im Gotteshaus versammelt, und die Säumigen werden durch die Teilnahme am folgenden „Oneg Schabbat" vielleicht auch schon zum Besuche der Synagoge veranlasst. Ein „Oneg" zu dieser Zeit hat unbestreitbar für seine ganze Formgebung dadurch einen großen Vorzug, dass er mit dem „Kiddusch rabba", der in frommen jüdischen Häusern am Sabbatmorgen gleich nach der Rückkehr aus der Synagoge gesprochen wird, eingeleitet werden kann. Wenn die Kinder in die allgemeinen Schulen gehen und deshalb am Sabbatmorgen nicht frei haben, so wird der „Oneg" am Nachmittag stattfinden. Seine Durchführung kann sich im äußeren Verlauf im wesentlichen an die „Oneg"-Feier *Bialiks* in Tel-Aviv, die bekanntlich am späten Nachmittag lag und in den Sabbatausgang überleitete, anschließen.

An einer großen jüdischen Schule liegt der „Oneg Schabbat" schon während des Unterrichts am Freitagmorgen. Diese Festlegung ist nach meiner Auffassung eine absolute Verkennung seines Sinnes. Ein „Oneg" mag eine solche Stunde sein, aber nur ein „Oneg chol", niemals ein „Oneg Schabbat". Über seine zeitliche Lage entscheiden jeweils die örtlichen Verhältnisse. Der „Oneg" am Sabbatmorgen dürfte die Regel sein.

3. Aufbau des „Oneg Schabbat"

Die in vielen jüdischen Gemeinden und Schulen bisher durchgeführten „Onegim" haben in ihrer Formung sehr abweichende Ergebnisse gezeigt. Wer nicht auf orthodoxem Standpunkt steht, wird eine Neuerung jüdischer Feiergestaltung, die von echtem, jüdischen Geist getragen ist, gern begrüßen, so weit sie wirklich neue religiöse Impulse zu geben vermag. Ebenso jedoch, wie sich im religiösen Liberalismus heute eine Hinwendung zu den altjüdischen Bräuchen zeigt, so muß auch für den „Oneg" im Grundaufbau eine möglichst an jüdische Überlieferungen anknüpfende Form gefordert werden. Diese ist am Sabbatmorgen durch den „Kiddusch rabba" gegeben.

(Vergl. *Zobel*, Der Sabbat, S. 69, 160, 175, Bücherei des Schockenverlages.) Der „Kiddusch leschacharit beschabbat" auch „Kiddusch rabba", der große Weihesegen genannt, zu finden im „Siddur Sefat Emet" S. 136, beginnt mit „Weschomru". Diese Verse aus dem 31. Kapitel des 2. Buches Moses singt man z. B. gemeinschaftlich nach der bekannten Melodie von *Lewandowski* aus „Kol rinnah utefillah", Nr. 24. Ebenso kann „Weschomru" als Einzel- oder Chorgesang im Steiger vorgetragen werden (Vergl. über Steiger „Jüdische Schulzeitung" 1937, Nr. 3, S. 3) In der stilvollen musikalischen Ausgestaltung der Texte des „Oneg Schabbat" bieten sich den jüdischen Komponisten noch manche Möglichkeiten. Anschließend folgt das vierte Gebot in den „Neginot" der Thoravorlesung oder wieder im Steiger. Nun sagt man die Segenssprüche über Wein und Brot. Mit der Verteilung der „Mauzi" ist das vorgeschriebene Ritual des „Kiddusch rabba" beendet.

Im „Siddur Tefillat Jisrael" von *Dr. Michael Sachs*, dem speziellen Kenner der religiösen Poesie, ist auf S. 220 dem „Kiddusch"für den Sabbatmorgen ein Gedicht von *Chajjim Jizchak* „Chaj haschem uwaruch zuri" vorangestellt. Auch dieser schöne, inhaltsreiche Text harrt einer schlichten Vertonung, um so einen wirkungsvollen Eingangsgesang zu bilden. *Arno Nadel* teilt dazu in seinem Buch „Semirot schabbat", S. 30 eine süddeutsche und eine chassidische Weise mit.

Nach dem „Kiddusch rabba" wird das vorgesehene Thema behandelt. Anschließend singt man „Semirot" und andere hebräische Lieder. Bekanntlich gibt es für die „Schalosch sseudot" drei Gruppen von „Semirot". Da die Lieder der Gruppe für Freitagabend die größte Verbreitung gefunden haben, während die anderen „Semirot" im Westen wenig bekannt sind, so werden gerade die Freitagabendlieder auch am Sabbatvormittag gesungen. Durch *Arno Nadels* „Semirot schabbat" wird es den Musiklehrern erleichtert, auch diese Gesänge zu pflegen.

Wenn zu Beginn „Mauzi" verteilt wird, spricht man am Schluss das Tischgebet, eingeleitet durch „Schir hamaalot". Mit der Verrichtung des Tischgebetes kann der „Oneg" beendet werden. Ich darf hier noch einmal wiederholen, dass sich die vorstehenden Ausführungen selbstverständlich nur auf den „Oneg" am Sabbatmorgen beziehen.

Während ein „Oneg" am Freitagabend, der wie schon gesagt, im Winter im Anschluss an den Gottesdienst liegen kann, mit „Schalom alechem" und dem „Kiddusch" eingeleitet wird, fehlt für den „Oneg" am Sabbatnachmittag ein religiöser Brauch, abgesehen vom Singen der „Semirot". Ist es jedoch Winter, so findet dieser „Oneg" praktischer Weise etwa eine Stunde vor Sabbatausgang statt, um ihn dann mit der „Hawdala" und den Gesängen „Hammawdil" und „Elijahu hannawi" zu schließen.

4. Die Träger des Oneg Schabbat

Die unter 3. gegebene äußere Form bedarf einer lebendigen Ausfüllung. Und gerade von ihr hängt im wesentlichen das Gelingen des „Oneg Schabbat" ab. Auch im „Oneg" ist das in der modernen Pädagogik angewandte Prinzip, die Kinder zu aktivieren, sie selbständig handeln zu lassen, anzuwenden. Dabei dürfen die den Kindern anvertrauten Aufgaben ihre Kräfte nicht übersteigen. Leicht auszuführen ist der Vortrag des „Kiddusch rabba", die Verrichtung des Tischgebetes und gegebenenfalls das Vorlesen von Geschichten. Diese Aufgaben müssen in jeder Hinsicht vorbereitet sein. Die Behandlung des Themas erfolgt in der Regel durch den Rabbiner oder den Lehrer.

Es ist eine ausgesprochen pädagogische Frage, die in erster Linie vom unterrichtlichen Geschick desjenigen abhängt, der den „Oneg" leitet, inwieweit die Behandlung der Wochensidra oder des sonst gestellten Themas mehr dozierend oder durch gemeinsame Herausarbeitung erfolgt. Darüber lassen sich keine Normen aufstellen.

Die Art der Durchführung hängt auch ganz vom gestellten Thema ab. Ich denke z. B. an einen „Oneg" am „Schabbat Mischpatim". Hier werden mit Hilfe der Kinder zuerst an Fällen des praktischen Lebens die Begriffe des Zivil- und des Strafrechtes herausgearbeitet, um anschließend auf einzelne Vorschriften der „Sidra" angewandt zu werden. Am „Schabbat Mattot-massej" kann das Thema der jüdischen Wanderung im Vordergrund stehen. Dann hat der Leiter des „Onegs" Gelegenheit, zusammenhängend über Wanderungen der Juden zu sprechen. Eingangs habe ich schon gesagt, dass der „Oneg" möglichst im kleinen Kreise durchzuführen ist. In diesem Falle wird die Bearbeitung des Themas durch gemeinsame Aussprache vorzuziehen sein. Wenn auch in der Regel der Leiter des „Onegs" immer Lenker der Besprechung bleibt, so schließt das nicht aus, dass man ihn durch reifere Schüler zeitweise ganz selbständig veranstalten lässt. Die Versuche, die vom Schülermaterial abhängen, haben nicht immer den erhofften Erfolg. Lehrer und Schüler sollen beide ihre besten Kräfte für den „Oneg" einsetzen.

5. Das Thema des Oneg Schabbat

Bei den „Sseudah schelischit" sitzen die „Chassidim" im Osten um den Rabbi geschart, um gespannt seinem Vortrag über die Wochen-„Sidra" zu folgen. So schließt sich auch in der Regel das Thema eines „Oneg Schabbat" an die Wochen-„Sidra" an. Der Sabbat ist der Tag der Vertiefung in die Lehre. Ein „Oneg" hat schon dann seine Aufgabe erfüllt, wenn auch nur ein wesentlicher Satz der Sidra durch Besprechung, durch eine weitergehende Erklärung unter Heranziehung der Kommentare und des Midraschs im Bewusstsein verankert wurde. Das alles muss auf schlichte, einfache Weise geschehen. Die Behandlung von Teilen oder Sätzen der „Sidra" soll die Geschehnisse und Vorschriften der Thora verlebendigen, soll sie im zeitnahen Lichte erscheinen lassen, soll versuchen, möglichst an das Erleben des jüdischen Kindes anzuknüpfen. Und wenn wir es verstehen, die Worte der Thora zu wenden und wieder zu wenden, so dürfte es nicht schwer sein, dieser Forderung zu entsprechen. Es ist z. B. naheliegend, bei der „Sidra" „Lech lecha" davon zu sprechen, dass *Abraham* der erste „Oleh" war, der nach „Erez" hinaufzog. Anschließend werden die verschiedenen „Alijot" behandelt. Auch die Bedeutung des Wortes „Alijah" als Aufgang zur Thora ist heranzuziehen, wobei einmal die Reihenfolge derjenigen festgestellt wird, die verpflichtet sind, hinaufzugehen. Aus den vierundfünfzig „Sidrot" greife ich willkürlich „Mattot" heraus. Hier kommt das Wort „Chaluzim" vor, das den Kindern geläufig ist und Grundlage einer Aussprache werden kann.

Die zufällige Auswahl der Begriffe „Alijah" und „Chaluzim" zeigt nur eine Seite der Ausdeutung und soll nicht etwa die überzeitlichen religiösen Forderungen und Fragen der Thora in den Hintergrund drängen. Es kann und soll nicht Zweck dieser Ausführungen sein, im besonderen Anregungen und Vorschläge zur Behandlung von Themen für einzelne „Sidrot" zu geben. Diese spezielle Aufgabe hat in vorbildlicher Weise die „Jüdische Rundschau" in ihrer Rubrik „Wie gestalte ich den Schabbat?" während dreier Jahre durchgeführt. Die nunmehr abgeschlossene Reihe gab den „Oneg"-Leitern viele Anregungen und wäre wert, in Buchform zu erscheinen. Die Veröffentlichungen der Rundschau haben, auch in methodischer Hinsicht, wesentliche Beiträge für die Stoffauswahl und die Stoffbehandlung geliefert.

Neben die Besprechung der Wochen-„Sidra" tritt in gegebenen Fällen die Beschäftigung mit der „Haftara". Ich weise nur auf den festen Zyklus vom 17. Tammus bis zum Ende des religiösen Jahres hin. Oft können die Beziehungen zwischen „Sidra" und „Haftara" leicht festgestellt werden. An wichtige Prophetenabschnitte schließt sich ein Lebensbild und eine Charakterisierung des jeweiligen Verfassers an. Über die verschiedenen Stoffgebiete, die außer „Sidra" und „Haftara" in Betracht kommen, schreibt die „Jüdische Rundschau" bei der Abschlussbesprechung der Vorschläge zur Schabbatgestaltung am 17. September 1937: „Außer den Stoffen, die direkt mit dem geistigen Gehalt des betreffenden Schabbat und der an ihm gelesenen Stücke der Bibel in Zusammenhang stehen, wurden auch sonstige jüdische Wissensgebiete behandelt. So wurden Fragen der jüdischen Geschichte, einzelne ihrer Abschnitte und Persönlichkeiten, jüdische Schriftsteller und Dichter, volkskundliche Fragen, Abschnitte der Liturgie, die Entwicklung der „Halacha" und „Aggada" und zum Schluß Fragen der „Haskalah"-Literatur erörtert." Hierzu muss ergänzt werden, dass die „Onegim" ständig in Beziehung zum Ablauf des jüdischen Jahres gebracht werden. Belehrungen über den jüdischen Kalender schließen sich an, auch eine gelegentliche Zusammenstellung der ausgezeichneten Sabbate. Von allgemeinen Themen, die ein besonderes Interesse fanden, seien hier genannt: „Minhagim", Bau und Einrichtung einer Synagoge in alter und neuer Zeit, über jüdische Gerichtsbarkeit, die Entwicklung des Gottesdienstes, aus der Geschichte des Synagogengesanges, das Leben der Juden im Ghetto u. a. Diese Themen wurden nicht willkürlich ausgewählt, sondern standen immer in einer Beziehung zur „Sidra" der Woche:

Bau und Einrichtung einer Synagoge = Sidrot Terumah oder Wajakhel
Von jüdischer Gerichtsbarkeit = Schoftim
Synagogengesang = Beschallach (Meereslied)

In den „Onegim" der bündischen Jugend erfolgt oft die Besprechung der gestellten Aufgabe auf Grund einer Vorlesung oder einer gemeinsamen Lektüre aus Bibel, jüdischem Schrifttum oder jüdischer Literatur. Dieser Weg kann auch zeitweilig in den „Onegim" der Schulen beschritten werden, obwohl bei einer Vorlesung, insbesondere, wenn sie länger dauert, nicht immer die erwünschte Aufmerksamkeit zu erzielen ist.

Die Behandlung des Wochenabschnittes – Wochen-„Sidra" – kann gelegentlich durch Hinweise auf Werke der bildenden Kunst und durch ihre Besprechung vertieft werden. Bei der „Sidra Ki sissa" denke ich z. B. an die verschiedenen Darstellungen der Bundeslade und an die Bilder und Plastiken von *Moses* von *Michelangelo* bis zu *Lesser Ury*.

6. Das Singen von Semirot und Niggunim

Zu den „Semirot" macht der durch seine scharfe Polemik gegen die Anhänger von „Sabbataj Zwi" bekannte Rabbi *Jacob Israel Emden* in seinem Kommentar zum Gebetbuch „Beth Jaakow" einige interessante Bemerkungen: „Nach der Meinung unserer Weisen ist es alter Brauch, am Sabbat während der „Sseuda" zu singen. Die Worte der „Semirot leschabbat" sind dem Tenach, dem Talmud, dem Sohar und den Midraschim entnommen. Sie deuten den Inhalt des Sabbats aus. Derjenige, der die Semirot singt, bringt Gutes in die Welt, Gott verbindet sich mit ihm, merkt auf seine Stimme, ist besänftigt und erhält die Welt, dass sie nicht zerstört werde. Gerade der Sabbat ist die Zeit des Gesanges zum Lobe des Ewigen."

Nach den obigen Worten bedarf der Brauch des „Semirot"-Singens keiner weiteren Begründung. Von *Bialik* in seine Feiern aufgenommen, gehören diese Gesänge zu jedem „Oneg". In der Mainummer 1937 der „Blätter des Jüdischen Frauenbundes" schrieb ich einen einführenden Aufsatz „Vom „Semirot"-Singen. Innerhalb der Pflege des hebräischen Liedes verlangen die „Semirot" eine besondere Beachtung. Die oft inhaltreichen Texte haben in manchen Fällen eine mehr oder weniger wertvolle Vertonung erfahren. Platte Melodien gehören nicht in einen „Oneg". Im übrigen muss man leider feststellen, dass die „Semirot" nicht immer schlicht und gefühlvoll, sondern manchmal wie Gassenhauer gesungen werden. Das widerspricht entschieden dem Geiste des „Oneg Schabbat". Jeder Teilnehmer weiß, wie gerade durch den gepflegten Gesang gemeinschaftsbildende Kräfte und Gefühle ausgelöst werden. Zum Singen der „Semirot" kann noch der Vortrag von „Niggunim", von Melodien, die man nur auf Silben singt, treten. Auch diese „Niggunim", vorausgesetzt, dass sie stilvoll vorgetragen werden, erwecken eine gehobene, innerlich frohe Stimmung. Die Übersetzung und Besprechung einzelner „Semirot"-Texte ist eine dankbare Aufgabe einiger „Onegim". Der Gesang muß nicht nur auf die eigentlichen „Semirot", die religiösen Dichtungen, beschränkt bleiben. Auch gesungene Gebete und geeignete weltliche Lieder kommen hinzu. Ich denke z. B. an eine schöne traditionelle „Adon-olam"-Melodie oder an die Volksweise zu „Laolam haba": Wenn der „Oneg" durch den Gesang eine besondere Weihe erhalten soll, so muss dazu im Musikunterricht eine große Vorarbeit geleistet werden.

Die vorstehenden Ausführungen haben gezeigt, dass die Formung und Gestaltung des „Oneg" vor vielseitige Aufgaben stellt. Die ganze Persönlichkeit, die Kräfte des Geistes und der Seele müssen eingesetzt werden, um durch den „Oneg" den Schabbat zu einem „Jom schekullo schabbat" zu gestalten. Ein „Oneg" kann nicht ‚gemacht', nicht ‚organisiert' werden. Nur wenn lebendige, begeisterungsfähige Menschen ihn tragen, dann wird er das verwirklichen, was sein Schöpfer *Bialik* durch ihn erreichen wollte.

Über Feier- und Festgestaltung hat sich *Bialik* in einem Briefe ausgesprochen, aus dem hier einige Sätze folgen: „Feste sind ein Gegenstand gemeinschaftlicher Schöpfung, woran vielerlei und verschiedenartige Kräfte ihren Anteil haben: Glaube, Überlieferung, Geschichte, Kunst, Natur und manches andere. Und so wie man auf Bestellung oder nach Anweisung oder durch einen Beauftragten nicht gute Gedichte schreiben kann, so kann man auch kein Fest und kein Festprogramm bestellen.
Die wahrhaftige Festesfeier geht vom Herzen aus und kommt durch den Heiligen Geist in die Welt."

(1938)

Zur Geschichte und Pädagogik jüdischer Musik
Erich Mendel

Herz Hähnle Hachenburger (1787-1851)
Ein vorsulzerischer Synagogenkomponist

Die grundlegenden Forschungen auf den verschiedenen Gebieten des Synagogengesanges haben deutlich bewiesen, dass die Musik der Synagoge jeweils ein Spiegelbild des jüdischen Lebens und der allgemeinen Lage der Juden der betreffenden Länder war, in der sie entstand. Um musikwissenschaftlich ein klares historisches Bild zu erhalten, muss der Synagogengesang eines jeden Zeitalters in die betreffende Epoche der allgemeinen Musikgeschichte hineingestellt werden.

Diese Betrachtungsweise gibt uns erst die Möglichkeit, festzustellen, inwieweit jüdische Sänger und Komponisten Eigenes für die Synagoge schufen oder ob sie mehr oder weniger aus der Musik der Umgebung übernahmen. So sind die Persönlichkeit eines *Salomon Sulzer* und seine Werke nur unter dem Einfluss der Wiener Klassik zu würdigen. Das Erscheinen seines „Schir zion I" im Jahre 1840 bedeutet einen Markstein in der Geschichte des Synagogengesanges. Im Vorwort des 2. Bandes von „Schir zion" (1865) kennzeichnet *Sulzer* das selbst mit folgenden Worten: „Mein „Schir zion" ward in tausend Exemplaren verbreitet, fand Eingang in die alte und in die neue Welt, meine Tondichtungen erklangen bald in den Synagogen beider Hemisphären, bahnten überall Ordnung an, belebten den Kunstsinn und hatten somit im Wesentlichen die neue Phase, in welche die liturgische Musik dank der erwachten Kultur getreten ist, eröffnet".

Dieser neuen Phase hat *Sulzer* bis heute, ein Jahrhundert lang, den Stempel aufgedrückt. Der Chorgesang beherrscht in den letzten 100 Jahren die Synagogenmusik. Hören wir *Sulzer* noch einmal selbst über die Bedeutung der Chormusik[1]. „Auch hat sich das Institut des Chorgesanges in der Synagoge bei vielen israelitischen Gemeinden der meisten Staaten Europas als ein heilsames, segensreiches bewährt, und ist nunmehr ein consolidirtes, nationelles Institut geworden, dessen Nützlichkeit und Nothwendigkeit nicht mehr noch bewiesen werden muss." Das Institut des Chorgesanges hat sich nach *Sulzer* bereits im Jahre 1840 konsolidiert. Seine meisterhafte Behandlung des Chorsatzes hat die Vorgänger fast vollständig in den Hintergrund gedrängt.

1839 erschienen die „Terzett- und Chorgesänge der Synagoge in München", herausgegeben von *Maier-Kohn*. Wenn ihr musikalischer Wert auch bei weitem nicht an *Sulzers* „Schir zion I" heranreicht, so ist doch der Einfluss dieser ersten gedruckt vorliegenden Chorgesänge im Laufe des 19. Jahrhunderts ein großer gewesen. Das Münchener Chor-Institut wurde 1832 gegründet. Ausgehend von *Jacobsohns* Reform in Seesen 1815, wurde bald in einer Reihe von jüdischen Gemeinden in Deutschland ein geordneter Chorgesang eingeführt, so in Berlin, Kassel, Hamburg, Leipzig, Darmstadt und in anderen Städten.[2] Dieser Chorgesang war in der Regel deutscher Choralgesang. *Henle* gibt in dem eben genannten Aufsatz einen Überblick über diese neue Musikgattung der Synagoge. Neben der Einführung von Gesängen in deutscher Sprache haben einzelne Gemeinden zu Beginn des 19. Jahrhunderts ihren Gottesdienst dadurch der Zeitströmung angepasst, dass sie die traditionellen hebräischen Gesänge für Chor bearbeiten liessen und diese oft von der Orgel begleitet wurden.

In der Musiksammlung von *Arno Nadel* befindet sich ein Chormanuskript „Aschkenas", von ihm so bezeichnet, das er um 1820 ansetzt. Es ist wohl die älteste bisher bekannt gewordene Chorpartitur, die in ihrer ganzen Anlage als Verfasser einen ausgezeichneten Musiker verrät, der sowohl mit den traditionellen Gesängen als auch mit der Technik des Chorsatzes voll und ganz vertraut war. Nach einer Vermutung von *Arno Nadel* ist diese Handschrift in

„Musiker Herz": Herz Hähnle Hachenburger
Aquarellierte Zeichnung, Stadtarchiv Darmstadt

Süddeutschland oder in Oesterreich entstanden. Über den Komponisten herrscht völliges Dunkel. Um dieselbe Zeit, etwa 1820-1830 dürfte eine andere bisher nicht beachtete Chorpartitur entstanden sein., die „Darmstädter Chorgesänge". Unabhängig von *Sulzers* Bestrebungen in Wien wurden auch in Süddeutschland Chöre in den Synagogen eingeführt, u. a. in München und in Darmstadt. Beide Städte hatten zu Anfang des 19. Jahrhunderts ein vielgestaltiges Musikleben, an dem die Juden regen Anteil nahmen. So ist auch der Wunsch zu verstehen, in den Synagogen Musik und Gesang zu hören, die den Musikaufführungen der Umwelt nachstrebten.

Die Einführung eines Chorgesanges, seien es deutsche Choräle oder mehrstimmig gesetzte hebräische Gesänge, erforderte Musiker, die in der Lage waren, eine dem Bedürfnis der Gemeinde entsprechende Partitur zu bearbeiten und zusammenzustellen. Waren solche Musiker unter den Juden zu finden? Ein flüchtiger Blick in die „Münchener Terzettgesänge" zeigt die Mitwirkung von mehreren nichtjüdischen Musikern. Über die Mitarbeit nichtjüdischer Tonsetzer an *Sulzers* „Schir zion I" orientiert genau die 1905 von seinem Sohne Josef veranlasste 2. Auflage. (Siehe auch „Der jüdische Kantor", 1880, Nr. 45, *Singer*, Über Entwicklung des Synagogengesanges.) Die jüdischen Chorkomponisten jener frühen Zeit waren in der Regel mehr oder weniger dilettantische Musiker, die in bester Absicht ihr Bestes gaben. Ihre Arbeiten waren oft Gelegenheitskompositionen. Woher sollten aber auch im 1. Viertel des 19. Jahrhunderts qualifizierte jüdische Musiker kommen, die ihr besonderes Interesse der Synagogenmusik zuwenden würden? Mit dem Eintritt der Juden in Deutschland in die europäische Kultur nehmen sie auch bald starken Anteil am Musikleben, das wirkt sich jedoch erst vom 2. Viertel des 19. Jahrhunderts an aus.

In Italien finden wir schon im 16. und im 17. Jahrhundert Juden als schaffende und reproduzierende Musiker. (Siehe *Birnbaum*, „Jüdische Musiker am Hofe zu Mantua", Wien 1893) Über das Auftreten jüdischer Musiker an deutschen Fürstenhöfen vom Ende des 18. Jahrhunderts an bis weit in das 19. Jahrhundert hinein ist bisher wenig bekannt geworden. Namen wie *Georg Noelli*, Kammermusiker beim Herzog von Mecklenburg-Schwerin, *Philipp Mosenthal*, Hofmusikus in Kassel, *Julius Freudenthal*, Herzoglich Braunschweigischer Musikdirektor und Musikus *Herz Hähnle Hachenburger*, der als Dirigent seines Orchesters am Hofe der hessischen Residenz in Darmstadt eine Rolle spielte, sind auch dem jüdischen Musikforscher nicht geläufig. Unter diesen Musikern nimmt *Herz Hähnle Hachenburger* dadurch eine besondere Stellung ein, dass er neben seiner Tätigkeit als Dirigent und neben seinen kompositorischen Arbeiten sein Interesse, ja, seine Liebe den traditionellen Synagogengesängen und ihrer Veredelung zuwandte. *Herz Hähnle Hachenburger* als Synagogenkomponist ist bisher ein fast unbekanntes Kapitel in der Geschichte des Synagogengesanges in Deutschland, deshalb unbekannt, weil seine Kompositionen verloren gegangen sind. Einem Forscher wie *Eduard Birnbaum* ist *Hachenburger* nicht entgangen. Nach einer Mitteilung von *Samuel Guttmann*, Potsdam, dem gründlichsten Kenner der *Birnbaumschen* Arbeiten, bezeichnet ihn dieser gelegentlich als Vorarbeiter *Sulzers*. Beim Studium in *Hermann Aaron Ehrlichs* „Liturgischer Zeitschrift" stößt der aufmerksame Leser auf *H. Herz (Hachenburger)* aus Darmstadt, so z. B. im I. Teil „Schabbos", Heft 2, S. 3, Nr. 15, 16 und 17, „Borachu", „Melech eljaun". Bei der Komposition des „Borachu" im „Schabbos"-Teil gibt *Ehrlich* als Quelle an: „Aus den Darmstädter Chorgesängen von *Herz*" (H. H.). Die Bearbeitung des Stückes „Melech eljaun" trägt die Angabe „Aus dem Darmstädter Chorgesangbuch; comp. von *Herz*". Als aus den „Darmstädter Chorgesängen" stammend werden sodann im II. Teil, (Heft 2, S. 2) „Adaun aulom" und ferner im III. Teil die zweite Weise zu „Uwschaufer godaul" S. 113 bezeichnet, ohne dass der Name *Herz* angegeben ist.

Diese kurzen Quellenbemerkungen gaben mir Veranlassung, Nachforschungen nach dem Darmstädter Chorgesangbuch des *Herz Hähnle Hachenburger* anzustellen. Das Manuskript gilt bis heute als verloren. *H. H. Hachenburgers* Sohn, sein Nachfolger als Chordirigent bei der Jüdischen Gemeinde, hatte mit ihr eine Auseinandersetzung. Das völlige Verschwinden der Kompositionen seines Vaters ist vielleicht so zu erklären, dass der Sohn diese an sich genommen hat. Ebenso besteht die Möglichkeit, dass die Kompositionen später dem Archiv des Darmstädter Hoftheaters übergeben wurden. Das Archiv enthält jedoch heute keine Manuskripte von *Hachenburger*. Vielleicht sind diese bei einem Theaterbrand vernichtet worden. Nur ein Manuskript von einem Musikanten aus Sprendlingen (Rheinhessen), das abschriftlich einige Kompositionen von *Hachenburger* enthält, ist erhalten geblieben.

Wir besitzen nur wenige biographische Notizen über *Herz Hähnle Hachenburger*. Der Lehrer *J. Lebermann*, Darmstadt, hat einige interessante Daten und Tatsachen aus *Hachenburgers* Leben zusammengestellt, anscheinend in mühevoller Archivarbeit, die den weiteren Ausführungen teilweise zugrunde liegen.[3]

Herz Hähnle Hachenburger entstammt einer sogenannten „Klesmorim"-Familie, in der mehrere Generationen Musiker waren. Sein Vater *Hähnle* und dessen Bruder *Samuel* erhielten 1769 vom damaligen Landgrafen von Hessen, Ludwig X., die Konzession „auf denen in unserer Obergrafschaft Katzenelnbogen vorfallenden Judenhochzeiten privative musikalisch aufspielen zu dürfen". Die Konzession sei hier ganz mitgeteilt:

„*Nachdem von Gottes Gnaden Wir Ludwig X., Landgraf zu Hessen, Fürst zu Hersfeld, Graf zu Katzenelnbogen, Diez, Ziegenhain, Nidda, Hanau, Schaumburg, Isenburg und Büdingen etc... einberichteten und befundenen Umständen nach, das unterm 16. September 1769, dem Juden Hähnle Hachenburger und seinem inzwischen verstorbenen Bruder Samuel Hachenburger dahier ertheilte privilegium exclusivum auf denen in Unserer Obergrafschaft Katzenelnbogen vorfallenden Judenhochzeiten privative musikalisch aufspielen zu dürfen, Kraft dieses, auf ihn Hähnle Hachenburger und seines Bruders Samuel Hachenburgers Sohn, namens Herz Hachenburger, unter den vorigen Bedingungen, dass sie nämlich bey einer Hochzeit jedes Mal Einen Gulden in unsere Rhenterey dahier, sodann zwey Gulden an den zeitigen Thurmmann (Bemerkung von Lebermann: Der Stadt-Thürmer, welcher sonst das Privilegium besass, bei allen Gelegenheiten spielen zu dürfen) hieselbst bezahlen sollen, respective gnädigst erneuert und transferiret haben. So ist darnach unterthänigst zu achten, ihnen dieserthalben nichts in den Weeg zu legen, sondern sie bey diesem privilegio behörigen Orts zu schützen.*

Urkundlich unseres hierauf gedruckten Fürstlichen Geheimen Insiegels Darmstadt den 2ten Octibris 1797

Ad speziale Mandatum Serenissimi

Fürstl. Hessische Präsident, Kanzler und Geheime Räthe daselbst

Gez. Peter von Hesse   H. v. Lehmann   v. Coelmann"

Der in der Urkunde genannte *Hähnle Hachenburger* ist der Vater unseres *Herz Hähnle Hachenburger*. Der Sohn wurde in Darmstadt kurz als *„Musikus Herz"* bezeichnet. Später nannte er sich mit Genehmigung des Grossherzogs Ludwig II. mit Familiennamen *„Herz"*. Auf der hebräischen Grabsteininschrift, die am Schluss mitgeteilt ist, heißt *H. H. Hachenburger Naftali ben Elchanan Hachenburger*.

Herz Hähnle Hachenburger, geboren 1787, war gerade 20 Jahre alt, als der Großherzog Ludwig I. den „berühmtesten und seltsamsten Musiker der damaligen Zeit, *Georg Joseph Vogler*" im Jahre 1807 in seine Residenz Darmstadt berief. Die instrumentale Ausbildung des jungen *Hachenburger* begann schon in frühester Jugend. Unter *Abt Vogler* studierte er in erster Linie Kompositionslehre. Es ist nicht bekannt geworden, ob *Hachenburger* zu einem berühmten Schüler von *Vogler* in nähere Beziehungen getreten ist, zu dem jungen *Meyerbeer*, der von 1810-1812 bei dem geschätzten Kompositionslehrer arbeitete. Schon als junger Mensch spielte *H. H. Hachenburger* mit seinen Verwandten *Baruch Herz* und dessen Sohn *Moses* sowie einem Freund Quartett. Dieses trat bei Hochzeiten und anderen Festlichkeiten auf. Das „Herzsche Quartett" erweiterte sich um 1820 zu einem Streichorchester von bedeutendem Ruf, und *Hachenburger* konnte als sein Dirigent große Triumphe feiern. Das Orchester war teilweise mit 40 - 50 Musikern besetzt. Es wirkte nicht nur bei Hofbällen und Hoffestlichkeiten, sondern auch bei Hofkonzerten mit. Der Dirigent *Hachenburger* bevorzugte in erster Linie klassische Musik von den zeitgenössischen Komponisten *Rossini* und *Meyerbeer*. Aus einem in der „Darmstädter Zeitung" im Jahre 1845 veröffentlichten Konzertprogramm geht hervor, dass auf vielseitiges Verlangen ein von *Herz* so trefflich arrangiertes Potpourri aus den „Hugenotten" gespielt werden sollte.

Solche Arrangements, eigene Kompositionen und die synagogalen Chorkompositionen von *H. H. Hachenburger* sind verloren gegangen. *Hermann Aaron Ehrlich*, der Herausgeber der „Liturgischen Zeitschrift", hat uns in einem Tagebuch, das er für seine Kinder niederschrieb und das nicht veröffentlicht wurde, über das Vorhandensein der „Darmstädter Chorgesänge" einen authentischen Bericht gegeben und in diesem Zusammenhang eine kurze Bemerkung über *H. H. Hachenburger* gemacht.

Ehrlich machte im Jahre 1850 eine Reise, teils zu Fuß, teils per Postkutsche nach Frankfurt a.M. Von hier kommt er über Mainz und Schwalbach nach Darmstadt. Dort, so schreibt *Ehrlich*, lernt er den Lehrer *Mannheimer* kennen. „Ein sehr braver Mann, dessen Schwiegervater der berühmte Musikus *Herz Hageburg*, (?) welcher einen ganzen Jahrgang der Synagogengesänge in Chor komponiert. Letzterer sehr alt und schwach gewesen". Aus dieser Bemerkung *Ehrlichs* geht unzweifelhaft hervor, dass *H. H. Hachenburger* die Synagogengesänge des ganzen Jahres für Chor komponierte bzw. bearbeitete. Das beweist ferner die hebräische Inschrift auf seinem Grabstein.

Das erwähnte Manuskript des Musikanten aus Sprendlingen, welches Kompositionen von *Hachenburger* enthält, hat der Abschreiber für den Gebrauch an den „Jomim nauroim" zusammengestellt. Es handelt sich um dieselbe Handschrift, in der sich auch abschriftlich Aufzeichnungen des Wormser Kantors *Elias Grün* befinden, über die ich in der Nr. 2 des „Jüdischen Kantor", 1937, berichtete. Der Abschreiber hat bei den Piecen von *Hachenburger* nur den Solovortrag des Kantors übernommen, so dass oft Chorsätze fehlen. Die Nummern 15, 16 und 17 in Teil I („Schabbos") Heft 2 der „Liturgischen Zeitschrift" geben Beispiele von *Hachenburgers* Chorkompositionen. *Ehrlich* hat leider im allgemeinen die Chorsätze, welche er in seiner Zeitschrift veröffentlichte, sehr vereinfacht und sie dadurch verunstaltet. Mit dieser Feststellung soll aber der Bedeutung *Ehrlichs* als Sammler von traditionellen Synagogengesängen und als erstem Arbeiter auf dem Gebiete der kantoralen Wissenschaft kein Abbruch getan werden.

Wohl in Anlehnung an die Einrichtung des Terzettes „Chasan für Sänger und Bass" schreibt *Hachenburger* dreistimmig. Aus einer Bemerkung zu Nr. 16 ist zu ersehen, dass die beiden oberen Stimmen auch von Knaben und Mädchen gesungen werden können. Während das Rezitativ „Wenissmach bediwre ssaurossecho" im allgemeinen vom „Chasan" gesungen wird, komponiert *Hachenburger* für diesen Text einen dreistimmigen Satz für besondere Sabbate. (Vergleiche hierzu auch den Chorsatz „Werou wonow gewurossau" in den „Münchener Terzettgesängen", Teil I, Nr. 4, Seite 9). „Diese Piece wird nur gelegentlich einer Verlobung gesungen."

Die anderen in der „Liturgischen Zeitschrift" veröffentlichten Chorsätze von *Hachenburger*, die weiter im einzelnen genannt werden, sind so verändert, dass die Arbeitsweise des Komponisten in bezug auf die chorische Gestaltung nicht mehr zu erkennen ist. Die Freitagabend-Gesänge „Borchu", „Schema" und „Wenissmach bediwre ssaurossecho" lehnen sich in der Melodieführung nicht an traditionelle Motive an, sondern sind von *Hachenburger* frei im Stile der *Haydn*-Nachfolge erfunden. Die anderen Kompositionen von *Hachenburger*, mit Ausnahme der schon erwähnten, sind ausschliesslich für die „Jomim nauroim" bestimmt.

Das Manuskript aus Sprendlingen enthält:

1.) Adaun aulom
2.) Boruch atoh adaunoj
3.) Sochrenu lachajim
4.) Melech eljaun

5.) Wechaul maaminim
6.) Uweschaufor godaul
7.) Ki keschimcho
8.) Hajaum harass aulom
9.) Hallelujoh (Psalm 150)
10.) Uwejaum ssimchaschem
11.) Jaaleh
12.) Ki onu amcho
13.) Oschamnu
14.) Lejauschew hojoh aumer
15.) Wechach hojoh mauneh

Von diesen Gesängen des „Jomim nauroim"-Manuskriptes finden wir die folgenden in mehr oder weniger veränderter Form in der „Liturgischen Zeitschrift" wieder:

3.) III. Teil, Seite 41, 6. Weise (Im Anfang fehlen 3 Kreuze)
4.) III. Teil, Seite 65, 10. Weise
6.) III. Teil, Seite 110, 1. Weise
7.) III. Teil, Seite 120, 1. Weise
11.) IV. Teil, Seite 23, 2. Weise
13.) IV. Teil, Seite 8, oben
14.) IV. Teil, 4. Heft, Seite 1, unten
15.) IV. Teil, Seite 42

Merkwürdig berührt, dass *Ehrlich*, der sonst in der Quellenangabe ziemlich gewissenhaft ist, bei diesen Kompositionen *Hachenburger* nicht als Verfasser angibt. (Eine Ausnahme bildet Nr. 4, „Melech eljaun".)

Erst auf Grund des „Jomim nauroim"-Manuskriptes war es möglich, diese Gesänge als Arbeiten von *Hachenburger* zu identifizieren. Es darf darum mit Sicherheit angenommen werden, dass sich in der „Liturgischen Zeitschrift" noch andere Beiträge aus dem „Darmstädter Chorgesangbuch" befinden. Die endgültige Feststellung weiterer Kompositionen von *Hachenburger* wird erst dann möglich sein, wenn das vollständige Manuskript des „Darmstädter Chorgesangbuchs" einmal auftauchen würde.

Hachenburger zeigt sich überraschender Weise als ein genauer Kenner der traditionellen Synagogenmelodien. Das lassen die Teile Nr. 3, 12, 13 und 14 des Manuskriptes erkennen. Im Stile der Zeit schrieb *Hachenburger* die Piecen Nr. 2, 4, 7, 8 und 10.

Zu Nr. 2 „Boruch atoh adaunoj"
Es gibt gewisse Gebete, von denen wir keine bestimmten traditionellen Melodien kennen, diese Texte wurden frei komponiert. Hierzu gehören z. B. „Uweschaufor godaul" und „Berausch haschonoh". Vom aschkenasischen Synagogengesang aus gesehen, ist man geneigt, auch für die „Owaus der Jomim nauroim" eine traditionelle Grundmelodie anzunehmen. Die im „Jüdischen Kantor", Nr. 3, 1937 veröffentlichte Aufzeichnung von *Grün*, die sich teilweise im „Adaunoj-Moloch-Steiger" bewegt, zeigt jedoch auch Notierung von *Herz Hähnle Hachenburger*. Diese Weise ist veredelter Koloraturgesang, sie steht unter dem Einfluss klassischer Musik und hat bis zu den Worten „El eljaun" eine hinreißende Steigung. Die ganze Melodie hat in ihrer Grundanlage alten Charakter, typisch ist der Oktavsprung bei „Adaunoj". Der anschließende Text „Missaud chachomim" zeigt hier, abweichend von anderen Notierungen, dieselben Motive wie eingangs. Die „Owaus"-Melodie von *Hachenburger* ist als ein Beispiel des Synagogengesanges, wie er gegen Ende des 18. Jahrhunderts gepflegt wurde, anzusehen, wenn ihre Aufzeichnung auch erst gegen 1820 erfolgte.

Zu Nr. 6 „Uweschaufor godaul" (Notenbeilage)
Einer der Höhepunkte der gesamten Liturgie der „Jomim nauroim" ist das dem Rabbi *Amnon* von Mainz zugeschriebene Gebet „Unessaneh taukef". Die Synagogenkomponisten des 19. Jahrhunderts gestalteten diesen erhabenen Text in ergreifender Weise. Die Kompositionen beginnen in der Regel bei den Worten „Uweschaufor godaul". So beginnt auch z. B. *Maier-Kohn* in den „Münchener Terzettgesängen". Seine Aufzeichnung ist in melodischer Hinsicht uneinheitlich, indem sie teilweise im „Ahawo-Rabbo-Steiger" notiert ist und mit modernem Dur wechselt. Die Bearbeitung von *Sulzer* für Chor und Kantorsolo zeigt traditionelle Motive aus der „Kol Nidre-Melodie" und aus der „Awaudoh". Besonders wertvoll in der Melodieführung und in der chorischen Bearbeitung ist die Komposition von *Naumburg*. *Hachenburgers* Bearbeitung dieses Textes ist, besonders im ersten Teile des „Uweschaufor godaul" und am Schluss von „Berausch haschonoh", eine Komposition eigenster Prägung unter Verwendung traditioneller Motive. *Hachenburger* ist einer möglichst vollkommenen Übereinstimmung von Text und Melodie nachgegangen und deutet den wechselvollen, dramatischen Inhalt dieses Gebetes in ergreifender Weise aus.

Ein flüchtiger Blick auf die Komposition zeigt, dass der erste Teil „Uweschaufor godaul" im 3/4 Takt geschrieben ist, abweichend von allen bekannten Notierungen. *Hachenburger* hat die Melodie für Tenor geschrieben und gibt dem „Chasan" Gelegenheit, alle ihm zur Verfügung stehenden gesanglichen Mittel anzuwenden, um so den Text in starkem Masse zu verlebendigen. Der Textdichter arbeitet ständig mit dem Mittel des Kontrastes, und ihm folgt auch *Hachenburger*. Das Erbeben der Engel deutet eine Koloratur an, und beim Nahen des Gerichtstages steigt die Melodie bis zum hohen C. Von hier an wechselt die ernste Melodiestimmung und wandelt sich in liebliche Hirtentöne. Beim Klang der Flöte ziehen die Schafe unter dem Stabe des Hirten einher. Aus dieser Stelle erklärt sich auch die Tatsache, dass *Hachenburger* für den ersten Teil der Komposition den Dreivierteltakt gewählt hat.

Der zweite Teil „Berausch haschonoh" beginnt ähnlich wie bei *Sulzer* mit einer aufsteigenden Oktave und bevorzugt Elemente der „Kol Nidre"-Melodie. Die Häufung der Kontraste im Text wird in wunderbarer Weise von *Hachenburger* in einem Wechsel zwischen Dur und Moll, in einem Aufsteigen und Fallen der melodischen Linie nachempfunden. Der Schluss geht in ein reines Dur über und lässt die Komposition in feierlicher Ruhe ausklingen.

Die schon erwähnte zweite Weise zu „Uweschaufor godaul" ist, nach *Ehrlich*, auch dem „Darmstädter Chorgesang" entnommen. Der zweite Teil, „Berausch haschonoh", zeigt große Übereinstimmung mit der Bearbeitung von *Naumburg* in „Semiraus jissroel", Teil II, 1847, Seite 268. Es ist jedoch darauf hinzuweisen, dass „Berausch Haschonoh" aus dem „Darmstädter Chorgesangbuch" im Sechsvierteltakt steht. Diese Notierung ist als die ältere anzusprechen. Wir finden sie nachgedruckt in „Schire jissroel" von *Mayer* und *Staab*, 2. Auflage, Mainz.

Der älteste Sohn *Hachenburgers* soll auch eine Reihe von Synagogengesängen geschrieben haben. In Darmstadt wurde an den „Jomin nauroim" eine andere, interessante Handschrift, die aus der Mitte des 19. Jahrhunderts stammt, gebraucht. Sie enthält jedoch keine Gesänge von *Hachenburger*. Seine Gesänge sind in der Gemeinde nicht lebendig geblieben. Das erklärt sich wohl aus der schon erwähnten Tatsache, dass das „Darmstädter Chorgesangbuch" verloren gegangen ist.

Herz Hähnle Hachenburger starb 1851. *Hermann Aaron Ehrlich* hat ihn auf seiner Reise im Jahr 1850, kurz vor seinem Tode, kennen gelernt. Bei dieser Gelegenheit hat sich *Ehrlich* sicherlich als Sammler von Synagogengesängen um eine Abschrift der „Darmstädter Chorgesänge" bemüht. Nur so ist es zu erklären, dass er im Laufe der fünfziger Jahre des vergangenen Jahrhunderts in seiner „Liturgischen Zeitschrift" mehrere Beiträge daraus gebraucht hat. Nur 3 Nummern hat er als aus dieser Quelle stammend bezeichnet, während das Studium des „Jomim nauroim"-Manuskriptes ergab, dass die vorher aufgeführten Gesänge sämtlich dem „Darmstädter Chorgesangbuch" entnommen sind.

Obwohl *Ehrlich Hachenburger* als einen 63jährigen Mann kennenlernte, machte er auf ihn den Eindruck eines alten, schwachen Menschen.

Die „Darmstädter Zeitung" brachte im Jahre 1853 aus Anlass der Enthüllung eines Denksteins, den Freunde und Verehrer von *Hachenburger* gestiftet hatten, folgenden Nachruf:

„Darmstadt. In diesen Tagen wurde dem am 27. Januar 1851 verstorbenen Musiker Herz (H. H.) von Freunden und Verehrern ein Denkstein gesetzt, was Veranlassung gibt, einige Worte über den Hingeschiedenen hier niederzulegen, dessen musikalische Kunstfertigkeit auch in weiteren Kreisen rühmlich gekannt war. Einer Familie entsprossen, welche seit mehr als einem Jahrhundert die Musik zu ihrem Berufe wählte, folgte er auch demselben mit solcher Liebe zur Kunst, dass er durch seinen unermüdlichen Eifer im Studium der Meisterwerke, unterstützt von seinem angeborenen Talent, eine hohe Stufe erreichte; namentlich aber wurde seine Tanzmusik, welche er viele Jahre hindurch dirigirte, so berühmt, dass er damit sehr oft an fürstliche Höfe gerufen wurde. Seine Compositionen und Arrangements für Guitarre, Quartette und größeres Orchester fanden allgemeinen Beifall, und ein bleibendes Denkmal seines edlen, künstlerischen Strebens hat er sich dadurch gesetzt, dass er mit vielen Aufopferungen alle beim jüdischen Gottesdienst gebräuchlichen Gebete und Lieder in Musik setzte und einen Choralgesang ins Leben rief, welcher in würdiger Weise zur Erhebung des Gemüts beiträgt, erbauend wirkt, und sich nicht allein des Beifalls seiner Glaubensgenossen, sondern

auch seiner christlichen Mitbürger zu erfreuen hatte, die bei verschiedenen Feierlichkeiten, namentlich bei der Einweihung der Synagoge (1853, Alte Synagoge), bei dem Trauergottesdienst für den höchstseligen Großherzog usw. diesen zu hören Gelegenheit hatte. So groß aber auch die Verdienste waren, welche sich der Hingeschiedene als Künstler erwarb, ebenso verehrungswürdig war derselbe als Mensch, durch seinen biederen und anspruchslosen Charakter. Keine Gelegenheit ließ er vorübergehen, wo er, der selbst für eine zahlreiche Familie zu sorgen hatte, und in beschränkten Vermögensverhältnissen lebte, nicht die Not und das Elend zu lindern sich bestrebt hatte. So gab er zum Besten der Abgebrannten Hamburgs und Niedereisenhausens, sowie bei der großen Teuerung im Jahre 1847 zum Besten der Armen Concerte. Auch ohne äußeren Denkstein, der sein Wirken so würdig ehrt, würde darum, wir sind überzeugt, sein Andenken unter Allen, die ihn kannten, namentlich unter seinen zahlreichen Schülern und denen, welche er so oft durch seine heiteren Klänge zur Fröhlichkeit bestimmt hat, nicht so bald erlöschen! Er war ein Biedermann im wahren Sinne des Wortes. Frieden seiner Asche!"

„Das Grabmal enthält in seinem Aufsatze in erhabener Meißelung die Embleme der Kunst des Meisters *Herz*, nämlich Geige, Bogen, Notenblatt, und als Sinnbild seiner vielen Ehren einen Lorbeerzweig. Die Rückseite des Denksteins trägt folgende Worte:

Herz, Dem Freunde Gottes
Und der Menschen, Ihm, der fast ein halbes Jahrhundert durch seine Leistungen in der Tonkunst die Menschenfreunde erfreute und die Notleidenden mit aufopfernder Liebe unterstützte.
Ihm, der dem Gotte seiner Väter zu Ehren durch seine herzerhebenden Compositionen den Synagogengebeten einen würdigen Ausdruck verliehen, widmen diesen Denkstein seine Freunde und Verehrer.

Geb. 1787, starb am 27. Januar 1851

1 Vorwort zu „Schir zion I", 1840
2 M. Henle, Der gottesdienstliche Gesang im Israelitischen Tempel zu Hamburg, Festschrift 1918, Hamburg.
3 J. Lebermann, Aus dem Kunstleben der hessischen Residenz am Anfang des vorigen Jahrhunderts, erschienen in Lehmanns jüdischer Volksbücherei, Band XXXVI.

Elias Grün
Ein unbekannter Aufzeichner süddeutscher „Chasanut" um 1830

Die Tatsache, daß die „Chasanim" in ihrer Mehrzahl bis weit ins 19. Jahrhundert hinein keine musikalische Ausbildung hatten, sondern sich die „Chasanut" nur durch bloßes Hören aneigneten, erklärt, daß die Aufzeichnungen der als „traditionell" bezeichneten süddeutschen Synagogengesänge bis zu dieser Zeit nicht zahlreich sind. Es wird immer das große Verdienst von *Eduard Birnbaum* bleiben, die wenigen erhalten gebliebenen Manuskripte des 18. und 19. Jahrhunderts aufgefunden und sie dadurch für die wissenschaftliche Forschung erhalten zu haben.

Durch die teilweise Veröffentlichung der Handschriften im „Hebräisch-Orientalischen Melodienschatz" von *A. Z. Idelsohn* ist es möglich geworden, dieses synagogale Melodiengut in bezug auf seine Herkunft, seinen musikalischen Aufbau, in bezug auf seine Melodik und Rhythmik zu untersuchen.

Wenn auch, wie schon gesagt, die Notierungen der „Chasanut" verhältnismäßig spät und vereinfacht erfolgten, so lebte der süddeutsche Synagogengesang desto stärker im Munde vieler Juden fort. *Idelsohn* schätzt die Zahl derjenigen, in denen diese „Chasanut" bis zum Jahre 1932 noch lebendig waren, auf etwa 100 000.

Bei seinen Forschungen nach bisher unbekannten Manuskripten des 19. Jahrhunderts stellte mir Herr Oberkantor *Lowenthal*, Darmstadt, dem auch an dieser Stelle herzlich gedankt sei, eine Handschrift mit „Chasanut" für die „Jomim nauroim" zur Verfügung, in der ich zum erstenmal auf den Namen *Grün* stieß. Es handelt sich bei diesem Manuskript um eine Abschrift aus Aufzeichnungen von *Grün*, von dem es 19 Nummern enthält.

Ein flüchtiger Vergleich mit den bisherigen Veröffentlichungen, insbesondere mit dem VII. Band des „Hebräisch-Orientalischen Melodienschatzes", ergab, dass es sich um süddeutsche „Chasanut" handelt, die sich im großen und ganzen wohl an die traditionelle Linie anschließen, aber doch eine eigene Note haben. Die Aufzeichnungen verrieten, dass *Grün* ein durchgebildeter Musiker war. Sein Name war mir bis dahin vollkommen unbekannt. Im Anhang des III. Bandes „Lebensbilder berühmter Kantoren" von *Aron Friedmann*, in der „Geschichte des Kantorats", fand ich dann, dass *Grün* von 1845 bis 1851 in Worms Kantor war. In der Reihe der Kantoren, die *S. Rothschild* in seinem Buch „Beamte der Wormser Jüdischen Gemeinde" behandelt, berichtet er auch über *Grün*. Die folgenden biographischen Mitteilungen über seine Wormser Tätigkeit verdanke ich dieser Veröffentlichung. Es war jedoch bisher nicht bekannt, dass *Grün* irgendwelche Aufzeichnungen gemacht hat.

Elias Grün stammt aus Bruchsal (Baden) und kam 1843 von Straßburg, wo er schon Kantor war, nach Worms. Meine Nachforschungen über ihn in Bruchsal waren erfolglos. Die letzten Mitglieder einer Familie *Grün* starben dort 1875. Unter den „Chasanim" der ersten Hälfte des 19. Jahrhunderts nimmt *Grün* schon deshalb eine besondere Stellung ein, weil er eine gründliche musikalische Ausbildung erhalten hat. Abgesehen von seinem Wirken in Worms fehlen die einfachsten biographischen Notizen über ihn. *Rothschild* kommt auf Grund seines Aktenstudiums zu der Vermutung, dass *Grün* wegen seiner Schreibweise und Schreibform eher ein Ausländer als ein Jude aus Deutschland gewesen sein mag. Er war ein guter Geiger und hat sich in der Wormser Musikgesellschaft und Liedertafel sowohl instrumental als auch gesanglich-solistisch betätigt. Welch ein ausgezeichneter Kantor er war, erhellt schon daraus, dass er 1851 seinen Vertrag kündigte, um einer Berufung nach New York Folge zu leisten. Er war ein „Chasan" mit Künstlerallüren und hatte oft Auseinandersetzungen mit dem Vorstand und dem zweiten Kantor. Hinzu kam, dass er ständig in Geldverlegenheit war, so dass ihm der Vorstand einmal einen Urlaub für Konzertreisen gab, damit er seine finanzielle Lage verbessern könnte. *Grüns* ausgezeichnete kantorale Leistungen wurden allseitig in der Gemeinde anerkannt. Über seine Tätigkeit in Amerika ist nichts bekannt geworden. Seine Aufzeichnungen bilden einen interessanten Beitrag zu den Notierungen der süddeutschen „Chasanut" um die Mitte des 19. Jahrhunderts.

(1937)

100 Jahre Haggada von Isaak Offenbach
Erinnernde Gedanken aus dem Jahre 1938

Es ist eine wenig bekannte Tatsache, dass drei jüdische Musiker des 19. Jahrhunderts Söhne von Kantoren waren: *Halévi*, *Offenbach* und *Goldmark*. Väter berühmter Söhne werden oft auch dann nicht gerecht beurteilt, wenn sie selbst beachtenswerte Leistungen aufzuweisen haben. Zu diesen Vätern gehört der von 1803 bis 1850 in Köln als Kantor wirkende *Isaak Offenbach*, mit seinem früheren Namen *Isaak Juda Eberst*. Sein Sohn *Jacques*, der gefeierte Operettenkomponist, hat den Namen *Offenbach* in der Musikgeschichte zu einem klang- und glanzvollen gemacht.

Vor mir liegt eine „Haggada", die der Vater *Offenbach* 1838, genau vor hundert Jahren, herausgab. Aus der Fülle der im 19. Jahrhundert erschienenen „Haggadot" hebt sich diese durch die Musikbeilagen heraus. Auf dem hübschen Titelblatt, einer Lithographie des Zeichners *D. Levy Elkan*, lesen wir, dass es sich bei diesen Noten um alte, durch Traditionen auf uns gekommene und um einige neu komponierte Melodien handelt.

Während die Biographie von *Jacques Offenbach* in jeder Musikgeschichte nachgelesen werden kann, ist das Leben und Wirken des Vaters, das hier kurz skizziert werden soll, weniger bekannt. Im Jahre 1780 wurde *Isaak Juda Eberst* in Offenbach am Main geboren. Einem religiösen Hause entstammend, wurde er frühzeitig in „Tenach" und „Talmud" eingeführt. Schon in jugendlichem Alter erwarb er sich ein großes jüdisches Wissen; daneben wurde die deutsche Bildung nicht vernachlässigt. Mit 15 Jahren kam der junge *Eberst* zu einem Buchbinder in die Lehre, und um diese Zeit regte sich auch schon sein musikalisches Talent. Der Lehrmeister besaß eine Geige, auf der sich der Lehrling in seinen Mußestunden versuchte und es durch Selbstunterricht bald zu einer schönen Fertigkeit brachte. Inzwischen hatte sich bei *Eberst* auch eine schöne Tenorstimme entwickelt. Kurze Zeit war er als Buchbinder selbständig, gleichzeitig gab er Violinunterricht. Dann ging er als Kantor und Musiker auf die Wanderschaft. Darüber gibt uns ein Pass Auskunft, der unter dem 30. Oktober 1799 von dem „Fürstlich-Ysenburgischen Oberamt in Offenbach" für *Eberst* ausgestellt wurde: *„Demnach Fürzeiger dieses die hiesige Judenpers. Isaak Juda Eberst, 19 Jahre alt, mittler schmaler Statur, ein braunes [?, unleserlich], grau biberner Ueberrock mit überzogenen Knöpfen tragend, um in den Synagogen zu musiciren und von hier nach Carlsruhe und weiters zu reisen willens ist; als werden alle und jede Hohe und Niedere Civil- und Militair-Bedienten hierdurch geziemend ersuchet, gedachten Isaak Juda Eberst aller Orten sicher und ungehindert paß- und repassiren zu lassen."*

Im Jahre 1800 finden wir *Eberst* schon in dem Berufe, in den es ihn drängt, er wirkt als Kantor in Deutz bei Köln. Die große Kölner Gemeinde wird bald auf den stimmbegabten *Eberst* aufmerksam und beruft ihn 1803 als Kantor. Auf Grund seines umfangreichen hebräischen und talmudischen Wissens wird er später gleichzeitig der Prediger und Rabbiner der Gemeinde. Durch seine vielseitigen Fähigkeiten und sein liebenswürdiges persönliches Wesen gewinnt er im Laufe der Jahre die Liebe und Verehrung der Gemeindemitglieder. Sein Haus, in dem acht Töchter und zwei Söhne heranwachsen, wird ein gesellschaftlicher und künstlerischer Mittelpunkt. In Köln wirkt *Eberst* bis an sein Ende am 26. April 1850; den ersten Aufstieg seines Sohnes *Jacques* hat er noch erlebt. Da *Eberst* aus Offenbach stammte, wird er, wie es damals üblich war, als der „Offenbacher" bezeichnet. Deshalb vertauschte er seinen Namen *Eberst* mit *Offenbach*.

Isaak Offenbach hat eine große Zahl von Synagogenkompositionen geschrieben, die an traditionelle Gesänge anknüpfen oder sich in den Bahnen der *Haydn*-Nachfolge bewegen. Es sind ansprechende Gesänge, wie sie die „Chasanim" am Ende des 18. und zu Anfang des 19. Jahrhunderts vortrugen. Die Handschriften dieser Kompositionen sind im Besitze des „Jewish Institute of Religion" in New York. Sie sind bis heute Manuskript geblieben. Gedruckt liegen nur die Gesänge für den „Seder"-Abend vor, die *Offenbach* 1838 in seiner „Haggada" veröffentlichte. Diese „Seder"-Melodien wurden in späteren „Haggada"-Ausgaben oft nachgedruckt und fanden weite Verbreitung.

Die Musikbeilagen beginnen mit einer von *Offenbach* komponierten Melodie zu „Haudu". Diese Weise, für ein Männerquartett gesetzt, wurde nicht bekannt. Wir finden sie um 1854 in veränderter Form in einer kantoralen Zeitschrift. Neben dem hebräischen Text sind hier, wie bei fast allen mitgeteilten Melodien, auch deutsche Worte unterlegt. Die folgende Melodie zu „Addir bimlucho" zeigt in Form und Rhythmik einen typisch slawischen Charakter. Offenbach bezeichnet diese Weise als „alt". Wahrscheinlich hat er sie von einem der vielen um jene Zeit in Deutschland umherziehenden „Chasanim" aus Osteuropa gehört. Einen ähnlichen Stil zeigt Nr. 5 „Echod mi jaudea". Wir können uns denken, dass die „Seder"-Feier in dem kinderreichen Hause *Offenbachs* eine besondere gesangliche Ausgestaltung erfahren hat. So sang man auch sicher das vierstimmige „Chassal siddur pessach", wieder in einer deutschen, poetischen Übersetzung. Die erste Strophe sei hier mitgeteilt:

„Die Festgebräuche sind vollbracht,
lass' Himmel nun in dieser Nacht
den Wunsch bis zu dir dringen.
Beglück des frommen Jakobs Stamm,
lass' ihn das Pessach-Opferlamm
in Zion bald dir bringen."

Unter Nr. 4 gibt Offenbach die traditionelle, allgemein bekannte „Haudu"-Melodie für „Pessach" wieder, die bis auf unsere Tage gesungen wird. Am bekanntesten von den Offenbachschen „Seder"-Kompositionen wurde die von ihm ins Deutsche übertragene Geschichte „Vom Lämmchen". Auch heute noch verfehlt diese Melodie, zu der *Offenbach* eine Klavierbegleitung schrieb, ihre Wirkung nicht. *Leon Kornitzer* veröffentlichte die Komposition original 1933 in dem im Verlag des „Israelitischen Familienblattes" erschienenen Buch „Jüdische Klänge". *Arno Nadel* hat in seinen „Jontefliedern" den Schluss der deutschen Übersetzung, zu dem *Offenbach* keine Musik schrieb, nach Motiven einer süddeutschen „Chad-gadjo"-Weise vertont.

(1938)

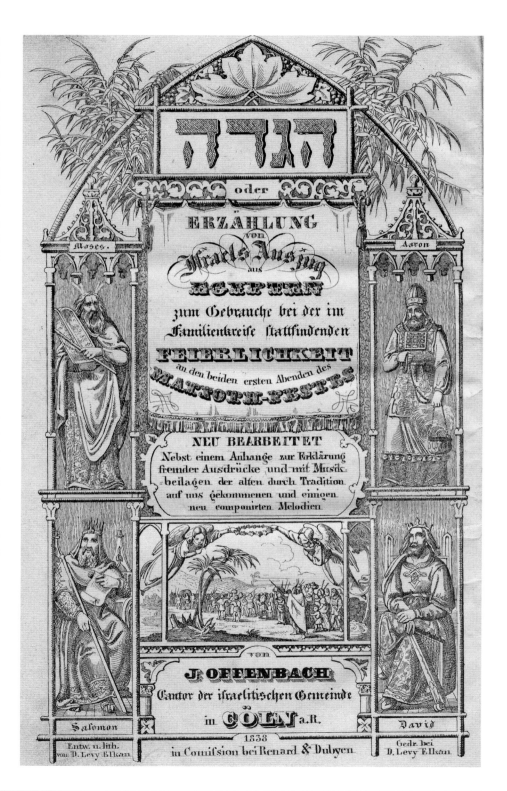

Ignaz Brüll (1846-1907)
Zur Frage der „Jüdischen Musik"

Wenn wir die jüdischen Komponisten des 19. Jahrhunderts aufzählen, so nennen wir in dieser Reihe neben *Meyerbeer, Halevy, Mendelssohn-Bartholdy, Offenbach, Goldmark* auch *Ignaz Brüll*, dessen Todestag sich am 17. September 1937 zum 30. Male jährt.

Die Frage des Nationalen in der Musik ist in diesen vergangenen drei Jahrzehnten von den Musikwissenschaftlern eingehend untersucht und stark diskutiert worden. Ein bekannter Musikforscher hat schon 1913 neben dem Problem des „Nationalen in der Musik" die Frage einer musikalischen Heimatkunst aufgeworfen, indem er die Grundzüge einer kleinen musikalischen Rassenkunde aufstellte und dabei versuchte, feinste Unterschiede zu kennzeichnen.

Innerhalb dieser Diskussion und durch die jüdische Renaissancebewegung ist auch die Frage einer jüdischen Musik wieder in den Vordergrund getreten, nachdem Professor *A. Z. Idelsohn* durch seine Forschungen dafür erst eine wissenschaftliche Grundlage geschaffen hat. Es dürfte jedoch gerade heute interessieren, dass *Bogomil Zepler* einmal in der Frage einer „jüdischen Musik" bei *Brüll* interpelliert hat und ihn veranlasste, Stellung dazu zu nehmen. *Zepler* war zu dieser Anfrage schon deshalb berechtigt, weil *Brüll* nicht nur Texte aus dem „Hohen Liede" vertonte, sondern auch drei Gedichte von *Jehuda Halevy* in Musik setzte.

Innerhalb eines Briefwechsels mit *Zepler* schrieb *Brüll* ihm vor seinem Tode: „Ich kenne eigentlich keinen jüdischen Musikstil. Was man in den Synagogen hört, ist zum weitaus größten Teil von den Kantoren der betreffenden Tempel komponiert, arrangiert und durchaus europäisch. Der Sprech-Gesang des Vorbeters ist – mit wenigen Ausnahmen – nicht melodische Musik, sondern Rezitation. Ein orientalischer Musikstil ist nur bekannt aus der „Wüste" von *Felicien David*, aus einem Werk über orientalische Musik, das ich einst in der Wiener Hofbibliothek sah. *Goldmarks* „Königin von Saba" und „Sakuntala-Ouvertüre" finde ich ebenfalls orientalisch, aber – jüdisch? Die jüdischen Komponisten komponierten und komponieren nicht anders als christliche; ihr Stil ist teils persönlich, teils deutsch (wie bei *Mendelssohn*) oder französisch, italienisch (wie bei *Meyerbeer*), je nach ihrem musikalischen Bildungsgang. Darum, scheint mir, hat das Betonen der jüdischen Nationalität in der Musik nicht die Berechtigung, die z. B. russische Musik hat."

Diese Stellungnahme *Brülls* beweist, dass er ein aufmerksamer Zuhörer in der Synagoge war und dass er das dort Gehörte trefflich zu beurteilen verstand. Wenn *Brüll* sich über den jüdischen Musikstil äußern sollte, so konnte er sich nur ein Urteil nach den in den Synagogen vorgetragenen Gesängen bilden. Und unter Synagogenmusik verstand man in Wien zu seiner Zeit die Gesänge *Sulzers*, die durchaus im europäischen Stil geschrieben und bearbeitet waren. *Sulzer* hat zwar nach seiner eigenen Angabe „die altehrwürdigen Weisen (gemeint sind die jüdisch-traditionellen Gesänge) vielfach als Grundlage seiner Kompositionen verwandt", aber die in den beiden Bänden „Schir Zion" veröffentlichten Neukompositionen, die zum Teil von bekannten christlichen Wiener Musikern stammen, sind eben, wie *Brüll* richtig sagt, „durchaus europäisch". Zu den damaligen Hörenswürdigkeiten in Wien, wenn man diesen Ausdruck einmal gebrauchen darf, gehörte für jeden musikalisch Interessierten ein Besuch im Tempel in der Seitenstettengasse, wo *Sulzer* amtierte. Die begeisterten Schilderungen von *Liszt* und *Lenau* über die großartige und hinreißende Wirkung der *Sulzerschen* Gottesdienste ist bekannt. So hat auch *Brüll* vermutlich Eindrücke über jüdische Musik aus seinen Besuchen im Tempel in der Seitenstettengasse empfangen. Er erzählt gelegentlich einmal von einem Besuch im türkischen Tempel in Wien.

Brüll anerkennt wohl einen „orientalischen Musikstil", der jedoch in einem krassen Gegensatz zu der Musik stand, die man in seiner Zeit als „jüdisch" bezeichnete. Erst den Forschungen *A. Z. Idelsohns* war es vorbehalten, die Zusammenhänge zwischen orientalischer und jüdischer Musik, von denen *Brüll* nichts ahnen konnte, aufzuzeigen. Das, was *Brüll* als „jüdische Musik" hörte, war vollkommen europäisiert, die überlieferten Weisen waren von der Melodik Europas überwuchert und durch die klassischharmonische Bearbeitung ganz des ursprünglichen Charakters entkleidet.

Es verlohnt sich, einmal ganz kurz der Bemerkung *Brülls*, dass ihm ein orientalischer Musikstil aus der „Wüste" *Davids* bekannt ist, nachzugehen. *Félicien David*, 1810-1876, ist einer der großen französischen Komponisten und nimmt unter den Programmmusikern eine bedeutsame Stellung ein. Er wird der „Vater der exotischen Musik" genannt, wobei hier jedoch in erster Linie an orientalische Musik gedacht werden muss. *David* sammelte während seiner Missionartätigkeit für eine aus Frankreich vertriebene Sekte, die „Saint-Simonisten", in verschiedenen Ländern des Orients Volksgesänge, die er 1835 veröffentlichte. Seine Ode-Sinfonie „Le désert" (Die Wüste) ließ die musikalische Welt durch die Verarbeitung orientalischer Motive aufhorchen und hatte bei der Uraufführung in einem Konzert des Pariser „Conservatoire" 1844 einen großen Erfolg. So war auch *Brüll* dafür interessiert, als „jüdisch" konnte er diese Musik selbstverständlich nicht empfinden.

Die Ausführungen *Brülls* berühren auch ein anderes aktuelles Thema der „jüdischen Musik". Aus welchen Quellen schöpft der jüdische Komponist? Welche Komponenten sind es, die das Schaffen des jüdischen Komponisten im wesentlichen beeinflussen und ihm den ihm eigenen Stempel aufdrücken? *Brülls* Antwort, dass ihr Stil teils persönlich, also abstammungsgemäß, teils durch den musikalischen Bildungsgang bedingt, also milieugebunden ist, spiegelt sich in seinen Werken wider. Hervorgegangen aus der Wiener Schule, ist seiner Musik jene unbeschwerte, leicht dem Ohre zugängliche, einschmeichelnde Wiener Art eigen, die den großen Erfolg der Oper „Das goldene Kreuz" verursachte. *Brülls* Stil ist sicherlich ein persönlicher. Die Musik seines erfolgreichsten Bühnenwerkes schließt sich jedoch „ziemlich eng an die überlieferten Formen der romantisch komischen Oper des neunzehnten Jahrhunderts" an.

Von unserer heutigen Vorstellung der jüdischen Musik ausgehend, lässt sich *Brülls* Schaffen nicht beurteilen, und so sagte er auch damals mit Recht, es scheine ihm, dass die Betonung der „jüdischen Nationalität" in der Musik nicht die Berechtigung habe, mit der man z. B. von einer „russischen Musik" spreche. Innerhalb der allgemeinen Musikgeschichte nehmen die russische, die deutsche, die italienische und die französische Musik einen fest umrissenen Platz ein. Was unter jüdischer Musik zu verstehen ist, ist auch heute noch sehr umstritten; jedenfalls ist das Gesamtbild dessen, was als jüdische Musik angesprochen wird, sehr uneinheitlich. Um das zu illustrieren, sollen nur die Namen *Hugo Adler, Ernest Bloch, Joel Engel, Darius Milhaud, Arno Nadel, Salomon Rosowsky, Heinrich Schalit, Ernst Toch, Jaromir Weinberger* und *Alexander Weprik* genannt werden.

Brüll hat nur wenige Texte jüdischer Dichter in Musik gesetzt. Das Textbuch zum „Goldenen Kreuz" schrieb *H. S. Mosenthal*, der auch Libretti für *Goldmark* und *Rubinstein* arbeitete. Die Vertonungen der Gedichte von *Jehuda Halevy* verraten keine spezielle Beziehung zum Inhalt. Sie sind ebenso empfunden wie viele andere Gesänge von *Brüll* und nehmen innerhalb des großen Liederschatzes keine Sonderstellung ein.

Der musikalisch Interessierte kennt *Brüll* im allgemeinen nur als den Komponisten des „Goldenen Kreuzes". Das ist verständlich, wenn man daran erinnert, dass die Oper an etwa 200 Bühnen der Welt zur Aufführung kam. Vor diesem großen Erfolg ist das andere kompositorische Schaffen zurückgetreten. *Brüll* war in seiner Zeit ein oft aufgeführter Komponist, und manches von dem, was er in seinem umfangreichen Werk, das bis Opus 102 reicht, schuf, ist wohl wert, wieder lebendig zu werden.

Aus der Reihe seiner Opern, die jedoch bei weitem nicht den Erfolg des „Goldenen Kreuzes" wiederholen konnten, verdienen „Gringoire", München 1892, und „Schach dem König", München 1893, genannt zu werden. Das letztere Werk bezeichnete *Hermann Levy* als *Brülls* beste und reifste Arbeit. Sein Schaffen umfasst bald alle Formen des musikalischen Ausdrucks. Das erklärt sich auch aus seiner Tätigkeit als Pianist und Kammermusiker. Wenn man das Verzeichnis der im Druck erschienenen Werke durchsieht, so stößt man auf die Symphonie in e-moll, weiter neben Orchesterserenaden und Konzertouvertüren auf zwei Klavierkonzerte, ein Violinkonzert, Klavierwerke und zahlreiche Kammermusik. Hinzu kommen noch etwa 70 Lieder.

Brüll gehört nicht zu den Musikern, deren Werke uns bis ins Innerste aufwühlen. Er spricht zu uns in den liebenswürdigen Formen der Nachromantik, melodiös, gefühlvoll, träumerisch. So versetzt er uns in eine Welt, die weit abseits liegt vom Hasten und Jagen unserer Tage.

(1937)

Niggunim
Eine Plauderei über jüdische Melodien

So wie der einzelne Jude sich heute noch seinen „Schulchan Aruch" selber macht, so hatte er früher seinen eigenen „Niggen". Noch vor ungefähr 50 Jahren gab es viele Juden, die das Amt des Vorbeters, jeder nach seiner Weise, ausüben konnten, wenn der „Chasan" einmal verhindert war. Man setzte seinen besonderen Stolz darein, einen neuen, schönen „Niggen", z. B. „Lecho dodi", vorzutragen. Unsere erwachsene Generation hat den „Niggen" vergessen.

Dagegen ist das Wort „Niggun" für die Jugend wieder zu einem lebendigen, inhaltsvollen Begriff geworden. Wenn sie „Niggunim" singt, dann eröffnet sich ihr eine Welt der Fröhlichkeit, ihr Herz erhebt sich, ihre Begeisterung für alles Edle flammt auf.

Die Bedeutung des Wortes „Niggun" hat sich im Laufe der Jahrhunderte mehrmals gewandelt. „Niggun" heißt Lied, Gesang, Melodie. In diesem Sinne finden wir den „Niggun" z. B. im Gebetbuch für die Feiertage, im „Machsor". So lesen wir am „Rosch Haschana"-Morgen über einem Gebet: „Hechasan beniggun". Das bedeutet, der Vorbeter soll dieses Stück nach einem bestimmten „Niggun" vortragen. Wir kennen zu einer großen Anzahl von Gebeten traditionelle Weisen, die sich durch mehrere Jahrhunderte erhalten haben. Diese „Niggunim" sind verschiedentlich mittelalterlichen Volksweisen oder Kirchenliedern entnommen und teils mehr, teils weniger verändert auf unsere Tage überkommen. Die Melodien sind, je nach dem Inhalt des Textes, schwermütig oder fröhlich. So spiegelt sich in vielen von ihnen die Freude wider, mit der der Jude im Gebet vor seinem Gott steht. Die Weisen zu den Dichtungen des Mittelalters, in denen die Verfasser von den jüdischen Märtyrern erzählen, lassen schwermütige Klagen und herzzerreißende Klänge ertönen. Der Jahres-„Kaddisch" an „Simchat Tora" lässt noch einmal die bekanntesten „Niggunim" des jüdischen Festjahres von „Pessach" bis „Purim" an dem Beter vorüberziehen.

Durch die in der Mitte des 18. Jahrhunderts aufkommende Bewegung des „Chassidismus", jener mystischen Geistesrichtung, die u. a. die Durchdringung des gesamten menschlichen Tuns mit religiöser Inbrunst erstrebte, bekam das Wort „Niggun" einen neuen Inhalt. Der „Niggun", das Lied, wurde der Mittler zwischen dem „Chassid" und seinem Gott. In den Gesang konnte er all seine Begeisterung, sein freudiges Aufgehen in Gott hineinlegen. Man sang Melodien mit und ohne Text. Ebenso hingegeben, wie die „Chassidim" bei der dritten Mahlzeit, am Schabbatnachmittag, dem Vortrag des „Zaddik" lauschten, so horchten sie auf die „Niggunim", die er oder seine Sänger vortrugen. Einzelne „Zaddikim" verfassten beim Gebet aus der augenblicklichen Eingebung heraus selbst Melodien. Viele „Niggunim" sind dem osteuropäischen Volksgesang entnommen. Durch Bildung bestimmter Motivgruppen, durch Häufung von Synkopen und langes Anhalten eines Tones erhielten diese „Niggunim" ein eigenes, spezifisch jüdisches Gepräge.

Aus der großen Zahl der chassidischen „Niggunim" hat Professor *A. Z. Idelsohn* einer Melodie einen hebräischen Text unterlegt, und durch seine Bearbeitung ist diese Weise in der ganzen jüdischen Welt bekannt geworden. Es ist der vielgesungene Niggun: „Hava nagila!" Wie die Gedanken, so durchwandern auch die Melodien das Weltall. Mit den Juden sind Volksweisen durch Länder und Erdteile gewandert seit vielen Generationen. Das synagogale Melodiengut und das weltliche hebräische Lied haben u. a. orientalische, spanische, deutsche, tschechische, rumänische, russische Weisen in sich aufgenommen. Trotzdem zeigen viele dieser Melodien einen eigenen Stil, der als jüdisch angesprochen wird. Zu diesen „Niggunim" gehört auch „Hava nagila!"

Während wir im allgemeinen über die Herkunft einer Volksmelodie nichts oder wenig wissen, ist der Weg, den dieser „Niggun" gewandert ist, teilweise bekannt. Im Jahre 1840 nahm der berühmte Wunderrabbi *Israel der Ruschiner* seinen Wohnsitz in Sadagora in der Bukowina. Er führte, umgeben von der großen Zahl seiner Anhänger, in seinem Palast eine fürstliche Hofhaltung, und predigte statt der Askese den Genuss und die Freude des Lebens. Deshalb spielten religiöser Gesang und Tanz an seinem Hofe eine große Rolle. Hier wurde auch u. a. der „Niggun" gesungen, dem *Idelsohn* später den Text „Hava nagila!" unterlegte. *Idelsohn* berichtet, dass diese Weise den Weg nach Jerusalem fand, dem Treffpunkt der frommen Juden aus aller Welt. Dort hörte er sie und schrieb sie 1915 auf. 1918 suchte er für ein Volkskonzert eine ansprechende Melodie. Da fiel ihm der rhythmische „Niggun" aus

Sadagora ein. Er schrieb einen kurzen hebräischen Text dazu und bearbeitete den „Niggun" für Chor. Das Publikum war im Konzert von dem Lied begeistert, und schon am andern Tage ertönte der „Niggun" in den Straßen Jerusalems. Bald sang man ihn in allen Teilen von „Erez Israel". Später wurde er bei den Juden vieler Länder bekannt. „Hava nagila!" wurde so eine populäre jüdische Melodie.

Aus Osteuropa sind noch viele andere chassidische „Niggunim" nach „Erez Israel" gewandert. Der mystischen Welt des „Chassidismus" entstammend, sind sie in Palästina mitten hineingestellt in das jüdische Leben. Die Jugend von „Erez Israel" hat sich dieser Melodien bemächtigt. Sie hat sie umgeformt und mit neuem Leben erfüllt. Wenn die „Chawerim" und „Chawerot" sich nach der Arbeit eine Stunde der Ausspannung und der Besinnung gönnen, dann erwacht in ihnen der Wunsch zu singen. Unbewusst drängt sich ihnen ein „Niggun" auf ihre Lippen, ein „Niggun", den man einmal irgendwo gehört hat. Ein „Chawer" fängt an. Er summt ihn nur leise vor sich hin, ein zweites, ein drittes Mal, etwas lauter. Die „Chawerim" und „Chawerot" horchen auf, die Melodie ist voller Sehnsucht und doch voller Freude. Man fällt in den „Niggun" ein. Er wird nicht mehr gesummt, man singt ihn auf einer Silbe. Der Chor der Singenden wird immer größer, schwillt an, wird schneller, zeitweilig ebbt die Tonstärke wieder ab, die Melodie verlangsamt sich, um dann schneller und schneller zu werden. Händeklatschen begleitet den „Niggun". Einige „Chawerim" beginnen danach zu tanzen, es bildet sich ein Kreis, man tanzt den jüdischen Tanz, die „Hora". Man tanzt zuerst im Kreis, der Kreis öffnet sich zur Reihe, um nachher wieder im festumschlungenen Kreis das Tempo immer mehr und mehr zu steigern. Der „Niggun", hier in Verbindung mit der „Hora", ist das Symbol des mächtigen Lebensgefühls der palästinensischen und überhaupt der zionistischen Jugend.

Die melodische Linie der palästinensischen „Niggunim" ist sehr variabel. Neben monotonen, an orientalische Weisen anknüpfende, gibt es solche, die in der Führung der Melodie größere Tongruppen umschließen und sich teilweise in den Tonreihen der slawischen Völker bewegen.

Nicht nur die „Niggunim" in Dur, sondern auch viele in Moll sind lustig. Die meisten haben einen stark markierten, synkopischen Charakter, viele werden im einstimmigen Chor gesungen, andere zweistimmig oder mit einer unterlegten, immer dasselbe Motiv bringenden Begleitstimme. Man darf diese „Niggunim" als die Melodieform bezeichnen, in der die Eigenart der palästinensischen jüdischen Jugend einen ihr entsprechenden Ausdruck gefunden hat. So, wie sie „Erez Israel" aufbaut, voll Lebensmut und Kraft, so spiegelt sich in den von ihr gesungenen „Niggunim" ein starkes jüdisches Lebensgefühl wider, alle Regungen der Seele, aller energiegeladener Aufbauwille. Man muss hören, wie die Jugend „Niggunim" singt, dann ahnt man etwas von der bezwingenden, beglückenden Kraft, die von ihnen ausgeht.

Die Welt des „Niggun" kann nicht allein durch eine Betrachtung von der musikwissenschaftlichen Seite erfasst werden. Diese Melodien ohne Text und nur auf einzelnen Silben, wie „la-la-la", „bom-bom-bom" oder „pam-pam-pam" vorgetragen, lassen eine Tiefe des Ausdrucks zu, die beim Lied mit Text durch den Inhalt begrenzt wird. Der jüdische Mensch kann alle Empfindungen seiner Seele in den „Niggun" hineinlegen, sein Bekenntnis zu Gott, sein Verhältnis zu den Menschen und zum Leben, zur Natur und zur Welt überhaupt. Im „Niggun" kann er all dem Ausdruck verleihen, was Worte nicht zu sagen vermögen. Ähnliches sagt auch *Jizchok Leib Perez* einmal in einer feinen Kennzeichnung des „Niggun": „Die Töne allein machen noch keine Weise aus; sie sind nur der Leib der Weise. Die Weise muss aber auch noch eine Seele haben. Und die Seele einer Weise ist das Gefühl des Menschen, alles, was ein Mensch fühlt, kann er in die Weise hineinlegen, und die Weise lebt!"

(1938)

Das hebräische Lied im Musikunterricht der jüdischen Schule

I. Die Stellung des hebräischen Liedes im Liedgut des Musikunterrichts

Über „Grundsätzliches zum neueren Gesangunterricht" schrieb *Eugen Jacobi-Köln* in Nr. 9 der „Jüdischen Schulzeitung" vom 1. 9. 1936. Vom hebräischen Lied stellt er fest, dass es auch in der Schule eine Pflegestätte neben dem an erster Stelle stehenden deutschen Lied und den synagogalen Gesängen finden muss.

In einem längeren Aufsatz „Singen in der Volksschule", erschienen in Nr. 35 des „Israelitischen Familienblattes" vom 27. 8. 1936, hat der bekannte, aus dem Lehrerstand hervorgegangene Komponist *Hugo Adler*, Mannheim, den Ruf nach einer intensiven Pflege des hebräischen Liedes erhoben. Er sagte u. a., dass die verschiedenen Bestrebungen des Gesangunterrichts nur in Verbindung mit dem hebräischen Gesangsziel möglich sind.

Hierzu habe ich in Nr. 45 des „Familienblattes" vom 5. 11. 1936 Stellung genommen und die Auffassung vertreten, dass sich die musikalische Bildung und Erziehung in Verbindung mit dem deutschen Liede leichter und erfolgreicher in unseren Schulen durchführen lasse, als nur allein am hebräischen Liede. Auch *Eugen Jacobi* begründet diese Ansicht, indem er darauf hinweist, dass das deutsche Lied in musikalischer, in inhaltlicher und sprachlicher Hinsicht einen Reichtum aufweist, wie kaum ein zweites Volkslied. Am Schlusse meiner Ausführungen habe ich für den Musikunterricht in der jüdischen Schule einen seiner Bedeutung entsprechenden Platz verlangt, innerhalb seines Gesamtzieles eine starke Pflege des hebräischen Liedes.

Schließlich sei hier noch aus den von der Reichsvertretung der Juden in Deutschland 1934 aufgestellten „Richtlinien zur Aufstellung von Lehrplänen für jüdische Volksschulen in Deutschland" der Absatz „Musik" mitgeteilt: „Auch der Musikunterricht ist möglichst mit dem jüdischen Unterricht in Verbindung zu bringen. Neben der Pflege des deutschen Liedes steht die des liturgischen Gesanges und des hebräischen Liedes, wobei namentlich auf eine Veredelung des häuslichen Gottesdienstes hingearbeitet werden kann."

Das hebräische Lied hat heute seinen ihm unbestreitbaren Platz im Lehrplan des Musikunterrichts erworben. Es ist aus der Schule, aus dem „Oneg Schabbath" und aus den Schulfeiern gar nicht mehr fortzudenken. Und wo heute die jüdische Schule ihre Verpflichtung in der Pflege des hebräischen Liedes noch nicht erkannt hat, da beraubt sie sich selbst einer ihrer schönsten und dankbarsten Aufgaben, deren Erfüllung für das gesamte Schulleben und auch darüber hinaus Freude und Erhebung bedeutet. Wenn die Schule hier versagt, so wird das hebräische Lied durch die Arbeit in den Bünden von außen in die Schule hineingetragen.

Bisher war nur vom deutschen und vom hebräischen Liede die Rede. Der Vollständigkeit halber muss auch das „jiddische Lied" oder, wie *Idelsohn* es bezeichnet, der Volksgesang der osteuropäischen Juden herangezogen werden. Das ostjüdische Volkslied nimmt innerhalb des jüdischen Liedgutes seiner Bedeutung und seiner Zahl nach die erste Stelle ein. Dieses Lied ist ein wirkliches Volkslied. In ihm spiegelt sich das gesamte Fühlen und Denken der jüdischen Massen in Osteuropa wider. Die Herausgeber des Liederbuches „Hawa Naschira!" haben auch dem jiddischen Lied einen Platz in ihrem Buch eingeräumt. Ich möchte es dahingestellt sein lassen, ob sich das Lied in der Praxis des Musikunterrichts der jüdischen Schulen in Deutschland durchsetzen wird. Nach meiner Auffassung kann in erster Linie nur d e r Lehrende dieses Lied richtig weitergeben, der mit ihm aufgewachsen ist.
Innerhalb dieser Ausführungen soll jedoch nur das hebräische Lied behandelt werden.

II. Hebräische Liedersammlungen

Die ersten am Ende des 19. Jahrhunderts in Deutschland erschienenen jüdischen Liederbücher enthalten fast ausschließlich nur Lieder mit deutschen Texten jüdischen Inhalts, meistens ohne Noten.

Während z. B. das im Auftrage der „Zionistischen Vereinigung für Deutschland" im Jahre 1894 von *Dr. Heinrich Loewe* herausgegebene „Liederbuch für jüdische Vereine" die „Hatikwah" noch nicht enthält, finden wir sie neben einer kleinen Zahl hebräischer Liedtexte in der 2. Auflage 1898 im Anhang. (Über die Entstehung der „Hatikwah" schrieb *Magnus Davidsohn* in Nr. 52 des „Israelitischen Familienblattes" vom 24. 12. 1936.)

Zur Reihe der jüdischen Liederbücher gehört auch das 1914 erschienene „Blau-Weiß-Liederbuch".

Auf die gute Zusammenstellung der Liedersammlungen in „Hawa Naschira", S. 241, sei besonders hingewiesen. Hervorgehoben seien die beiden Teile des „Sefer haschirim" von *Idelsohn*, 1912 und 1922 in Berlin erschienen. An erster Stelle steht jedoch die groß angelegte Sammlung *A. Z. Idelsohns* „Hebräisch-Orientalischer Melodienschatz". Hier kann nur kurz auf die große Zahl hebräischer Lieder hingewiesen werden, die im IX. Band (Der Volksgesang der osteuropäischen Juden) und im X. Band (Gesänge der Chassidim) wiedergegeben sind.

Jeder, der sich ernsthaft mit dem jüdischen Lied und überhaupt mit der Frage einer jüdischen Musik beschäftigt, kann an den tiefgründigen musikwissenschaftlichen Forschungen und Arbeiten *A. Z. Idelsohns*, die u. a. auch bei diesen Ausführungen benutzt wurden, nicht vorübergehen. Der „Hebräisch-Orientalischer Melodienschatz" von *A. Z. Idelsohn*, bisher 10 Bände, ist eine Fundgrube hebräischer Gesänge.
In dieser Arbeit kommt es in erster Linie darauf an, Liederbücher und Hilfsmittel für den hebräischen Gesang zu besprechen, die leicht erreichbar sind.

III. Liederbücher und Hilfsmittel

Die Verfasser von „Hawa Naschira", *Dr. Jos. Jacobsen und Erwin Jospe*, haben mit ihrem Liederbuch der jüdischen Schule ein Buch geschenkt, das als eine große musik-pädagogische Leistung bezeichnet werden muss. Es ist das erste in Deutschland erschienene moderne Liederbuch, das eigens für die jüdische Schule geschrieben wurde und das, bis auf kleine Schönheitsfehler, den vielseitigen Anforderungen standhält, die an ein solches Buch gestellt werden müssen.

Aus der Reihe der schon viel früher herausgegebenen Liederbücher für jüdische Schulen soll ein vergessenes Büchlein erwähnt werden. 1882 übergab *A. Treu* in Münster in Verbindung mit dem bekannten Musiker *M. Bisping* das „Liederbuch für israelitische Elementarschulen" der Öffentlichkeit. Wenn das Buch auch außer dem hebräisch aufgedruckten Titel „Anim semiraus" nur deutsche Lieder, zum Teil jüdischen Inhalts und nicht ein einziges hebräisches Lied enthält, so zeigte es doch schon vor über 50 Jahren den ernsten Willen, „dem fühlbaren Mangel in der israelitischen Elementarschule", wie es im Vorwort heißt, abzuhelfen. 1930 gab der Deutsche Makkabikreis das „Jüdische Liederbuch" in Anlehnung an das „Blau-Weiß-Liederbuch" heraus. Ein großer Teil der darin enthaltenen hebräischen Lieder ist Allgemeingut der jüdischen bündischen Jugend.

Weiteres Material, darunter „Semirot", veröffentlichte *Leon Kornitzer* 1933 in der Sammlung „Jüdische Klänge". Den Melodien ist in der Regel eine Klavierbegleitung beigegeben. Das Buch sollte in keiner jüdischen Schule fehlen. 1934 erschien „Sabbath-Lieder für Schule und Haus" von *Frank Rothschild* und *J. B. Levy*, nur „Semirot" enthaltend. Die vollständigen hebräischen Texte sind in einer Anlage beigegeben. Die Sammlung enthält auch drei- und vierstimmige Bearbeitungen der bekanten Sabbatgesänge. Auch hier ist, wie in den „Jüdischen Klängen", eine Klavierbegleitung hinzugefügt. Süddeutsche Semirot wechseln mit Singweisen, die jüdische Motive haben, ab. Eine wertvolle Ergänzung bilden die durch Rektor *Feilchenfeld*, Breslau, herausgegebenen „Hebräischen Liederbogen". Meines Wissens sind bisher vier Bogen erschienen. Der Preis von 10 Reichspfennig pro Bogen macht es allen Schulen, in denen ein Liederbuch der Kosten wegen nicht beschafft werden kann, möglich, diese zu erwerben. Die Bogen haben einen großen praktischen Vorzug dadurch, dass alle Strophen des Liedes so unter die Noten gedruckt sind, dass in bezug auf die Silbenverteilung in den einzelnen Strophen fast keine Schwierigkeiten entstehen können. (In den Liederbüchern ist in der Regel den Noten nur die 1. Strophe unterlegt. Die sich hieraus bei der ungleichen Zahl der Silben in den verschiedenen Strophen ergebenden Schwierigkeiten sind bekannt.) Der Liederbogen Nr. 2 enthält Kanons.

An dieser Stelle seien auch die vom *Keren Kajemet Lejissrael* herausgegebenen Postkarten mit hebräischen Liedern erwähnt. Es handelt sich fast durchweg um palästinensische Lieder, darunter moderne Kinderlieder. *Dr. Jakob Schönberg* legte 1935 die Sammlung „Schire Erez Jissrael" vor. Das Buch enthält nur hebräische Lieder und gibt einen Überblick über das alte und moderne palästinensische Lied. Wenn das Buch auch nicht für die Zwecke der jüdischen Schule zusammengestellt ist, so gehört es doch in die Hand jedes Musiklehrers an der jüdischen Schule. Es bringt neben weltlichen auch religiöse Lieder in großer Zahl und gibt bei intensiverem Studium Gelegenheit zur Einfühlung und Einführung in die Tonreihen und Motive, auf denen das hebräische Lied basiert.

Zum Schluss dieses Abschnittes sei noch einmal auf das eingangs kurz besprochene Liederbuch „Hawa Naschira!" eingegangen. „Hawa Naschira!" ist heute an vielen jüdischen Schulen Deutschlands eingeführt, es ist das jüdische Schulliederbuch. Aus dem zum Teil sehr zerstreuten und nicht immer leicht erreichbaren Stoffgebiet des hebräischen Liedes haben die Verfasser mit Sachkenntnis ausgewählt und in ihrem Werk viel Wertvolles geboten. Wenn hier und da gewisse hebräische Gesänge vermisst werden und geglaubt wird, dass auf dieses oder jenes veröffentlichte Lied verzichtet werden könnte, so darf dadurch der anerkannte Wert des Buches nicht herabgemindert werden. „Hawa Naschira!" hat sich in der Praxis des Musikunterrichtes durchaus bewährt.

IV. Einteilung des hebräischen Liedes

Nachstehend ist der Versuch unternommen, das hebräische Lied seinem Inhalt und seiner Form nach zu gruppieren. Hierbei lässt es sich nicht vermeiden, vereinzelt auch schon auf das Musikalische der Lieder einzugehen.

a) Die religiösen Lieder (Semirot)
   1. die Semirot (im engeren Sinne)
   2. die Psalmen
   3. die Gebete
b) Die weltlichen Lieder

Die religiösen Lieder (Gruppe a 1, 2, 3) werden „Semirot" genannt. Hier sind die Semirot unterteilt in 1. die Tischgesänge für Freitagabend und für den Sabbat (darunter sind nach *A. Z. Idelsohn* die hebräischen Dichtungen, teils aus dem Orient und aus dem frühen Mittelalter Deutschlands zu verstehen), 2. die Psalmen und 3. Gebettexte.

a) 1. Das Singen der Semirot war in Süddeutschland ein viel und gern gepflegter Brauch. Es ist auffallend, dass der allgemein verbreitete „Siddur sefath emeth" (Rödelheim) erst von der 155. Auflage an (Mai 1933) diese Texte in größerer Zahl in einem Anhang brachte.
Während die Semirot-Weisen des Ostens nur zum Teil eine Übernahme von Motiven u.a. aus dem polnischen, ukrainischen oder russischen Volksgesang zeigen, tritt bei den süddeutschen Melodien eine Verschmelzung mit dem deutschen Volkslied ein, die in einigen Fällen fast bis zur wenig veränderten Übernahme ganzer Lieder führt. Ein typisches Beispiel dafür bringt *A. Z. Idelsohn* im 7. Band des „Hebräisch-Orientalischen Melodienschatzes" „Zur mischelau ochalnu". Die Melodie des unter Nr. 314 notierten Liedes lehnt sich eng an das deutsche Kinderlied „Fuchs, du hast die Gans gestohlen" an.

Nicht alle überlieferten Semirot-Weisen sind nach meiner Auffassung wert, weitergegeben zu werden. Manchmal ist die Melodie keine Vertiefung des Textes. Zwischen ihr und den Worten klafft ein Gegensatz, oder die Silbenverteilung auf die Melodie verstößt so stark gegen die einfachsten Betonungsregeln der hebräischen Sprache, dass sich das Sprachgefühl dagegen auflehnen muss. (Siehe „Hawa Naschira!" S. 148 „Ma j'didut"). Innerhalb des Gesangunterrichts ist das Semirot-Singen ein wichtiger Bestandteil. Ein echter „Oneg Schabbath" ist ohne Semirot nicht denkbar.

2. Aus der Reihe der Psalmen haben nur wenige im Urtext eine Vertonung als schlichte Volksmelodie erfahren. Die meisten Vertonungen kennen wir vom Psalm 126 „Schir hamaalaus". Neben zwei allgemein bekannten süddeutschen Melodien im 7. Band des

„Hebräisch-Orientalischen Melodienschatzes" (Nr. 319 a und b) notiert *A. Z. Idelsohn* im 9. Band zwei Weisen des Ostens unter Nr. 288 und 324. „Hawa Naschira!" bringt S. 162 eine typisch chassidische Melodie. Teile des Psalms 137 sind gern gesungene Kanons. (Siehe „Schire Erez Jisrael" von *Dr. Jacob Schönberg*, Seite 137; „Hawa Naschira!" Von *Dr. Jos. Jacobsen* und *Erwin Jospe*, Seite 84, 85.)

Wenig bekannter Brauch ist es, auch den Psalm 23 als Tischlied zu singen. *A. Z. Idelsohn* bringt im 9. Band des „Hebräisch-Orientalischen Melodienschatzes" drei Beispiele, Nr. 287, 490, 507. Die Weise Nr. 490 stammt aus dem Posenschen. Dieser in deutscher Sprache ungezählte Male komponierte Psalm sollte auch wieder in der heiligen Sprache in jüdischen Häusern erklingen. Zum Abschluss erfolgte ein Hinweis auf das „Thallim-Sagen". Auch der Musikunterricht kann diese altjüdische Art des Wechselgesanges pflegen und weitergeben. Dadurch leistet er einen wertvollen Beitrag für den lebendigen hebräischen Gesang.

3. Dazu gehört auch das Singen der Gebettexte. Die Versuche zur Einführung eines geordneten einstimmigen Gemeindegesangs reichen bis in die erste Hälfte des 19. Jahrhunderts zurück. (*Goldberg*, Gesänge für Synagogen, Braunschweig 1843; *Liebling* und *Jacobsohn*, Israelitisches Schul- und Gemeinde-Gesangbuch, Altona 1880).
Erst kürzlich hat *Hermann Zivi* wieder zur Aktivierung der Gemeinde im Gottesdienst durch Pflege des einstimmigen Gemeindegesangs aufgerufen. Die Durchführung dieser mir sehr bedeutsam erscheinenden Aufgabe ist ein wichtiges Arbeitsgebiet im Musikunterricht. „Hawa Naschira!" und „Schire Erez Jisrael" bieten Material. Auch Teil I der „Jüdischen Klänge" (Der öffentliche Gottesdienst) ist hier heranzuziehen.

Der süddeutsche Synagogengesang weist eine Reihe wertvoller, schlichter Gesänge auf, die auch heute noch lebendig sind und durch ihre Innigkeit wirken. Eine populäre und weit über Deutschland hinaus verbreitete Melodie ist der 1843 in den „Braunschweiger Gesängen" veröffentlichte „En kelauhenu" von *Julius Freudenthal*. Die neueren jüdischen Liederbücher lassen, abgesehen von den Semirot, Beispiele guter süddeutscher „Chasanut", die sich für den Gemeindegesang eignen, fast durchweg fehlen. Es ist hier unmöglich, auf die große Zahl süddeutscher und ostjüdischer Gebetsweisen, die *A. Z. Idelsohn* u. a. im 7. und 8. Band des „Hebräisch-Orientalischen Melodienschatzes" gesammelt hat und die auch für den Gesangunterricht in Frage kommen, einzugehen. Erst das gesungene Gebet vermag unserm tiefsten Empfinden Ausdruck zu geben. Der Musikunterricht hat hier eine hohe, eine heilige Aufgabe.

b) Die weltlichen Lieder

Bei der Gruppierung dieser Lieder kann man sich an den in der Regel bei jedem Volkslied angewandten Grundsatz: Gliederung nach dem Inhalt, wie historische Lieder, Kinderlieder, Arbeitslieder, Naturlieder usw. halten. *A. Z. Idelsohn* hat den Volksgesang der osteuropäischen Juden im 9. Band des „Hebräisch-Orientalischen Melodienschatzes" abweichend von diesem Prinzip nach musikalischen Gesichtspunkten klassifiziert. (Darauf wird im nächsten Abschnitt zurückzukommen sein.) Der zu Band 9 angezeigte separate Textband, der noch nicht erschienen ist, wurde nach dem Inhalt geordnet.

Vor dieser schwierigen Aufgabe stand auch *Dr. Jacob Schönberg* bei der Herausgabe seines Liederbuches „Schire Erez Jisrael". Dem Buch ist nur ein alphabetisches Inhaltsverzeichnis beigegeben. *Dr. Schönberg* hat die Liedersammlung in sieben Gruppen eingeteilt. Da dieses Gruppen-Inhaltsverzeichnis fehlt, seien hier die Überschriften in deutscher Übersetzung wiedergegeben.
1. Teil Lieder der Begeisterung
2. Teil Arbeits- und Aufbaulieder
3. Teil Lieder der Landschaft und Heimat
4. Teil Freuden- und Festlieder
5. Teil Lyrische Lieder
6. Teil Kinder- und Wiegenlieder
7. Teil Melodien und Tänze

Dr. Schönberg ist der Gefahr aus dem Wege gegangen, in seinem der jüdischen Jugend gewidmeten Buch eine zu umfangreiche Klassifizierung vorzunehmen, die eher einer wissenschaftlichen Liedersammlung zukäme. Im 7. Abschnitt sind Melodien ohne Worte oder nur mit Silben, zum großen Teil chassidische Gesänge und Tanzweisen, wiedergegeben.

Auch „Hawa Naschira!" bringt davon eine gute Auswahl. Die Verfasser von „Hawa Naschira!" haben mit Geschick der ganzen Anlage ihres Schulliederbuches in Anlehnung an *Franz Rosenzweig* die Dreiteilung „Mensch, Natur, Gott" zugrundegelegt. Dadurch haben sie eine für ein Schulliederbuch vielleicht trockene Gruppierung vermieden. Im Musikunterricht der jüdischen Schule müssen bei der Aufstellung der Stoffverteilung wichtige Gruppen des hebräischen weltlichen Liedes zu ihrem Recht kommen.

V. Vom musikalischen Aufbau des hebräischen Liedes

Die Richtlinien für den Musikunterricht in den allgemeinen Volksschulen (Min.-Erl. V. 26. März 1927), die noch heute maßgebend sind, erheben in bezug auf die Musikerziehung die Forderung, die Kinder dadurch zum Musikverständnis zu führen, dass sie mit den musikalischen Elementen genügend vertraut gemacht werden. Hierzu gehören Einführung in die Tongeschlechter, Tonreihen, Intervalle, Rhythmen, Dynamik usw. In unseren Schulen wird man sicher bestrebt gewesen sein, diesen hohen Anforderungen nachzukommen.

„Hawa Naschira!" bringt im Anhang ‚Musikkunde' in den ersten fünf Abschnitten das notwendige Material, dessen systematische Durcharbeitung während der einzelnen Schuljahre, beginnend mit dem zweiten, erst die Grundlage für musikalische Bildung und für Musikverständnis ergibt. Die Kenntnis dieser musikalischen Grundelemente führt jedoch in erster Linie zum Verständnis des deutschen Volksliedes, zur Einführung in die Welt der klassischen deutschen Musik.

Wie aber bahnen wir den Weg zum Verständnis des musikalischen Aufbaus einer großen Anzahl von hebräischen und auch jiddischen Liedern, die nicht auf der uns im allgemeinen geläufigen Dur- und Mollgrundlage basieren? Hier erhebt sich, vor allem für denjenigen, der mit der Materie einigermaßen vertraut ist und der gleichzeitig in der Praxis des Musikunterrichtes steht, eine zweite Frage: Können wir in unseren Schulen überhaupt auf diese Probleme eingehen? Nach meiner Auffassung kann und muss über diese Fragen im Musikunterricht gesprochen werden. Rein musiktheoretische Erörterungen haben selbstverständlich in der Schule keinen Platz. Da das hebräische Lied den Kindern jedoch geläufig ist, besteht wohl die Möglichkeit, an praktischen Beispielen in seinen musikalischen Aufbau einzuführen. In erster Linie denke ich hier an die Behandlung der traditionellen Tonreihen, an die sogenannten „Steiger". Voraussetzung dieser Arbeit ist aber, dass sich der Lehrende erst einmal grundlegend mit dieser Materie befasst. Bei gutem Willen dürfte ihm das Eindringen in dieses Gebiet nicht schwer fallen. Ich glaube im Gegenteil, dass dieses Studium viel Anregung und Freude bieten wird.

Nachstehend will ich versuchen, dieses Stoffgebiet für den Unterrichtenden, nicht für den Schüler, in gedrängter Form zu skizzieren. Der traditionelle Synagogengesang, auch ein großer Teil unserer hebräischen Gesänge und des jiddischen Liedes, ist auf überlieferten Singweisen aufgebaut. Der Name dieser Tonreihen – Steiger – hat bisher eine wissenschaftlich haltbare Erklärung noch nicht gefunden. Oberkantor *Josef Singer*, Wien, hat in einer Broschüre 1886 dargelegt, dass der traditionelle Synagogengesang auf bestimmten, eigentümlichen Tonreihen beruht. Einen sehr instruktiven Aufsatz zu dieser Frage „Der Ritualgesang der Synagoge" schrieb *Moritz Deutsch*, Breslau 1890, in einem Nachwort zu seiner „Vorbeterschule". Auf die Broschüre von *Singer* stützt sich *Aron Friedmann* in einer Studie „Der synagogale Gesang", 2. Auflage 1908. Die von ihm hier bearbeiteten vier Steiger sind in „Hawa Naschira!", S. 229, im Anschluss an die Kirchentöne wiedergegeben. (Zum Verständnis des hebräischen Liedes gehört auch die Kenntnis der Kirchentonarten.) Im folgenden soll nur von drei Steigern, jedoch mit anderen Bezeichnungen, wie sie bei *Friedmann* gebraucht werden, die Rede sein.

1. **Mogen-Owaus-Steiger**
(auch Wajechullu-Steiger genannt)
Tonfolge, beginnend mit c: c-d-es-f-g-as-b-c-
Halbtöne zwischen 2 nach 3 und 5 nach 6
„Der Mogen-Owaus-Steiger hat eine Molltonleiter mit kleiner Septime." (*A. Z. Idelsohn*)

2. **Adaunoj-Moloch-Steiger**
(auch Rausch-haschonoh-Steiger genannt, da er am Rausch-haschonoh bei den Neginoth der Thoravorlesung angewandt wird)
Tonfolge, beginnend mit c: c-d-e-f-g-a-b-c (manchmal erweitert d-es).
Halbtöne zwischen 3 nach 4 und 6 nach 7.
Der Adaunoj-Moloch-Steiger stimmt mit der mixolydischen Tonart überein.

3. **Ahawo-Rabbo-Steiger**
(auch Jischtabach-Steiger genannt)
Tonfolge, beginnend mit e: e-f-gis-a-h-c-d-e
Halbtöne zwischen 1 nach 2, 3 nach 4, 5 nach 6, zwischen 2 nach 3 eine übermäßige Sekunde.
Der Ahawo-Rabbo-Steiger ist der phrygischen Kirchentonart ähnlich, hat jedoch eine erhöhte Terz.

Zu 1. Mogen-Owaus-Steiger
Die Wiederholung des „Wajechullu" im Freitagabendgebet wird in einem ganz bestimmten Gesangsstil rezitiert, eben im Mogen-Owaus-Steiger Auch der Halbkaddisch und vorher oft „Weschomru" vor der „Amida" stehen im Mogen-Owaus-Steiger Es ist ein alter Brauch, dass die Gemeinde „Wajechullu" laut vorträgt.

Zu 2. Adaunoj-Moloch-Steiger
Den Abschluss von „Kabbalath Schabbath" bildet der Psalm 93 „Adaunoj moloch". Die Tonreihe, nach der er vorgetragen wird, die auch diesem Steiger den Namen gab, ist allgemein verbreitet. Im Adaunoj-Moloch-Steiger werden die Psalmen des Sabbateingangs und der erste Teil des Sabbatmorgengebetes rezitiert.

Zu 3. Ahawo-Rabbo-Steiger
Von „Ahawo rabbo" an im Sabbatmorgengebet trägt der Vorbeter in dieser Tonreihe vor. Da der Ahawo-Rabbo-Steiger den osteuropäischen Synagogengesang in großem Ausmaße beherrscht, so ist es auch erklärlich, dass er in einer großen Anzahl jiddischen und viel gesungenen hebräischen Liedern zur Grundlage wurde. Nachstehend ist eine Reihe von Beispielen im Ahawo-Rabbo-Steiger aus „Hawa Naschira!" und „Schire Erez Jisrael" angeführt. Als besonders typisches Beispiel kann „Hawa Nagila", „Hawa Naschira!" Seite 59 bezeichnet werden. (Der Rahmen dieses Aufsatzes lässt es nicht zu auch auf Fragen einzugehen, inwieweit auch Mogen-Owaus-Steiger und Adaunoj-Moloch-Steiger das hebräische Lied beeinflusst haben. *A. Z. Idelsohn* sagt, dass z. B. die Melodik der „Hatikwah" der Mogenowausweise ähnlich ist. Im IX. Band des „Hebräisch-Orientalischen Melodienschatzes" bringt er in Nr. 29a „Kol mekaddesch schewii" das Beispiel einer Melodie im Adaunoj-Moloch-Steiger).

Beispiele im Ahawo - Rabbo - Steiger:

Aus „Hawa Naschira!"
Seite 19   Hine ma tow Nr. 2
Seite 22   Kruim anu (auch „Schire Erez Jisrael", Seite 66) nur 1. Teil
Seite 59   Hawa nagila
Seite 157 Wtaher libenu
Seite 159 Uwiom haschabbat (vergl. „Schire Erez Jisrael", Seite 134)
Seite 162 Schir hamaaloth
Seite 173 Jissmchu adirim
Seite 184 Awinu malkenu (auch „Schire Erez Jisrael", Seite 142)
Seite 189 Jaale kolenu (auch „Schire Erez Jisrael", Seite 118)

Aus „Schire Erez Jissrael":
Seite 10   Am jissrael chaj
Seite 21   Mataj jawo hammaschiach
Seite 109 Bou nsapper
Seite 137 (oben) Al naharoth bawel

Das Studium dieser Beispiele lässt leicht ihre Grundlage, den „Ahawo-Rabbo-Steiger", erkennen.

Wie kann der Schüler praktisch zur Kenntnis und zum Verständnis dieser Tonreihe geführt werden? Ausgangspunkt sind die Kirchentonarten. (Siehe „Hawa Naschira!", Seite 229) Nachdem der phrygische Kirchenton (e-f-g-a-h-c-d-e) durchgenommen wurde und zur Unterscheidung von Dur und Moll festgestellt ist, dass hier die Halbtöne zwischen 1 nach 2 und 5 nach 6 liegen, wird als typisches Merkmal des „Ahawo-Rabbo-Steiger" die erhöhte Terz, das gis, eingeführt. Die Tonreihe als solche mit dem 1½ Tonschritt ist den Kindern durch viele ihnen bekannte Lieder geläufig. (Vergleiche das Vorkommen des „Ahawo-Rabbo-Steiger" in den „Horoth" und „Niggunim" in „Hawa Naschira!", Seite 66 ff., ebenso „Schire Erez Jisrael", Seite 185 ff. Bekanntlich werden diese „Niggunim" auf bestimmten Silben gesungen.)

Die Richtlinien für den Musikunterricht vom 26. März 1927 fordern u. a. die Anregung der kindlichen Phantasie zu eigenem musikalischen Erfinden und Gestalten durch Erfindungsübungen. Liegt es da nicht nahe, das Kind, nachdem es mit dem „Ahawo-Rabbo-Steiger" vertraut ist, zu veranlassen, einmal selbst einen eigenen „Niggun" zu erfinden und zuerst vor sich herzusummen? (Siehe „Schire Erez Jisrael", Seite 145, Anmerkung zu „Bjom kajiz".) Unter Führung musikalischer Kinder kann dann die Klasse mitarbeiten, um einen eigenen „Niggun" zu schaffen. (Vergleiche *Jöde*, Musik und Erziehung, Seite 90 ff.)

Ich glaube nunmehr gezeigt zu haben, dass die Beschäftigung mit dem „Ahawo-Rabbo-Steiger" im Musikunterricht kein Theorem ist, sondern hineinführt in die lebensvolle Gestaltung der Arbeit am hebräischen Lied. Die Gesichtspunkte, nach denen man im allgemeinen die musikalischen Grundlagen eines Volksliedes untersucht, lassen sich auch auf das hebräische Lied übertragen. Es ist in melodischer und rhythmischer Beziehung mannigfaltig. In bezug auf das Verhältnis der Tongeschlechter ist die Tatsache bemerkenswert, dass die weitaus größte Zahl der Melodien in Moll steht. „Die Auffassung von Dur als heiter und Moll als düster ist nur den germanischen Stämmen eigen, eine Auffassung, die die Semiten, Lateiner und Slawen nicht teilen." (*A. Z. Idelsohn*)

Der periodische Aufbau des hebräischen Liedes hat gewisse ihm eigentümliche Formen, unter die z. B. beim chassidischen Gesang ein einen Takt dauernder Ton fällt. (Siehe „Hawa Naschira!", Seite 82 „Jissmach mosche", 9.Takt, ferner „Hawa Naschira!", Seite 158 „Jissmchu bmalehutcha", 10.Takt.) Der chassidische Gesang ist reich an Synkopen. (Siehe „Hawa Naschira!", Seite 59).

Der Begriff „Jüdisches Volkslied" wurde bisher bewusst vermieden. (Darüber siehe *Dr. Peter Gradenwitz* „Musik des Ghetto", 80. Jahrgang, Heft 6, Monatsschrift für Geschichte und Wissenschaft des Judentums, Seite 462.) Denn die Mannigfaltigkeit der Melodik des hebräischen Liedes kann nicht immer ursprünglich als „jüdisch" bezeichnet werden. Die Assimilationsfähigkeit der Juden ist auch in musikalischer Hinsicht sehr stark. Die Juden haben im Laufe ihrer fast 2000-jährigen Wanderung durch viele Länder Elemente der verschiedensten Musikkulturen in sich aufgenommen und, allerdings nach eigener Weise, verarbeitet. Hier sei über den Einfluss fremder Nationalmusik grundsätzlich wiedergegeben, was *A. Z. Idelsohn* zu einer Reihe im 9. Band des „Hebräisch-Orientalischen Melodienschatzes" notierten und als „palästinensisch" bezeichneten Weisen sagt: „Manche sind russische Melodien, zu welchen hebräische Texte gesetzt sind. Andere sind arabische Melodien, wieder andere polnischen oder ukrainischen Ursprungs. Der Rest ist eine Verschmelzung von arabischen, slawischen, jemenitischen und jiddischen Tonelementen." Der Einfluss des deutschen Volksliedes auf die süddeutschen Semirot ist schon gekennzeichnet worden.

VI. Methodische Hinweise

Eine wesentliche Voraussetzung jedes schönen Singens ist die sorgfältige Aussprache. Das hebräische Lied verlangt eine besondere Beachtung dieser Forderung. Der hebräische Text eines Liedes muss rein sprachlich und inhaltlich beherrscht werden. Hier müssen, insbesondere an den ausgebauten Schulsystemen, der Musiklehrer und der Lehrer für Hebräisch Hand in Hand arbeiten. Nur bei wirklicher Einfühlung in den Text kann das Lied ausdrucksvoll gestaltet werden.

Die schon behandelten Erfindungsübungen seien an dieser Stelle noch einmal erwähnt, ebenso wird auf die Einführung in die musikalischen Elemente nochmals hingewiesen. Die Aufstellung des Stoffplanes für den Gesangunterricht richtet sich u. a. neben der Schwierigkeit der

GEBETBUCH (SIDDUR) *der Jüdischen Gemeinde Bochum, 1935, mit Widmung von Rabbiner David für Lore Blumenthal*

Lieder nach dem jüdischen Festjahr und damit zusammenhängend nach dem jahreszeitlichen Ablauf.

Die Stoffauswahl muss in lebendiger Beziehung zum Erleben des jüdischen Kindes stehen. („Schabbat"-, „Pessach-", „Geschem"-, „Simchat-Thora"-, „Chanukka"-, „Chamischah-assar-beschwat"-, palästinensische Lieder u. a.)

VII. Verpflichtung und Aufgabe des Musikunterrichts

Meine Ausführungen wollen und können nicht den Anspruch auf Vollständigkeit erheben. Es ist hier der Versuch gemacht, das hebräische Lied in bezug auf die Erfordernisse und Zwecke der Schule zu behandeln. Neben der rein stofflichen Darbietung wurde die musikalische Grundlage aufgezeigt. Je mehr man in das große Stoffgebiet des hebräischen Liedes eindringt, desto mehr wird man die Verpflichtung fühlen, für seine Pflege und Verbreitung zu arbeiten. Diese Verpflichtung ist besonders dringend für den Musikunterricht in den jüdischen Schulen. Hier hat der Musikunterricht eine hohe jüdische Aufgabe zu erfüllen. Das hebräische Lied stellt die lebendige Beziehung zum jüdischen Familienleben, zum Gotteshaus und zum Aufbau von „Erez Israel" her.

In „Erez Israel" ist das hebräische Lied im Wachsen und Werden. Juden aus aller Welt finden sich in zäher Aufbauarbeit zusammen. Was unterstützt sie in ihrem schweren Werk? Das hebräische Lied. In ihren Feierstunden ist das hebräische Lied Spender der Freude und des Frohsinns. Und wieviel Freude kann das Lied spenden! In der wunderschönen Weise „Von der edlen Musik" aus *Rathgebers* „Augsburger Tafelkonfekt" 1733 heißt es:

„Der hat vergeben das ewig Leben, / der nicht die Musik liebt und sich beständig übt / in diesem Spiel.
Wer hier auf Erden will selig werden, / der kann erreichen hie' durch Musik ohne Müh' / sein letztes Ziel.
Es gibt der höchste Gott den Engeln dies Gebot, / es singen Cherubim, / es singen Seraphim, der Englein viel."

Das Lied schließt: „Lieblicher Töne Klang jagt weg das Leid."

Wenn Juden sich zum gemeinsamen Gesang zusammenfinden, und mögen sie aus den verschiedensten Ländern der Welt kommen und in religiöser Hinsicht aus entgegengesetzten Lagern stammen, im gemeinsam gesungenen hebräischen Lied werden sie einander näher rücken. So trägt das hebräische Lied zur Bildung und Stärkung des Gemeinschafts- und des Zusammengehörigkeitsgefühls bei.

(1937)

Porträts
Erich Mendel

Jüdische Sängerinnen – Geschichte und Geschichten

Die Bibel berichtet von ihren ersten Blättern an bis zu den Büchern der Chronik oft von Musik. Das Buch der Psalmen ist ein großer musikalischer Hymnus. Beim Tempeldienst erklangen Instrumentalmusik und Chorgesang. Nach der Chronik war die Zahl aller im Tempel beschäftigten Musiker 4000. Unter ihnen nehmen die Sänger unter der Führung der Gesangsmeister *Assaph*, *Jeduthun* und *Heman* eine besondere Stellung ein. Die Chronik zählt bei der ausführlichen Beschreibung der Einrichtung der Musikchöre neben den vierzehn Söhnen des *Heman* auch seine drei Töchter auf. Als man um die Mitte des 19. Jahrhunderts für die Chöre der Orgelsynagogen auch Frauenstimmen heranzog, wurden gerade die Töchter des *Heman* als Beispiel dafür angeführt, dass schon bei den Chören im Tempel auch Sängerinnen mitgewirkt hätten. Diese damals viel diskutierte Frage ist auch heute noch umstritten.

Das Urbild der jüdischen Sängerin ist *Mirjam*, die Schwester von *Mose*. Nach dem großen Danklied, das er und die Kinder Israel am Schilfmeer sangen, stimmt sie noch einmal als Führerin der Frauen unter Pauken- und Schalmeienbegleitung den Gesang an:

„Dem Ewigen singt,
Denn hoch ist er erhaben.
Das Roß und seinen Reiter
Stürzt er ins Meer!"

Mirjams Siegesgesang hat sowohl eine dichterische als auch musikalische Ausdeutung erfahren.

Die Bibel erzählt nur noch vereinzelt von jüdischen Sängerinnen. Sie waren in der Hauskapelle des Königs *Salomo*. Nach der Chronik haben beim Tode des Königs *Josia* Sängerinnen Trauergesänge und Klagelieder angestimmt. Unter den aus der Babylonischen Gefangenschaft Zurückgekehrten werden neben den Sängern auch ausdrücklich Sängerinnen genannt. Mit der Zerstörung des Zweiten Tempels verstummten vorerst Musik und Gesang.

Im Ghetto des Mittelalters haben die Juden eifrig musiziert und gesungen. So hören wir auch einmal von umherziehenden jüdischen Spielweibern, die bei Hochzeiten auftraten und durch ihre Gesangsvorträge unterhielten. Schon im 16. und 17. Jahrhundert gab es außerhalb der Ghettomauern an italienischen Fürstenhöfen jüdische Musiker. Zu diesen gehört der in der Musikgeschichte bedeutsame Komponist *Salomone Rossi (Ebreo)*, dessen Schwester als „Madame Europa" eine gefeierte Opernsängerin war. Sie wirkte 1608 bei der Uraufführung der verloren gegangenen Oper „Arianna" von *Monteverdi* mit. Es ist möglich, dass sie mit der um 1600 oft genannten Sängerin *Rachel*, die mit großem Erfolg vor dem Adel Venedigs sang, identisch ist.

Mit dem Entstehen und dem Aufblühen der Oper erscheinen auf den europäischen Bühnen auch jüdische Sängerinnen. Zu diesen gehört *Giuditta (Judith) Pasta*, geborene *Negri (Schwarz)*. 1798 in Como geboren, studierte sie in Mailand und begann die Bühnenlaufbahn mit mittleren Erfolgen. Ein intensives Studium führte sie bald auf die Höhe ihres Könnens. Dem erfolgreichen Auftreten 1823 in Paris reihten sich große Triumphe an den ersten Bühnen Europas an. Der italienische Komponist *Bellini* schrieb für die *Pasta* die Titelrollen der Opern „Somnambula" und „Norma" und ging 1833 als ihr Begleiter mit nach London. Ihre Darstellung der „Desdemona" in *Rossinis* „Othello" wurde zu einem unvergesslichen Erlebnis. Die *Pasta* wird als die beste Vertreterin leidenschaftlicher Charaktere bezeichnet, als eine der ersten Sängerinnen, die durch ihre starke nachschöpferische Gestaltungskraft das Publikum mitriss. Die Künstlerin verfügte über eine 2½ Oktaven umfassende Stimme und wirkte weiter durch die Hoheit ihrer Erscheinung und das außergewöhnliche Darstellungstalent. Nach den großen künstlerischen und finanziellen Erfolgen zog sich die Sängerin schon früh ins Privatleben zurück. Sie starb 1865 auf ihrem Landsitz am Comer See.

Die erste aus Deutschland stammende jüdische Sängerin von Ruf ist *Karoline Stern*. Am 10. April 1800 in Mainz geboren, wuchs sie in einer Musikantenfamilie heran und erhielt von frühester Jugend an eine musikalische Ausbildung. Ihr Vater war Geiger. Schon mit 16 Jahren stand sie zum erstenmal auf der Bühne. Ihre Opernlaufbahn führte sie von Trier über Düsseldorf und Aachen an das Hoftheater nach Stuttgart. In Düsseldorf verkehrte sie im Elternhaus von *Heine* und regte den jungen *Heine* zu einem Gedicht an. Es ist die Romanze „An eine Sängerin" aus dem „Buch der Lieder", eines seiner frühesten Gedichte, das er nach einem Wohltätigkeitskonzert, in dem *Karoline Stern* mitwirkte, verfasste. Die größten Erfolge errang die Künstlerin in München als Rosine im „Barbier von Sevilla", als Agathe im „Freischütz" und als Isabella in *Meyerbeers* „Robert der Teufel". Bis 1841 blieb *Karoline Stern* auf der Opernbühne, um dann nur noch als Konzertsängerin zu wirken.

Mainz ist ebenfalls die Heimat der seinerzeit berühmten musikalischen Familie *Heinefetter*, aus der mehrere jüdische Sängerinnen hervorgingen. Das bekannteste Mitglied war die älteste Schwester *Sabine*, geboren 1809 in Mainz. Sie entstammte einer armen Familie und musste als umherziehende Sängerin und Harfenistin schon in frühester Jugend für die Ihren sorgen. Ein Musikfreund entdeckte ihre schöne Stimme, ließ sie ausbilden, so dass sie schon 1825 in Frankfurt a. M. debütieren konnte. In Paris und Italien setzte sie die Gesangsstudien fort. Ihr Weg führte sie an fast alle bedeutenden Bühnen, von denen nur Paris, Wien, Berlin und Mailand genannt werden sollen. Selbst neben den Primadonnen *Sonntag* und *Malibran* konnte sich *Sabine Heinefetter* bei einem Gastspiel an der italienischen Oper in Paris behaupten. *Heine*, der bekanntlich viel über Musik geschrieben hat, teilt in seinem Buch „Lutezia" mit, dass ihr Debüt am 4. Januar 1841 an der Großen Oper in Paris von einem glänzenden Erfolg begleitet war. Eine Sängerin, die einmal mit ihr gastierte, schreibt über die erfolgreiche Kollegin in ihren Memoiren: „Sabine war eine edle Erscheinung, ihr Antlitz glich einer Antike, aus welcher große, tiefblaue Augen mit langen Wimpern schwärmerisch hervorblickten, seidenartiges Haar, fast schwarz, schmiegte sich an die schöne, reine Stirn. Auf der Bühne übertraf sie meine Erwartungen, ihre Stimme hatte den Klang einer Orgel und ihr Spiel eine wahrhaft klassische Weihe, welche nie, selbst in den leidenschaftlichsten Momenten, das Maß des Schönen überschritt." Die Künstlerin hat stets ein unruhiges Leben geführt. Feste Engagements waren fast immer nur von kurzer Dauer, eine Gastspielreise löste die andere ab. *Sabine Heinefetter* starb 1872 in geistiger Umnachtung.

Dieses Schicksal teilte auch ihre 1816 geborene Schwester *Clara*, die ihr Leben 1857 in einer Irrenanstalt bei Wien beschloss. Sie war viele Jahre ein gefeiertes Mitglied der Wiener Hofoper. Eine ihrer Glanzrollen war die Recha in der „Jüdin" von *Halévy*. Außer ihrer dritten Schwester *Kathinka* traten noch auf den Opernbühnen jener Zeit die Sängerinnen *Eva*, *Fatime*, *Nanette* und *Sophie Heinefetter* auf, die alle in einem verwandtschaftlichen Verhältnis zu dieser Familie standen.

Eine erfolgreiche Sängerin und geschätzte Gesanglehrerin war um die Mitte des 19. Jahrhunderts *Henriette Nissen*, deren Wiege um 1820 zu Gotenburg in Schweden stand. Drei Jahre studierte sie Gesang bei *Manuel Garcia* in Paris. Gastspielreisen führten sie durch ganz Europa, von Norwegen bis nach Italien, von Odessa in Russland bis nach Sibirien. 1850 verheiratete sie sich mit dem in Dänemark geborenen Geiger *Siegfried Saloman*, mit dem sie gemeinsam konzertierte, und der ihr auch 1859 nach Petersburg, wo sie als Gesanglehrerin am Konservatorium eine Reihe Schülerinnen erfolgreich ausbildete, folgte. Die praktischen Erfahrungen ihrer Unterrichtstätigkeit hat sie in einer Gesangschule, die russisch, deutsch und französisch erschien, niedergelegt. Die Kritiker stellten die Leistungen von *Henriette Nissen* neben die ihrer berühmten Rivalin und Landsmännin *Jenny Lind*.

Alle bisher genannten Sängerinnen waren Sopranistinnen und wirkten in erster Linie auf der Opernbühne. Unter den bekannten Altistinnen steht *Amalie Joachim*, geborene *Weiss*, deren große Bedeutung auf dem Gebiete des

Oratorien- und des Konzertgesanges liegt, mit an erster Stelle. Sie war eine anerkannte Vertreterin des klassischen Stils. Ihre Leistungen waren denen ihres Gatten, des weltberühmten Geigers *Josef Joachim*, ebenbürtig. Er übte auf ihre gesamte künstlerische Entwicklung einen großen Einfluss aus. Als Liedersängerin ist *Amalie Joachim* lange Zeit durch ihre von Natur aus edle Stimme, durch eine vorbildliche Aussprache und durch die Leichtigkeit des Tonansatzes und der Tonbehandlung Vorbild geblieben. Die Sängerin stammte aus Marburg (Steiermark) und stand schon im Jahre 1853 mit 14 Jahren auf der Bühne. Über die Wiener Hofoper kam sie nach Hannover, wo sie ihren späteren Gatten kennen lernte. Mit ihm ging sie nach Berlin, entsagte der Opernlaufbahn und trat nur noch vereinzelt in Konzerten auf. Die Künstlerehe wurde 1882 geschieden. Danach hörte man die Sängerin wieder häufiger im Konzertsaal, gleichzeitig wirkte sie als Gesanglehrerin. Viel besucht wurden ihre Volksliederabende, in denen sie auch italienisch, französisch und englisch sang. Unter den Vertreterinnen des modernen Liedgesanges wird *Amalie Joachim* stets genannt bleiben.

Am 28. Februar 1938 jährt sich zum 30. Male der Todestag einer Sängerin, deren Entdeckung durch einen Zufall mit *Amalie Weiss*, der späteren Frau *Joachim*, zusammenhängt. Es ist *Pauline Lucca*, eine der glänzendsten Erscheinungen am Opernhimmel. Als Fünfzehnjährige sang sie im Chor der Wiener Hofoper. Eines Tages weigerte sich *Amalie Weiss*, die kleine Partie der Kranzjungfer im „Freischütz" zu singen. Für sie setzte man die bildhübsche *Pauline* ein. Als Führerin des Jungfrauenchores fiel sie auf und errang ihren ersten Erfolg. Über Prag kam *Pauline Lucca* 1861 nach Berlin. Hier erhielt sie von *Meyerbeer*, den sie mit Verehrung als ihren eigentlichen Lehrer und Meister bezeichnete, und der schon damals die Rolle der Selica in seiner „Afrikanerin" für sie bestimmte, während einiger Monate praktische Unterweisungen. Neben tragischen Partien sang sie auch heitere in Spielopern. Das kennzeichnet folgender Ausspruch der *Lucca*: „Alle ‚Teewasser-Partien' habe ich nicht; ich kann nur ausgelassen, heiter oder mein eigenes Elend spielen und singen."

Eheliche Zerwürfnisse, wohl auch verlockende Angebote aus aller Welt, veranlassten sie, 1872 ihren lebenslänglichen Kontrakt in Berlin zu brechen und ins Ausland zu gehen. Sie trat in England, Amerika, Frankreich und Russland auf und war von 1874-1889 Mitglied der Wiener Hofoper. Von 1882 gastierte sie auch wieder in Berlin. Ihren Lebensabend verbrachte die Künstlerin teils in Gmunden, teils in Wien, wo sie 1908 starb. *Pauline Lucca* war eine Sängerin mit allen Vorzügen und Launen einer Primadonna. In ihrer Eigenwilligkeit konnte sie den routiniertesten Kapellmeister zur Verzweiflung bringen. Auch sehr wohlwollende Kritiker verschwiegen das nicht, aber das Publikum stand immer auf Seiten der *Lucca*. Ihre glänzenden Erfolge gehören zu den größten, die je auf der Opernbühne erreicht wurden. Die *Lucca* beherrschte etwa 60 Rollen. Sie war eine hohe künstlerische Persönlichkeit, deren Gesamtbild sich aus einer starken musikalischen Veranlagung, aus herrlichen Stimmmitteln und aus einem außergewöhnlichen Darstellungstalent zusammensetzte. Gerade durch das Spiel der Augen, der Hände und ihrer anmutigen Figur übte sie einen unwiderstehlichen Reiz aus.

Pauline Lucca

Ebenso wie die *Lucca* war *Karoline v. Gompertz-Bettelheim* eine Zierde der Wiener Oper. Sie wirkte dort von 1860-1867. Als vielseitig gebildete Künstlerin sang sie sowohl auf der Opernbühne als auch im Konzertsaal. Auch als Pianistin erwarb sie sich die Gunst des Wiener Publikums. Die Sängerin erblickte am 1. Juni 1845 in Pest das Licht der Welt. Ihre musikalische Ausbildung erhielt sie in Wien. *Karl Goldmark*, der Komponist der Oper „Die Königin von Saba", war ihr Klavierlehrer und förderte sie bald so weit, dass sie bereits im 14. Lebensjahr in einem öffentlichen Konzert mitwirken konnte. Kaum 15 Jahre alt, stand sie schon auf der Bühne der Wiener Hofoper. In Österreich, Deutschland und England war sie bald eine geschätzte und gern gehörte Sängerin, die neben einer schönen Stimme und einer intensiven Schulung durch die starke geistige und seelische Durchdringung ihrer Darbietungen fesselte. Besonders gut lagen der *Bettelheim* hochdramatische Rollen, wie die der Azucena (Troubadour) und der Selica (Afrikanerin). Einen internationalen Ruf erhielt sie durch Gastspiele an der großen italienischen Oper in London. 1867 zog sie sich von der Bühne durch die Heirat mit dem Bankier *Gompertz* aus Graz zurück. In Brünn, wo ihr Mann später Präsident der Israelitischen Kultusgemeinde war, wurde ihr Haus ein Treffpunkt des gesellschaftlichen und künstlerischen Lebens. Besonders nach dem Tode ihres Gatten galt ihr Wirken über den Rahmen des Hauses hinaus den Armen und Hilfsbedürftigen.

Vom Ende des 19. Jahrhunderts an bis auf unsere Zeit wirkte und wirkt an den internationalen Bühnen und in den Konzertsälen eine Anzahl von jüdischen Sängerinnen. Es kann nicht im Rahmen dieses Aufsatzes liegen, ihre Namen auch nur annähernd vollzählig aufzuführen. Das wäre Aufgabe für ein noch zu schreibendes jüdisches Künstlerlexikon. Wenn deshalb diese oder jene Sängerin im folgenden nicht genannt wird, so möge das nicht als eine Minderbewertung ihrer Leistungen angesehen werden. Im übrigen wird gerade gesangliches Können sowohl von den Fachkritikern als auch vom Publikum oft sehr verschieden beurteilt. Im Zeitalter der Schallplatte gehen aber die Stimmen, die Anspruch darauf erheben dürfen, der Nachwelt erhalten zu bleiben, nicht verloren.

Zu den Sängerinnen, die sich einen Namen gemacht haben, gehören u. a. *Selma Nicklass-Kemptner*, die wegen ihrer Verdienste als Gesanglehrerin den Titel „Professor" erhielt, *Bianka Bianchi*, eine bekannte Koloratursängerin, *Lola Beeth*, langjähriges Mitglied der Berliner und Wiener Oper, *Jettka Finkenstein*, weiter in neuerer Zeit *Selma Kurz, Julia Culp, Vera Schwarz* und *Irene Eisinger*.

Unter den in Deutschland zur Zeit innerhalb des jüdischen Kulturkreises wirkenden erfolgreichen Sängerinnen gehören der Oper des Berliner Kulturbundes *Susanne Löwenstein* und *Rita Atlasz* an.

Im Konzertsaal hören wir die ausgezeichneten Altistinnen *Ruth Kirsch-Arndt* und *Paula Salomon-Lindberg*. Während manche der bisher genannten Sängerinnen dem Judentum entfremdet waren, sind die letztgenannten in ihrer Kunst wieder stark vom Jüdischen her bestimmt.

Der jüdischen Sängerin fällt in der Zeit der Renaissance der hebräischen Sprache neben der Pflege des klassischen Liedes eine spezielle Aufgabe zu: der Vortrag von hebräischen Volksweisen und Kunstliedern. Unter den Juden in Osteuropa hat sich das jiddische Lied schon längst seinen Platz im Konzertsaal erobert. Eine vorzügliche Interpretin dieser Kunst ist *Simra Seligfeld-Kipnis*.

Wenn der Zugang zum hebräischen Liede auch nicht leicht ist, so bringt das Publikum ihm gerade heute ein starkes Interesse entgegen. Die jüdische Sängerin wird so als Mittlerin der Kunst gleichzeitig zur Trägerin einer jüdisch-kulturellen Aufgabe.

(1937)

Michael Joseph Gusikow
Zur 100. Wiederkehr seines Todestages am 21. Oktober 1937

Bei den Juden in Osteuropa freut sich heute noch Groß und Klein, wenn die „Klesmorim" kommen. Es sind die jüdischen Musikanten, die an freudigen Festen, wie „Chanukka" und „Purim", oder bei fröhlichen Feiern, wie Hochzeiten und Tanzveranstaltungen, aufspielen. Schon lange, bevor die Juden durch die Emanzipation zu Anfang des 19. Jahrhunderts am allgemeinen Musikleben Anteil nehmen konnten, gab es jüdische Musikantengilden. Wir hören von ihnen in Osteuropa und weiter z. B. in Prag und Frankfurt. Eine jüdische Kapelle bestand in der Regel aus Violine, Flöte, Baß und Cymbal. Die „Klesmorim" wurden von Juden und Polen gern gehört. Ihre Leistungen standen auf beachtlicher Höhe. Der polnische Adel zog die jüdischen Musikanten oft zu seinen Festveranstaltungen heran. In diesen Musikern brach die ursprüngliche musikalische Begabung der Juden, die im Ghetto des Mittelalters wohl verschüttet, jedoch niemals ganz ausgelöscht war, vital wieder durch. Es sind „Klesmorim"-Familien des 17. und 18. Jahrhunderts bekannt, in denen sich der Beruf des Musikers durch mehrere Generationen forterbte. Einer solchen Familie entstammt auch *Michael Joseph Gusikow*.

Er wurde im Jahre 1806 in dem russischen Städtchen Schklow geboren. Der Vater, ein Flötist, lehrte den Sohn ebenfalls das Flötenspiel, so daß der junge *Gusikow* bald ein Meister auf diesem Instrument wurde. Mit seinem Bruder, einem Violinisten, trat er zum erstenmal in Moskau öffentlich auf. Die schönen Erfolge hatten bald ein Ende: Eine Lungenerkrankung zwang *Gusikow*, die Flöte beiseite zu legen. Er war jedoch von der Musik wie von einem Dämon besessen und suchte ein anderes Instrument, auf dem er sich musikalisch ausleben konnte. In kurzer Zeit erlernte er virtuos das Spiel auf dem Cymbal oder Hackbrett. Dieses Instrument, ein viereckiger Holzkasten mit Drahtsaiten bespannt, war schon seit dem Ende des 17. Jahrhunderts bei den „Klesmorim" beliebt. Aber das Cymbalspiel befriedigte *Gusikow* nicht. Sein starker musikalischer Naturtrieb ließ ihn ein anderes Instrument verbessern, die „Strohfiedel", die er aus Holzstückchen und Stroh neu konstruierte. Als Strohfiedelvirtuose hat *Gusikow* später in den Hauptstädten Europas vor den musikalischen Größen, vor Kaisern und Königen, seine großen Triumphe gefeiert.

Den unerhörten musikalischen Zauber und das hohe künstlerische Niveau des Spieles von *Gusikow* können wir ermessen, wenn wir lesen, was *Mendelssohn-Bartholdy* am 18. Februar 1836 über das Konzert an seine Mutter schrieb: „Ich bin neugierig, ob euch *Gusikow* auch so gefallen hat wie mir. – Er ist ein wahres Phänomen, ein Mordskerl, der an Vortrag und Fertigkeit keinem Virtuosen der Welt nachzustehen braucht, und mich deshalb auf seinem Holz- und Strohinstrument mehr ergötzt, als viele auf ihren Pianofortes, eben weil's undankbarer ist. Uebrigens habe ich mich seit langer Zeit in einem Concert nicht so unterhalten, wie in diesem, weil er eben ein wahres Genie ist."

Gusikows musikalisches Genie bestand darin, dass er in die widerstrebendsten Elemente, Holz und Stroh, Klang, Musik hineinbrachte, die in die Sphäre des Übersinnlichen, des Unfaßbaren versetzten. Ein weiteres Zeugnis der Begeisterung, die *Gusikows* Spiel auslöste, ist eine hebräische und deutsche „Ode an den berühmten Virtuosen Herrn *Joseph Gusikow*", die ein zeitgenössischer Dichter nach dem Konzert in Berlin verfasste.

Nun trieb es *Gusikow* nach Paris. Paris galt damals als die musikalische Hauptstadt der Welt. Sein Ruhm stieg immer höher. Mit unmenschlicher Energie hatte sich *Gusikow* gegen die schleichende Brustkrankheit gestemmt. Er fühlte sein Ende nahen, so auch nach einem Auftreten in Brüssel. Jedes neue Konzert entfachte in ihm jedoch ungeheure Lebensenergien. Wenn er auf dem Konzertpodium stand, so brachen in ihm seine tiefsten Quellen auf, visionär versetzte sein Spiel schon in eine andere Welt, der *Gusikow* entfliehen wollte. Die Lungenerkrankung griff weiter um sich, und 1837 wurde er in Aachen mehrere Wochen bettlägerig. Noch einmal konnte er sich zu einem Konzert aufraffen.

Die Erzählung, dass er nach diesem Auftreten mit der Strohfiedel in der Hand zusammenbrach und verschied, ist eine schöne Legende. Auf seinen Reisen war *Gusikow* stets von Verwandten und Freunden umgeben. Seine Begleiter mussten ihm in jedem Konzert auf der Bühne Helferdienste leisten. Vor Beginn des Konzertes setzte *Gusikow* die Strohfiedel aus Holzstückchen und Stroh vor den Augen des Publikums zusammen.

Klesmerspieler
von Jankel Adler (1895 – 1949)
Öl auf Leinwand, 1928

Die Jüdische Musik in Osteuropa schöpft aus zwei Quellen: Aus der religiösen Kultur und aus der Folklore. Die ältesten folkloristischen jüdischen Musikanten sind die „Klesmorim", deren einziges Instrument ursprünglich die Geige war. Ohne Noten zu kennen, komponierten sie ihre Melodien, die geprägt sind von regionalen folkloristischen Einflüssen.

Am Krankenlager in Aachen weilten sein Bruder und ein Vetter. Man ahnte das nahende Unheil, deshalb ließ man den Kranken nie allein. Er starb in den Armen seines Bruders am 21. Oktober 1837. Die „Stadt-Aachener Zeit" schrieb damals: „Heute starb hier nach langem Leiden an der Lungenschwindsucht M. J. Gusikow. Er ist nur 32 Jahre alt geworden. – Man fühlte, dass in ihm ein wahrhaft musikalisches Genie schlummerte. Er lebte nur der Musik, durch die er sich augenblicklich krampfhaft aufrecht erhielt, um hernach desto müder zum Tode zurückzusinken." Die Jüdische Gemeinde in Aachen bereitete *Gusikow* ein ehrenvolles Begräbnis. Zu der Beerdigung fanden sich neben ihren Mitgliedern auch Aachener Musikfreunde ein.

Gusikow spielte neben jüdischen Melodien sowohl eigene Kompositionen als auch Transkriptionen. Seine Werke sind mit ihm ins Grab gesunken. Nur eine chassidische „Schir-hamaalot"-Weise, die ihm zugeschrieben wird, ist uns erhalten geblieben. In ihrer Rhythmik, in ihrer Melodieführung lässt sie uns etwas von dem musikalischen Genius *Gusikows* empfinden. Die Weise ist heute noch lebendig. Diejenigen, die sie singen, ahnen in der Regel nichts von ihrem genialen Schöpfer, der zu den großen jüdischen Virtuosen zählt.

(1937)

Bogumil Zepler – Ein jüdischer Musiker
Zu seinem 20. Todestag am 17. August 1938

Neben *A. Z. Idelsohn* und *Arno Nadel* gehört *Bogumil Zepler* zu den Wegbereitern auf dem Gebiete der jüdischen Musik – in Wort und Tat. Geboren 1858 in Breslau, trieb es ihn von frühester Jugend an zur Musik. Nach ausgedehnten Studien tritt er mit Erfolg an die Öffentlichkeit. Seine Parodie auf *Mascagnis* „Cavalleria rusticana", „Cavalleria berolina", macht ihn schnell bekannt. Auf den Kleinkunstbühnen finden seine Chansons großen Beifall. Mehrere komische Opern erringen Achtungserfolge, auch einige Operetten. *Zepler* ist ein Komponist der leichten Muse, spritzig, erheiternd, unterhaltend, parodistisch, ein moderner *Offenbach*.

Seine kompositorischen Arbeiten gaben ihm jedoch nicht die Befriedigung, die er suchte. Und so wendet er sich der Musikschriftstellerei zu, 1906 wird er Redakteur der „Musik für Alle". Die ältere opernliebende Generation erinnert sich noch der vielen, ausgezeichneten Opernhefte, die *Zepler* bearbeitete und mit einer in das Werk einführenden Einleitung versah. Schon während dieser Tätigkeit beginnt im Leben *Zeplers* ein neuer Abschnitt: In ihm regt sich das Interesse und die Liebe zum jiddischen Lied, zum Volkslied der Juden in Osteuropa. Schon zu Anfang unseres Jahrhunderts beginnt *Arno Nadel* mit seinen periodischen Veröffentlichungen von Bearbeitungen jiddischer Lieder in der Zeitschrift „Ost und West". Etwa 1917 erscheinen auch *Zeplers* Bearbeitungen, so z. B. „Die Megille", „Kätzele meins", „Ballade vom Rebbe und die Chassidim", „Freitag auf der Nacht" u. a. Bei dem Liede „Der Orimann" haben sich *Nadel* und *Zepler* zu einer gemeinsamen Bearbeitung verbunden. *Zeplers* Bearbeitungen für Klavier und Gesang erfüllen hohe musikalische Ansprüche. Man spürt deutlich heraus, wie er der melodischen Linie des jiddischen Liedes nachgeht.

Bei diesen Bearbeitungen bleibt *Zepler* jedoch nicht stehen. Es drängt ihn, Texte jüdischer Dichter musikalisch zu formen. So finden wir im Jahrgang 1918 von „Ost und West" die Vertonung des Gedichtes von *Hugo Salus* „Altes Ghettoliedchen". Aus dem Gedicht und aus *Zeplers* Musik spricht das ganze Judenschicksal zu uns. Trotz der unverkennbaren Beeinflussung durch das jiddische Lied zeigt die Komposition eine eigene, charakteristische Note.

Kurz vor seinem Tode treibt es *Zepler* auf seinem Wege zur jüdischen Musik weiter. Er stellt sich in den Dienst der Synagogenmusik. *Zepler*, als ein Musiker vom Fach, erkennt, dass die Kultmusik stehen geblieben ist. Wieder durch Wort und Tat setzt er sich für eine Reformierung und Neuschöpfung ein. Es sind kühne Gedanken, die er 1917 in einem Aufsatz, erschienen in „Ost und West" unter dem Titel „Zur Neugestaltung der musikalischen Liturgie der Synagoge" ausspricht. *Zepler* will los von Chor und Orgel, die, wie er sagt, gedankenlos aus der christlichen Kirche übernommen wurden. Sein Ideal ist die Neukonstruktion der alten Tempelmusik in Form des modernen Orchesters, dessen Besetzung in etwa der alten Tempelmusik entsprechen soll. Das Orchester soll für Großgemeinden 18 Mitwirkende umfassen, für kleinere weniger. An Stelle des üblichen Chores tritt ein Knabenchor. *Zepler* komponiert eine „Psalmodie" für Geige, Harfe und Orgel, in der er ein Beispiel des psalmodischen Tones gibt, den er für eine moderne Synagogenmusik fordert. Zum Moll der Klage muss ein Dur der Freude treten. *Zepler* will den Anschluss an die wertvollen traditionellen Synagogenmelodien – die Banalitäten müssen ausgemerzt werden.

Sein immer strebender Geist hat noch im gereiften Alter zur Sprache der Väter zurückgefunden. Er studierte die Gebete im hebräischen Urtext, um so den Feinheiten und der gewaltigen Tiefe, die in ihnen verborgen sind, nachzuspüren und sie in Musik umzuformen. Gerade 60 Jahre alt, im Vollbesitz seines Könnens, wurde *Bogumil Zepler* uns entrissen. Sein Kämpfen und Ringen um die Gestaltung einer „Jüdischen Musik" ist ein Wegweiser für die jüdischen Komponisten, die bewusst ihre Kräfte für die Tonsprache ihres Volkes einsetzen wollen.

(1938)

Abschied von Oberkantor Peissachowitsch

„Schabbat nachamu!" Juden suchen Trost. Und sie finden den Weg zum Tempel. Es ist kurz vor Beginn des Freitagabendgottesdienstes in der Synagoge Prinzregentenstraße. Das Licht ist gedämpft. Man fühlt sich eingefangen in dem Rundbau. Der Blick fällt auf die hohe Wand mit dem „Araun hakaudesch". Orgelvorspiel! Sphärenhaft, silberhell klingen die Töne durch den Raum. Ein Meister sitzt an der Orgel. Der Gottesdienst beginnt in altgewohnter Melodie. Die Stimme des „Chasan" lässt aufhorchen. Mit *Sulzers* „Lecho daudi" zieht die Sabbatbraut ein. Klassische Musik in Melodie und im Satz. Auch der „Menazeach", der Chormeister, ist ein Zauberer. Bei den gehauchten Pianos weht eine Stille durch den Tempel. Der Chor entfaltet seine ganze Kunst beim Sabbatpsalm in einer Vertonung von *Lewandowski*. Romantische Musik, wie immer, gut gearbeitet, gut klingend. Der Kantor rezitiert in freier Weise im alten Stil den 93. Psalm. Die Stimme des „Chasan" strahlt in der Höhe, klingt in der Tiefe, Text und Melodie sind eins, gedeutet durch den Mund des Kantors. Nach dem jubelnden „Borachu", dem Lobpreis Gottes, rezitiert der Kantor ruhig weiter. Dann spricht der Rabbiner die Worte des „Haschkiwenu" in Übersetzung. Die ersten Töne des folgenden Vorspiels verraten ein klassisches Stück „Chasanut": *Eduard Birnbaums* meisterhafte Vertonung. Der Sänger am „Omud" vergisst Raum und Zeit, er singbetet zum

„Adonaj", dem Helfer, dem Retter, der gnädig und barmherzig ist.

Ein „Wschomru" mit altjüdischen Motiven übergießt den Raum mit feierlicher Stille. Die Ansprache des Rabbiners tröstet mit den Worten des 126. Psalms: „Die in Tränen säen, werden in Jubel ernten". Nach dem „Amidah" steigt er noch einmal auf die Kanzel zum Schlussgebet. Viele horchen auf, viele erwarten es: Er spricht Abschiedsworte an den Kantor *Peissachowitsch*, der heute zum letzten Mal vor dem „Omud" steht. Der Rabbiner nennt ihn den Bevollmächtigten der Gemeinde. Er findet herzliche Worte des Dankes dafür, was hier ein „Chasan" im besten Sinne des Wortes, ein Künstler, der Gemeinde gegeben hat. Der Rabbiner spricht vom Rezitativ des Kantors, das seine eigene, seine besondere Note hat, am „Schabbos", an den „Jomim tauwim", an den „Jomim nauroim". Dieses Rezitativ, das manchem Beter im Ohre klingt, das in ihm die Festesfreude wach werden lässt, hat der scheidende Kantor, der Sohn eines Kantors, beherrscht.

Im Schlussgesang „Adaun aulom" vereinigen sich „Chasan" und Chor noch einmal zum gemeinsamen Musizieren. Wir hören die Stimme des Kantors in ihrer ganzen Schönheit, in ihrem weichen Piano, in ihrem strahlenden Forte.

Der Gottesdienst geht zu Ende. Viele Besucher des Tempels verabschieden sich persönlich von ihrem Kantor, ihm alle guten Wünsche wünschend. Es sind viele Menschen, die das Bedürfnis haben, durch einen Händedruck Dank zum Abschied zu sagen.

Die Stimme des Kantors *Peissachowitsch* in der Prinzregentenstraße ist in dem hohen Raume verhallt. In welchem fernen Land, in welcher fernen Stadt wird sie wieder erklingen?

(1938)

POKAL EINER CHEWRA-KADDISCHA-BRUDERSCHAFT
Glas, 19. Jahrhundert, Böhmen
Jüdisches Museum Westfalen, Dorsten

Das Bildmotiv in der Mitte zeigt einen Leichenzug.

Arno Nadel
Zu seinem 60. Geburtstag am 3. Oktober 1938

Arno Nadel kennt sich seit seiner frühesten Jugend gut in unserem hebräischen Schrifttum aus. Und so ist er auch mit den „Pirke Awot" vertraut, die die frommen Juden während der Sommermonate lesen. An seinem 60. Geburtstage wird er aber ganz und gar nicht begreifen können, dass ein kleiner Satz daraus jetzt auch auf ihn anwendbar ist. Bei der Aufzählung der Lebensalter heißt es: „Ben schischim lesiknah", mit sechzig Jahren gehört man zu den Alten.

Wer die Arbeiten „dieses vielseitigsten jüdischen Künstlermenschen Europas", so wurde er kürzlich einmal genannt, verfolgt, wer *Arno Nadel* bei seiner Arbeit im Atelier sieht oder wer ihn im persönlichen Verkehr kennt, der kann nicht begreifen, dass er nun im Sinne der „Mischna" ein „Saken" ist. Von der Abgeklärtheit eines Alten ist bei dem nunmehr Sechzigjährigen nichts festzustellen. *Arno Nadel* ist von seinen Künsten mehr gehetzt denn je. Ob er dichtet, philosophiert, religionsphilosophische Probleme aufwirft, ob er malt in Kohle, Kreide oder Oel, ob er komponiert, immer ist er jungbewegt. Aus ihm, aus seinen Arbeiten spricht der Geist des Künders, des Rufers, des Mahners, der künden, rufen, mahnen muss. So steht er in seinen Gedichten, in seiner Musik, in seinen Bildern vor uns. Aber das alles wirkt nicht grob, nein, es strahlt auch Ruhe aus, Liebe, liebliche Weichheit.

Unsere für uns so bewegte Zeit erheischt keine offiziellen Ehrungen, und *Arno Nadel*, der in Berlin als ein Einsamer lebt, erheischt sie auch nicht. Wir erinnern uns noch lebhaft der schönen Feier aus Anlass seines 50. Geburtstages. Man rezitierte und musizierte *Nadel*, und von den Wänden sprachen uns seine Bilder an. In einer Zeit, in der wir Juden in unserem jüdischen Sein bis tief ins Innerste ergriffen sind, wir für alles Jüdische empfänglich, geöffnet sind, erkennen wir erst ganz, dass wir gerade *Arno Nadel* in tiefster Wahrheit einen jüdischen Künstler nennen dürfen, nicht seit wenigen Jahren, nein, seit mehr als drei Jahrzehnten.

Dieser Aufsatz will keine bibliographische Übersicht über *Nadel* als Schriftsteller geben. Er will nur dem, der hören, verstehen will, sagen, dass *Nadel* immer ein jüdischer Rufer war. Zu den feinen Radierungen von *Josef Budko* lasen wir schon vor langem *Nadels* Gedichte. Wir lesen sie wieder von neuem und glauben, sie sind heute geschrieben, für uns. In diesen Tagen, in denen wir zu „Selichot" gehen, erinnere ich an das gleichlautende Gedicht, in dem es heißt:

> Schick uns nicht leer, wie wir zu dir gekommen, fort.
> Fülle mit Kraft unser Reuewort.
> Daß wir deines Wesens Leben und Sinnen,
> Uns selber und dich bis ins Ende gewinnen.

Wer *Nadel* in seiner ganzen Eigenwilligkeit kennen lernen will, der lese seine Gedichte. Nur wenige haben bisher in dieses große Werk von 3000 Stücken hineingehorcht, haben den Ton erfasst, dass er in ihnen widerklinge.

Auch der musikalisch interessierte Laie kennt *Arno Nadel* aus seinen zahlreichen Aufsätzen über jüdische Musik, speziell über synagogale Musik. Er ist es gewesen, der den Blick der Juden in Westeuropa zuerst auf das jiddische Lied, das Volkslied der jüdischen Massen in Osteuropa gelenkt hat. Zu diesen gehören auch die „Jonteff-Lieder", die die „Jamim towim" in vielseitiger musikalischer Ausdeutung zeigen. Die Aufsätze über Synagogenmusik erstrecken sich auf alle Feste des jüdischen Jahres. Sie sind besonders instruktiv durch die Notenbeilagen, sind wissenschaftlich und gleichzeitig volkstümlich belehrend, nicht trockene Einführung, sondern oft mit dichterischem

Schwung geschrieben, unsere heiligen Gebete und ihre Melodien erläuternd und vertiefend. Eine der größten Leistungen von *Arno Nadel* ist die Sammlung von „Semirot Schabbat". Welche grundlegenden Vorarbeiten für die noch junge jüdische Musikwissenschaft *Arno Nadel* außerdem geleistet hat, das kann an dieser Stelle nicht behandelt werden.

Bleibt noch zu sprechen über *Nadel* als Maler. Leider sind seine Bilder über Berlin und Deutschland hinaus der jüdischen Welt wenig bekannt. *Nadel* sieht die Dinge, die Natur, die Menschen von außen und von innen, er zeichnet und malt sie aus innerer Schau. Er ist ein moderner, ein kühner Maler, der in Technik, in Form und Farbe ganz Eigenes zu sagen hat. Seine Bilder entsprechen etwa seinen Gedichten, sie sprechen jedoch stärker zu uns, sie zeigen uns *Nadel* als den jüdischen Maler. Diese Bezeichnung trägt er mit vollem Recht. Wo ist sonst ein jüdischer Maler, der sich an eine solch umfassende Darstellung biblischer Persönlichkeiten gewagt hätte, an einen solch geschlossenen Zyklus von jüdischen biblischen Gestalten, seien es *Moses, Saul, Jeremia, Hiob, Lea, Tamar*, die Tochter des *Jefta* u. a. Die Frauengestalten malt *Nadel* in ihrer Lieblichkeit, die Männer so, wie sie uns die Bibel zeigt, voller Kraft, streng, unerbittlich, zürnend, strafend. Ich denke z. B. an die eigenartige Auffassung des *Saul*, den *Nadel* uns in seiner irr-wirren Haltung zeigt. *Nadels* Portraits sprechen eine sehr lebendige Sprache. Viele hat er im Laufe der Jahre gemalt, es sind Bilder, nicht realistisch, nein, sie lassen den inneren Menschen schauen, seinen geistigen Habitus, sein seelisches Sein. Mehr als alle Worte über *Nadel* sagen uns seine Schöpfungen. In einer Zeit, in der wir Juden bis in die tiefsten Gründe bewegt und erregt sind, möge *Nadel*, der vielseitige jüdische Künstler, zu uns sprechen, uns einfangen, uns zu uns selbst finden lassen.

Wir wünschen dem Sechzigjährigen in seinem immer jungen Schaffen noch viele Jahre fruchtbaren Arbeitens, Jahre der Fülle und der Kraft.

(1938)

MESUSA
Silber, um 1900, Posen
Jüdisches Museum Westfalen, Dorsten

Im 6. Kapitel des Buches Deuteronomium steht geschrieben. „Höre, Israel, der Herr unser Gott, der Herr ist Einer. Und du sollst den Herrn, deinen Gott, lieben von ganzem Herzen, von ganzer Seele und mit aller deiner Kraft." – Diese Worte werden auf eine kleine Pergamentrolle geschrieben und in einen Behälter gesteckt, der am Türpfosten befestigt wird. Beim Betreten und Verlassen des Hauses berührt man die Mesusa mit der Hand, die man danach an die Lippen führt, um sich der Gegenwart Gottes und seiner Weisung mitten im Alltag zu erinnern.

Arno Nadel – sein Werk überlebt ihn
Ungehobene Schätze aus dem Nachlass des vielseitigen Künstlers

Am 3. 10. 1958 jährt sich zum 80. Mal der Tag der Geburt Arno Nadels, der ein Opfer des Naziterrors wurde. Freunde und Verehrer dieses seltenen Mannes, der grosse Begabung als Musiker, Schriftsteller, Maler und Bearbeiter, überdies als Sammler von Manuskripten besaß, fühlen die Verpflichtung, das Datum zum Anlass zu nehmen, auf das Lebenswerk Nadels hinzuweisen.

Die Deutsche Akademie für Sprache und Dichtung, deren gegenwärtiger Präsident Dr. Hermann Kasack ist, lässt Nadels großes nachgelassenes Werk „Der weissagende Dionysos", von dem nur ein kleiner Teil als „Tänze und Beschwörungen des weissagenden Dionysos" 1925 erschienen ist, im „Verlage Lambert Schneider" erscheinen.

Die hier folgende Würdigung des Verstorbenen stammt aus der Feder eines Mannes, der Arno Nadel nahegestanden hat und der in der Lage war, kürzlich einen erheblichen Teil des literarischen und musischen Nachlasses zu erwerben.

Vorbemerkung des „Aufbau"

ARNO NADEL: PORTRÄT ERICH MENDEL
Postkarte aus dem Nachlass Eric Mandells. Mit der technischen Qualität der Wiedergabe war der Porträtierte offensichtlich nicht zufrieden.

Nadels Freunde brachten die Manuskripte von Berlin in eine ländliche Umgebung, und so entgingen sie dem Zugriff der Gestapo und der Vernichtung durch Bombenangriffe.

Arno Nadel war, wie die meisten künstlerisch Schaffenden, ein Träumer, selbst als er mir im Juli 1939 beim Abschiedsgruß auf dem Bahnhof Zoo in Berlin zuflüsterte, dass er noch die Befreiung vom Nazijoch erleben würde. Und er hat in Berlin im Jahre 1941 geträumt. Das beweist ein Originalmanuskript, welches dasselbe Datum trägt: „Variationen über ein Thema", für zwei Flöten. Nur wer selbst die Atmosphäre des Gestapo-Terrors miterlebt hat, der weiß, wie sich das qualvolle Leben der Juden in Deutschland um diese Zeit gestaltete. Und da sitzt Arno Nadel, wohl schon aus seiner Wohnung Nettelbeckstraße vertrieben, irgendwo in einem Zimmer und hört zwei Flöten ein Duett spielen. Man könnte von diesem durchaus jüdischen Künstler als Thema eine musikalische Erinnerung an seine Wilnaer Kinderzeit erwarten. Aber nein - das Thema ist klassischer *Haydn-Mozart*-Stil. Es sind acht Variationen, lächelnd, tänzelnd. Welche Welt liegt zwischen dieser lieblichen Musik und der Möglichkeit, dass die Gestapo jeden Augenblick an die Tür hämmern kann.

Noch heute ist das Wirken und Schaffen des so vielseitig begabten Künstlers nur einem kleinen Kreis bekannt. Nadels literarisches Werk liegt z. T. gedruckt vor. Eine Anzahl seiner schriftstellerischen Manuskripte wurde wie ein Wunder durch nicht-jüdische Freunde während der Nazi-Gewaltherrschaft gerettet. Sie harren der Durchsicht und Veröffentlichung. Mit diesem Material ist auch ein Teil des musikalischen Nachlasses erhalten geblieben.

Eine andere Komposition, datiert vom 19. November 1940 ist eine Vertonung des Priestersegens „Der Herr segne und behüte dich", arrangiert für Soli und Männerchor. Neben einer Reihe von Gesängen für den Sabbatmorgengottesdienst, bisher ungedruckt, möchte ich hier die besondere Aufmerksamkeit auf „Sieben biblische Gesänge" mit Klavier bzw. Orgel für verschiedene Gelegenheiten lenken. Die Texte sind z. T. hebräisch und deutsch. Die Untertitel rufen Erinnerungen an das jüdisch-musikalische Leben in Berlin wach. Der 1. Gesang, Worte von Psalm 1, wurde für Oberkantor *Magnus Davidsohn*, den kürzlich dahingeschiedenen ehemaligen Oberkantor der Synagoge Fasanenstraße, geschrieben.

Die „Sieben biblischen Gesänge" sollten einen Verleger finden. Sie werden eine wertvolle Bereicherung der Konzertliteratur sein. *Nadel* komponierte ferner „Psalm-Verse Hebräisch. Zwei- und dreistimmige Frauen- und Kinderchöre". Es handelt sich um sehr kurze Nummern, alle entweder auf der biblischen Kantilation aufgebaut oder im Stil der Synagogenmusik geschrieben. Ein entzückendes Wiegenlied, Vers 6, Psalm 3, soll hier nur Erwähnung finden.

Arno Nadel hat sich schon vom Anfang unseres Jahrhunderts für die künstlerische Bearbeitung des jüdischen Volksliedes eingesetzt. Seine gedruckten Sammlungen jüdischer Lieder sind bekannt, weniger jedoch die Einzelbearbeitungen in „Ost und West", im „Gemeindeblatt" der Jüdischen Gemeinde zu Berlin und in „Der Jude". Unter den nachgelassenen Manuskripten befinden sich unveröffentlichte Arrangements von jüdischen Volksliedern für Stimme und Klavier und für Männerchor. Interessant ist eine „Chassidische Rhapsodie" für Männerchor.

Nadels musikalische Schöpfungen kreisen immer um die traditionellen Gesänge der Synagoge, um die biblischen Kantilationen oder sind vom jüdischen Volksmelos beeinflusst. So ist er einer der ersten Komponisten, der in diesem Sinne für die Orgel als Solo-Instrument schreibt. Nennen möchte ich hier: „Passacaglia" für Orgel über die Toravorlesung am Neujahrsfest und eine „Ne'ilah"-Orgelparaphrase. Die Liebe zum jüdischen Volkston drückt sich wieder aus in der „Alef Beis"-Studie über ein Lied von *Warschawski*, für Sopran und Streichtrio, ferner in „Sabbath-Suite", Paraphrase über zwei jüdische Volksthemen. Die Vielseitigkeit *Arno Nadels* zeigt sich in zwei instrumentalen Werken. Die Ouvertüre „Trop" ist für Streichorchester, Klarinette, zwei Hörner und kleines Schlagzeug gesetzt. Die Hauptmotive sind der Toravorlesung am Sabbat und den Segenssprüchen nach der „Haftara" entnommen. Weiterhin ist u. a. auch die Original-Partitur der Bühnenmusik zu *Stefan Zweigs* „Jeremias" erhalten geblieben. Nach *Nadels* eigener Angabe wurde diese Musik bei 30 Aufführungen des „Jeremias" im „Jüdischen Kulturbund" in Berlin gespielt. Ob wohl einer der Leser des „Aufbau" noch ein Programm einer dieser Aufführungen hat? Es wäre historisch wichtig zu wissen, wer die mitwirkenden Schauspieler und Sänger waren. *Nadel* hat drei Gesangspartien geschrieben und einen gemischten Chor hinzugefügt.

Arno Nadels Wohnung war ein kleines Museum. Ich erinnere mich lebhaft der Kunstwerke und der großen Büchersammlung. *Nadel* hat sein tiefes Sammlerinteresse oft mit mir geteilt. Aber anscheinend ist er nicht dazu gekommen, mich in ein Spezialgebiet seiner Sammlertätigkeit einzuführen. Das war das kantorale Rezitativ, „Chasanut", ob aus dem Osten kommend oder in Deutschland geschaffen. Der musikalische Nachlass enthält hunderte von Rezitativen im Manuskript, die *Nadel* anscheinend im Laufe vieler Jahre z. T. selbst aufschrieb oder hat aufzeichnen lassen. Aus einem in meinem Besitz befindlichen Brief geht hervor, dass er beabsichtigte, eine große Sammlung der traditionellen Synagogengesangsweisen, besonders solche aus Polen und Russland, zusammenzustellen. Mit großer Sorgfalt hat *Nadel* historisch wertvolle Notizen zu vielen Nummern gemacht. Angaben der Aufzeichner von Melodien, die ihm nicht korrekt erschienen, sind oft richtiggestellt. Seine Bemerkungen sind wichtige Quellenangaben.

Wenn *Arno Nadel* 80 Jahre alt geworden wäre, so hätte das deutsche Judentum in Verbindung mit den Freunden des Künstlers in der Welt, im Jahre 1958, eine Feier für ihn veranstaltet. Eine Ausstellung hätte sein Schaffen als Schriftsteller, Musiker, Maler und Sammler zeigen können. Kann, in unserer Zeit, vielleicht eine solche Ausstellung in New York ermöglicht werden?

(1958)

Abraham Zwi Idelsohn – Ein Nachruf
Zum Tode des Gelehrten am 16. August 1938

Das jüdische Volk betrauert den Heimgang des Musikforschers und Musikschriftstellers Professor *Abraham Zwi Idelsohn*. Viel zu früh ist er gestorben. Sein Werk liegt jedoch abgeschlossen vor uns. Es beschäftigt alle, die irgendeine Beziehung zu Musik haben, seien es die Musikhistoriker oder die schaffenden und ausübenden jüdischen Musiker. Mit *Idelsohns* Arbeiten befassen sich die Forscher auf dem Gebiete der orientalischen und der jüdischen Musik. Sein Leben und sein Werk ist von einer Synthese erfüllt: Von der Verbindung von Lehre und Tat, von der Umsetzung der theoretischen Erkenntnis in die lebendige Wirklichkeit.

Der Lebensweg *Idelsohns* führte ihn durch alle jüdischen Siedlungen der Welt, durch Europa nach Afrika, durch viele Teile des Orients und nach Amerika. In Kurland, in der Nähe von Libau 1882 geboren und aufgewachsen, lernt er von Kindheit an alle Äußerungen jüdischen Lebens kennen, insbesondere die musikalischen: Das jiddische Lied, den synagogalen Gesang und die häuslichen religiösen Lieder. *Idelsohn* hat sein Werk jedoch nicht nur aus dieser intensiven Kenntnis der Musik der Juden in Osteuropa heraus gestaltet. Wo Juden auch immer sangen, da lauschte er ihnen die Melodien ab und schrieb sie auf, ob er sie im Betstübel oder in einer prunkvollen Synagoge hörte, ob jüdische Weisen in Osteuropa bei der Arbeit des Schneiders und in der Werkstatt des Schusters erklangen, ob Juden im Orient beim Tanz oder bei der Arbeit musizierten, auf alles horchte *Idelsohn* mit einem unbegreiflich scharfen Gehör. Die feinsten Tonschwankungen nahm er auf und hielt sie in Noten fest. Und wo bei der orientalischen Musik unsere Notenschrift zur Wiedergabe nicht ausreiche, da bediente er sich eines modernen Hilfsmittels, des Phonographen.

Seine musikalische Ausbildung empfing er zum größten Teil in Deutschland. Er studierte am Sternschen Konservatorium und war in Leipzig u. a. Schüler von *Jadassohn*. Vorübergehend war er zu Anfang unseres Jahrhunderts Kantor in Süddeutschland. *Idelsohn* hat sich während dieser Zeit eine eingehende Kenntnis der aschkenasischen Synagogenmusik verschafft. Nach kurzem Aufenthalt in Südafrika siedelte er nach Jerusalem über, wo seine intensivste Arbeit einsetzte. Diese Station seines Lebens von 1906-1921 war der zentrale Punkt seines Schaffens. Wissenschaftliche Institutionen ermöglichten es ihm, u. a. die Gesänge der jemenitischen, der persischen und der marokkanischen Juden zum erstenmal aufzunehmen, um sie so der wissenschaftlichen Forschung zugänglich zu machen. So entstanden die ersten grundlegenden Veröffentlichungen über die orientalische Musik. Diese Arbeiten wurden später in den ersten fünf Bänden des „Hebräisch-Orientalischen Melodienschatzes" niedergelegt. Der erste Band, „Gesänge der jemenitischen Juden" erschien 1914.

In Jerusalem war *Idelsohn* neben seiner Forschertätigkeit „Gesanglehrer an den Schulen des Hilfsvereins der Juden in Deutschland", so steht auf dem Titelblatt eines hebräischen Liederbuches, „Sefer haschirim", welches 1912 erschien. Im Vorwort zu diesem Büchlein sagt er selbst, dass es an der echten hebräischen Volksmelodie fehle. Auch heute, ein Vierteljahrhundert später, ist es noch nicht unbestritten, was echte hebräische Volksmelodie ist. Unbestritten ist aber, dass das hebräische Lied im Munde von Tausenden jüdischer Kinder lebendig ist, in Palästina und auch in der „Golah". In mehreren Liederbüchern hat *Idelsohn* viele Melodien zum ersten Male veröffentlicht, manche Texte selbst vertont und überlieferte Weisen bearbeitet. Zu den bekanntesten Liedern, die heute noch viel gesungen werden, gehören „Elijahu hanawi", „Hajarden", die rhythmischen Kinderlieder „Gad, Efraim" und „Geschem tow". Der populäre Niggun „Hawa nagila" verdankt seine Verbreitung ebenfalls unserem Meister.

Im Jahre 1924 erhält *Idelsohn* eine Berufung als „Professor of Jewish Music and Liturgy" an das „Hebrew Union College" in Cincinnati. Bis 1925 liegen vier Bände des Melodienschatzes vor. Inzwischen hat *Idelsohn* eine andere große Arbeit fertiggestellt. „Toldot hanginah haiwrit", die erste Geschichte der jüdischen Musik, in Hebräisch geschrieben. Der erste Band erschien 1924, der zweite 1928. Diesen Veröffentlichungen folgt 1929 in Englisch „Jewish Music". Das Buch ist wissenschaftlich und gleichzeitig populär gehalten.

In schneller Folge kommen von 1929 bis 1932 die letzten Bände des Melodienschatzes heraus, enthaltend u. a. den aschkenasischen Synagogengesang, das jiddische Volkslied und die Gesänge der „Chassidim". In allen Bibliotheken der Welt stehen nun die zehn Bände des Melodienschatzes. Die Bearbeitung des darin enthaltenen Materials ist Aufgabe der jüdischen Musikhistoriker. Man darf ohne Übertreibung sagen: Der „Hebräisch-Orientalische Melodienschatz" bildet die Grundlage der jüdischen Musikwissenschaft. Was *Idelsohn* unter jüdischer Musik versteht, versucht er immer deutlicher herauszuarbeiten. So gibt er praktische Beispiele jüdischer Melodik durch eine Zusammenstellung von Motivgruppen, die für den Volksgesang der Juden charakteristisch sind.

Idelsohn war nicht nur der trockene Wissenschaftler, der Sammler von Melodien, dem es darum ging, möglichst viele Bände zu füllen. Für ihn stammen alle Melodien aus einer Quelle der Heiligkeit. Das Wesenhafte einer Melodie liegt in der göttlichen Inspiration, die der Gesang, insbesondere der chassidische, auslöst. In der Einleitung zu den „Gesängen der Chassidim" spricht *Idelsohn* einmal von Melodien mit und ohne Text. Eine Weise mit Text, so heißt es dort, ist zeitlich bemessen, da mit den Worten auch die Melodie endigt. Die Melodie ohne Text kann sich endlos wiederholen, ihre Dauer ist nicht zeitlich eingeengt. *Idelsohn* hat in den Bänden des Melodienschatzes viele Weisen ohne Text mitgeteilt. So sind auch die Wirkungen seines großen Werkes nicht auf Zeitabschnitte begrenzt. *Abraham Zwi Idelsohns* Werk wird die jüdischen Komponisten in jeder Phase ihres Schaffens anregen, wird neuen Erkenntnissen dienen und seine lebendige Wirksamkeit stets behalten.

(1938)

THORAROLLE MIT LESEHAND
Jüdisches Museum Westfalen, Dorsten

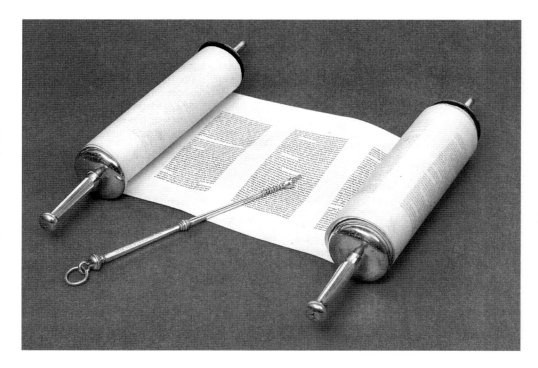

Der wertvollste Besitz einer Gemeinde sind die Rollen der Thora. Im Gottesdienst werden sie feierlich aus dem Aron-ha-Kodesch (Thoraschrein) ausgehoben. Der Thorazeiger macht es möglich, dem Vorlesenden Wort für Wort anzuzeigen, ohne dass jemand das heilige Buch mit der Hand berührt. Deswegen wird der Thorazeiger auch Lesehand genannt.

Zweiter Teil

Eric Mandell – Leben und Wirken in den USA 167
Eine Studie von Ronna Honigman

Neubeginn in Philadelphia 169

Entstehung und Inhalt der Eric-Mandell-Collection 187

Sichtweisen jüdischer Musik 199

Kompositionen und Bearbeitungen von Erich Mendel/Eric Mandell 207

Anmerkungen 218

Literaturverzeichnis 220

Texte aus der Zeit in Philadelphia — 221
Eric Mandell

Kolumnen in der Wochenzeitung „Jewish Exponent" — 221
Die Geschichte von En Kelohenu — 221
Sch'ma Jisrael – Höre, Israel — 223
Die Vertonung des Pentateuch — 225
L'cho Dodi – Komm, mein Freund — 226
Adon Olam – Herr der Welt — 228
Jigdal Elohim Chai – Groß ist der Gott des Lebens — 230
Schabbat Hamalkah – Königin Sabbat — 232
Das Lied des Mose — 234
Schalom Alechem — 236
Anmerkungen zu Seder-Melodien — 238
Das „Hallel"- Gebet — 239
Maoz Tsur – Chanukka-Lied — 240
Musik zu Purim — 241
Niggunim — 242
Hava Nagila — 243
Die Geschichte von „Eili, Eili" — 244
Oif'n Pripetschik brent a Faierli — 245
Zion und Israel — 247
Hatikva – 50 Jahre Jüdische Nationalhymne — 248
Joseph Achron (1886-1943) — 249
Michael Joseph Gusikow (1806-1837) — 250
Mordechai Sandberg — 251
Joachim Stutchevsky — 252

Beiträge in wissenschaftlichen Periodica — 254
Vom Sammeln jüdischer Musik — 254
Salomon Sulzer (1804-1890) — 262

Letters to the Editor — 272
Ein verschwiegener Name – Louis Lewandowski — 272
Um den Nachlass von Joseph Achron — 272

Eric Mandell –
Leben und Wirken in den USA

Ronna Honigman

Neubeginn in Philadelphia

Martha und Erich Mendel erreichten New York im Januar 1941. Dies war der Anfang eines neuen Lebens. Die Mendels blieben dort bis zum August dieses Jahres. Erich Mendels Ziel war es, die Stelle des Kantors oder Musikdirektors einer Synagoge zu bekommen. Er lernte Rabbi David De Sola Pool von der sephardischen Synagoge „Shearit Yisrael" in New York kennen. De Sola Pool war an Mendel interessiert und erwog, ihm eine solche Stelle anzubieten. Ein Konflikt bahnte sich an, als Rabbi Greenberg von der Har-Zion-Synagoge in Philadelphia ebenfalls Interesse an Mendel bekundete. Der Zufall wollte es, dass die Verwaltungsräte beider Synagogen an ein und demselben Termin zusammenkommen sollten, um Mendel kennen zu lernen und über die Besetzung der Stelle zu entscheiden. Als Rabbi Greenberg von der drohenden Konkurrenz erfuhr, versprach er Mendel die Stelle und bestand darauf, dass er nach Philadelphia käme. „Wir waren zu jener Zeit noch sehr unerfahren. Wir verhandelten nicht. Wir taten, was man uns sagte."[1] Mendel informierte Rabbi De Sola Pool über das Stellenangebot an der Har-Zion-Synagoge und machte sich mit seiner Frau auf den Weg nach Philadelphia. (In Amerika nannte sich Erich Mendel Eric Mandell.)

Als Musikdirektor der Har-Zion-Synagoge leitete er drei Erwachsenenchöre. Außerdem organisierte er zwei Kinderchöre. Schüler der „Midrasch-Klasse" bildeten den Chor der Jugendlichen, und die Kinder der Hebräisch-Klasse wurden eingeladen, im Kinderchor mitzusingen.

Har-Zion-Synagoge in Philadelphia in der Mitte des 20. Jahrhunderts

Jedes Jahr traten beide Chöre (etwa hundert Schüler) gemeinsam in einem Freitagabend-Gottesdienst auf. Die Auftritte der Kinder sollten die Beteiligung der Familien am Gottesdienst fördern. Die Kinder führten auch zahlreiche Singspiele auf, die für die Feiertage und besondere Anlässe komponiert waren.²

In einem Brief an Rabbi Greenberg vom 14. Mai 1946 zählt Mandell seine Verantwortungsbereiche auf, um damit seinen Wunsch nach einem höheren Gehalt zu begründen: „Zur Zeit umfasst meine Arbeit zwei Bereiche: Die Gottesdienste in der Synagoge und die Arbeit in der Schule.

In der Synagoge habe ich die volle Verantwortung für den Chor und die Vorbereitung; das verlangt meine Anwesenheit bei allen Gottesdiensten während des ganzen Jahres, Stunden des Einstudierens und viel Zeit für die Auswahl und das Arrangieren der Musikstücke. Wie Sie wissen, gab es eine Anfrage, einen Chor für die Gottesdienste an den Hohen Feiertagen im Auditorium zu leiten. Sie können sich vorstellen, dass diese Arbeit meine gesamte Zeit in den Sommermonaten beansprucht und ich somit keine Stelle in einem Sommerlager annehmen kann.

Die Arbeit in der Schule umfasst die Unterrichtsstunden im Klassenzimmer, Teilnahme an der Versammlung sowie Einzel- und Gruppenunterricht (Clubs). Mein Stundenplan sieht Klassenunterricht am Nachmittag vor, Lehrerfortbildung und Gestaltung von Morgenversammlungen. Zusätzlich gehört auch die Musik für die Konfirmationsgottesdienste (Bar Mizwa und Bat Mizwa) zu meinen Aufgaben."³

Gemeinsames Konzert von Jugend- und Kinderchor

Mandell erinnert den Rabbiner an seine umfassende berufliche Erfahrung und fordert ein Gehalt von „nicht weniger als $ 3.600 im Jahr".

Mandells Hingabe an seine Arbeit blieb nicht gänzlich unbemerkt, berichten Irv und Janet Yudkin. Mandells Engagement für die synagogale Musik wurde jedoch nicht in dem Maße anerkannt, wie er es verdient hätte.

Die Yudkins, beide Berufsmusiker, arbeiteten in Mandells Erwachsenenchor mit. Janet, eine Sopranistin, sang 1950 beim „High Holiday Choir". Der Bassist Irv war als Profi in dem Freiwilligenchor, der an Schabbat und den Hohen Feiertagen sang. Die Yudkins hatten sich bei einer gemeinsamen Chorprobe für eine Aufführung beim Men's Club kennen gelernt. Mandell bot ihnen die Leitung der beiden Kinderchöre an. Nachdem sie 1956 geheiratet hatten, bat Mandell Irv, der Musiklehrer an einer öffentlichen Schule war, diese Position an der jüdischen Schule zu übernehmen. Die Yudkins lehrten unter der Aufsicht von Mandell bis 1962. In jener Zeit lernten sie ihn sehr gut kennen. Beide behaupten, dass durch seine Sammlung Musik von ungewöhnlich hoher Qualität nach „Har Zion" kam. Isaac Wall, Kantor von „Har Zion", hegte große Hochachtung für Mandell, weil dieser stets bereit war, sich neuer Musik zu öffnen und für gute Aufführungen zu sorgen.[4]

Mandell bestand darauf, jüdische Sänger zu engagieren. Diese Praxis war ungewöhnlich, da die meisten Synagogen Nicht-Juden beschäftigten. Mandell wollte jedoch jüdische Musiker fördern und ermutigen. Die Sänger, mit denen er arbeitete, schätzten ihn sehr. Die meisten von ihnen sangen viele Jahre unter seiner Leitung. Während der Proben gab Mandell die englische Übersetzung der Liedtexte aus, so dass die Sänger nicht für sie sinnlose Silben singen mussten. Denn obwohl er darauf bestand, nur jüdische Sänger aufzunehmen, waren doch nicht alle des Hebräischen mächtig. In den Proben bemühte sich Mandell, auch mit Worten seine musikalische Interpretation zu erklären. Er drückte diese nie allein durch die Art seines Dirigierens aus. Er dirigierte jedes Werk auf gleiche Weise. Yudkin betont, dass dies die Qualität der Aufführungen nicht beeinträchtigte, da Mandell die Gabe hatte, wirklich musikalische Sänger auszuwählen.

Auftritt des Auswahlchors in der Synagoge

Mandells Auswahl synagogaler Musik bewies den hohen Standard, den er setzte. Er suchte nur solche Musik aus, die Gebetsformen aufnahm oder auf diesen basierte. Er war besonders kritisch gegenüber dem, was er die „Second-Avenue-Musik" nannte. Mandell erklärte diesen Begriff als eine Parodie auf die osteuropäische Musik, die im jiddischen Theater auf der 2nd Avenue in New York zu hören war.

Als Chorleiter erwartete Mandell von seinen Sängern ein hohes Maß an Professionalität. Von allen wurde erwartet, dass sie vom Blatt sängen und ihre Stimmen gut einstudierten.

Herr Yudkin weiß von einem Vorfall zu berichten, als jemand in einer Aufführung eine falsche Note sang und Mandell daraufhin in Wut geriet. Mandell verließ sein Pult, ging wütend auf den Übeltäter zu und flüsterte: „Give back your check!" (sinngemäß „Du bist dein Geld nicht wert.") Obwohl die Versuchung zu lachen groß war, versagte keine der Stimmen. Man hatte sehr wohl in Mandells Ausbildung gelernt, dass die Aufführung weitergehen musste, ungeachtet jeglicher unvorhersehbarer Ereignisse. Frau Yudkin beschreibt Mandell als einen elitären Menschen, der Distanz wahrte. Isaac Wall behauptet, dass er reserviert war.[5] Trotz alledem war Mandell sehr beliebt bei seinen Studenten und den Menschen, die mit ihm arbeiteten. Wall versichert: „Eric ist ein warmherziger und mitfühlender Mensch, der sich um andere sorgt. Woran zeigt sich das? An seiner Musik und seiner Interpretation. Was er singt, wird durch ihn lebendig!"[6]

Eric Mandell inmitten eines seiner Chöre

Einladung von
Professor Ismael Elbogen
an Eric Mandell

Mandells Einfluss reichte über die Gemeinschaft der Synagoge hinaus. Er hielt zahlreiche Vorlesungen über jüdische Musik sowie Vorträge über seine Sammlung bei Kantorentagungen und in der Universität. Auch das „Gratz College" profitierte von Mandells musikalischem Enthusiasmus. Mandell initiierte einen Kurs für jüdische Musik, der Teil der pädagogischen Lehrerausbildung im „Gratz College" wurde. Als Mandell wegen Arbeitsüberlastung seine Lehrtätigkeit beenden musste, dankte ihm William Chomsky, Dekan der Fakultät, in einem Brief vom 14. Juni 1956 mit den Worten: „In den vierzehn Jahren der Verbindung mit dem Gratz College hat Ihre Hingabe und Gewissenhaftigkeit tiefe Spuren in der Studentenschaft hinterlassen. Wir alle werden Sie lange in Erinnerung behalten, weil Sie den ersten Musikkurs am Gratz College eingeführt und ihn zum integralen Bestandteil der Lehrerausbildung gemacht haben. Wir alle sind Ihnen für diesen hervorragenden Dienst zu großem Dank verpflichtet."

Neubeginn in Philadelphia

Beginn der zweiten Sammlung

Wenn Mandell keinen Schulunterricht hielt, am „Gratz College" lehrte oder sich seinen Aufgaben in der Synagoge widmete, war er eifrig bemüht, seine zweite Sammlung aufzubauen. Das erste Buch, das er erwarb, war eine Sammlung von Synagogen-Kompositionen von Hirsch Weintraub (1811-1881), „Shire Beth Adonai", veröffentlicht im Jahre 1859. Er kaufte es im „Schenker's Book Store" auf der East Side für fünfzehn Dollar. Mandell fand den Preis sehr hoch, aber er konnte es mit dem Geld bezahlen, das er 1942 von der „Konfirmandenklasse" in „Har Zion" als Geschenk erhalten hatte. Mandells Exemplar gehört zur zweiten Auflage, es existiert aber in der „Sammlung Birnbaum" in Cincinnati ein Exemplar der ersten Auflage. Laut Idelsohn sind viele Werke in dem Buch in einem „unjüdischen Stil" geschrieben. Glücklicherweise wurden diese nicht beachtet, aber die wenigen Stücke in jüdischem Stil machten Weintraub bekannt und retteten sein Werk vor dem Vergessen.[7]

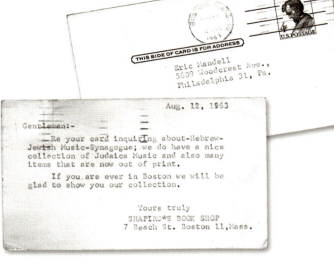

Angebot eines Antiquariats aus Boston

Mandell fuhr zweimal im Monat nach New York, um die Buchläden der East Side zu durchstöbern. Den Buchhändlern wurde er als Kunde bald so bekannt, dass sie ihn oft im Keller weitersuchen ließen. Dieses freundliche Entgegenkommen hatte auch negative Seiten. Die Händler merkten schnell, dass Mandell ein Sammler war. Das trieb die Preise der von ihm ausgewählten Werke in die Höhe. Mandell schrieb an jüdische Buchhandlungen und Antiquariate auf der ganzen Welt. Wo vorhanden, bestellte er Kataloge und fand darin oft die größeren, von ihm gesuchten Werke. Kleinere Werke waren dort nicht verzeichnet, so dass Mandell nach Europa reiste, wann immer es ihm möglich war, um an Ort und Stelle auswählen zu können.

Immer mehr private Eigentümer erfuhren von Mandells Leidenschaft und nahmen zu ihm Kontakt auf. Am 22. März 1948 erhielt Mandell einen Brief von Alex Fisher aus Toronto mit dem Briefkopf „Mother's Helper Diaper Service" (etwa Windeldienst für Mütter), adressiert an Rev. Eric Mandell. „Ich glaube, Sie sind derselbe Rev. Mandell, den ich aus früheren Jahren in Wien und Budapest kenne. Auf jeden Fall stelle ich mich Ihnen zunächst einmal vor. Ich bin der jüngste Sohn des verstorbenen Rev. Heinrich Fisher.

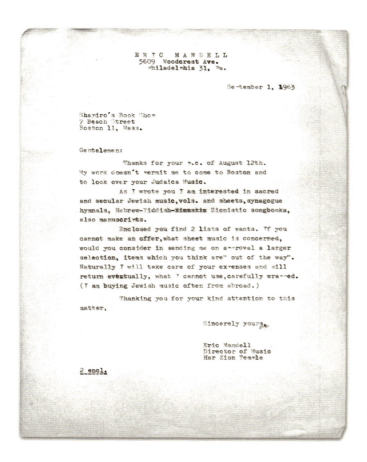

Aus der Korrespondenz mit Anbietern

[...] Ich bin Teilhaber in oben genannter Firma, die wir vor ungefähr einem bis eineinhalb Jahren übernommen und darum immer noch zu kämpfen haben. Rev. Davidsohn aus London ließ mich wissen, dass Sie an der Bibliothek interessiert sind, die mein lieber Vater hinterlassen hat, und dass Sie eine Aufstellung über den Inhalt besitzen. Sollten Sie gewillt sein, den Preis von $ 500 zu zahlen, werden die Werke, von denen viele auf dem Markt nicht erhältlich sind, direkt von Großbritannien an Sie verschifft. Im Gegenzug würde ich Sie bitten, einen Scheck oder Geld an meine oben genannte Adresse zu senden. Ich möchte die Bücher nicht einzeln veräußern, wie verlockend ein Angebot auch immer sein könnte. Für eine baldige Antwort wäre ich sehr dankbar, da ich bislang noch niemand sonst kontaktiert habe, sondern zunächst mit Ihnen in Verbindung treten wollte..." In der Tat war Mandell interessiert, die ihm angebotene Sammlung zu erwerben.

Seine harte Arbeit schien sich reichlich auszuzahlen. In einem Brief vom 7. April 1949 an die Musikwissenschaftlerin A. Irma Cohon, Kollegin und Sammlerin wie er, schreibt Mandell über seine Fortschritte beim Wiederaufbau seiner Sammlung. „In Ihrem letzten Brief fragten Sie mich nach der Arbeit an meiner Bibliothek. Ich freue mich, Ihnen mitteilen zu können, dass meine Sammlung wächst und wächst. Ich konnte in verschiedenen Ländern Europas viele wertvolle Ergänzungen finden. Mein letzter Fund waren zwei Bände Partituren von Eduard Birnbaum, die um 1900 in der Synagoge von Königsberg gespielt wurden."

Im Juli 1958 wandte sich Theodore A. Seder, der Verwalter der „Edwin A. Fleisher-Musiksammlung", an Mandell wegen des Verkaufes der Bibliothek Joseph Achrons mit dessen handschriftlichen Werken. Der folgende Brief war adressiert an Dr. Mandell: „Frau Joseph Achron, die Witwe des verstorbenen Komponisten, korrespondiert seit einiger Zeit wegen verschiedener Angelegenheiten mit mir. Dadurch erfuhr ich von der Notsituation, in die sie geraten ist, da ihr verstorbener Mann nicht versichert war und sie wegen ihres Alters (72 Jahre) nicht mehr arbeiten kann. Aus diesen Gründen habe sie die schwierige Entscheidung getroffen, Achrons Bibliothek handschriftlicher Werke zu veräußern. Ich habe ihr jede mögliche Hilfe angeboten. Eine Liste von einhundertvierzig dieser Werke liegt mir nun vor. Sie beinhaltet Kompositionen für Violine und Klavier, sowohl im Original wie auch als Transkription, einschließlich einiger Kadenzen für bekannte Violinkonzerte. Viele Vokalwerke mit deutschen, englischen und hebräischen Texten sind ebenso enthalten. Es finden sich außerdem viele jüdische religiöse Lieder und religiöse Harmonisierungen, zusätzlich auch Solowerke für Klavier, Bratsche und Cello sowie Kammermusikstücke. Sollten Sie meinen, dass einige dieser Werke einen Platz in ihrer Bibliothek finden könnten, würde ich Ihnen die Liste zusenden, die Frau Achron mir hat zukommen lassen. Ich hoffe natürlich, dass Sie an dieser Musik Interesse haben." Mandell wurde durch diesen Brief ermutigt und schrieb an Marie Achron. Er teilte ihr mit, dass er „fast alle gedruckten Werke in hebräischem Stil" ihres verstorbenen Mannes besäße, einschließlich „einer Reihe von Ausgaben, die in Europa gedruckt wurden, besonders die der ‚Gesellschaft für Jüdische Volksmusik', St. Petersburg, und die ‚Juval'-Ausgaben". Er sei allerdings an den Originalmanuskripten Joseph Achrons interessiert. Doch der geforderte Preis war so hoch, dass Mandell nichts von der Sammlung kaufen konnte.

Titelseite des ersten Bandes „Schir Zion" von Salomon Sulzer

In einer von Mandells Erwerbungen befand sich ein Exemplar der ersten Auflage von Freudenthals „En Kelohenu". Mandell hatte einmal ein Exemplar besessen, aber es hatte sich unter den Musikbänden befunden, die nach Holland geschickt und schließlich verloren gegangen waren. Er war begeistert, es von einem Privatbesitzer aus Philadelphia kaufen zu können.

Jüdische Theatermusik gehört ebenfalls zu Mandells Schätzen. Laut Mandell ist Theatermusik, die vor 1900 veröffentlicht wurde, sehr selten.[8] Nur die Liedtexte wurden veröffentlicht. Mandell war auch an populären jüdischen Liedern interessiert. Die Texte dieser Lieder spiegelten sowohl die „zures" (Mühen) als auch die „naches" (Freuden) der jüdischen Gemeinschaft. Das Problem der ›Mischehe‹ beispielsweise wird in „My Yiddische Colleen" und „Marry a Yiddische Boy" aufgegriffen. Sogar die Geschichte um die Opfer des „Triangle Fire" taucht in einer musikalischen Version auf.[9]

176

Rückblick auf die Bochumer Sammlung

Mandell widmete sich mit beispiellosem Eifer seinen Sammleraktivitäten. Irv Yudkin bemerkt, dass er doppelt so hart zu arbeiten schien, weil seine erste Sammlung verloren war. Mandell wollte es zunächst nicht akzeptieren, dass seine erste Sammlung unwiederbringlich verloren war. Er stellte wiederholt Nachforschungen an, um wenigstens Teile wieder zu finden, die den Nazi-Albtraum überlebt haben könnten. Der folgende Brief von August 1946 war an Professor Salo W. Baron in New York gerichtet. Mandell nennt im Briefkopf seinen amerikanisierten Namen sowie seinen deutschen, Erich Mendel. Dieser Brief schildert nicht nur die Abläufe vor dem Verlust der Sammlung, sondern auch ihre wertvollen Inhalte.

„Darf ich um Ihre freundliche Hilfe bitten, um an Informationen über meine Bibliothek zu gelangen, die ich im Januar 1939, als ich noch in Deutschland war, an meine Verwandten Löhnberg, Pieter Bothste 32, in Enschede, Holland schickte. Als meine Vettern 1940 in Holland untertauchen mussten, war die Bibliothek noch vollständig auf dem Dachboden ihres Hauses vorhanden. Als sie 1945 aus ihrem Versteck zurückkehrten, fanden sie nur noch 50 der ursprünglich 1000 Bücher vor. Mein Cousin konnte keine verlässlichen Auskünfte bekommen, was die Nazis mit meiner Sammlung gemacht hatten. Einen Teil verbrannten sie, den größeren aber verluden sie auf Lastwagen.

Der wertvollste Teil meiner Bibliothek war eine Sammlung synagogaler Musik, von hebräischer und jüdischer Musik, ebenso Literatur über diese Themen sowie kostbare Manuskripte. Ich habe kein Verzeichnis meiner Bücher, aber die beigefügte Aufstellung wird Ihnen einige Informationen geben. Ein zweiter Teil der Sammlung bestand aus allgemeiner Literatur über Musik, besonders über jüdische Musiker, etwa 200 Bände. Der restliche Teil beinhaltete eine Sammlung allgemeiner Judaica und Hebraica, einschließlich vieler Nachschlagewerke, wie „Das Jüdische Lexikon", 5 Bände; Gratz, „Geschichte der Juden", ca. 12 Bände; Mendel, „Musikalisches Konversationslexikon", ca. 11 Bände und viele andere. Leider ist in meinen Büchern mein Name nicht eingetragen. Sie ließen sich aber daran erkennen, dass sie neu gebunden waren. Ich könnte detaillierte Auskünfte über meine Manuskripte geben.

In der Anlage sind einige Titel der 200 Bücher meiner Sammlung hebräischer Musik aufgeführt. Außerdem gab es Ordner mit Artikeln und Aus-

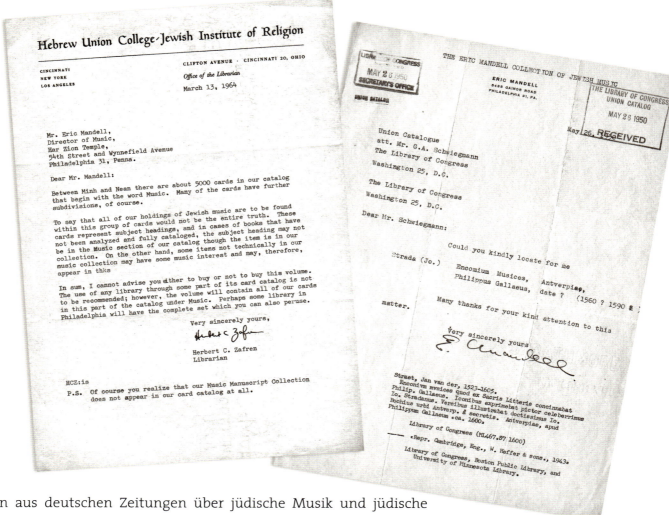

Aus der Korrespondenz mit Bibliotheken

schnitten aus deutschen Zeitungen über jüdische Musik und jüdische Musiker. Meine Sammlung umfasste das gesamte musikalische und literarische Werk Arno Nadels, der ein geschätzter Freund von mir war. Außerdem gab es Notenmanuskripte von Hermann Levy, Hugo Adler und anderen. [...] Ich würde Ihnen gerne [...] weitere ausführlichere Hinweise zu den Büchern und Manuskripten geben, wenn ich gelegentlich nach New York komme."

Einem anderen Brief aus Mandells gesammelter Korrespondenz zufolge setzte er sich im November 1949 mit der „Commission on European Jewish Cultural Reconstruction" in Verbindung. Mandell hatte gehört, dass offensichtlich viele Bücher aus der Nazizeit entdeckt worden waren und derzeit an Bibliotheken in den Vereinigten Staaten verteilt wurden. Mandell fragte: „Kann es sein, dass Teile meiner Sammlung unter diesen Büchern sind? Gibt es gar eine Möglichkeit für mich, diese Bücher durchzusehen?" Mandells Anstrengungen blieben erfolglos. Der Verlust, unter dem er litt, trieb ihn an, seine Bibliothek in einer privaten Sammlung erneut aufzubauen, die heute in der Welt ihresgleichen sucht.[10]

Ausstellungen

In weniger als fünf Jahren wuchs Mandells Sammlung beträchtlich, und er hatte den Wunsch, sie auszustellen. Da er nicht wusste, wie er dies zu organisieren hatte, suchte Mandell Arthur Cohn auf, den Leiter der Musikabteilung der „Free Library" in Philadelphia. Cohn zeigte Interesse an den Ideen und man plante, 330 Exemplare der Bibliothek Mandells auszustellen, die die Vielseitigkeit der jüdischen Musik belegten. Die Ausstellung, die „im jüdischen Monat der Musik" (Februar-März 1947) stattfand, war so erfolgreich, dass sie um zwei Wochen verlängert wurde. Viele Zeitungen in New York und Philadelphia veröffentlichten Artikel über die Ausstellung und den Sammler. Die „Jewish Times" berichtete: „Außergewöhnliche Exponate jüdischer Musik in der Ausstellung sind die ‚Kol-Nidre-Lieder'; jüdische Musik veröffentlicht in Jugoslawien, in der Türkei, Südafrika und anderen Ländern; jüdische Operetten; die Beiträge nichtjüdischer Komponisten zur synagogalen Musik; jüdische Volksmusik und klassische Kompositionen für die Synagoge."[11] Die Ausstellung umfasste

Erste Ausstellung aus der Sammlung Eric Mandells in der Free Library in Philadelphia im Frühjahr 1947

Abteilung „Volksmusik" in der Ausstellung der „Mandell-Collection"

Veröffentlichungen der „Gesellschaft für Jüdische Volksmusik" von St. Petersburg, des „Juval Verlagshauses" in Berlin und Tel Aviv und „Jibneh" in Jerusalem und Wien.[12]

In einem Brief an A. Irma Cohon vom 15. April 1947 schreibt Mandell über die Veranstaltung: „Ich würde gerne einen kurzen Bericht über meine Ausstellung geben – die aufregendste Erfahrung meines Lebens. Die Verwaltung der ‚Free Library' in Philadelphia zeigte gegenüber der Mannigfaltigkeit jüdischer Musik mehr Anerkennung und Respekt als jede andere Institution, bei der ich zu diesem Thema angefragt hatte. Ich stellte mehr als 300 Exponate aus, über 45 Themengebiete waren abgedeckt. Die Ausstellung fand Beachtung in der Öffentlichkeit durch die allgemeine und jüdische Presse, die auch Bildmaterial zeigte. Ich darf betonen, dass dieses die erste Ausstellung über jüdische Musik in dieser Größenordnung ist, die in irgendeiner Bibliothek in den Vereinigten Staaten je stattgefunden hat. (Ich habe auch noch von keiner Ausstellung dieses Umfangs in Europa gehört.) Die Ausstellung bietet ein Kaleidoskop jüdischer Musik. [...] Ich hatte Besuch aus Alexandria (Ägypten), der in meiner Ausstellung ein sephardisches ‚Kol Nidre' entdeckte, das in Alexandria gedruckt war. Die Ausstellung stellte einen Überblick über die Reichtümer der musikalischen Schätze des jüdischen Volkes dar." Mandell zufolge gab es drei jüdische Musikausstellungen, die vor seiner eigenen von 1947 stattgefunden hatten. Sie waren aber nur Teil größerer jüdischer Ausstellungen in London (1887), Wien (keine Angabe) und Frankfurt (Zwanziger Jahre). Keine konnte jedoch in Größe und Vielfalt mit Mandells Ausstellung konkurrieren.

Das Ausstellungsverzeichnis mit Lageplan der Vitrinen

Blick in den Ausstellungsraum

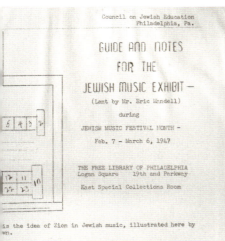

Die sechswöchige Ausstellung in der Bibliothek war so erfolgreich, dass in der Folge Mandell von verschiedenen Repräsentanten anderer Organisationen und Institutionen angesprochen wurde, die an ähnlichen Projekten interessiert waren. Mandell reagierte mit großer Begeisterung. Er begann mit Vorbereitungen für weitere Ausstellungen in New York, Philadelphia und Washington, D.C.

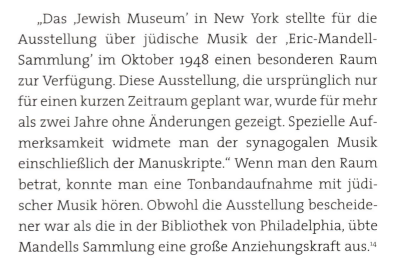

„Das ‚Jewish Museum' in New York stellte für die Ausstellung über jüdische Musik der ‚Eric-Mandell-Sammlung' im Oktober 1948 einen besonderen Raum zur Verfügung. Diese Ausstellung, die ursprünglich nur für einen kurzen Zeitraum geplant war, wurde für mehr als zwei Jahre ohne Änderungen gezeigt. Spezielle Aufmerksamkeit widmete man der synagogalen Musik einschließlich der Manuskripte." Wenn man den Raum betrat, konnte man eine Tonbandaufnahme mit jüdischer Musik hören. Obwohl die Ausstellung bescheidener war als die in der Bibliothek von Philadelphia, übte Mandells Sammlung eine große Anziehungskraft aus.[14]

Kleinere Ausstellungen wurden zur Feier des „300. Jahrestages der Ansiedlung von Juden in den Vereinigten Staaten von Amerika" im „Jewish Museum" in New York und im „Smithsonian Institute" in Washington veranstaltet. Auch im „Curtis Institute" in Philadelphia zeigte man jüdische Kunst sowie Exponate von jüdischer Vokal- und Instrumentalmusik.

Neubeginn in Philadelphia

Mandell bereitete außerdem für die „Exhibit Hall B'nai Brith Building" in Washington, D.C., eine Ausstellung von Werken jüdischer Musik vor, die in den Vereinigten Staaten gedruckt worden waren. Die Ausstellung dauerte von Februar bis Ende März 1961 und war die erste ihrer Art in Amerika. „Besondere Aufmerksamkeit wurde einem Teilbereich geschenkt: ‚Amerikana in jiddischen Liedern'. Die Abteilung zeigt eine Sammlung populärer Notenblattausgaben mit Szenen aus dem Leben amerikanischer Juden […] Sie griffen Ereignisse wie die Tragödie der Titanic, die Wirtschaftskrise oder das ‚Triangle Fire' auf."[15]

Jüdische Musik zu amerikanischen Themen

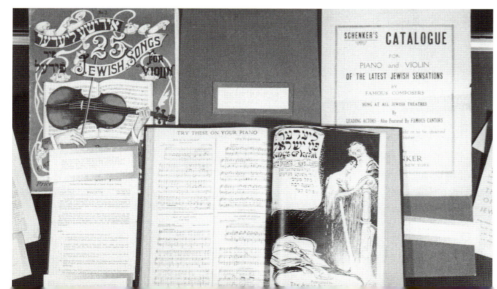

Ehrungen

Bei Mandells Ausscheiden aus der Har-Zion-Synagoge am 10. März 1969 forderte Florence Elitzky viele Menschen, die mit ihm gearbeitet hatten oder ihn kannten, auf, einen Brief an Mandell zu schreiben. Elitzky sammelte die Briefe und überreichte sie Mandell als Geschenk. Unter den zahlreichen Briefschreibern waren Chaim Potok, Solomon Grayzol und viele Kantoren und Rabbiner, die beruflich mit Mandell zusammengearbeitet hatten. David Goldstein, Rabbi Emeritus der Har-Zion-Synagoge, schreibt: „Die Gottesdienste in Har Zion wurden in hohem Maße bereichert durch die Inspiration, die Sie dem Chor und durch dessen Gesang all denen vermittelten, die die Gottesdienste in unserer großen Gemeinde besuchten. Zusätzlich zu diesen musikalischen Talenten haben Sie sich in der Wissenschaft ausgezeichnet. Wir alle schulden Ihnen Dank für die Rettung unersetzbarer Manuskripte und das Zusammentragen einer Musiksammlung, die in der Zukunft einen Schatz für Wissenschaftler darstellen wird. Ohne Sie wäre all dies verloren gewesen. Im wahrsten Sinne haben Sie ein Wunder der Auferstehung dessen vollbracht, das verloren und tot gewesen wäre."

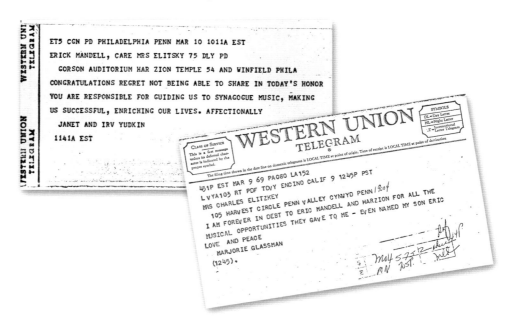

Eric Mandell, gezeichnet von schwerer Krankheit, Porträt aus dem Jahr 1981 anlässlich der Ehrenpromotion

Kantor Walls Brief zeigt die tiefe Bewunderung und den Respekt, den er für Mandell empfindet: „Wenn die Geschichte die Namen unserer führenden Persönlichkeiten aufzeichnet, so werden auch die Namen derer verzeichnet sein, die in ihrer Hingabe an die jüdische Musik die hebräische Musik für folgende Generationen bewahrt und am Leben erhalten haben, die ein Teil unseres reichen Erbes ist. Eric Mandells Name wird wie ein Leuchtfeuer unter ihnen scheinen."

Am 15. Juni 1981 wurde Mandell eine besondere Ehre zuteil. Das „Gratz College" verlieh den Grad des „Doctor of Humane Letters", ehrenhalber, an „the lover of children and Yiddishkeit; exacting perfectionist; passionate friend of those in search of integrity; inspired idealist and eternal student ... the personification of the majesty of Jewish music."[16] („den Freund der Kinder und der Jüdischkeit; den anspruchsvollen Perfektionisten; den leidenschaftlichen Freund derer, die auf der Suche nach Integrität sind; den inspirierten Idealisten und lebenslang Lernenden [...].")

Begleitet von seiner Frau Martha empfing Eric Mandell in Elkins Park, Pennsylvania, im „Krauskopf Auditorium" der „Reform Congregation Keneseth Israel" unter standing ovations des Publikums seinen Ehrendoktor. „Er darf und soll den Titel „Doctor of Humane Letters" als die Krönung seiner Karriere betrachten."[17]

Anlässlich der Ehrung erhielt Mandell zahlreiche Glückwunschschreiben. Eines der Schreiben kam von Rabbi Wolpe aus „Har Zion" und erinnerte Mandell an die Zuneigung, die man immer noch in der Gemeinde für ihn hegte. „Die ganze Synagogenfamilie freut sich mit Ihnen und Frau Mandell."[18] Ein anderer Brief erreichte ihn von einer ehemaligen Schülerin, die Mandell in Bochum, Deutschland, unterrichtet hatte. Steffi Perlstein schreibt: „Ich bin begeistert, dass Ihnen diese wohlverdiente Ehre zuteil wurde. Meine herzlichsten Glückwünsche. Ihr gesamtes Leben haben Sie der Musik gewidmet, und ich darf mich glücklich schätzen, von Ihrem enormen Wissen profitiert zu haben. Ich weiß, dass Sie immer am Werdegang Ihrer Ex-Bochumer interessiert sind, und wir haben allen Grund, stolz auf unseren ‚background' und die ausgezeichnete Ausbildung zu sein, die wir Ihnen verdanken."[19]

Chassidische Weisheit lehrt: „Deinem Gott zu singen ist gut, aber ungleich besser ist, wenn Gott in Dir singt." […] Eric Mandell hat sein Leben lang der jüdischen Musik gedient und sie gefördert, geleitet und erfüllt von einer „inneren Melodie".[20]

Eric Mandell auf der Orgelbank

Eric und Martha Mandell beim Katalogisieren

Entstehung und Inhalt der Eric-Mandell-Collection

Erfassung und Aufbau der Sammlung

Die Mandellsche Sammlung ist in der „Abner and Mary Schreiber Music Library" des „Gratz College" untergebracht. Die Eröffnung der Bibliothek fand am 24. Mai 1970 statt. Die „Philadelphia Jewish Times" berichtete über dieses Ereignis: „Ein musikalischer Spiegel jüdischer Geschichte: Die Abner and Mary Schreiber Music Library des Gratz College wurde am Sonntag mit einem Auftritt von Israels herausragendstem Pianisten, David Bar-Ilan, feierlich eröffnet. [...] Die Bibliothek wird die Eric-Mandell-Sammlung jüdischer Musik beherbergen, die als die größte und vielfältigste Sammlung handschriftlicher und gedruckter Musik in der westlichen Welt gilt".[21]

Mandell pflegte und organisierte seine Sammlung pedantisch genau. Er katalogisierte die gesamte Musik nach Themen und hier alphabetisch nach Komponisten und Arrangeuren. Einige dieser Themen sind die „Tin Pan Alley"-Lieder; „Synagogale Musik"; „Jüdische Arbeiterlieder"; „Der Zion-Gedanke" und „Kol Nidre".

Jeder Neuzugang wurde von Martha Mandell auf einer eigenen Karteikarte genauestens beschrieben. Alles war erfasst: Komponist, Arrangeur, Beschreibungen zu Vokal- oder Instrumentalbesetzung, Sprache, die Anzahl der Seiten, Informationen zur Veröffentlichung sowie in manchen Fällen interessante Tatsachen oder Kommentare zu der Musik. Diese mühsame Arbeit dauerte Jahre bis zu ihrer Vollendung. Martha Mandell erinnert sich an unzählige Abende und Wochenenden, an denen sie ihrem Mann bei seiner Sammlung half und jede Einzelheit aufzeichnete.

Die Sammlung Mandell umfasst außer Musikalien vierhundert Bücher. Sie werden derzeit klassifiziert und katalogisiert von Warner Victor, der die Sammlung Mandell bearbeitet. Victor zufolge besteht ungefähr ein Drittel der Sammlung aus ›seltenen‹ Büchern.[22] Eine Einteilung dieser Werke nach allgemein üblichen Kategorien bietet sich wegen der besondern Art der Sammlung nicht an. Victor hat ein eigenes Einteilungssystem entwickelt, das ein schnelleres Einordnen der Bücher ermöglichen soll. Michael Grünberger, Bibliothekar am „Gratz College", und Victor versuchen, einen Plan auszuarbeiten, der die Bücher in die Bestände der Hauptbibliothek integriert, sodass sie für die Öffentlichkeit leichter zugänglich werden. Victor arbeitet außerdem an einer kommentierten Bibliographie über fünfundsechzig seltene Bücher, die Teil der Büchersammlung sind, aber nicht zur Musikliteratur[23] gehören. Viele dieser Bücher sind Biographien und Autobiographien.

Rekonstruktion Alter Musik

Andere interessante Themen betreffen die Geschichte der liturgischen und der biblischen Musik, u. a. zwei beachtenswerte Beispiele über Versuche, alte Musik wieder lesbar zu machen.

Ein deutscher Autor, Conrad Gottlob Anton, unternahm den ersten Versuch. Sein Aufsatz: „Versuch, die Melodie und Harmonie der alten hebräischen Gesänge und Tonstücke zu entziffern" befasst sich mit der Aufgabe, alte jüdische Lieder, vor allem Psalmen, zu rekonstruieren. Hebräische Betonungen werden hierbei als Musiknoten interpretiert. Die Arbeit wurde 1790 in Jena veröffentlicht. Ein anderer deutscher Schriftsteller, Leopold A. Arends, versuchte sich an einem ähnlichen Projekt. Sein Buch: „Über den Sprechgesang der Vorzeit" wurde 1867 in Berlin veröffentlicht. In diesem

Musik der Bibel

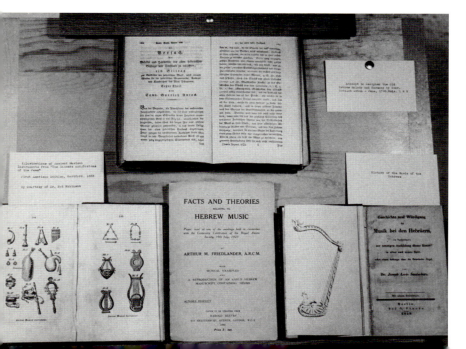

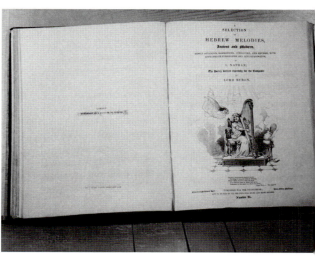

Werke jüdischer Komponisten aus Russland

Buch erklärt Arends seine Theorie über die alte jüdische religiöse Musik, die auf ihrer engen Verwandtschaft zur Struktur der Sprache beruht.

Schriftsteller nutzten in vielen Fällen die Bibel als ihre erste Quelle. August Friedrich Pfeiffer verfasste das Buch „Über die Musik der alten Hebräer", das sich mit der alten hebräischen Musik und mit Musikinstrumenten befasst, wie sie in den Psalmen beschrieben werden. Dieses Buch, mit einer Fülle von bibliographischen Fußnoten, hat das frühe Erscheinungsdatum 1779. „Es enthält einen wunderschönen Kupferstich, der Musikinstrumente der Bibel zeigt und trägt eine Notiz in alter Handschrift: ‚Aus dem Besitz von C. M. von Weber'."[24] Im Jahr 1834 schrieb Joseph Schneider eine ähnliche Arbeit über alte Musik mit biblischem Bezug. Die „biblisch-geschichtliche Darstellung der hebräischen Musik" ist ein beachtenswertes Buch, weil es eine Bibliographie enthält. Victor stellt fest, dass in der Sammlung Mandell nur wenige Bücher, die während des 18. und 19. Jahrhunderts erschienen sind, bibliographische Informationen enthalten. In keinem findet sich ein Register und oftmals fehlt das Inhaltsverzeichnis.

Musik der Reformbewegung

Viele der im 19. Jahrhundert erschienenen Bücher waren „Nebenprodukte" der Reformbewegung. Ein Beispiel ist „Kol Zimrah", herausgegeben von M.M. Büdinger, veröffentlicht in Kassel 1832. Es ist ein Liederbuch für Kinder mit vierstimmigen Sätzen ohne Orgelbegleitung, eindeutig im Stil eines protestantischen Chorals und in deutscher Sprache. Eine große Debatte in der Reformbewegung Mitte des 19. Jahrhunderts befasste sich mit der Verwendung der Orgel in Synagogen. David Deutsch schrieb eine

Widerlegung halachischer Betrachtungen einer rabbinischen Auffassung, die die Einführung der Orgel in die Neue Synagoge in Berlin (1866) befürwortete. Seine leidenschaftlichen Ausführungen sind in der Arbeit „Die Orgel in der Synagoge" erschienen, die 1863 in Breslau veröffentlicht wurde. Ein faszinierendes „Siddur" mit dem Titel „Siddur T'filoh – Israelitische Gebetsordnung für Synagoge und Schule, wie zur häuslichen Gottesverehrung" ist von dem assimilierten Dr. Joseph Maier verfasst und 1861 in Stuttgart veröffentlicht worden. Ein interessantes Merkmal dieses „Siddur" ist die ausgearbeitete Anweisung – sogar mit Noten – eines Vorspruchs zur Predigt. Im Einklang mit den gedanklichen Ansätzen der Reformbewegung fehlen Hinweise auf den Opferkult. Eine große Ausnahme ist die „birkat hakohanim", Teil des Gottesdienstes für die „Schalosch Regalim" (die drei Wallfahrtsfeste „Pessach", „Schawuot" und „Sukkot").

Zeitschriften

In der Sammlung Mandell gibt es auch eine Abteilung für Zeitschriften. Sie wurde bislang noch nicht vollständig erfasst, bietet jedoch einen Reichtum an Informationen, der jüdischen Musikwissenschaftlern von großem Wert sein kann. In dieser Sammlung sind die Periodica „Ost und West", „Der Jüdische Kantor" und das „Israelitische Liturgische Wochenblatt für die Schweiz" vertreten. Die Erscheinungsdaten einiger Zeitschriften reichen bis 1850 zurück, sind aber nicht vollständig verfügbar.[25] Im Hinblick auf den Wert der Sammlung als Forschungsbibliothek wäre es gut, wenn einzelne Bestände genauer untersucht würden.

Einzelwerke

Kol Nidre

Zu den vorliegenden Fassungen von „Kol Nidre" sagt Mandell: „Kol Nidre ist *das* hebräische Lied", und er hält es für die bei den Juden beliebteste Melodie.[26] Seine Sammlung enthält über einhundertfünfunddreißig Bearbeitungen. Das „Adagio für Violoncello mit Orchester und Harfe", op. 47 von Max Bruch war für all diese Arbeiten eine Quelle der Inspiration. Bruch, ein Nicht-Jude, lernte durch den Berliner Kantor Abraham Jacob Lichtenstein einige traditionelle Melodien kennen. Bruchs berühmtes

Eine der zahlreichen Ausgaben des „Kol Nidre". Das Titelbild (Mitte) zeigt die Synagoge in der Oranienburgerstraße, Berlin

Werk beruht auf Louis Lewandowskis Fassung von „Kol Nidre".[27] Seit der Veröffentlichung von Max Bruchs „Kol Nidre" im Jahre 1881 sind unzählige sowohl instrumentale als auch vokale Bearbeitungen erschienen. Einige der frühesten aus Mandells Sammlung wurden in den Vereinigten Staaten veröffentlicht.

Unter ihnen sind die „Variationen für Piano" von Ascher (1883), Simon Adlers „Kol Nidre für Piano" (1898), und „The Eve of Atonement" aus den klassischen Klavierstücken von Arenstein (1913). Es gibt ebenso verschiedene beachtenswerte europäische Fassungen. Das „Algazi Kol Nidre" erschien in Paris und verwendet eine französische Übersetzung des Textes. Eine deutsche Version, die von Joseph Sulzer bearbeitet ist, verwendet eine freie poetische Adaption eines Textes von J. M. Ochs. In einer anderen deutschen Fassung wurde die deutsche Übersetzung des Textes von Mi Maamakim Korosi Loch mit der Melodie des „Kol Nidre" vertont. Es gibt eine ganze Reihe von Bearbeitungen für Klavier-Solo und für Violine mit Klavierbegleitung. Das vielleicht bekannteste Arrangement für Violine und Klavier stammt von Max Bruch selbst. Sein berühmtes Werk wurde von Ross Jungnickel auch für Orchester gesetzt. Von Nick Manoloff existiert sogar ein Arrangement für Hawaii-Gitarre.

Zwei der „Kol Nidre"-Ausgaben stammen aus Russland. Eine von H. E. Golomb wurde im Jahr 1884 veröffentlicht. Es handelt sich um eine Bearbeitung für Klavier; dabei steht der hebräische Text über den Noten. Eine freie Bearbeitung für Violine von M. Hait ist in Moskau erschienen, ein Datum ist nicht angegeben.[28] Mandell fiel auf, dass nur wenige Bearbeitungen für Orgel existierten. Allerdings gibt es ein Orgelpräludium. Diesem liegt die Melodie des „Kol Nidre", die von dem berühmten Berliner Kantor Louis Lewandowski stammt, zugrunde. Ruth Porita komponierte ebenfalls über dieses Thema eine Fuge für Orgel. Sie ist die einzige Komponistin, die in Mandells Sammlung von „Kol Nidre"-Musik vertreten ist. Zahlreiche Vokal- und einige Instrumentalarrangements wurden von

Blick in die Abteilung „Americana"

Kantoren geschrieben. Isaac Halpern, Kantor in Lemberg, komponierte ein Werk für Gesang, Violine und Klavier, das deshalb ungewöhnlich ist, weil es mit der einführenden Phrase „or zarua lazadic" beginnt. „Kol Nidre" hat sogar seinen Weg in die Oper gefunden. In der Ouvertüre zu „Holofernes", einer Oper des deutschen Komponisten E. N. von Reznicek, ist „Kol Nidre" vollständig enthalten.[29]

„Tin-Pan-Alley"-Lieder

Einen faszinierenden Teil der Musiksammlung stellen die „Tin-Pan-Alley-Lieder" dar. Diese populären amerikanischen Lieder erschienen meist um die Wende vom 19. zum 20. Jahrhundert in New York. Titel wie „Marry a Yiddisher Boy", „My Yiddisha Colleen" und „It's Tough When Izzy Rosenstein Loves Genevieve Malone" machen auf das Problem der ›Mischehe‹ aufmerksam, mit dem die Juden in den Vereinigten Staaten konfrontiert wurden. Das Konzept des Schmelztiegels amerikanischen Lebens war für die russischen Juden völlig neu. Sie waren in den „Schtetln" ihres Siedlungsgebiets vom restlichen Europa isoliert geblieben. Die freie Gesellschaft der Vereinigten Staaten erlaubte den Juden, sich in das amerikanische Leben zu integrieren. In ihrem Bemühen, sich zu amerikanisieren, waren viele Juden jedoch unfähig, Judentum und amerikanische Werte zu vereinen und gaben ihre jüdische Identität auf.[30]

Das Thema Liebe ist in vielen der populären Lieder gegenwärtig. „Under the Matzos Tree" von Fred Rischer hatte den Untertitel „A Ghetto Love Song". Interessant ist auch James Brockmanns „That's Yiddishe Love" (1910). Das Titelblatt zeigt ein Bild von Willie und Eugene Howard, einem sehr bekannten Komödiantenduo, das in Varietés, am Broadway und im Radio auftrat. Die meisten Titelblätter der Musikausgaben sind prächtig gestaltet. Oft zeigen sie ein Bild des Künstlers. Der junge Eddie Cantor ist

beispielsweise auf dem Titelblatt von „Rebecca Came Back From Mecca" von Bert Kalmar und Harry Ruby dargestellt. Es war eine sehr beliebte Nummer von „The Midnight Rounders", einer Produktion von Lee und J. J. Schubert.

Arbeiterlieder

Ein anderer Bereich der Sammlung widmet sich jüdischen Arbeiterliedern. Jüdische Immigranten in großen Städten, vor allem in New York, hatten einen beträchtlichen Einfluss auf die Entwicklung der Gewerkschaften. Einige Lieder repräsentieren den Geist der Arbeiterbewegung: „Die Finkelach" (Der Streikbrecher) von Louis Freidsel (1904), „Die Yiddishe Marseillaise" von Platon Brounoff (1906) und „Der Streiker" von Yankele Brisker (1923). Das Lied „Was Wet Sein der Sof?" (Wie wird das Ende sein?) von G. Mendelsohn ist besonders interessant. Als Erscheinungsdatum ist 1897 angegeben, ein früher Zeitpunkt. Mandell zufolge ist diese Auswahl „Breiderlech Arbeiter" (Arbeitsbrüder) sehr selten.[31] Meyrowitz komponierte die Melodie, eine besondere Fassung für Violine und Mandoline wurde von Rumshisky gesetzt. Zwei der Lieder dieser Sammlung wurden in Erinnerung an die Opfer des „Triangle Fire" geschrieben. Diese Lieder wurden als eine Antwort auf die Tragödie bald nach dem Feuer im Jahre 1911 veröffentlicht. Eine Elegie für die Opfer des „Triangle Fire" ist J. M. Rumshiskys Lied „Mamenu – or the Triangle Victims". Die „Fire Korbones" von David Meyrowitz verwendet laut Mandell die Melodie des russischen Liedes „Boir Choro Wiachperelu".[32] Der Einband der Ausgabe ist faszinierend. Er zeigt Fabrikarbeiter, wie sie aus dem brennenden Gebäude in den Tod stürzen.

Hommage an Joel Engel

Hatikvah

Russland, Türkei, Frankreich, Deutschland, England und Österreich sind nur einige der vielen Länder, in denen zahlreiche Bearbeitungen von „Hatikvah" erschienen sind. Die wahrscheinlich erste gedruckte Fassung des Liedes findet sich in einem Band von S.T. Friedland, der den Titel „Vier Lieder" trägt. Eines der vier Lieder heißt „Od Lo Owdo (Hatikvah)". Es wurde mit deutschem und hebräischem Text 1895 in Breslau veröffentlicht. Mandell besitzt außerdem ein Arrangement für Solostimme und vierstimmigen gemischten Chor mit Harmoniumbegleitung. Diese Fassung stammt aus Istanbul, geschrieben um 1930. Die Melodie von „Hatikvah" wurde für die Vertonung des Textes „There's a Light upon the Hills" in dem amerikanischen Missionsgesangbuch von Henry Einspruch verwendet. Dies scheint ein Hinweis darauf zu sein, dass man Versuche unternahm, die amerikanische jüdische Gemeinde zu missionieren. Zahlreiche Arrangements dieses Teils der Sammlung sind für Klavier oder Violine mit Klavierbegleitung komponiert. Eine Fassung für Klavier eines unbekannten Komponisten wurde 1915 in Florenz veröffentlicht und enthält hebräische und italienische Texte des Liedes. Ein weiteres Arrangement von Jacob Beilin war als Rolle für ein mechanisches Klavier erhältlich. Die breite Vielfalt der Bearbeitungen, die rund um die Welt erschienen sind, macht deutlich, dass „Hatikvah" von den Juden schon lange vor der Gründung des Staates Israel geliebt wurde.

Manuskripte und Drucke aschkenasischer Synagogal-Musik

Der Zion-Gedanke

Die Abteilung „Der Zion-Gedanke" enthält Musik, die von Palästina und vom Zionismus inspiriert ist. Ein einzigartiges Beispiel ist die „Symphonic Oriental Suite" von Platon Brounoff. Dieses Klavierstück ist gewidmet „meinem Lehrer Rimskij-Korsakoff". Viele andere Werke wurden berühmten Menschen gewidmet. Henry Rußottos „Marching on to Zion" (Boston, 1915) ist Louis Brandeis gewidmet, der die Wiederbelebung des Zionismus möglich gemacht hat. Die Ouvertüre „The Dedication" von Herbert Brun wurde zu Ehren von Chaim Weizmann komponiert und am 23. April 1949 in New York vom NBC-Orchester unter der Leitung von Leonard Bernstein uraufgeführt. Darius Milhaud schrieb ebenfalls ein Stück, das Chaim Weizmann gewidmet ist. Sein Werk mit dem Titel „Hymne de Sion" mit französischem und deutschem Text wurde 1926 in Wien veröffentlicht. Ein anderes Werk, „Schir Zion al Admas Nechor" von E. M. Blochin, wurde in Erinnerung an die Errichtung des „Hebrew Colonial Treasury" geschrieben. Dieses Arrangement für Gesang und Klavier veröffentlichte Yitzchak Roseta 1899 in Kiew.

Die „Schreiber Music Library" verdankt Mandells leidenschaftlichem Sammeln die mindestens sechzig Arrangements von „Eli, Eli". Fast die Hälfte sind Kompositionen für Singstimme und Klavier. Andere sind für Chor, Soli für Klavier und Violine oder für Cello mit Klavierbegleitung, für kleines Orchester oder Alt-Saxophon.

Musik für die Synagoge

In der Abteilung Synagogale Musik existiert ein einzigartiges unveröffentlichtes Werk von Arno Nadel, das den Titel „Hannoversches Kompendium" trägt. Die Originalhandschrift der abschließenden Komposition dieses insgesamt siebenbändigen Werkes überreichte Nadel Mandell vor dessen Abreise aus Deutschland im Jahr 1939. Die Berliner Gemeinde hatte Nadel damit beauftragt, ein Handbuch für synagogale Musik zusammenzustellen. Ziel war, das liturgische Repertoire zu vergrößern, das zu jener Zeit von der Musik von Sulzer und Lewandowski dominiert wurde. Mandell merkt dazu an: „Nadel begann mit der Arbeit an dieser Anthologie um 1923. Er vollendete das Werk am 8. November 1938 mit einer eigenen Komposition, dem ‚Halleluja' (Psalm 150) für 13-stimmigen Chor, Horn, zwei Klaviere und Orgel."[33] Mandell fährt fort: „Nadels Auswahl ist sehr umfassend. Von den Komponisten der Synagogen des westlichen Europas nimmt er weniger bekannte Namen wie Israel Lovy, David Rubin, J. S. Prager und Adolf Grünzweig mit auf. Ihm sind ferner die Synagogenkomponisten Russlands sehr vertraut, so dass er Weintraub, Dunajewski, Gerowitsch und Bachmann in der Sammlung vertreten sein lässt. Nadel griff nicht nur auf gedruckte Werke zurück, er kopierte auch viele unveröffentlichte Manuskripte, die möglicherweise im 2. Weltkrieg verloren gegangen wären."[34]

Mandell verteidigt seine Ansicht, dass Nadels „Zusammenstellung nicht mit Gershon Ephros' ‚Cantorial Anthology' verglichen werden kann. Dieses Standardwerk wurde mehr für die praktische Anwendung in der Synagoge geschrieben als für die wissenschaftliche oder historische Forschung. Nadel wollte sein ‚Kompendium' veröffentlichen, damit es als Enzyklopädie für musikwissenschaftliche Forschungszwecke zur Verfügung stehe."[35]

Die „Mendel Manuals"

Andere außergewöhnliche Bände in der Sammlung stellen die „Mendel Manuals" dar, wie Mandell sie nennt. Die Musik in diesen Büchern ist wie im Hebräischen von rechts nach links gesetzt. Der erste Band, den er fand, beinhaltete Sprechgesänge für die Hohen Feiertage. Er gab jedoch keinen Hinweis auf den Verfasser. Zehn Jahre später stieß Mandell auf vier weitere handschriftliche Bände, die eine große Ähnlichkeit zu dem oben erwähnten aufwiesen. Sie wurden 1849 in Esslingen und Rottweil in Süddeutschland von einem Mendel verfasst, ohne weitere Angaben über den Autor. Die Bände beinhalten Sprechgesänge für die Hohen Feiertage: Den „Maariv"-Gottesdienst für „Rosch Haschana" und „Jom Kippur" und den „Mincha"-Gottesdienst für „Schabbat", „Schalosch Regalim" und „Rosch Haschana". Eric Mandell bemerkt dazu:

„Die Mendel Manuals sind meiner Meinung nach wichtige Dokumente westlicher aschkenasischer Chasanuth. Jeder Komponist, der traditionelle Synagogenmelodien in seinen Kompositionen einsetzen möchte – und ich denke hierbei auch an große Orchester –, wird in diesen Handbüchern viel grundlegendes Melodienmaterial finden."[36]

Abteilung für jüdische Volksmusik

Sephardische Traditionen

In Mandells Sammlung ist außerdem synagogale Musik der sephardischen Tradition mit einer ansehnlichen Auswahl vertreten. Ein interessantes Beispiel ist eine Ausgabe in drei Bänden von Emanuel Aguilar, die 1857 in London erschien: „The Ancient Melodies of the Liturgy of the Spanish and Portuguese Jews". Den Melodien, die von Aguilar mehrstimmig gesetzt wurden, geht ein historischer Aufsatz über die Dichter und die Dichtung sowie die Melodien der sephardischen Liturgie von D. A. De Sola voraus. Mandell zufolge sind diese Bücher besonders selten. Die sephardische Liturgie der Gemeinde von Livorno in Italien ist in der Arbeit „Sefer Shire Israel" von Federico Consolo aufgezeichnet. Der erste Band beinhaltet vierhundertfünfundfünfzig Stücke nur mit Melodiestimme. Veröffentlicht wurde dieses Werk 1892 in Florenz. In einem Exemplar des zweiten Bandes, der Instrumentalwerke umfasst, ist ein Brief von Giuseppe Verdi an Federico Consolo abgedruckt, in dem er ihm für den ersten Band dankt. Die „Chants Hebraiques" von Jules Salomon und Mardochee Cremieu sind eine wichtige Quelle für sephardische Musik. Gedruckt wurden diese Lieder für die Hohen Feiertage, die Feste und Schabbat, wahrscheinlich um 1885 in St. Denis.

Aschkenasische Tradition

Anthologien von Birnbaum, Baer und Ephros sind ausgezeichnete Beispiele für die aschkenasische Tradition, wie sie in der Sammlung Mandell vertreten ist. Verschiedene unbekanntere Bände sind ebenfalls erwähnenswert, und viele verdienen, detaillierter erforscht zu werden. Eine sehr seltene Ausgabe der Musik von Dunajewski ist hier als Beispiel zu nennen: „Liturgische Feierliche Synagogen Kompositionen", 1898 in Odessa erschienen, enthalten Kompositionen für Kantor und gemischten a-cappella-Chor. Mandell zufolge ist dieses zweibändige Werk „im Stil russischer Choralmusik geschrieben."[37] Eine noch ältere russische Ausgabe, „Schirath Jacob" von Jacob Bachmann, wurde 1884 in Odessa und Moskau veröffentlicht. Mandell erklärt: „Dieser Band ist die erste synagogale Musik mit Orgelbegleitung, die in Russland erschienen ist."[38] Ein seltenes fünfbändiges Werk von Israel Mayer Japhet beschäftigt sich mit der süddeutschen „Nusach-Tradition". „Schire Jeschurun" enthält Musik für Kantor und vierstimmigen gemischten a-cappella-Chor. Mandell merkt an, dass dieser Band, der 1856 in Frankfurt erschienen ist, eine sehr frühe Ausgabe von Musik für gemischten Chor darstellt.[39]

Mandells Sammlung repräsentiert die Arbeit eines ganzen Lebens. Der Bestand reicht von weltlicher bis zu liturgischer, von vokaler bis zu instrumentaler Musik und macht damit die Musikbibliothek des Gratz College zu einer der drei umfassendsten Bibliotheken ihrer Art auf der Welt. Nur die Sammlungen des „Hebrew Union College" in Cincinnati und der „Hebrew University" in Jerusalem haben eine vergleichbare Bedeutung. Der hier gegebene Überblick über die Sammlung Mandell stellt nur einen kleinen Ausschnitt ihrer Reichtümer dar.[40]

Sichtweisen jüdischer Musik

Die Freundschaft mit Arno Nadel war wohl der wichtigste Impuls für Eric Mandell, sich immer stärker mit jüdischer Musik zu beschäftigen. Er übernahm Nadels hohen musikalischen Anspruch. Der folgende Text stammt aus einem Artikel Mandells, darin geht es um Nadel, aber er betrifft ebenso den Autor selbst.

Arno Nadel und die „Tradition"

„Für Nadel als Komponisten ist es bezeichnend, dass fast alle seine Themen auf den ‚Kantillationen' der verschiedenen Bücher der Bibel oder auf Synagogenliedern beruhen, oder aber jiddische Folklore als Grundlage haben. Er wollte in den Synagogengottesdiensten wieder authentische hebräische Musik einführen, die auf unsere großen Traditionen zurückgeht, befreit von den Einflüssen europäischer Musik, die sich in die Gottesdienste eingeschlichen hatten. Das Unechte, die Pseudotradition, sollte beseitigt werden. Nadels erklärtes Bestreben war die Wiederherstellung einer unverfälschten reinen Tradition."[41]

Mandell sieht sich als Verfechter ursprünglich jüdischer Musik. Wie Nadel bedient er sich der traditionellen Vortragsweise jüdischer Gebete, der traditionellen Melodien für das Lesen der Tora und jüdischer Folklore als Grundlage seiner Kompositionen für die Gemeinde. Er vergrößerte seinen Einfluss, indem er Artikel verfasste und ihm wertvoll erscheinende Melodien in Notenschrift setzte, die in der Folge im „Jewish Exponent" und anderen amerikanisch-jüdischen Zeitungen veröffentlicht wurden. Mandell missbilligte ausländische Melodien, die nur deshalb als traditionell galten, weil sie in der Vergangenheit in den Gottesdienst aufgenommen worden waren. „Es gibt eine falsche Tradition unserer so genannten traditionellen Musik. Sie wurde Teil unserer Gesänge, und die Menschen mögen sie, ohne jedoch auf den Ursprung dieser Melodien zu achten. Die merkwürdigen, musikalisch gesehen unjüdischen Melodien sind angenommen worden und werden oft mit großer Begeisterung gesungen. Es gibt musikalische Elemente in unseren Gottesdiensten, die dem Geist unserer alten Gebete fremd sind. Meiner Meinung nach geben sie unsere Bittgebete nicht angemessen wieder und gehören nicht in ein Haus der Gebete, auch wenn sie schon tief in unserem Repertoire verwurzelt sind."[42]

Als Beispiel für die Pseudotradition führt Mandell „En Kelohenu" an. Dieser „Gesang ist typisch für westeuropäische Kirchenmusik des achtzehnten und neunzehnten Jahrhunderts."⁴³ Mandell vertritt die Ansicht, dass „wir in unserem Gotteshaus möglichst in der authentisch-hebräischen musikalischen Tonsprache singen sollten."⁴⁴ Mandell ruft seine Leser und seine Gemeinde dazu auf, „unsere Gotteshäuser von diesen Melodien, die dem Geist der Synagoge fremd sind, zu reinigen."⁴⁵

Das bekannte „Ein Kelohenu", von dem Mandell spricht, wurde von dem Juden Julius Freudenthal geschrieben, Direktor des Herzoglich-Braunschweigischen Orchesters. Freudenthal und Hirsch Goldberg, Kantor der Braunschweiger Synagoge, arbeiteten zusammen an den „Braunschweiger Gesängen" in dem Bestreben, den musikalischen Geschmack der Synagoge den ästhetischen Empfindungen des modernen Deutschlands anzugleichen.⁴⁶ Idelsohn beschreibt die Entwicklung dieser Hymne und weist die Gemeinsamkeiten mit einer deutschen Melodie aus dem Jahre 1774 und ihre allmählichen Veränderungen bis zur Veröffentlichung 1884 nach.⁴⁷

In dem Bestreben, die Synagogengottesdienste zu modernisieren, übernahmen frühe Reformer Hymnen und Gebete, die in einem „authentisch-deutschen Choralstil" geschrieben waren.⁴⁸ Die traditionellen Vortragsweisen jüdischer Gebete wurden für eine Pseudotradition aufgegeben. Mandell lehnt diese Art Lobgesänge ab.⁴⁹ In seinem Artikel über „En Kelohenu" fragt er, „wo ist der Komponist unserer Zeit, der ein neues „En Kelohenu" schreibt, das dem jüdischen Empfinden unserer Zeit entspricht, einen schlichten, aber starken Hymnus, der die Andächtigen einlädt, einzustimmen in den Gesang dieser alten jüdischen Gebete?"⁵⁰

Reformbestrebungen

Mandell bespricht die Ursprünge dieser im Choralstil komponierten Melodien in einer Musikkolumne mit dem Titel „Interesting Facts about the Music You Love" (Interessante Tatsachen über die Musik, die ihr liebt), die er für den „Jewish Exponent" schreibt. In einem Artikel, „The History of Maoz Tsur" stellt Mandell fest, dass „die Melodie auf der ganzen Welt bekannt ist und von den Juden in Deutschland schon vor 1600 gesungen wurde. Ohne Zweifel ist unsere Melodie von einem alten deutschen Volks-

lied beeinflusst, das später zum Teil als Choral bearbeitet wurde und seinen Weg ins Ghetto fand."[51]

Es reicht nicht aus, die beliebten Melodien nur zu kritisieren. Mandell zählt alternative Kompositionen auf, die seinem hohen Anspruch genügen. In dem oben erwähnten Artikel führt er eine Notenschrift Leon Kornitzers von „Maoz Tsur" an, wie sie von Benedetto Marcello in seinen „Fünfzig Psalmen" notiert ist. „Dieses Lied in seiner einfachen rhythmischen Struktur verdient es, in der Synagoge und in den jüdischen Privathäusern wieder gesungen zu werden."[52] In einem anderen Artikel führt Mandell eine Melodie zu „Schalom Alechem" an, die ursprünglich 1823 in London erschien.. Der Kirchengesang, den Mandell bearbeitete, lässt sich bis 1650 zurückverfolgen.[53] Mandell nahm außerdem eine Version von „Adon Olam" auf, die von Salomone Rossi komponiert wurde.

Beiträge nichtjüdischer Komponisten

Mandell macht seine Leser auch mit den musikalischen Beiträgen bekannt, die Nicht-Juden zur jüdischen Musik geleistet haben. Er erwähnt Franz Schuberts Psalm 92. „Franz Schuberts Komposition, der Sabbat-Psalm im hebräischen Urtext, ist ein hervorragendes Beispiel für interkonfessionelle Interpretation in Schuberts Liedern, und Schubert fühlte sich verpflichtet, einen Beitrag zur Synagogenmusik zu leisten."[54] An anderer Stelle verweist Mandell auf Ferdinand Halphen (1872-1917), einen französischen Komponisten; dieser verwendet eine traditionelle „Kaddisch"-Melodie in seinem „Andante Religioso", veröffentlicht 1937 in Paris. Diese traditionelle Melodie erschien erstmals 1847 in einer Sammlung synagogaler Musik von S. Naumbourg.[55] Mandells Akzeptanz der Musik, die von Nicht-Juden komponiert wurde, wird durch seinen guten Geschmack bestimmt. Er weist den Leser auf so besondere Werke wie Max Bruchs „Kol Nidre" und Maurice Ravels „Kaddisch" hin. Arbeiten von geringerer Qualität finden keine Gnade vor seinen Augen.

In seinem Artikel „Adon Olam" schreibt Mandell:
„Eine interessante Version stammt von einem französischen Kantor, der ein enthusiastischer Anhänger Richard Wagners war und 1854, nur neun Jahre nach der Erstaufführung der Oper, den berühmten Einzugsmarsch

aus „Tannhäuser" zum „Adon Olam" für gemischten Chor arrangierte. So sehr wir diesen musikalischen Fehlgriff auch missbilligen mögen, hätten wir doch gern Wagners Reaktion beobachtet, als er entdeckte, dass er einen „Beitrag" zur synagogalen Musik geleistet hatte."[56]

Eric Mandell stimmt mit Idelsohns Definition von jüdischer Musik nicht überein, wie sie in der Zusammenfassung von „Jewish Music" zu finden ist. Idelsohn schließt nicht nur Nicht-Juden als Beitragsleistende zu jüdischer Musik aus, sondern ebenso weltliche Juden, die nicht in einer jüdischen Umgebung aufgewachsen sind. Mandell schränkt nicht ganz so stark ein. Dies mag auch zu beider gegensätzlichen Meinung über den Komponisten Ernest Bloch führen. Mandell hält fest: „Unter den Komponisten jüdischer Herkunft, die sich dafür entscheiden, sich in der hebräischen Idiomatik auszudrücken, ist Blochs Stellung einzigartig. Der Stil seines Schaffens, ob in sinfonischer Form oder als Kammermusik, ist in seinen Anfängen und in seiner Ausführung authentisch hebräisch. Meiner Meinung nach ist seine Musik, die im Geiste der Zeugnisse unserer großen Propheten und anderer Bücher der Bibel entstand, im weitesten Sinne jüdisch-archaisch. Unser jüdisches Erbe biblischer Zeiten hat in Blochs Werk eine moderne musikalische Interpretation gefunden. In unseren unruhigen Zeiten, in denen kulturelle Werte und technische Bedingungen in ihren Grundfesten erschüttert werden, ist seine Musik ein Ruf in der Wüste, Ausdruck des Glaubens an die ewigen Hoffnungen und an die Bestrebungen der Juden und der Menschheit."[57]

Mandell zufolge „beginnt jüdische Musik mit Ernest Blochs „Awodat Hakodesch" und endet mit „Awodat Hakodesch".[58] Idelsohn und Mandell könnten in ihrer Meinung nicht weiter auseinander liegen. In „Jewish Music" schreibt Idelsohn: „Bestenfalls lässt sich über Blochs Musik sagen, sie habe eine Spur Orientalisches an sich. In Musik wie der von Bloch finden wir die Widerlegung der leichtfertig entworfenen und heute achtlos akzeptierten Meinung, dass sich der Musiker rein instinktiv, wie unwissend und gleichgültig er der Musik und der Folklore seines Volkes auch gegenübersteht, dennoch gemäß seiner ethnischen Ausdrucksweise offenbart. ... Nicht durch die Komponisten, die keinen jüdischen Hinter-

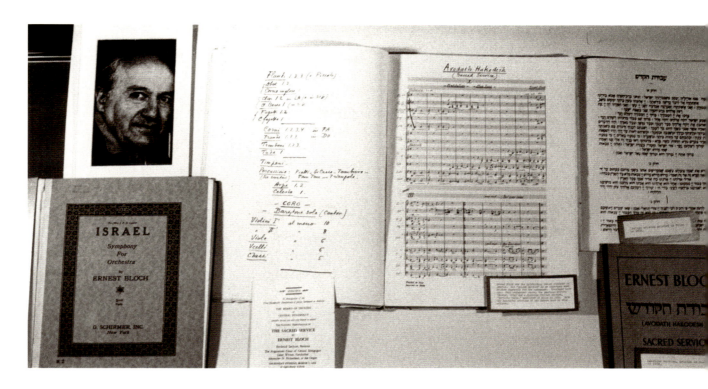

Vitrine mit Werken von Ernest Bloch

grund haben und nicht von der Musik ihres Volkes durchdrungen sind, hat die jüdische Musik ihren besonderen Eindruck in der Welt der Musik hinterlassen. Für den Juden ersetzen sein Wissen und sein Glaube das Nationalgefühl."[59]

Ernest Newman (1868-1959), Kritiker der „London Times", befasst sich mit Idelsohns Standpunkt und urteilt, dass „das Jüdische" in Blochs Musik „eine innere Angelegenheit [...] sei, die die Juden für sich allein entscheiden müssten. Dieser These zufolge kann dann für mich Debussys Musik keinen ‚Eindruck in der Welt der Musik hinterlassen', weil er nicht von dem französischen Volkslied durchdrungen ist."[60]

Newmans positive Einstellung gegenüber der Arbeit von Bloch zeigt sich in seiner Kritik in der „London Times" vom 28. Dezember 1941: „Besonders wichtig ist für uns die Tatsache, dass Bloch der Musik ursprüngliche Elemente zurückgab, die sie mit der Zeit verloren hatte. Eines von diesen ist [...] die melodische Freiheit [....]. Insbesondere in „Schelomo" erobert Bloch die rhythmische Freiheit anderer Länder und anderer Zeiten zurück: Die Melodien nehmen keine Rücksicht auf regelmäßig wiederkehrende Betonungen und füllen sich mit reichen Verzierungen auf, in einer Ausführung, deren Geheimnis die Musik einst besaß, aber längst verloren hat."[61]

Binder zufolge stellt Ernest Bloch ein Paradebeispiel für jüdische Komponisten des zwanzigsten Jahrhunderts dar. Er ist der Auffassung, dass Synagogenkomponisten des neunzehnten Jahrhunderts deshalb nichts Großes erreichen konnten, weil sie sich der „Tonika-Dominant-Harmonien bedienten, die in gewisser Weise eben nicht den wahren Charakter dieser Musik wiedergaben, der hauptsächlich orientalisch geprägt ist."[62] Binder stellt weiter fest: „Während der ersten Jahre des zwanzigsten Jahrhunderts suchten die jüdischen Komponisten nach einem Harmoniesystem, das die wahre Physiognomie dieser Musik widerspiegeln sollte. Ernest Bloch war der erste, dem dies gelang. Seine Musik hat allen jüdischen Komponisten den Weg gezeigt, die auf diesem musikalischen Gebiet arbeiten. [...] In seinem quasi-rezitativartigen Stil in den Gottesdiensten ahmt Bloch den Stil der Kantillationen biblischer Texte nach, der ältesten Musikart unter der synagogalen Musik. [...] Und doch vermittelt sein Werk trotz der Atmosphäre von Altertümlichkeit und Modalität ein stark zeitgenössisches Gefühl."[63]

Saleski zitiert Bloch in seinem Werk „Famous Musicians of a Wandering Race": „Ich [...] bin ein Jude und ich bin bestrebt, jüdische Musik zu schreiben. Ich will dies nicht tun, um Eigenwerbung zu betreiben, sondern weil ich meine, dass dieses die einzige Möglichkeit ist, wie ich Musik von Vitalität und Bedeutsamkeit schaffen kann. [...] Ich denke, dass meine besten Arbeiten die sind, in denen ich mein Judentum zum Ausdruck bringe."[64]

Auf der 8. Jahresversammlung der Amerikanischen Konferenz der Kantoren im Juni des Jahres 1961 hob Mandell die Entwicklung der amerikanischen Kantorate hervor und betonte den Einfluss von Salomon Sulzer und Pinchas Minkowski, die einen hohen Standard für die Stellung des Kantors gesetzt hatten. Mandell stellte fest: „Sulzer verlieh dem Amt des Kantors Würde und Ansehen. Minkowski vertrat die gleiche Meinung, vermied aber die manchmal extremen Einstellungen Sulzers. Minkowski setzte sich entschieden ein für die Aufwertung des heiligen Kantorenberufs." Mandell zitierte aus Minkowskis Buch[65] „Modern Liturgy in Our Synagogues in Russia", erschienen 1909-1910 in Odessa. Das letzte Kapitel mit dem Titel „Improvements Concerning Conditions in the Synagogue"

Die Summe seiner Erfahrungen als Sammler veröffentlichte Eric Mandell 1963 in einem großen Aufsatz in den „Fontes Artis Musicae – Review of the International Association of Music Libraries"

Amerikanische Konferenz der Kantoren 1961

(Verbesserung der Bedingungen in der Synagoge) zählte achtzehn Verhaltensregeln auf, angelehnt an die ursprüngliche Anzahl der Segenssprüche in der „Amidah". Mandell wählte die folgenden „Takanot" oder Regeln aus, die sogar auch heute noch als Richtlinien für Kantoren dienen können.

Regeln für den Chasan

1. Die Person, die das liturgische Amt führt [...] ist zunächst „Schaliach Tzibur" (Chasan/Kantor) und dann Künstler. Er mag der größte Künstler sein, doch seine Kunst steht nur an zweiter Stelle.
2. Der Kantor sollte sich vom „Batlanut" (Müßiggang) fernhalten. Er sollte sein Wissen über Judentum und Musik erweitern.
3. Ein Kantor … sollte alle „Dinim" in Bezug auf die Liturgie kennen, wie man sie im „Schulchan Aruch" finden kann.
4. Er sollte, wenn er die Gebete rezitiert … auf eine deutliche Aussprache achten.
6. Der Kantor sollte bei der Ausübung seines Amtes keine Bewegungen machen. (A kantor darf nicht machen mit di haend, nit mit diem kopf und keine mimik eines actors.)
7. Keine Wiederholung einzelner Worte oder … ganzer Sätze.
9. Ein Kantor sollte den Gottesdienst nicht unnötig in die Länge ziehen. (Gesang ohn strengen Rhythmus is ein Goilem ohn a Neschomoh.)
15. Unter keinen Umständen sollten Lieder aus dem Theater, Konzertstücke oder irgendwelche Melodien weltlichen Charakters in der Synagoge gesungen werden.

Abschließend betont Minkowski: „Der Kantor sollte der Hüter der ‚Nusach' sein."[66]

Diesen hohen Anforderungen folgte Mandell als Kantor in Bochum und als Synagogenkomponist und Musikdirektor in Philadelphia. Er war ein aktives Mitglied der Gesellschaft zur Förderung jüdischer liturgischer Musik und der Vereinigung der Synagogen-Musiker. Außerdem schenkte er der Kantorenvereinigung mehr als ein Dutzend Notenbände, um sie beim Aufbau einer Bibliothek in der Kantorenschule des Jüdischen Theologischen Seminars zu unterstützen.

Mandell ermutigte viele andere Kantoren, ihre eigene Bibliothek für jüdische Musik einzurichten. Mitgliedern des Freiwilligenchores für die Hohen Feiertage wurden Bände der „Ephros Cantorial Anthology" als ein Zeichen der Anerkennung durch die Gemeinde überreicht. Irving H. Cohen, Gastprofessor für jüdische Musik am Gratz College und ein begeisterter Bücher- und Musiksammler, wurde von Mandell sehr unterstützt. Ein Rat, den Mandell Cohen gab, erwies sich als besonders hilfreich: „Wenn du etwas Interessantes siehst, greife zu. Denke nicht, dass du es ein anderes Mal erwerben wirst. Vielleicht wirst du es nie wieder finden und/oder es ist nicht gedruckt erschienen."[67]

Mandell half Kantoren, ihren Grundbestand klassischer Werke jüdischer Musik um eine breite Auswahl an musikalischen Nachschlagewerken zu erweitern. In seiner Botschaft an die Kantoren auf der Amerikanischen Kantorenkonferenz im Jahr 1961, sagt Mandell: „Der Kantor war traditionellerweise der ‚Schaliach Tzibur', der Vorsänger der Gemeinde während der Gottesdienste. Heutzutage aber, wie Sie alle wissen, ist der Kantor … in all die verschiedenen musikalischen Aktivitäten der Synagoge und der Hebräischen Schule einbezogen. Dazu gehören das musikalische Programm der „Sisterhood", des „Men's Club", des „Choral Club" und weitere mehr. Deswegen ist es absolut notwendig, dass es in jedem Arbeitszimmer eines Kantoren neben den „klassischen" Büchern über jüdische Musik eine breit gefächerte Nachschlagebibliothek für Musik gibt."[68]

Mandell sieht das Sammeln nicht als Selbstzweck an, sondern eher als Mittel zum Zweck. Mandell ist der folgenden Auffassung:

„Ein echter Sammler gleicht einem lebenslang Lernenden. Das Sammeln allein ist eine technische Aufgabe. Das Sammeln von Musik und Literatur über Musik sollte nur der Brückenschlag zu Studium und Forschung sein. Für den wahren Sammler bedeutet seine Bibliothek so viel wie sein tägliches Brot. Er braucht beides zum Leben."[69]

Kompositionen und Bearbeitungen von Erich Mendel/Eric Mandell

Als Mandell seine Stelle als Chorleiter der Har-Zion-Synagoge antrat, stellte er bald fest, dass es an Liedern für den Gottesdienst fehlte, die seinen hohen Ansprüchen genügten. Oft sang in der Gemeinde jeder die Gebete auf seine Weise, weil es keine gültige Vertonung gab. Das veranlasste Mandell, geeignete Kompositionen für den Gemeindegesang zu schreiben. Obwohl er kein sehr produktiver Komponist war (Mandell komponierte und/oder arrangierte um die fünfzehn Lieder), waren seine Kompositionen doch von einer hohen musikalischen Qualität. Und sie hatten das eine Ziel, der Gemeinde optimale Möglichkeiten der Beteiligung am Gottesdienst zu geben.

Zu Mandells großer Freude liebten die Gemeindemitglieder seine Kompositionen und beteiligten sich mit Begeisterung. Eric Mandell hatte keine Ambitionen, Chormusik zu schreiben, obwohl er mit drei Chören der Synagoge arbeitete. Er war der Meinung, dass die Chöre oft einen zu großen Teil des Gottesdienstes gestalteten. Mandell hielt nichts von Gottesdienstbesuchern, die in einer Zuhörerrolle verharrten. Deshalb schrieb er vor allem Lieder für die Gemeinde. Wenige seiner Kompositionen sind mehrstimmig gesetzt.

Mandell bewertete viele Beispiele synagogaler Gesänge negativ, weil deren Komponisten es versäumt hatten, die Melodien mit dem Text in Einklang zu bringen. Er bearbeitete Lieder anderer Komponisten mit dem Ziel, den hebräischen Text der Musik zuzuordnen. Vielleicht erklärt dies die Popularität seiner Kompositionen in Israel, denn schließlich ist Hebräisch dort die Muttersprache.

Die kantorale Ausbildung, die Mandell in Deutschland erfahren hatte, kommt in seiner Musik hörbar zum Ausdruck. Er versucht – wo irgend möglich – Gebetsformen zu verwenden, wobei er sehr oft den „Tora-Trop" aufnimmt. Außerdem ist er bestrebt, Wiederholungen im Text zu vermeiden.[70]

Als Mandell auf einer seiner zahlreichen Reisen, die er nach dem Krieg unternahm, Deutschland besuchte, stellte er beglückt fest, dass seine Melodien Menschen und Orte erreichten, von denen er nie zu träumen gewagt hätte. So erzählte er von einem „Oneg Schabbat" in der Gelsenkirchener Synagoge.[71] Man hatte ihn eingeladen, am Vorstandstisch neben dem Vorbeter Platz zu nehmen. Obwohl dieser kein professioneller Kantor war, verstand er es doch, den Gebetsgesang zu intonieren. Er war für die Leitung der Gottesdienste verantwortlich.

Mandell fragte ihn, ob er eine schöne Melodie für „Mah Tovu" kenne. Der junge Mann antwortete, indem er Mandells eigene Komposition sang. Voller Überraschung fragte Mandell den Kantor, ob er den Komponisten dieser Melodie kenne. Seine Antwort war: Nein, er habe die Melodie gelernt, als er während des Krieges in Addis Abeba (Abessinien) stationiert

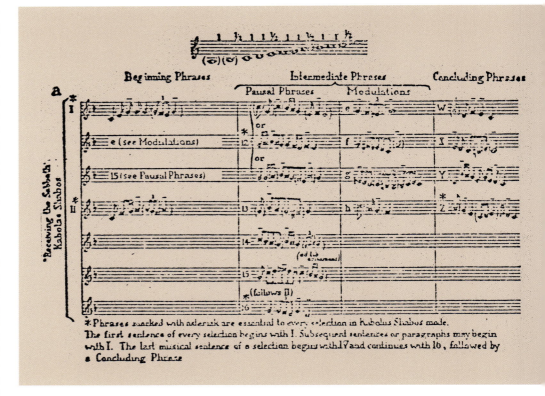

gewesen sei. Jeden Freitagnachmittag habe er den „Kabbalat Schabbat"-Gottesdienst gehört, der im Radio „Kol Yisrael" aus Jerusalem übertragen wurde. Er hatte also das „Mah Tovu" durch das Radio gelernt. Der junge Vorbeter war höchst erfreut, den Komponisten dieser Melodie kennen zu lernen. Das Lied mit der Melodie von Eric Mandell ist in diesem Buch auf den Seiten 306ff. abgedruckt.

Mandells „Mah Tovu" steht in der „Adonai Moloch"-Tonart. Seine Eröffnung ist identisch mit dem von Baruch Cohon[72] notierten ersten Thema. Ebenso zeigen Takt 14 (Pausentakt) und Takt 18 in Mandells Komposition auffallende Ähnlichkeiten. Diese ›majestätische‹ Gestaltung steht in der Form A-B-A. Mandell erzielt auf verschiedene Weise einen Kontrast. Die Abschnitte A, die von der Gemeinde gesungen werden, stehen in einer Dur-Tonalität, der „Adonai Moloch"-Tonart. Das Solo des Kantors (Abschnitt B) steht dagegen in einer Moll-Tonart. Genau genommen verwendet Mandell einen ›phrygischen‹ Schluss, der sofort wiederholt wird (vgl. Takt 17 und 18). Die Partie des Kantors, die im Rezitativstil verfasst ist, steht in starkem Kontrast zu der Melodieführung der sie umrahmenden A-Teile.

Wie bereits erwähnt, war Mandell stets gegen jegliche Wiederholungen im Text. Vor diesem Hintergrund kann man die auffällige Wiederholung des Wortes „aneni" nicht übergehen. Dies geschieht nicht absichtslos. Das Wort bedeutet „Antworte mir". Mandell hat gewiss versucht, diesem Wort im Zusammenhang des Gebetes Nachdruck zu verleihen. In Lewandowskis bekanntem „Mah Tovu" scheinen die Wiederholungen im Text nicht so gezielt eingesetzt zu sein.

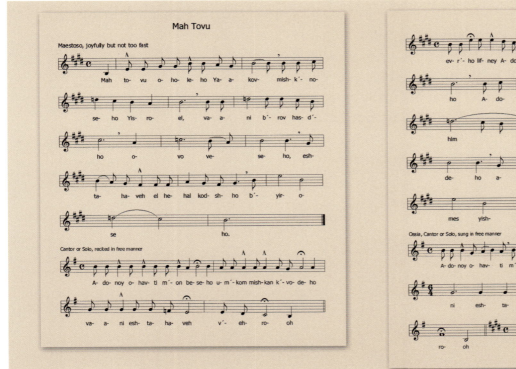

„Mah Tovu",
Text und Melodie S. 306ff.

In dieser Komposition wird „Mah Tovu" dreimal wiederholt. Die Worte „mischk'notekha Yisrael" und „el hehal kodsch'kha b'yiretekha" werden je zweimal wiederholt.

Mandells Kompositionen lassen sich am besten mit den Begriffen ›Eleganz in der Schlichtheit‹ charakterisieren. Er besitzt die Fähigkeit, wirkungsvolle Melodien zu schaffen. Seine Melodien lassen sich leicht erlernen, und durch ihren Wohlklang werden sie weder als abgedroschen noch als banal empfunden.

Ein gutes Beispiel für ›Eleganz in der Schlichtheit‹ ist Mandells „Ahavas Olom". Wahrscheinlich ist dieses Lied eines der beliebtesten in der Gemeinde von Har Zion wie auch bei Juden überall in der Welt. Wie „Mah Tovu" hat es eine dreiteilige Form: A-B-A. Es bleibt durchgehend in der „Magen Avot"[73] -Skala. Mandell versetzt das Motiv der Takte 17-20 in die Takte 21-24. Die Takte 29-36 sind eine Wiederholung der Takte 17-24. Diese einfachen kompositorischen Techniken verleihen dem Stück Einheit. In jenem „Ahavas Olom" kommen keine Textwiederholungen vor.

Die Einführungen in das Thema von „Mah Tovu", „Ahavas Olom", und „V'schomru" sind alle deutlich verschieden, und doch beruhen sie auf demselben Prinzip. Mandell beginnt jedes Stück mit einem einfachen Tonika-Dreiklang. Sein „V'schomru"[74] hat ebenfalls eine dreiteilige Form, die jedoch leicht abweicht: A-B-A'. Mandell verbindet seine Kenntnis des

„Ahavas Olom", Text und Melodie vgl. S. 294f.
„V'schomru", Text und Melodie vgl. S. 290f.

Hebräischen mit seinen musikalischen Talenten und schafft so ein wunderbares Beispiel für Madrigalismus oder Tonmalerei. Für das Wort „haschamayim" (=Himmel) in Takt 13 und 14 springt Mandell von der Dominante zur oberen Tonika. Dann geht er von der Dominante für das Wort „haarez" (=Erde) in Schritten hinunter zu der unteren Tonika. Das Ergebnis ist wirklich eindrucksvoll. Mandell verwendet das harmonische Moll, das eine erhöhte siebte Tonstufe hat. Das ist nicht ungewöhnlich, da die meisten abendländischen Komponisten die harmonische Moll-Tonleiter der normalen oder reinen Moll-Tonleiter vorziehen. Mandell erzielt einen interessanten Effekt durch das Absteigen von der Tonika zur Dominante für die Untermalung des Wortes „haarez". Kurzzeitig klingt es, als hätten wir zu der „Ahavah Rabbah"-Tonart gewechselt.[75] Cohon zufolge wird im Schabbat-Morgengottesdienst vorrangig in dieser Tonart gesungen. Es ist interessant zu sehen, dass die Modulation unmittelbar vor den Worten „uvayom hasch'vii" auftritt, was bedeutet „Und am siebten Tag".

„Magen Avot", Text und Melodie vgl. S. 292f.

Das „Magen Avot" ist von Mandell arrangiert worden, um die hebräischen Akzente und die Aussprache zu korrigieren. Er erinnert sich nicht an den ursprünglichen Komponisten dieses Stückes.

Ohne das Original zu kennen, ist es schwierig festzustellen, welche Teile der Komposition alt sind und welche von Mandell stammen. Möglicherweise ist ihm das Ende des Stückes zuzuschreiben. Wenn wir nämlich das Ende von „Ahavas Olom" mit dem von „Magen Avot" vergleichen, so fällt auf, dass die Intervalle der letzten vier Noten identisch sind.

Die letzen drei sind tatsächlich die Intervalle des „sof pasuk", der biblischen Kantillation, das am Ende einer Phrase oder eines Abschnittes gesungen wird. Mandell verwendet das Ende von „sof pasuk" noch einmal im „Schalom Alechem". Dem Komponisten zufolge[76] benutzte er Teile einer alten Melodie als Grundlage für seine Komposition. Das Ergebnis unterscheidet sich jedoch sehr vom Original.

Bei diesem Stück sieht sich Mandell deshalb eher in der Rolle des Komponisten als in der des Bearbeiters.[77] Dieses Lied ist in der „Magen Avot"-Skala geschrieben. (Das ist die Tonart, in der der „Aravit-Gottesdienst" an Schabbat gesungen wird.) Mandell zeigt sein Können als Komponist in diesem kurzen 16-taktigen Stück durch seine sparsame Verwendung des Melodien-Materials. Die melodischen Themen werden in den ersten beiden Zeilen des Liedes vorgestellt. Mandell greift das Eröffnungsthema noch einmal in der dritten Zeile auf, er erlangt jedoch den Effekt der Modulation zu der parallelen Dur-Tonart, indem er das Motiv in G beginnen lässt und zu As wechselt. Er versetzt das Motiv nach unten statt nach oben, wie in der ersten Zeile geschehen, und lässt die Phrase in einer Halbkadenz enden. Die abschließende Phrase ist eine exakte Wiederholung der zweiten Zeile.

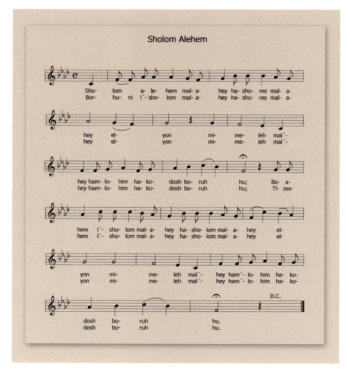

„Shalom Alechem I",
Text und Melodie vgl. S. 304

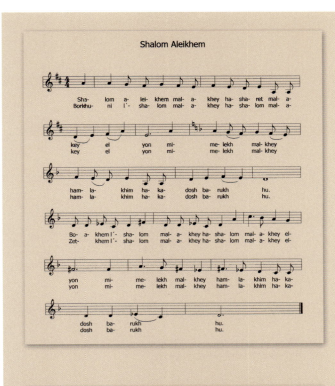

„Shalom Alechem II", Text und Melodie vgl. S. 305

Diese Fassung von „Schalom Alechem" wurde für die vorliegende Arbeit notiert, so wie sie von Mandell gesungen wurde. Der Komponist teilt die Melodie in drei Abschnitte durch Ändern der Tonart oder Skala. Mandell beginnt mit einer Dur-Tonart und wiederholt dann das gleiche melodische Thema in der Parallel-Tonart oder der Moll-„Magen Avot"-Skala. Der dritte Abschnitt ist in der „Ahavah-Rabbah"-Tonart geschrieben. Das Melodien-Material der ersten zwei Abschnitte beruht auf einem einfachen Motiv aus drei Tönen, welches zweimal versetzt wird. Der dritte Abschnitt verwendet ebenfalls eine Sequenzierung. Das hier verwendete Motiv ist jedoch die Abwärtsbewegung eines Tritonus (C-Fis, A-Es, Fis-C).

Mandell komponierte auch einen vollständigen „Tora-Gottesdienst".[78] Da es keinen „Nusach" für diesen Teil des Gottesdienstes gibt, war Mandell auf verschiedene melodische Ideen angewiesen. Mandell wollte der Musik einen altertümlichen Charakter verleihen. Deshalb verwendet er häufig Intervalle von Quarten und Quinten und baut Elemente des „Tora-Trop" in die Melodien ein. Teile des Gottesdienstes enthalten auch pentatonische Phrasen.

Mandells „En Komocho" bedient sich sehr stark der Quarten und Quinten. In der letzten Zeile verwendet er wieder Tonmalerei. Die Worte „melek el ram v'nisa" (=hoher und erhabener Gott) steigen

„En Komoho", Text und Melodie vgl. S.298f.

von der Tonika zu der oberen Dominante (hohes E). Mandell verwendet diesen Madrigalismus, um die Bedeutung des Textes zu unterstreichen.

Die Einführung des Themas von „Vay'hi Binsoa" ist typisch pentatonisch. Nur zweimal (4. und 6. Zeile) macht Mandell in der Melodie Gebrauch von der 7. Tonstufe, die in dieser Skala nicht vorkommt.[79] Mehrfach spielt er auf die Kantillation (=Sprechgesang) der Tora an, indem er dieselben melodischen Intervalle verwendet, die in dem „Trop" zu finden sind. In den Takten 8 bis 11 verwendet er zweimal C–G–A. Vergleiche dies mit „munach" aus „munach r'viya". Vergleiche außerdem „kumoh Adonai" mit „gadol" aus „zakef gadol".

„Vay'hi Binsoa", Text und Melodie vgl. S. 314f.   „Sh'ma", Text und Melodie vgl. S. 310f.

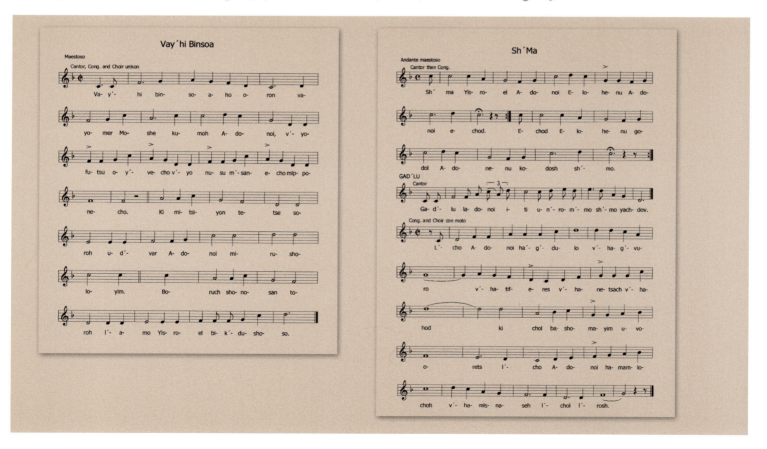

Mandell behält die pentatonische Tonart durch „Sch'ma" und „Gad'lu ladonai" hinweg bei. Die Melodie-Linie in „Sch'ma" bleibt in dem engen Tonumfang einer Sexte. Der Umfang in „Gad'lu ladonai" weitet sich bis zur Dezime aus. In der Eröffnung dieses Gebetes (Zeile 3) zitiert Mandell wieder den „Tora-Trop". Vergleiche „ladonai iti" mit „kadma geresch": „sof pasuk" tritt am Ende dieser Zeile auf („sch'mo yahdov").

„Hodo Al Erez",
Melodie vgl. S. 309

Für dieses „Hodo Al Erez" hat Mandell wie im Tora-Gottesdienst eine Dur-Tonart gewählt. Auch wenn der Komponist auf die pentatonische Skala anspielt, so überwiegt doch die Dur-Tonleiter. Am deutlichsten wird dies im Eingangs- und Abschlussthema. Das Eingangsthema steigt um eine Oktave und einen Halbton zur hohen Tonika, bevor es zur Dominante zurückkehrt. Die Phrase erreicht ihren Höhepunkt bei dem Wort „sch'mo" (=sein Name), welches von der Dominante aus stufenweise erreicht wird. Dieses betont die Phrase „nisgav sch'mo" (= erhaben ist sein Name). Hier liegt ein weiteres Beispiel für Tonmalerei vor.

„Adonai Z'kharanu",
Text und Melodie vgl. S. 300ff.

„Adonai Z'kharanu" ist die einzige Originalkomposition, die als zweistimmiger Satz geschrieben ist. Das Stück wurde für den Kinderchor an der Har-Zion-Schule geschrieben. Der Großteil des Satzes ist eine gerade Bewegung von Terzen und Sexten, nur in einigen Abschnitten kommt Gegenbewegung oder Seitenbewegung vor. Um einen Kontrast zu erzielen, wechselt Mandell in jedem Abschnitt Moll- und Dur-Tonart ab. Weitere Abwechslung erreicht er durch Änderungen der Struktur. Eine

Strophe wird von einem Solisten oder einer kleinen Gruppe von Solisten einstimmig gesungen. Die nächste Strophe kehrt zu einem zweistimmigen Satz zurück.

Die einzige andere Harmonisierung von Mandell ist ein Arrangement, das er aus einer sephardischen Melodie für „As Yaschir Mosche" und „Mi Khamokhah" komponierte

Der harmonische Stil ist vergleichbar mit dem von „Adonai Z'kharanu" mit Terzen und Sexten, die in gerader Bewegung laufen. Mandell verwendet Seitenbewegungen, wo die Melodie-Linie wiederholte oder gehaltene Töne vorgibt. Mandell zufolge ist obiges „Adon Olam" ein Arrangement einer sephardischen Melodie von Mombach, die im ersten Band von „Zamru Lo"[80] enthalten ist. Mandells Version ist unveröffentlicht geblieben. Für Mandell gab es nur einen Grund, ein eigenes Arrangement zu schreiben. Die Originalversion fordert eine Wiederholung des Textes, die Mandell zu vermeiden suchte. Die Lieder sind fast identisch mit Ausnahme der Wiederholung. Mandell schrieb ein weiteres Arrangement von „Adon Olam". Es ist deshalb ungewöhnlich, weil er es nie mit seinen Schülern einstudierte und auch nicht erwartete, dass es in einer Synagoge gesungen wird. Vielleicht hat er es zu seinem Vergnügen geschrieben: Das Arrangement bedient sich eines Themas aus Johann Sebastian Bachs „Passacaglia in c-moll". Mandell legt nur die Worte des Gebets über die berühmte Melodie des Barockkomponisten.

„Adon Olam I",
Text und Melodie vgl. S. 282f.

„Adon Olam II",
Text und Melodie vgl. S. 284f.

„Hanerot Halalu",
Text und Melodie vgl. S. 296f.

Die marschartige Interpretation von „Hanerot Halalu" wurde von Mandell mit dem Ziel komponiert, den Geist der Makkabäer im Lied einzufangen. Die Form des Liedes ist A-B-A, die Tonart ist durchgängig F-Dur. In dieser Komposition bricht Mandell mit der Wiederholung der letzten Phrase eine seiner Regeln. Der letzte Abschnitt wäre musikalisch unausgeglichen, hätte Mandell die Komposition zwei Takte vorher enden lassen.

Statt dessen entschied er sich, die musikalische Idee zu Ende zu führen und wiederholte eine Zeile des Textes.

„Ein Keloheinu",
Text und Melodie vgl. S. 286f.

Mandell schrieb außerdem ein wunderschönes „En Kelohenu". Er gibt dieser einfach zu singenden Melodie einen altertümlichen Charakter, indem er die kleine Septime verwendet. Die Grundform A-B zusammen mit der ungeschmückten Melodie-Linie verleihen den Worten und ihrer Bedeutung Kraft. Ohne Zweifel ist dies ein weiteres Beispiel für Eleganz in der Schlichtheit.

Anmerkungen

[1] Basierend auf einem Interview mit Martha Mandell am 1. August 1980.

[2] Zwei solcher Singspiele wurden von Ira Eisenstein (Text) und Judith Kaplan Eisenstein (Musik) geschrieben: „Our Bialik" und „What is Torah?"

[3] Eric Mandell, Gesammelte Korrespondenz.

[4] Basierend auf einem Interview mit Irv und Janet Yudkin am 25. August 1981. Weitere Verweise auf die Yudkins beziehen sich ebenfalls auf dieses Interview.

[5] Basierend auf einem Interview mit Isaac Wall im Oktober 1980.

[6] Florence Novak, eine unveröffentlichte Sammlung von Briefen an Eric Mandell anlässlich seines Ausscheidens aus dem Har Zion Temple, Philadelphia, 10. März 1969

[7] Abraham Zvi Idelsohn, „Jewish Music" (New York: Schocken Books, 1972), S. 269

[8] Basierend auf einem Interview mit Mandell am 2. Juli 1980

[9] Vgl. „Mamenu – or the Triangle Fire Victims", Musik von J. M. Rumshisky, Text von A. Schorr (New York: Hebrew Publishing Co., 1911).

[10] „Es steht außer Frage: Nur eine passionierte Seele, ein besessener Sammler von einer selten gewordenen idealistischen Prägung kann eine solch reiche, vielseitige, wachsende Materialsammlung zusammentragen, die sich permanent vergrößert." E.G. Lowenthal, „Eric Mandell Sammlung Jüdischer Musik", übersetzt Dr. H. Walter Wenkaert, „Allgemeine", Düsseldorf, 23. Juli 1965, S. 8

[11] „Jewish Times", Philadelphia, 10. Januar 1947, S.8

[12] „Daily News", Philadelphia, 24. Januar 1947, S. 10

[13] Eric Mandell, „A Collector's Random Notes on the Bibliography of Jewish Music", Fontes Artis Musicae [New York], vol. x, 1963, S. 39. Vgl. in diesem Buch S. 254ff.

[14] Die berühmte Fotografin, Lottie Jacobi, fotografierte die Ausstellung im Jewish Museum und übergab sie Mandell in Form eines Buches als persönliches Geschenk.

[15] Vgl. Anm. 9.

[16] Daniel Isaacman, unveröffentlichte Rede, gehalten vor der Verleihung des „Doctor of Humane Letters" an Eric Mandell im Rahmen der 81. Feierlichkeiten zur Verleihung akademischer Grade am Gratz College – Hebrew Education Society, 15. Juni 1981, Elkins Park, Pennsylvania.

[17] E. G. Lowenthal, „Ehrendoktor für Eric Mandell", übers. Warner Victor, „Aufbau" [New York], 3. Juli 1981, S. 11.

[18] Entnommen aus einem Brief von Rabbi Gerald I. Wolpe an Mandell, datiert 17. August 1981.

[19] Entnommen aus einem Brief an Mandell von Steffi Perlstein, datiert 15. August 1981.

[20] Vgl. Anm. 16

[21] Jerome Edelstein, „Schreiber Music Library Dedicated", Philadelphia Jewish Times, 28. Mai 1970, S. 3.

[22] Bücher, die vor 1870 veröffentlicht worden sind.

[23] Der erste der beiden Teile der kommentierten Bibliographie, die 30 Bücher enthält, wird innerhalb des kommenden Jahres veröffentlicht.

[24] Eric Mandell, „A Kaleidoscopic Look at Collecting", Ansprache zur 8. Jahresversammlung der Amerikanischen Konferenz der Kantoren am 13. Juni 1961, South Fallsburg, New York, S. 25

[25] Vgl. Auflistung der Zeitschriften in der Sammlung Mandell

[26] Basierend auf einem Interview mit Eric Mandell am 22. August 1980.

[27] Im „Lexikon der Juden in der Musik", das in Deutschland erschien, vertreten die Nazis die Ansicht, es sei höchst bedauerlich, dass Bruchs berühmtestes Lied ausgerechnet eine Bearbeitung von „Kol Nidre" sei. Theo Stengel, ed., „Lexikon der Juden in der Musik" (Berlin: Bernhard Hahnefeld, 1943), S. 9

[28] Das Blatt zeigt eine Zarenkrone, so dass wir annehmen können, dass es vor der Revolution von 1917 erschienen ist.

[29] In „Kol Nidre" („The Jewish Digest", New York, Oktober 1959, S. 17) hält Mandell fest, dass „von Reznicek später paradoxerweise in der Nazibewegung aktiv war. Er arbeitete als Mitglied von Hitlers Kulturrat, der die ‚Unbedenklichkeit' künstlerischer Arbeiten beurteilte."

[30] Howard Morley Sachar, „The Course of Modern Jewish History", (New York: Dell Publishing Co., 1958), S. 523-526)

[31] Basierend auf einem Interview mit Mandell am 25. August 1980.

[32] Ebd.

[33] Mandell, „A Kaleidoscopic Look at Collecting", S. 35. Vgl. oben S. 66

[34] Ebd. S. 37 [35] Ebd. S. 36

36 Ebd. S. 31

37 Basierend auf einem Interview mit Mandell vom 31. April 1981.

38 Basierend auf einem Interview mit Mandell vom 10. April 1981.

39 Basierend auf einem Interview mit Mandell am 8. Mai 1981.

40 Ebd.

41 Eric Mandell, „A Kaleidoscopic Look at Collecting", Ansprache zur 8. Jahresversammlung der Amerikanischen Konferenz der Kantoren am 13. Juni 1961, South Fallsburg, New York, S. 38

42 Eric Mandell, „Nusach and ‚Pseudo-Tradition'", Har Zion Bulletin, Philadelphia, 11. Januar 1963, Bd. 25, Nr. 10, S. 9

43 Ebd.

44 Ebd.

45 Ebd.

46 Eric Mandell, „The Story of En Kelohenu", The Jewish Exponent, Philadelphia, 28. März 1947, S. 8. Vgl. in diesem Buch S. 221f.

47 Idelsohn, Jewish Music, S. 238-239.

48 Ebd., S. 238

49 Basierend auf einem Interview mit Mandell am 5. Juli 1980

50 Mandell, „Nusach and ‚Pseudo-Tradition'"

51 Eric Mandell, „The History of Maoz Tsur", The Jewish Exponent, Philadelphia, 5. Dezember 1947. Vgl. in diesem Buch S. 240

52 Ebd.

53 Eric Mandell, „Shalom Alechem", The Jewish Exponent, Philadelphia, 9. Dezember 1947, S. 22. Vgl. in diesem Buch S. 236f.

54 Eric Mandell, „Ki Mitzion", The Jewish Exponent, Philadelphia, 21. November 1947, S. 18.

55 Eric Mandell, „Violin Music in Hebraic Style", The Jewish Exponent, Philadelphia, 26. März 1948, S. 20.

56 Eric Mandell, „Adon Olam", The Jewish Exponent, Philadelphia, 27. Februar 1948, S. 21. Vgl. in diesem Buch S. 228f.

57 Nicht näher bestimmter Eintrag in einem Band Eric Mandells mit Korrespondenz von September 1955 – Dezember 1956.

58 Basierend auf einem Interview mit Mandell am 26. Juni 1981.

59 Idelsohn, Jewish Music, S. 474-475.

60 Suzanne Bloch (Hrsg.), Ernest Bloch: Creative Spirit, New York: Jewish Music Council of the National Jewish Welfare Board, S. 18

61 Ebd.

62 Irene Heskes (Hrsg.), Studies in Jewish Music: Collected Writings of A. W. Binder, New York: Bloch Publishing Company, 1971, S. 34

63 Ebd.

64 Gdal Saleski, Famous Musicians of a Wandering Race, New York: Bloch Publishing Company, 1927, S. 6.

65 Mandell, A Kaleidoscopic Look at Collecting, S. 40.

66 Ebd., S.40-41.

67 Basierend auf einem Interview mit Cohen am 7. Juli 1981.

68 Mandell, A Kaleidoscopic Look at Collecting, S. 23-24.

69 Ebd., S. 22-23.

70 Leider wird nicht alle Musik Mandells so aufgeführt, wie er sie geschrieben hat. In manchen Fällen treten Wiederholungen des Textes auf. Der Verfasserin ist nicht bekannt, ob dies ein vereinzeltes oder ein eher verbreitetes Problem ist.

71 Interview mit Mandell am 24. April 1982

72 Baruch Cohon, „Structure of the Synagogue Prayer-Chant", Journal of the American Musicological Society, S. 20.

73 Das normale oder reine Moll in der westlichen Harmonielehre

74 Ein Fehler, der in „Zamru Lo" vorliegt, ist in obigem Abdruck korrigiert worden. Der Kantor singt die letzte Zeile, nicht die Gemeinde. In: Moshe Nathanson (Hg.), „Zamru Lo", Band 1 und 2, New York 1974

75 Baruch Cohon, „Structure of the Synagogue Prayer-Chant", Journal of the American Musicological Society, S. 25, Takt 1

76 Interview mit Mandell am 04. Juli 1980

77 Dieses Lied, das in „Zamru Lo", Bd. II veröffentlicht ist, ist verzeichnet als „alte Melodie, Arrangement von Mandell"

78 Der vollständige Gottesdienst ist in „Zamru Lo", Bd. II erschienen. Mandell zufolge wollte der Herausgeber des Werkes, Moshe Nathanson, nicht den gesamten Gottesdienst veröffentlichen. Mandell aber wollte ihn nicht bearbeitet haben und beharrte darauf, alles oder nichts zu veröffentlichen. Nathanson fügte sich Mandells Wünschen.

79 Pentatonik in F: F – G – A – C – D – F

80 Moshe Nathanson (Hg.), „Zamru Lo", Band 1, New York 1974

Literaturverzeichnis
Ronna Honigman

Binder, A. W.: Biblical Chant, New York, Philosophical Library, 1959. Suzanne Bloch and Irene Heskes (eds): Ernest Bloch, Creative Spirit, New York, Jewish Music Council of the National Jewish Weifare Board, 1976.

Brounoff, Platon: Songs of Freedom. New York, Joseph P. Katz, 1904.

Cohon, Baruch: „Structure of the Synagogue Prayer-Chant", Journal of the American Musicological Society 3(1), Spring 1950

Daily News (Philadelphia), 24 January 1947

Edelstein, Jerome: „Schreiber Music Library Dedicated", Philadelphia Jewish Times, 28 May 1970

Ephros, Gerson, comp. and ed.: Cantorial Anthology, Vol. 3: Sholosh Regolim, New York, Bloch Publishing Co., 1975.

Heskes, Irene, ed.: Studies in Jewish Music, in: Collected Writings of A. W. Binder. New York, Bloch Publishing Co., 1971.

Holde, Arthur: Jews in Music, New York, Philosophical Library, 1959.

Howe, Irving: World of Pur Fathers. New York and London: Harcourt Brace Jovanovich, 1976.

Idelsohn, A. Z.: Jewish Liturgy, New York, Schocken, 1975.

Idelsohn, A. Z.: Jewish Music, New York, Schocken, 1972.

Isaacman, Daniel: Speech delivered before the presentation of a Doctor of Humane Letters to Eric Mandell at the 81st Commencement Exercises of Gratz College, Hebrew Education Society, June 15, 1981, Elkins Park, Pa. (Unpublished.)

Jewish Times (Philadelphia), 10 January 1947

Kupferberg, Herbert: The Mendelssohns. New York, Charles Scribner's Sons, 1972.

Landau, Anne L.: The Contribution of Jewish Composers to the Music of the Modern World., Cincinnati/Ohio, National Federation of Temple Sisterhoods, 1935.

Leichtentritt, Hugo: Music of the Western Nations. Cambridge, Harvard University Press, 1956

Liszt, Franz: The Gipsy in Music,. London, William Reeves, n.d.

Lowenthal, E. G.: „Ehrendoktor für Eric Mandell". Translated by Warner Victor: In: Aufbau, New York, July 3, 1981.

Lowenthal, E. G.: Thirty Articles in the Series „Interesting Facts About the Music You Love". Jewish Exponent, 21 November 1947 – 4 June 1948.

Nathanson, Moshe, comp. and ed.: Zamru Lo, Vol. I. (Congregational melodies and Z'mirot for Friday evening service). New York, Cantors Assembly, 1974.

Nathanson, Moshe, comp. and ed.: Zamru Lo, Vol. II. (Congregational melodies and Z'mirot for the entire Sabbath day). New York, Cantors Assembly, 1974.

Novak, Florence, comp.: Letters to Eric Mandell on the occasion of his retirement from Har Zion Temple, Philadelphia, March 10, 1969.

Rischin, Moses: The Proraised City, Cambridge, Mass., Harvard University Press, 1967.

Rothmüller, Aron Marko: The Music of the Jews., New York, Thomas Yoseloff, 1967.

Sachar, Abram Leon: A History of the Jews, New York, Alfred A. Knopf, 1973

Sachar, Howard Morley: The Course of Modern Jewish History, New York, Dell Publishing Co., 1958

Saleski, Gdal: Famous Musicians of a Wandering Race, New York, Bloch Publishing Co., 1927.

Sendrey, Alfred: Bibliography of Jewish Music, New York Columbia University Press, 1951

Stengel, Theo, ed.: Lexikon der Juden in der Musik, Berlin 1943.

Soltes, Avraham: Off the Willows. New York, Bloch Publishing Co., 1970

Strassburg, Robert: Ernest Bloch – Voice in the Wilderness., Los Angeles, The Trident Shop, California State University, 1977

Wagner, Richard: Stories and Essays, London, Peter Owen, 1973

Weisgall, Hugo: „The Case for Modern Jewish Music", Jewish Heritage, Washington, D. C., 1959.

Kolumnen in der Wochenzeitung „Jewish Exponent"
Eric Mandell

Die Geschichte von En Kelohenu

Israel Jacobsohn, der Begründer des Reformjudentums in Deutschland am Anfang des 19. Jahrhunderts, hatte mit seinen ursprünglichen revolutionären Ideen keinen Erfolg. Lediglich eine gemäßigte Reform der Synagogengottesdienste fand in vielen jüdischen Gemeinden in Deutschland und auch in Westeuropa statt. Die meisten hebräischen Gebete wurden beibehalten, doch eine Anzahl traditioneller Melodien aufgegeben. Es wurde versucht, diese durch Choräle im „deutschen Liedstil" zu ersetzen, oder es wurden Melodien deutscher Volks- und Kirchenlieder für hebräische oder deutsche religiöse Texte verwendet.

Die Neugestaltung der Liturgie der Braunschweiger Synagoge wurde von *Rabbi Herfeld* im Jahre 1842 eingeleitet. Dieser moderne Rabbi, einer der Mitarbeiter des ersten jüdischen Buchclubs, des berühmten „Institut zur Förderung der Israelitischen Literatur" (Institute for the Advancement of Jewish Literature), stellte drei Grundsätze auf für seine Neugestaltung der Gottesdienste: Erstens sollten sie gekürzt, zweitens besser verständlich gemacht und drittens dem ästhetischen Empfinden der Zeit angepasst werden.

Die Aufgabe, die musikalischen Aspekte der Liturgie neu zu erarbeiten, wurde zwei Männern übertragen: dem Kantor der Braunschweiger Synagoge, *Hirsch Goldberg*, der in derselben Funktion auch im „Jacobsohn-Tempel" in Seesen/Harz Dienst tat (1833-1842), und dem Leiter des Herzoglich-Braunschweigischen-Orchesters, *Julius Freudenthal*. Bereits im November 1842 finden wir einen Bericht in der „Allgemeinen Zeitung des Judentums", einer jüdischen Wochenzeitung, dass die Braunschweiger Gemeinde die neuen musikalischen Bearbeitungen mit großer Begeisterung angenommen habe. Diese Braunschweiger Synagogenlieder verbreiteten sich rasch über ganz Deutschland und über seine Grenzen hinaus, nachdem sie im Jahre 1843 gedruckt worden waren.

Die Frage nach der beliebtesten Synagogenmelodie des vorigen Jahrhunderts findet ihre Antwort im Zusammenhang mit den „Braunschweiger Gesängen". In diesem verhältnismäßig frühen hebräischen Musikdruck finden wir *Julius Freudenthals* Melodie zu „En Kelohenu". Der große jüdische Musikwissenschaftler *Professor A. Z. Idelsohn* bezeichnete dieses Lied als die beliebteste Synagogenmelodie der letzten hundert Jahre.

Heute singt man sie in vielen Synagogen auf der ganzen Welt. In den Vereinigten Staaten erklingt sie in den jüdischen Gotteshäusern der unterschiedlichen Richtungen. In der ersten Ausgabe des „Union Hymnal" (1897) wird *Julius Freudenthals* Melodie als „deutsch" bezeichnet, ohne seinen Namen zu erwähnen. Nach dem Sieg über das Hitler-Regime im Jahre 1945 wurde *Freudenthals* „En Kelohenu" von amerikanischen Soldaten während des ersten jüdischen Gottesdienstes auf deutschem Boden in Aachen gesungen und dabei im Rundfunk nach Amerika übertragen.

En Kelohenu

Keiner ist wie unser Gott,
keiner ist wie unser Herr,
keiner ist wie unser König,
keiner ist wie unser Retter.

Wer ist wie unser Gott?
Wer ist wie unser Herr?
Wer ist wie unser König?
Wer ist wie unser Retter?

Lasst uns danken unserem Gott,
lasst uns danken unserem Herrn,
lasst uns danken unserem König,
lasst uns danken unserem Retter.

Julius Freudenthal lebte von 1805 bis 1874. Über seine Tätigkeit als Dirigent des Herzoglich-Braunschweigischen-Orchesters in Braunschweig ist nichts bekannt. In Bezug auf das Verhältnis *Freudenthals* zum Judentum wird berichtet, dass er Mitglied der jüdischen Gemeinde war. Die neuen Synagogenmelodien wurden unter seiner persönlichen Leitung einstudiert.

Eins der letzten großen internationalen Treffen von Juden vor dem Zweiten Weltkrieg in London wurde mit einem Gottesdienst eröffnet. Da die Gemeindelieder, die bei dieser Gelegenheit gesungen wurden, den Delegierten nicht vertraut waren, konnten sie in den Gesang nicht einstimmen. Aber als der Chor am Ende des Gottesdienstes *Freudenthals* „En Kelohenu" sang, stimmten die jüdischen Vertreter vieler Länder in diesen mächtigen Hymnus ein.

Warum wurde diese Melodie so beliebt? *Freudenthal* folgte den Worten des Gebetes in einfachen, singbaren Tonschritten. Er versuchte den starken Rhythmus des hebräischen Textes in Musik erfahrbar zu machen und traf damit den Geist seiner Zeit. Die weite Verbreitung der Melodie beweist dies. *Idelsohn* bezeichnet in seiner „Jewish Music" *Freudenthals* Melodie in der Klangführung als typisch deutsch . Er führt auch Beispiele für deutsche Lieder von 1774, 1819 und 1844 an, in denen musikalische Motive des „En Kelohenu" wiederzufinden sind.

Die früheste Melodiefassung für „En Kelohenu", die bekannt geworden ist, wurde von dem italienisch-jüdischen Komponisten *Salomone di Rossi* aufgeschrieben und erschien im Jahre 1622. Eine weitere verhältnismäßig alte „En Kelohenu"-Weise findet sich in der in Leipzig im Jahre 1768 gedruckten Wochenzeitung „Der Jude".

Wo ist der Komponist unserer Zeit, der die neue „En Kelohenu"-Weise komponiert, die dem jüdischen Empfinden unserer Zeit angemessen ist, - ein schlichter, aber mächtiger Hymnus - der den andächtigen Beter so begeistert, dass er in den Gesang dieses alten jüdischen Gebetes einstimmt?

(1947)

KIDDUSCH HA-LEWANA
Holzschnitt aus einem alten Minhagim-Buch,
Amsterdam 1723

Sch'ma Jisrael – Höre, Israel

„Höre, Israel: Der Herr unser Gott ist Einer" - ist Israels Glaubensbekenntnis an die Einzigkeit Gottes. Die Geschichte dieser großartigen Aussage aus dem Pentateuch ist mit der Geschichte des jüdischen Volkes verwoben. „Sch'ma" wurde im alten Tempel zu Jerusalem gesungen; es kam als Seufzer von den Lippen der heldenhaften Märtyrer; es wurde und wird von Juden gesungen, wenn sie sich in einem Gotteshaus versammeln.

Dieses „Axiom des Judentums" (falls es uns erlaubt ist, das Bibelwort ein Axiom zu nennen) wird in der jüdischen Liturgie oft wiederholt. Wir rezitieren „Sch'ma" bei den Morgen- und auch bei den Abendgottesdiensten. Während der Lesung aus der Tora singen wir das „Sch'ma", wenn die Schriftrolle aus dem Schrein genommen wird, ebenso am Sabbat und an den Festtagen beim „Mussaf K'duscha".

Die verschiedenen musikalischen Interpretationen des „Sch'ma" könnten leicht einen kleinen Band füllen. Allgemein anerkannt ist die Melodie, die am Sabbat und an Festtagen gesungen wird (Melodie 1).

Diese Version hat im letzten Jahrhundert leichte Abwandlungen erlebt. Ihre Grundform wurde in der Sammlung synagogaler Musik „Schir Zion" von *Salomon Sulzer* um 1840 veröffentlicht. Auch wenn wir noch keine Dokumente biblischer Musik entdeckt haben, wissen wir jedoch genau, dass die hebräisch-orientalischen Melodien, die heute noch immer gesungen werden, viele Jahrhunderte lang ohne wesentliche Veränderungen von Generation zu Generation weitergereicht wurden.

Orientalische Musik, einschließlich hebräisch-orientalischer Gesänge, wird allgemein auf Tonleitern von vier oder fünf Tönen aufgebaut. Beispielsweise singen die Juden, die in Bagdad und benachbarten Gemeinden leben, eine „Sch'ma"-Melodie, die sich nur über drei Töne erstreckt (Melodie 2).

Ein auffallendes Beispiel dafür, wie genau die Musiktraditionen der Synagoge bewahrt werden, ist die dritte „Sch'ma"-Melodie, eine Sabbat-Melodie, entnommen einem Band liturgischer Musik, der in Russland im Jahre 1884 gedruckt wurde (Melodie 3).

Die Beziehung dieser Fassung zum jemenitischen Gesang ist offenkundig. In diesem Zusammenhang ist interessant, dass die beliebte „Sch'ma"-Melodie auf einer Tonleiter von nur vier Tönen beruht. Das deutet wohl auf ihren alten orientalischen Ursprung hin.

Eine andere Weise zu „Sch'ma" findet an den Hohen Festtagen Verwendung. Die Melodie bringt die Feierlichkeit und den Ernst von „Rosch Haschana" und „Jom Kippur" zum Ausdruck. Dieser Gesang hat eine besondere Bedeutung, wenn er von der ganzen Gemeinde beim „N'illah-Gebet" am Ende des „Jom-Kippur"-Gottesdienstes gesungen wird (Melodie 4).

Moderne Synagogenkomponisten verwenden häufig Bibelgesänge in ihren Werken. So komponierte *Zavel Zilberts*, der in New York lebt, „Sch'ma" ausgehend vom „Mussaf K'duscha" im „Trop" der Tora (Melodie 5).

Er benutzte den Gesang der „Haftara" für den Satz des „Sch'ma" in einem Freitagabend-Gottesdienst, der im Jahre 1932 veröffentlicht wurde. Eine weitere musikalische Deutung des „Sch'ma" ist in einem Freitagabend-

223

Gottesdienst zu finden, „The Seventh Day" (Der Siebte Tag), komponiert von *Chemja Vinaver*, New York. *Vinaver* hebt das letzte Wort des Satzes, das Wort „Echod", hervor, indem er die Silbe „chod" über drei Takte ausdehnt. Dies erinnert an die chassidische Sitte, die Einzigkeit des Allmächtigen dadurch feierlich zu verkünden, dass diese Silbe in ekstatischer Weise sehr lang angehalten wird.

Ernest Bloch legte eine sehr moderne Musikfassung des alten „Sch'ma" in seinem Sabbat-Morgengottesdienst „Avodat Hakodesch" vor. Seine „Sch'ma"-Melodie, die nicht auf eine spezifische hebräische Art abgefasst wurde, drückt den uralten Ruf Israels nach seinem Ewigen Gott aus. Wenn der Verfasser *Blochs* „Sch'ma" hörte, hatte er beständig den Eindruck, dass der Komponist versucht, die Himmel aufzureißen, damit Gott die Gebete seines Volkes hören kann.

(1948)

Sch'ma Jisrael

Höre, Israel, der Ewige, unser Gott, der Ewige ist Einzig!
Gelobt sei der Name der Herrlichkeit seines Reiches immer und ewig!

Manna
Holzschnitt aus einem alten Minhagim-Buch, Amsterdam 1723

Die Vertonung des Pentateuch

Die Lesung aus der Tora im traditionellen Sprechgesang war stets ein fest umrissener Teil der Synagogengottesdienste. Die Rezitation des „Humasch" ist allgemeiner bekannt als der „Trop". Nach alten Quellen hatte bereits Moses die Lesung aus der Tora am Sabbat und an Festtagen festgelegt. Esra wird zugeschrieben, das Vorsingen aus dem „Humasch" an Werktagen eingeführt zu haben. Die Rezitation des Gotteswortes mit einer Melodie zu verbinden ist ein alter jüdischer Brauch. Die musikalische Illustration macht die Lesung der Schrift bedeutungsvoller. Wir haben Beweise dafür, dass der wöchentliche Abschnitt der Tora bereits im ersten Jahrhundert gesungen wurde. Aber wir wissen nicht, ob der Toragesang unserer Zeit der gleiche ist wie der in alten Zeiten gepflegte.

Da das Vorsingen der Fünf Bücher Mose - des Pentateuch - jedem Juden bekannt ist, der Gottesdienste besucht, und ganz besonders denen vertraut ist, die bei der „Bar Mizwa" aus der Tora lesen, ist es vielleicht interessant, etwas über den ersten Versuch zu erfahren, diesen Sprechgesang in Musik umzusetzen. Dies leistete ein katholischer Priester namens *J. Boeschenstein*, der die „Neginot" der Tora als Anhang zu einer hebräischen Grammatik bereits 1518 veröffentlichte.

Damit erhebt sich die Frage: Ist die erste Notenfassung der „Neginot" des Pentateuch mit der heutigen Version identisch oder ist sie ihr nur ähnlich? Es besteht kein Zweifel, dass der Gesang der Tora, der in den verschiedenen über den ganzen Erdball verstreuten jüdischen Siedlungen verwendet wurde, eine gemeinsame Quelle hat, denn alle diese Versionen lassen sich auf die Notengebung *Boeschensteins* zurückführen.

Aber es ist eine interessante Tatsache, dass diese Gesänge unter den jüdischen Gruppen mehr oder weniger variieren. Es gibt einen deutlichen Unterschied in der Lesung der Tora durch die sephardischen Juden, die östlichen und westlichen aschkenasischen Juden und die orientalischen Hebräer.

Prof. A. Z. Idelsohn veröffentlichte eine vergleichende Tabelle der Betonungsarten bei den Noten für den Pentateuch, die die dreizehn verschiedenen Fassungen zeigt. Darunter befinden sich die der Juden aus Babylonien, Persien, Syrien, Palästina, Ägypten, Marokko, Gibraltar, Italien, Frankreich, Holland und Deutschland. Alle haben, wie bereits festgestellt, eine gemeinsame Grundform. Aber diese Gesänge werden den musikalischen Maßstäben der unterschiedlichen geographischen Orte angepasst und den musikalischen Ausdrucksformen der verschiedenen Perioden in der Musikgeschichte entsprechend umgeformt.

Im Juli 1933 veröffentlichte *Prof. Idelsohn* in einer deutschen Zeitschrift eine Studie, in der er die enge Beziehung zwischen den orientalischen und europäischen Fassungen der Toragesänge nachwies. Deshalb können wir wohl folgern, dass das Singen des Pentateuch ein sehr altes, vielleicht das älteste Zeugnis hebräischer Musik ist.

Es gibt andere orientalische Völker, die ihre Schriften in einer Art und Weise lesen, die unserem Toragesang ähnelt. Der deutsch-jüdische Wissenschaftler *Prof. Steinthal* hörte den Bischof von Siam aus seinen Heiligen Schriften rezitieren. *Professor Steinthal* wurde an die Gesänge unserer Tora erinnert und stellte fest: „Die Erfinder der religiösen Rezitation waren die Buddhisten und die Juden".

Prof. Rosowsky aus Palästina, der jetzt dieses Land besucht, hat das Studium der gesanglichen Vertonungen der Tora zu einem Lebenswerk gemacht. Die Ergebnisse seiner Forschungsarbeit werden bald veröffentlicht.

(1948)

L'cho Dodi – Komm, mein Freund

Das Willkommenslied für den Sabbat, „L'cho Dodi", ist eine der jüngsten Ergänzungen zum „Siddur", dem jahrhundertealten Gebetbuch der Juden. Das Gedicht hatte in kabbalistischen Kreisen in Safed, Palästina, seinen Ursprung und wurde von *Solomon Alkabetz* um 1540 verfasst. „L'cho Dodi" gründet sich auf Zitate, die verschiedenen Teilen der Bibel entnommen sind. Das Synagogenlied wurde von den aschkenasischen und von den sephardischen Juden aufgenommen.

Eine der feinsinnigsten englischen Bearbeitungen von „L'cho Dodi" stammt von *Solomon Solis-Cohen*. Wir zitieren hier einen Teil des Gedichtes:

„Come, my beloved, with chorus of praise,
Welcome Bride Sabbath, the Queen of the days.
Come in thy joyousness, Crown of thy Lord;
Come, bringing peace to the folk of the Word;
Come where the faithful in gladsome accord,
Hail thee as Sabbath-Bride, Queen of the days."

„Komm, meine Geliebte, begleitet von Lobeshymnen,
willkommen, Sabbat-Braut, Königin der Tage,
komm in deiner Fröhlichkeit, Krone deines Herrn,
komm und bringe Frieden dem Volk des Wortes,
komm dahin, wo die Gläubigen in glücklicher Eintracht
grüßen dich als Sabbat-Braut, Königin der Tage."

Es ist bekannt, dass eine beträchtliche Anzahl unserer hebräischen Gedichte und Gebete viele Male vertont worden sind. „Adon Olam" zum Beispiel sowie das „Kaddisch" haben viele musikalische Interpretationen für die Feiertage des jüdischen Jahres. „L'cho Dodi" jedoch ist öfter als irgendein anderer hebräischer Text vertont worden. Wie *A. Z. Idelsohn* feststellt, sind über 2000 verschiedene Melodien bekannt. Eine sephardische Melodie, abgedruckt in „Die alten Melodien für die Liturgie der spanischen und portugiesischen Juden" von *Emanuel Arguilar* und dem *Reverend D. A. De Sola* (London, 1857), ist wahrscheinlich die älteste bekannte Weise zu „L'cho Dodi".

In einem einführenden Essay stellt *De Sola* fest, dass diese besondere Weise für „L'cho Dodi" viel älter ist als das Gedicht selbst und dass die Melodie bereits für ein früheres Gebet verwendet worden war, das von dem um 1100 lebenden *Rabbi Judah Halevi* verfasst wurde. Der Ursprung der Melodie kann daher wohl für die Zeit vor der Niederlassung der Juden in Spanien angegeben werden.

Das Gedicht „L'cho Dodi" inspirierte zu allen Zeiten Komponisten synagogaler Musik. Zu ihnen gehört *Louis Lewandowski* (1821-1894), der zehn Kompositionen für dieses Synagogenlied verfasste, meist für Chorgesang. *Lewandowski* entfaltet in seinen verschiedenen Musikfassungen die ganze dichterische Schönheit des Gebetes.

Nahezu alle anderen repräsentativen Komponisten von Synagogenmusik des vorigen Jahrhunderts haben *Alkabetz'* Gedicht musikalischen Tribut gezollt. Unter den modernsten Fassungen dieses Sabbatliedes befinden sich die von *Mario Castelnuovo-Tedesco* (geboren 1895 in Florenz, Italien) und *Jacques de Menasce* (geboren 1905 in Ischl, Österreich). Beide leben jetzt in Amerika und sind anerkannte Komponisten moderner Musik. Ihre Werke werden von den führenden Orchestern aufgeführt.

„L'cho Dodi" wird vom Kantor traditionell in einer spezifischen jüdischen Form angestimmt. Die Strophe, die uns an die Zerstörung Jerusalems erinnert, wird üblicherweise in Moll gesungen, um eine traurige Stimmung auszudrücken.

Die meisten musikalischen Bearbeitungen von „L´cho Dodi" sind jedoch voll von Freude und Heiterkeit. Der Sabbat war stets der strahlende Tag in Israels oftmals sorgenvoller Geschichte. Die schöne und erhebende Musik von „L´cho Dodi" reißt uns mit in die Atmosphäre einer Welt, die weitab liegt vom Lärm unseres mechanisierten Zeitalters.

(1948)

L'cho Dodi

"Auf, auf, mein Freund" (Hld 7, 12),
lasst uns der Braut entgegengehn,
lasst uns den Schabbat empfangen!

1. "Bewahre ...!" (Dtn 5, 12) und "Gedenke ...!" (Ex 20 ,8)
so ließ der eine Gott in einem Wort es uns vernehmen.
"Der Ewige ist einzig, einzig ist sein Name," (Sach 14, 9)
einzigartig "an Ruhm, Pracht" (1. Chron 22, 5) und an Herrlichkeit.
Auf, auf, mein Freund, ...

2. Auf, auf, der Braut entgegen "lasst uns laufen" (Jes 2, 5),
denn sie ist die Quelle allen Segens.
Seit uralten Zeiten ist diese Königin gesalbt.
Sie steht zwar am Ende der Schöpfung,
war in Gottes Gedanken jedoch von Anfang an geplant.
Auf, auf, mein Freund, ...

...

9. Komme, bring uns Frieden, du "Krone deines Gatten!" (Spr 12, 4)
Und bringe auch Freude und Gelingen!
Tritt ein in die Mitte des "auserwählten Volkes"! (Dtn 7, 6)
Komm herein, Braut, komm herein!
Auf, auf, mein Freund, lasst uns der Braut engegengehn,
lasst uns den Schabbat empfangen!

Adon Olam – Herr der Welt

Der Schlusshymnus für die Gottesdienste am Sabbat und am Morgen der Festtage ist gewöhnlich „Adon Olam". Der Verfasser dieses Gebetes ist unbekannt, aber wir wissen, es wurde im zwölften Jahrhundert geschrieben. Es ist sicher, dass es bereits im fünfzehnten Jahrhundert gesungen wurde.

Das Gedicht eignet sich gut für eine musikalische Bearbeitung, weil es ein klar erkennbares Metrum hat. Unter den zahlreichen Melodien für „Adon Olam" ist die obige Fassung beliebt. Sie bringt „die Vorherrschaft Gottes, Seine Allmacht und Vorsehung" zum Ausdruck.

Eliezer Gerowitsch (1848-1913), ein berühmter Kantor im zaristischen Russland, bearbeitete um 1890 als erster diese Melodie und arrangierte sie für gemischten Chor. Man erkennt ohne weiteres den Einfluss russischer Volksmusik in dieser Vertonung. Die Melodie wurde von *Samuel Naumbourg*, einem französisch-jüdischen Komponisten, der von 1815 bis 1880 lebte, modernisiert. *Lazare Saminsky* nutzte diesen alten Gesang in einem Abendgottesdienst am Sabbat - veröffentlicht in Amerika 1926.

Eine traditionelle aschkenasische Melodie zu „Adon Olam" für die Hohen Festtage ist in einem Manuskriptband erhalten, der in München um das Jahr 1840 abgefasst wurde. Eine Kopie ist im Besitz der Bibliothek des „Hebrew Union College" in Cincinnati. Ein weiteres Manuskript aus derselben Zeit ist hier in Philadelphia zu finden. Wir erwähnen diesen besonderen Gesang, weil *Rubin Goldmark*, ein in Amerika geborener Komponist, diese spezifische Melodie in einer Komposition für Cello und Klavier benutzte: „Adon Olam" - „Herr des Weltalls". Die Komposition wurde 1926 in New York veröffentlicht. *Rubin Goldmark*, der 1936 starb, war der Direktor des Fachbereichs für Komposition der „Juilliard Graduate School". In dieser Eigenschaft wurde er der Lehrer *Frederick Jacobis*, *Aaron Coplands*, *George Gershwins* und vieler anderer bekannter zeitgenössischer Komponisten.

Goldmark verlieh seiner Komposition den Titel „Adon Olam". Er verwendet die traditionelle Melodie im ersten Teil seines Werkes und wiederholt sie im Finale. Da dieses „Adon Olam" an den Hohen Festtagen gesungen wird, fügt *Goldmark* zwei weitere „Rosch-Haschana"-Melodien in seine Komposition ein. Das Musikstück wird jedem Cellisten empfohlen, der an Musik im hebräischen Stil interessiert ist.

Viele Komponisten, die für die Synagoge tätig wurden, zollten dem Gedicht „Adon Olam" musikalischen Tribut.

Eine lebhafte Melodie, komponiert von *Salomon Sulzer*, dem berühmten Kantor aus Wien, wurde für festliche Anlässe beliebt. Die Melodie bringt die Schönheit des Textes würdevoll zum Ausdruck. Sie ist – wahrscheinlich unbewusst – im Dreivierteltakt geschrieben. *Gerowitsch* kennzeichnet die Melodie als „traditionell", einige amerikanische Nachdrucke bezeichnen fälschlicherweise ihn als deren Komponisten.

Die älteste bekannte Melodie, zu der „Adon Olam"

Adon Olam

Herr der Welt, du hast regiert,
eh' ein Geschöpf geschaffen ward.
Als einst durch dich das All entstand,
da ward dein Nam' „König" genannt.

Und einst am Ende aller Zeit
wirst du allein regier'n in Macht.
Du warst, du bist, und du wirst sein,
die Herrlichkeit ist dir allein.

Einzig bist du, und keiner ist
vergleichbar dir, Gott aller Welt.
Du bist ohn' Anfang und ohn' End',
du hast die Macht, bist der Regent.

Du bist mein Gott, du rettest mich,
du bist mein Fels, bin ich in Not,
Du bist mein Schutz, mein Zufluchtsort,
versorgest mich, wenn ich dich ruf.

Mein Geist birgt sich in deiner Hand,
stets, sei ich schlafend oder wach.
Und auch mein Leib birgt sich in dir.
Ich fürcht mich nicht, du bist bei mir.

gesungen wird, wurde von *Salomone Rossi*, einem italienisch-jüdischen Komponisten (1570-1628) komponiert, dessen Band synagogaler Musik „Song of Songs" (Lied der Lieder) im Jahre 1622 veröffentlicht wurde. Motive traditioneller Synagogenlieder können in dieser Melodie nicht aufgespürt werden. Sie ist jedoch als ein frühes Zeugnis jüdischer Musik hoch interessant.

Die sephardische Synagoge hält an einer lieblichen „Adon Olam"-Melodie von *Rev. D. A. De Sola* fest, die 1857 in London veröffentlicht wurde. *A.W. Binder* nahm in eines seiner palästinensischen Liederbücher einen weiteren sephardischen Gesang zu „Adon Olam" auf, den er im Heiligen Land gehört hatte.

Viele vorhandene Melodien wurden diesem hebräischen Gedicht angepasst. Eine interessante Version ist die eines französischen Kantors, der ein begeisterter Anhänger *Richard Wagners* war, und der im Jahre 1854 den berühmten Eingangsmarsch aus „Tannhäuser" für „Adon Olam" für gemischten Chor bearbeitete - erst neun Jahre nach der Premiere der Oper. So sehr wir eine Abneigung gegen diese musikalische Taktlosigkeit haben, so gern hätten wir *Wagners* Reaktion erlebt, wenn er entdeckt hätte, dass er damit einen „Beitrag" zur Synagogenmusik geleistet hat!

(1948)

Jigdal Elohim Chai – Groß ist der Gott des Lebens

Unter den traditionellen hebräischen Synagogenliedern, die von der Gemeinde oder als Wechselgesänge von Kantor und Gemeinde angestimmt werden, wurde die oben notierte Melodie sehr populär. Den Text verfasste *Daniel Ben Juda von Rom*, der um 1450 lebte. Der Inhalt des Gedichtes basiert auf *Maimonides'* dreizehn Glaubenssätzen des Judentums, die im Tages-Gebetbuch zu finden sind.

Über den Ursprung einiger weithin bekannter Synagogenmelodien haben wir keine verlässlichen Angaben. Wir sind jedoch in der glücklichen Lage, die Geschichte der traditionellen „Jigdal"-Melodie zu kennen, die in allen Synagogen Amerikas gesungen wird.

Der Komponist dieser berühmten Weise ist *Leon Singer*, auch als „Leoni" bekannt, der in der zweiten Hälfte des 18. Jahrhunderts Solosänger im Chor der „Duke's Place Synagoge" in London war. „Seine (liebliche) süße Stimme zog eine große Zuhörerschaft selbst von Nichtjuden an." *Singer*, der im Jahre 1800 starb, komponierte auch einige andere Weisen für die Synagoge. Ein 1791 geschriebenes Manuskript, das sich jetzt im Besitz der Bibliothek des „Hebrew Union College" in Cincinnati befindet, bewahrte unter anderen Melodien die allgemein anerkannte Weise des „Jigdal". Die Melodie ist offensichtlich von sephardischer Synagogenmusik beeinflusst, doch finden sich ähnliche Motive auch in spanischen und polnischen Volksliedern. Man kann leicht die Ähnlichkeit zwischen dem Eröffnungssatz von „Jigdal" und den ersten Takten der „Hatikva" erkennen.

Es ist eine bekannte Tatsache, dass die Musik der Länder, in denen die Juden siedelten, ihren Weg in die Synagoge fand. Folglich ist beispielsweise die Standardmelodie „En Kelohenu" auf Motiven aus deutschen Volksliedern aufgebaut. Chassidische Lieder sind bisweilen mehr oder weniger durch slawische Musik beeinflusst. Aber dass eine Synagogenmelodie in den Gottesdienst der Kirche aufgenommen wurde, ist einmalig in der Geschichte jüdischer Musik. Wenn man in das Gesangbuch der Episkopalkirche hineinschaut, wird man feststellen, dass das Kirchenlied „The God of Abram, praise" als „hebräische Melodie" gekennzeichnet ist. Wie kam es dazu, dass diese „Jigdal" Melodie in Kirchen gesungen wurde?

Eines Tages befand sich unter den nichtjüdischen Gottesdienstbesuchern in *Leonis* Synagoge ein Geistlicher, *Thomas Oliver*. „Er geriet über *Leonis* Melodie zu „Jigdal" in solche Begeisterung, dass er zu der Melodie ein englisches Gedicht schrieb." „The God of Abram, praise" wurde daraufhin zusammen mit *Leonis* Melodie in vielen englischen Kirchengesang-

Jigdal

Gepriesen sei der lebendige Gott,
  Gott ist, und keine Zeit begrenzt Gottes Sein.

Einzig ist Gott, nichts ist Gott gleich.
  Uns verborgen und ohn' End' ist Gottes Einigkeit.

Kein Körper ist Gott, ohne körperlich' Gestalt,
  niemals erahnen wir Gottes Heiligkeit.

Gott war vor allem da, vor einem jeden Geschöpf,
  war von Anfang an, doch selbst ohne Beginn.

Gott herrscht über die Welt, und alles, was Gott schafft.
  offenbart Gottes Größe, Gottes Macht.

Fülle an Prophetie gab Gott für die,
  die in Gottes Eigentum sind und Gottes Ruhm.

Niemals in Israel war wie Mose ein Prophet,
  der Gott von Angesicht zu Angesicht schaut.

Die gute Lebensweisung gab Gott seinem Volk
  durch Mose, Gottes treuen Prophet.

Diese Lebensweise wird Gott niemals gereu'n,
  niemals durch eine andere revidier'n.

Gott sieht und kennt, was verborgen in uns ist.
  Das Ende einer Sach' ist vorab Gott bekannt.

Die Frommen belohnt Gott ihren Taten gmäß,
  den Bösen zahlt Gott ihre Bosheit zurück.

Am Ende aller Zeit sendet Gott uns das Heil,
  um zu erlösen die, die Gottes Hilfe erharrt.

Gott wird durch seine Gnad' Tote beleben;
  gepriesen sei Gottes Name bis in Ewigkeit.

büchern gedruckt und verbreitete sich auch in Amerika. Ein anglo-jüdischer Musiker, *Isaak Nathan*, veröffentlichte *Leonis* für Klavier bearbeitetes „Jigdal" 1823 in London. *Sir Michael Costa*, geboren 1808 in Italien, ein bekannter anglo-jüdischer Komponist, verwendete in der Ouvertüre zu seinem biblischen Oratorium „Eli" die Jigdal-Melodie als „Leitmotiv". Er bearbeitete die Weise ebenfalls für einen Choral: „O preist Gott, den Herrn, mit fröhlichem Schall!"

In einigen Synagogen wird „Jigdal" in einer englischen Bearbeitung gesungen. Ich möchte die Aufmerksamkeit auf *Israel Zangwills* wunderbare Übersetzung des „Jigdal" richten:

„The living God, O magnify and bless,
Transcending time and here eternally.
One Being, yet unique in unity;
A mystery of Oneness, measureless."

„O, verherrlicht und preist den lebendigen Gott,
der die Zeit und das Hier und Jetzt übersteigt.
Ein Wesen, zugleich einmalig in Einheit.
Ein Geheimnis der Einzigkeit, unermesslich."

Lasst uns, wenn wir „Jigdal" singen, im Gedächtnis behalten, dass die traditionellen jüdischen Melodien ein wichtiger Teil unseres reichen jüdischen Erbes sind.

(1947)

VORBEREITUNG AUF PESSACH
Holzschnitt aus einem alten Minhagim-Buch,
Amsterdam 1723

VOBEREITUNG AUF SUKKOT
Holzschnitt aus einem alten Minhagim-Buch,
Amsterdam 1723

Schabbat Hamalkah – Königin Sabbat

Das Singen von Sabbat-Tischliedern (Semirot) ist ein alter jüdischer Brauch. Bereits im 12. Jahrhundert hören wir in der hebräischen Literatur vom Vorsingen des „Semirot". Es gibt drei Gruppen von Tafelliedern: den „Semirot" für Freitag-Abend, angestimmt während und nach dem Mahl; eine zweite Gruppe für das Mahl am Sabbat nach der Rückkehr vom Morgengottesdienst; und schließlich die Melodien, die während des dritten Mahles gesungen werden, was in chassidischen Kreisen üblich ist, und zwar nach dem „Mincha"-Gottesdienst am Sabbatnachmittag.

Von den Tischliedern für den Freitagabend wurden z. B. „Schalom Alechem", „Tsur Mischelo", „Jom Zeh L'jisrael" und „Joh Ribbon" die beliebtesten. Die meisten Verfasser dieser hebräischen Gedichte sind unbekannt, aber wir wissen mit Sicherheit, dass das „Joh Ribbon" von *Israel ben Moshe Nagara* (1555-1628) geschrieben wurde, einem der größten Sänger in Israel. Alle diese Tafellieder drücken die Gedanken der Sabbatfeier aus. Ihr Inhalt kreist um die Heiligkeit, um die Schönheit und die Freude über den Ruhetag. Außer den geistlich-religiösen Werten werden die mit der Beachtung des Sabbats verbundenen Bräuche und die besonderen Speisen erwähnt. *Ch. N. Bialik*, einer der größten hebräischen Schriftsteller unserer Zeit, ist der Autor des Gedichtes, das wir für die Kolumne dieser Woche gewählt haben. „Schabbat Hamalkah" ist ein modernes Tischlied, das in jüdischen Häusern gesungen wird, wo religiöse und hebräische Traditionen gepflegt werden. In Amerika ist es jetzt auch Teil der späten Gottesdienste am Freitagabend. *Bialiks* Gedicht wurde um 1900 verfasst, viele Jahre bevor er die Idee des „Oneg Schabbat" (Sabbatfeier) in Tel Aviv einführte. „Schabbat Hamalkah" beruht teils auf dem Semirot „Schalom Alechem" und teils auf dem Willkommenslied des Sabbats „L'cho Dodi". *Bialiks* meisterhafte dichterische Interpretation der Stimmung, in der der Sabbat vorbereitet und willkommen geheißen wird, spiegelt sich in der feinsinnigen englischen Lyrikfassung von *Irma A. Cohon*, einer zeitgenössischen Dichterin, gekonnt wider. Diese Fassung findet sich in verschiedenen jüdischen Gesangbüchern und volkstümlichen Liederbüchern.

Die Popularität eines Gedichtes hängt oft von seiner musikalischen Umsetzung ab. Einige Gedichte, die es eigentlich nicht wert sind, leben wegen einer schönen Melodie ein Jahrhundert oder länger fort, während ein echtes Volkslied schnell in Vergessenheit gerät, weil es mit einer nicht singbaren Melodie verknüpft war. Glücklicherweise vertonte ein feinsinniger Kantor und Komponist *Bialiks* Gedicht „Schabbat Hamalkah" kurz nach dessen Entstehung. *Pinchas Minkowskys* Melodie, die allgemein anerkannt ist und mit Begeisterung bei Zusammenkünften am Sabbat gesungen wird, wurde in einem hebräischen Liederbuch in Warschau im Jahre 1903 veröffentlicht. *Minkowsky* (1859-1923) fing in seiner Melodie die ruhige und friedvolle Deutung des Gedichtes ein, die nicht auf einem spezifisch jüdischen Motiv beruht.

Sabbath Hamalka

1. The sun has slipped behind the trees,
Come, let us greet the Sabbath Queen.
She is now descending, the holy one,
Surrounded by gentle angles of peace.
She comes, the Queen. She coomes, the Bride.
Greetings to you, O angles of peace.

2. We greet the Sabbath with song and prayer,
Entering the house, our hearts full of gladness.
The table is decked, the candles are lit,
Every corner sparkles with shining cleanness.
Peace to the Sabbath, blessed be she,
Peace unto you, O angles of peace.

3. O beauteous one, with rays of shining light,
A night and a day – and then you depart;
We receive you adorned in raimant so fine,
With prayer and song, with feasting and wine.
O peace so sweet, O peace complete,
Give us your blessing, O angles of peace.

4. The sun has hidden behind the trees,
Come, let us bid farewell to the Queen.
Depart in peace, O blessed one,
Six whole days, we shall be awaiting you.
Till the coming Sabbath, the coming Sabbath,
Depart in peace, O angles of peace.

Unter den wenigen Bearbeitungen des „Schabbat Hamalkah" für Singstimme und Klavier verdient eine französische Ausgabe (1927) Erwähnung. Der Bearbeiter, *Fernand Quinet*, zitiert das Lied als „Palästinensischer Gesang" und transformiert den ursprünglichen Dreivierteltakt in einen Zweivierteltakt! Neben der hebräischen Transskription des Gedichtes enthält die Ausgabe auch eine französische Fassung.

In einer kürzlich erschienenen palästinensischen Publikation findet sich eine Neubearbeitung der Melodie *Minkowskys*, um die Weise der korrekten hebräischen Betonung anzupassen.

(1948)

SABBATBEGINN: LICHTANZÜNDEN
Holzschnitt aus einem alten Minhagim-Buch,
Amsterdam 1723

SABBATENDE: HAWDALA
Holzschnitt aus einem alten Minhagim-Buch,
Amsterdam 1723

Das Lied des Mose

Bei einer Wochenlesung aus der Tora, dem „Sidrah B'schallach", verdient das „Lied des Mose" aus musikalischem Blickwinkel besondere Aufmerksamkeit. Die Bedeutung der Befreiung Israels aus ägyptischer Knechtschaft wird nicht nur durch die Sitte, dass die Gemeinde beim Verlesen dieses Gedichtes steht, zum Ausdruck gebracht, sondern auch durch eine ganz eigene musikalische Intonation.

Die Bedeutung bestimmter Sätze wie „Ich will zum Herrn singen" oder „Wer ist Dir gleich, o Herr?" wird durch einen besonderen traditionellen Gesang betont. Die Grundmotive dieser Melodie sind im musikalischen Tonfall in verschiedenen jüdischen Siedlungen Europas und des Orients zu finden. Durch Israels lange Vergangenheit hindurch erfuhr das „Lied des Mose" seine eigene musikalische Deutung.

Da schon die Bibel davon berichtet, dass Mose und die Kinder Israel diese frühe religiöse Dichtung sangen, möchten Musikwissenschaftler und Bibelgelehrte und selbst viele eifrige Bibelleser gerne wissen, wie diese Melodie klang. Hatte das jüdische Volk schon seine eigene nationale Musik? Wurde die Weise durch ägyptische Musik beeinflusst, die damals sehr weit entwickelt war? Oder wurde die Weise mehr gesprochen als gesungen?

Leider ist bis jetzt kein Dokument einer alten biblischen Musik entdeckt worden. Und dennoch möchten wir unsere Leser heute mit einer Melodie zu „Lied des Mose" bekannt machen, die sehr alt ist und wohl auf eine ferne Zeit zurückgeht.

Das Lied (links) ist der ersten veröffentlichten Sammlung sephardischer Melodien entnommen (London 1857). (Die folgenden Fakten basieren teilweise auf Anmerkungen zum „Lied des Mose" von *Rev. De Sola* und auf einem von dem englischen Wissenschaftler *A. M. Friedlaender* geschriebenen Essay.)

Aufgrund eines sehr alten spanischen Werkes behaupten einige, die Melodie, die wir jetzt singen, sei die gleiche, die Miriam und ihre Gefährtinnen sangen. *Friedlaender* versuchte, den Beweis für das hohe Alter dieses Liedes durch Vergleich mit alten orientalischen Melodien zu erbringen. Er bezieht sich auf ein „Lied der Wasserträger in Mekka", das auffallend dieselben Motive zeigt, wie sie sich in der alten sephardischen Melodie zu „Oz Joschir Mosche" finden. Die Eigenart der Melodie ist ohne Zweifel antiken Ursprungs. Die Hauptmotive bestehen wie in vielen orientalischen Weisen aus nur ein paar Tönen. Die beständige Wiederholung einer kurzen Melodie zu einem

Schemot-Auszug *Exodus 15,1–18*

Damals sangen Mosche und die Kinder Jisraël dieses Lied dem Ewigen, und sie sprachen also:

„Dem Ewgen will ich singen,
Denn hoch ist er erhaben;
Das Roß und seinen Reiter
Stürzt' er ins Meer.
Mir Macht und Kraft ist Jah,
Und ward mir Rettung.

Der ist mein Gott, ihn rühm ich,
Gott meines Vaters, ihn erheb ich,
Der Ewige, ein Kriegsheld,
„Der Ewige" sein Name.

Die Wagen Par'os und sein Heer
Warf er ins Meer,
Und seiner Kämpfer Erlesne
Versanken im Schilfmeer.
Die Fluten deckten sie,
Sie sanken in die Tiefen wie der Stein.
Deine Rechte, Ewiger,
Zerschlägt den Feind.
In deiner Hoheit Macht
Zerbrichst du deine Bekämpfer,
Entfesselst deinen Zorn,
Er frißt sie wie Stroh.
Von deines Mundes Hauch
Sich Wasser türmen,
Stand wie ein Damm das Strömende,
Erstarrten Fluten in des Meeres Herzen.

Es sprach der Feind:
‚Ich jage nach,
Ich hole ein,
Ich teile Beute,
Daß ihrer meine Gier ersatte.
Ich zieh mein Schwert,
Es tilgt sie meine Hand.'
Da bliesest du mit deinem Hauch –

Es deckte sie Meer,
Sie sanken wie Blei
In gewaltige Wasser.
Wer ist wie du
Bei den Göttern, Ewiger,
Wer ist wie du,
So hehr im Heiligen,
Umschauert im Glanz,
Wunder wirkend?
Du strecktest deine Rechte,
Da schlang sie die Erde.
Du führtest in deiner Liebe
Das Volk, das du erlöst,
Geleitet hast mit deiner Macht
Zu deiner heiligen Trift.

Es hörens Völker, beben,
Und Furcht ergreift Peleschets Sassen.
Da schrecken die Vasallenfürsten Edoms;
Die Mächtigen Moabs, Zittern packt sie;
Es zagen alle Wohner Kenaans.
Ein Bangen fällt auf sie, Entsetzen;
Vor deines Arms Gewalt
Erstarren sie vor Stein,
Bis durch dein Volk zog, Ewiger,
Durchzog das Volk, das du erlöst.
Du bringst sie hin, du pflanzt sie ein
Auf deines Erbgutes Berg,
Der Stätte, die du dir zum Sitz bereitet, Ewiger,
Dem Heiligtum, o Herr, das deine Hände stellten.

Der Ewige wird regieren, immer, ewig!"

Übersetzung von Naftali Herz Tur-Sinai, in: „Die Heilige Schrift".
Die Übersetzung entstand zwischen 1919 und 1933 in Berlin.

langen Text weist auf eine alte Form orientalischer Musik hin.

Es ist für unsere Leser vielleicht interessant, dass *Franz Schubert* eine Kantate mit dem Titel „Miriams Triumphlied" komponierte, eine klassische Deutung der Geschichte von Israels Durchzug durch das Rote Meer. Als Text benutzte *Schubert* ein biblisches Gedicht des österreichischen Schriftstellers *Franz Grillparzer*, der besonders von den biblischen Textstellen beeindruckt war, die uns von dem Lied erzählen, das Miriam und alle Frauen nach dem Sieg über den Pharao und sein Heer sangen. *Schuberts* Komposition ist eine „triumphale Feier", eines großen Moments in der Geschichte Israels.

Unser heutiges Musikbeispiel ist wohl das älteste Dokument alter jüdischer Musik, sogar älter als die Bibelgesänge. (1948)

Schalom Alechem

Vor ungefähr 300 Jahren schrieben die Kabbalisten das Gedicht „Schalom Alechem". Als Gebet für die Hausgemeinschaft wurde es beliebt und an Freitagabenden gesungen, wenn man von den Synagogengottesdiensten zurückkehrte. In einigen Familien ist es üblich geworden, um den Tisch herumzugehen, während man das „Schalom Alechem" vorliest oder singt. In vielen Gemeinden wird es beim späten Freitagabend-Gottesdienst gesungen.

Die Melodie dieser Hymne hat einen deutlich „chassidischen Klang". Wahrscheinlich ist sie eine der jüngsten

Melodien, die in den Gottesdiensten gesungen werden, geschrieben 1918 von *Rabbi Israel Goldfarb* aus New York, viele Jahre Lehrer für „Chasanut" am Jüdischen Theologischen Seminar in Amerika.

In diesem Jahr nahm der junge *Goldfarb* an Kursen der Columbia-Universiät teil. Als er sich eines Tages auf einer Bank auf dem Universitätsgelände ausruhte, so erzählte *Rabbi Goldfarb* dem Verfasser, konzipierte er die Melodie und verband sie sogleich mit dem Gedicht „Schalom Alechem".

Das Lied wurde 1918 zum ersten Mal gedruckt und verbreitete sich rasch in ganz Amerika, ebenso in England, Rumänien und Palästina. Dort wurde die Melodie von amerikanischen „Chalutzim" eingeführt.

Eine frühe Melodie zu „Schalom Alechem" wurde 1823 in London veröffentlicht. Das Lied lässt sich bis 1650 zurückverfolgen. Diese schöne Melodie, die völlig in Vergessenheit geraten war, wird hier in einer Neubearbeitung zum ersten Mal abgedruckt.

(1947)

Schalom Alechem

Seid mir gegrüßet, Engel des Dienstes,
des Höchsten aller Herrschenden.
Gesandte Gottes, der überall regiert
und dessen Heiligkeit man lobt.

Kehrt ein zum Frieden, Engel des Friedens,
des Höchsten aller Herrschenden.
Gesandte Gottes, der überall regiert
und dessen Heiligkeit man lobt.

Schenkt mir den Frieden, Engel des Friedens,
des Höchsten aller Herrschenden.
Gesandte Gottes, der überall regiert
und dessen Heiligkeit man lobt.

Zieht aus in Frieden, Engel des Friedens,
des Höchsten aller Herrschenden.
Gesandte Gottes, der überall regiert
und dessen Heiligkeit man lobt.

HOCHZEIT: DAS BRAUTPAAR UNTER DER CHUPPA
Holzschnitt aus einem alten Minhagim-Buch,
Amsterdam 1723

Anmerkungen zu Seder-Melodien

Die „Haggada Schel Pessach" enthält das Ritual der „Seder-Nächte" Es gibt immer noch einige Familien, die die „Haggada" liebevoll pflegen, das alte Büchlein mit vergilbten und mit Weinflecken versehenen Seiten, das der Großvater oder sogar der Urgroßvater in der Hand hielt, wenn er die Geschichte von Israels Befreiung aus der Unterdrückung Ägyptens vorlas und die Lieder sang, die das Wunder vom Überleben des jüdischen Volkes preisen. Diese Gesänge und Melodien der „Haggada" sind ein lebendiges Zeugnis für den unbesiegten und immer jungen Geist eines alten Volkes.

Die Beliebtheit der „Haggada" als Volksbuch wird deutlich an den kunstvoll ausgemalten Handschriften des 14. Jahrhunderts sowie durch Drucke des 16. Jahrhunderts, die mit Holzschnitten verziert sind. Bereits im Jahre 1644 wurde eine „Haggada" mit Noten veröffentlicht. Die darin enthaltene musikalische Fassung des „Addir Hu" war die Grundlage für die nunmehr sehr beliebte Melodie zu diesem Text. Die musikalischen Überlieferungen in der „Pessach-Haggada" sind in zwei Teile gegliedert: Die Gebete, die in besonderer Weise vorzutragen, und die Verse, die zu festgelegten Melodien zu singen sind. Viele Familien haben ihre eigenen „Seder"-Melodien, die von Generation zu Generation weitergereicht werden. Wenn auch die meisten dieser Melodien aus der Volksmusik der Umgebung übernommen worden sind, ist gleichwohl eine beträchtliche Anzahl dieser Lieder noch ursprünglich.

Die Rezitation der berühmten Eröffnungsfragen für den „Seder", „Ma Nischtano", weist auf eine alte Musikform hin und erinnert uns an einen Psalmengesang des Mittelalters. (Es ist allgemein bekannt, dass die Urchristen die Melodien der hebräischen Psalmen, die im Alten Tempel gesungen wurden, in ihre Gottesdienste einführten.) Einige Gebete sind im Stil von Volksliedern komponiert, um ihre Bedeutung hervorzuheben. Es gibt eine beschwingte Melodie zu „W'hi Sch'omdo". Die fröhliche Weise zu „Dajeinu" wurde eines der beliebtesten hebräischen Lieder.

Die Gedichte, die mit „Chasal Siddur Pessach" und „Ki Lo Nueh" beginnen, wurden dem Text der „Haggada" gegen Ende des Mittelalters hinzugefügt. *Maurice Samuel*, der eine moderne Übersetzung der alten „Haggada" schrieb, gab „Ki Lo Nueh" den poetischen Titel „To God Belong All Crowns Of Songs" („Gott gehören alle Kronen der Lieder"). Die Quelle der osteuropäischen Seder-Melodien, „Der Musikalische Pinkas", von *A. M. Bernstein* 1927 in Wilna veröffentlicht, enthält sechs verschiedene Melodien von „Ki Lo Nueh". Einige von ihnen spiegeln eine chassidische Richtung wider, während andere in einer leicht gehobenen Stimmung komponiert sind. Eine echte Volksmelodie wurde für Singstimme und Klavier von *Joel Engel* arrangiert, einem Pionier jüdischer Musik, der 1927 in Palästina starb.

„Addir Hu", in der Form eines Akrostichons geschrieben, ist eine Aufzählung der Eigenschaften Gottes. Der Chor, der mit „Jibne Beso B'Korow" beginnt, drückt Israels Hoffnung auf Erlösung aus. Diese sehr beliebte Weise, die wie schon erwähnt, bereits 1644 gedruckt wurde, ist von mittelalterlichen deutschen Volksliedern beeinflusst.

„Who knows the answer to one? I know the answer to one: One is the Lord our God, on earth and in heaven above."

„Wer kennt die Antwort auf den Einen? Ich kenne die Antwort auf den Einen:
Einer ist der Herr unser Gott, auf Erden und droben im Himmel."

Dies ist ein weiteres Beispiel für *Maurice Samuels* Übersetzung der „Haggada", die von der Hebräischen Verlagsgesellschaft veröffentlicht wurde. „Echod Mi Jaudeia" ist ebenfalls eins der beliebtesten Lieder der „Haggada". Seine dichterische Form ist in vielen Volksliedern anderer Völker zu finden. Abermals schuf die Volksfantasie einen Schatz schöner Melodien für diesen Text. Eine verhältnismäßig frühe gedruckte Fassung des „Echod Mi Jaudeia" wurde von dem *Kantor Isaak Offenbach* aus Köln, Deutschland, im Jahre 1838 veröffentlicht. (*Isaak Offenbach* ist der Vater von *Jacques Offenbach*, der wegen seiner großartigen Oper „Hoffmanns Erzählungen" berühmt ist.) Ein jemenitischer Gesang des „Echod Mi Jaudeia", der in den „Songs Of Zion" (Lieder von Zion) von *H. Coopersmith* veröffentlicht wurde, ist ebenfalls sehr populär geworden. Für die Kinder ist der Höhepunkt des „Seder" das Schlusslied „Chad Gadjo". Seine verschiedenen Melodien sind sehr rhythmisch und melodisch.

(1948)

Das „Hallel"-Gebet

„Hallel" wird vorgetragen am Neumondtag, an „Chanukka" und während der Feste „Pessach", „Schawuot" und „Sukkot". Das Gebet besteht aus der Psalmenfolge 113 bis 118.

Psalmen wurden im Alten Tempel zu Jerusalem gesungen. Gewöhnlich werden diese religiösen Gedichte responsorisch von Kantor und Chor gesungen. Deshalb ist das „Hallel" auch heute ein Wechselgesang.

Das „Hallel-Gebet" wurde zum „Großen Halleluja" der jemenitischen Juden. In ihren Gottesdiensten antwortet die Gemeinde nach jedem Vers, manchmal sogar nach jedem halben Vers mit dem gesungenen „Halleluja".

Nach osteuropäischer Musiktradition wird das „Hallel" in Moll gesungen. Nach orthodoxer Praxis wird eine besondere Betonung auf den Vortrag des einleitenden Segens gelegt. Der verstorbene *Kantor Razumny*, der berühmte Chasan von Odessa, Russland, sang eine interessante Version dieses Segensspruches, die sich als so vollkommen erwies, dass sie von vielen anderen Kantoren gesungen wurde und immer noch wird. Manchmal fiel auch der Chor in die Wiederholung der Anfangsphrase des „Hallel" mit ein. Psalm 114, einer der Eingangspsalmen des „Hallel", wurde viele Male vertont. Es gibt klassische Kompositionen von *Gerowitsch*, *Lewandowski*, *Novakowski* und *Sulzer*. Die Popularität dieses Psalms beruht besonders auf der musikalischen Sprache des Folk-Stils. In diesen Fassungen wird der Auszug aus Ägypten durch einen harten Rhythmus dargestellt. Einige Arrangeure synagogaler Musik hatten keine Bedenken, den beliebten Marsch aus „Aida" oder gar einen russischen Militärmarsch in den Gottesdienst einzuführen. Der Vortrag dauerte mitunter bis zu 15 Minuten. Solche längeren Kompositionen wurden in der Abgelegenheit eines litauischen Dorfes durchaus geschätzt.

Zavel Zilberts, ein zeitgenössischer Komponist für Synagogenmusik, stellt eine moderne Auffassung des zweiten Teils von Psalm 115 „Adonai Z'Chorono" vor. Die Komposition, die als Manuskript existiert, basiert auf traditionellen Motiven und beschreibt lebhaft den schönen poetischen Inhalt dieses Psalms.

Psalm 117 „O lobet den Herrn", führt in den bekannten Teil des „Hallel", in das „Hodu".

Die sephardischen Juden in Westeuropa singen diesen Psalm und das „Hodu" auf sehr melodiöse Art. Der Anfang dieses Gesangs erinnert uns an die „Hatikva". Das sephardische „Hodu" wurde 1857 gedruckt, viele Jahre, bevor der Text von „Hatikva" geschrieben wurde. Es liegt auch eine populäre „Hodu"-Komposition für Chor vor in der Art des osteuropäischen „Nussach". Dieser Satz, arrangiert von *M. Halpern*, enthält ein Solo und das Summen, das bezeichnend ist für jüdische Chormusik.

In einigen Synagogen werden die „Hodu"-Verse einer spezifischen Melodie des jeweiligen Festes angepasst. So wird z. B. am „Pessach"-Fest der „Seder"-Gesang „Addir Hu" für diesen Text genommen. An „Schawuot" wird „Hodu" zur Melodie von „Akdomus" gesungen. Wir haben auch eine spezielle „Hodu"-Melodie für die „Lulaw"-Zeremonie an „Sukkot". Und an „Chanukka" wird die „Maoz Tsur"-Melodie für diese Psalmtexte verwendet.

Nach dem „Hodu" singt der Chor oft „Min Hametsar" – „Aus meinen Nöten rief ich zu dir, o Herr". *Jacques Fromental Halevy*, der Komponist der Oper „Die Jüdin", leistete auch einige Beiträge zur Synagogenmusik. Darunter gibt es eine „Hodu"-Melodie und eine Vertonung von „Min Hametsar". Diese Komposition, die einmal als Standardstück hebräischer Chormusik angesehen wurde, ist im Stil der großen französischen Oper geschrieben und wurde auch in einer englischen Fassung veröffentlicht.

Aus dem Schlussteil des „Hallel" möchten wir das „Odcha Ki Anitani" erwähnen. Ein Chor aus dem Oratorium „Judas Makkabäus" vom großen Meister *Georg Friedrich Händel* wurde den Versen des Psalms 118 unterlegt.

(1948)

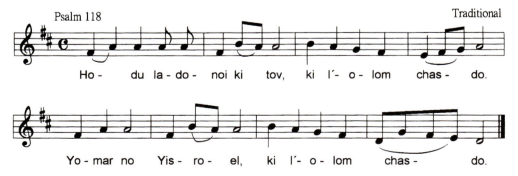

Maoz Tsur – Chanukka-Lied

„Chanukka" findet seinen musikalischen Ausdruck in der oben notierten beliebten Melodie. Das hebräische Gedicht wird *Mordechaj* zugeschrieben, einem aschkenasischen Schriftsteller, der im dreizehnten Jahrhundert lebte.

Die Melodie ist, mit wenigen Ausnahmen, in der ganzen Welt bekannt und wurde bereits von den Juden Deutschlands vor 1600 gesungen. Unsere Melodie, zweifellos von einem alten deutschen Volkslied beeinflusst, wurde für ein Kirchenlied benutzt und fand später seinen Weg ins Ghetto.

Isaak Nathan, ein früher anglo-jüdischer Komponist, passte *Lord Byrons* Gedicht „On Jordan's Bank" (Am Ufer des Jordan) dieser Melodie an, die in London 1815 gedruckt wurde. Dies sind die beiden letzten Verse seines Gedichts:

„Wie lange soll von Tyrannen dein Land mit Füßen getreten werden?

Wie lange dein Tempel ohne Anbetung? O Gott!"

Es gibt verschiedene schöne Weisen zu „Maoz Tsur", leider werden sie nicht mehr gesungen. Unter diesen sollte eine besonders schöne musikalische Gestaltung

Maoz Tsur

Zufluchtsort – Fels, der meine Hilfe ist, – von Herzen singe ich dir Lob. Stelle das Haus für mein Gebet wieder her, damit wir dort ein Dankopfer darbringen können. Wenn du dem Schlachten der kläffenden Feinde ein Ende bereitet hast, dann will ich mit einem Palmwedel die Weihe deines Altars vollenden.

Meine Seele war mit Bösem gesättigt, meine Kraft verzehrte sich vor Kummer. Aber mit seiner machtvollen Hand hat Gott sein Eigentum herausgeführt. Das Heer des Pharaos und alle seine Leute versanken wie ein Stein im Meer.

Gott ließ mich das Allerheiligste seines Tempels betreten, aber auch dort kam ich nicht zur Ruhe, denn es kam der Feind und brachte mich ins Exil. Doch nicht lange, nachdem ich dort hingekommen war, kam mit Zerubbabel das Ende des neubaylonischen Reichs, und ich wurde nach 70 Jahren gerettet.

Die Griechen rotteten sich gegen mich zusammen, damals zur Zeit der Hasmonäer. Sie durchbrachen die Mauern meiner Türme, sie verunreinigten fast alles Öl. Aber mit dem Rest der Ölkännchen erlebte die „Rose" ein Wunder. Deine weisen Kinder ordneten acht Tage für Gesang und Jubel an.

erwähnt werden, die von dem italienischen Komponisten *Marcello* (1686 - 1739) in seinen „Fünfzig Psalmen" bewahrt wurde.

Eine Familie in Mähren, aus der drei Generationen Kantoren stammten, gab eine „Maoz Tsur"-Melodie weiter, die im Jahre 1933 in Deutschland veröffentlicht wurde. In ihrem einfachen rhythmischen Aufbau verdiente diese Melodie, in der Synagoge und im jüdischen Haus zu neuem Leben erweckt zu werden.

(1947)

Musik zu Purim
Wieder stimmen wir den Gesang des Buches Esther an

Va - y´- hi bi - mei a - chash - ve - rosh

„Purim" ist einer der Festtage im jüdischen Kalender, zu dem „Musikmachen" wesentlich dazu gehört als Ausdruck der besonderen Stimmung von Freude und Ausgelassenheit.

Nach der Zerstörung des Zweiten Tempels wurden Musik und musikalische Veranstaltungen von den Rabbis verboten. Diese Regel wurde indes nicht beachtet, wenn die Zeit des Purimfestes kam. Wir wissen, dass das trostlose Leben im mittelalterlichen Ghetto sich sofort in eine Zeit der Fröhlichkeit verwandelte, sobald die Schüler der „Jeschiwot" ihre Proben für das „Purim-Spiel" begannen.

Das „Purim-Oratorium" ist das Singen der „Megillat Esther", der Esther-Schriftrolle, in der Synagoge am Vorabend des Festes. Die musikalische Umsetzung dramatisiert die Geschichte von Hamans Versuch, die Juden zu vernichten, und schildert ihre endgültige Befreiung durch Königin Esther.

Wie verschiedene andere Bücher der Bibel ihre besonderen gesanglichen Ausformungen haben, so hat die Schriftrolle Esther gleichfalls ihren besonderen „Trop". Der Gesang spiegelt den Jubel eines Volkes wider, das über einen verachteten Feind gesiegt hat. In wehklagenden Tönen veranschaulicht er die Teile der Geschichte, in denen das traurige Schicksal der Juden besiegelt scheint. Die Mischung von Dur und Moll drückt die verschiedenen Stimmungen im Verlauf der Geschichte bis zum glücklichen Ende aus.

Zusätzlich zu der Musik der „Megillat Esther" haben wir hebräische Gebete und Gedichte, ebenfalls jiddische Volksweisen, die an „Purim" in der Synagoge oder im Haus gesungen werden. Das Gebet „Schoschanat Jaakow" wird in traditionellem Stil rezitiert. Eine beträchtliche Anzahl Lieder in der jiddischen musikalischen Folklore haben mit dem Purimfest und seiner fröhlichen Ausgelassenheit zu tun.

In Palästina singt der „Jischuw" eine Purim-Karnevalsmelodie „Chag Purim", die zum echten „Hit" für diese Festlichkeiten wurde. Die verschiedenen musikalischen Interpretationen der Purimfeier sind bildhaft im Rhythmus und reich an Melodie. Für das Buch Esther gibt es einige der farbigsten musikalischen Ausdrucksformen aller Bücher der Bibel.

(1948)

SPIELLEUTE ZU PURIM
Holzschnitt aus einem alten Minhagim-Buch,
Amsterdam 1723

Niggunim

Das hebräische Wort „niggun" bedeutet Melodie oder Weise. Einige Gebete in alten Ausgaben des „Machsor", dem Gebetbuch für die Feste und Feiertage, werden als „Hechasan" bezeichnet. Dies bedeutet zugleich, dass der Chasan das Gebet in einer bestimmten Melodie wiedergeben sollte. Es gibt eine Anzahl solcher traditioneller Gesänge, die in den Liturgien an den verschiedenen Festen des Jahreskreises gesungen werden. Einige dieser Melodien werden „Missinai-Weisen" genannt, um anzudeuten, dass sie Jahrhunderte lang von Generation zu Generation weitergegeben worden sind.

Mit der Entwicklung der „Chassidischen Bewegung" in der Mitte des 18. Jahrhunderts änderte sich die Bedeutung des Wortes „Niggun". Das „Niggun", die Melodie ohne Worte, wurde zum Vermittler zwischen dem „Chassid" und seinem Gott. Allein der Text des Gebetes konnte die Freude und Verzückung des „Chassid" nicht ausdrücken. Aber eine Melodie, die nicht an einen besonderen Inhalt gebunden war, gab die Möglichkeit, die tiefe andächtige Haltung zu schaffen, die für das Gebet des chassidischen Juden bezeichnend ist. „Gebets-Niggunim" und chassidische „Niggunim" bilden einen wesentlichen Teil jüdischer Vokalmusik.

Der Name *Nahmam Ben Simhah Of Bratzlav* (1772-1810), ein Urenkel des *Israel Baal Schem Tow*, des Gründers der Chassidischen Bewegung, wird mit einem typischen chassidischen „Niggun" in Verbindung gebracht. *L. Zeitlin*, einer der vergessenen Pioniere jüdischer Musik, der in Russland lebte und 1923 nach Amerika auswanderte, komponierte ein Streichquintett (Niggun of Rabbi Nahman Bratzlav), das diese chassidische Weise zur Grundlage hat. Die Komposition wurde zuerst 1912 in St. Petersburg, Russland, veröffentlicht und kürzlich in Palästina nachgedruckt. Dieses „Niggun" ist eine der anziehendsten chassidischen Melodien. *Zeitlins* Arrangement zeigt starkes musikalisches Empfinden.

Eine weitere bekannte Melodie ist „Niggun Bialik". Diese Weise, in Osteuropa bereits in der zweiten Hälfte des 19. Jahrhunderts gesungen, erhielt ihren Namen zu Ehren des berühmten hebräischen Dichters.

„Schawua Tow" ist heute in Palästina eine der beliebtesten „Niggunim"-Melodien. Verlässlicher mündlicher Überlieferung zufolge war die liebliche Melodie in Brest-Litowsk schon um 1880 bekannt. Die Weise wurde am Ende des Sabbat während des „M'laweh Malkah" und ebenfalls an „Simchat Tora" während der „Hakafot", einer Prozession mit den Schriftrollen, in der Synagoge gesungen.

Das „Niggun" in Verbindung mit der „Hora", dem Tanz des „Erez Israel" (Land Israel), wurde zum Symbol des neuen Geistes in Palästina. Ein unlängst erschienener Band palästinensischer Volkstänze enthält auch ein „Niggun Hora".

Die Vernichtung des jüdischen kulturellen Lebens in Osteuropa rottete den Bestand an chassidischen Melodien nicht vollständig aus. Ein paar Vertreter, die diesen Zweig jüdischer Musik weiterführen, sind in verschiedenen Ländern zu finden. Der *Große Rabbi S. Taub von Modzitz*, der in Brooklyn seinen Wohnsitz hat, ist einer von ihnen. Er veröffentlichte einige kleine Bücher mit chassidischen Melodien und versammelt immer noch seine Jünger zu Singstunden, die er in wahrem chassidischem Geist leitet.

Der jiddische Schriftsteller *Jizchak Leib Peretz* gab einmal eine treffende poetische Definition eines „Niggun": „Die Töne allein machen noch keine Weise aus; sie sind bloß der Leib der Weise. Die Weise muss aber auch noch eine Seele haben. Und die Seele einer Weise ist das Gefühl des Menschen, alles, was ein Mensch fühlt, kann er in die Weise hineinlegen und die Weise lebt."

(1948)

Hava Nagila
Eines der bekanntesten Lieder aus Palästina

> ### Hava Nagila
> *Kommt, wir werden jubeln und uns freuen.*
> *Kommt, wir werden singen.*
> *Wacht auf, Brüder, mit frohem Herzen!*

Hebräische Melodien, jiddische Volkslieder und Synagogengesänge gingen wie die Mythen um die ganze Welt. Jahrhunderte lang wanderten diese Melodien mit den Juden durch Länder und Erdteile. Deshalb haben viele Synagogengesänge und Volkslieder Motive und Teile von Melodien aus der Musik der Völker aufgenommen, in deren Mitte die Juden gesiedelt hatten. Jüdische Vokalmusik zeigt folglich Einflüsse orientalischer, spanischer, russischer, tschechoslowakischer und rumänischer Musik.

Trotz der Einflüsse der Volksmusik anderer Länder auf jüdische Musik haben die gesanglichen Ausdrucksformen unseres Volkes einen ausgeprägten eigenen Stil.

Obwohl wir wenig über den Ursprung der meisten dieser Melodien wissen: Der Weg, den die Melodie „Hava Nagila" genommen hat, ist zum Teil bekannt.

Der berühmte Wunderrabbi *Israel The Rushiner* nahm 1840 seinen Wohnsitz in Sadagora in der Bukowina. Er lebte und herrschte fürstlich, umgeben von einer großen Zahl Jünger. Hier wurde ein „Niggun" gesungen, eine wortlose Melodie, die der bedeutende Gelehrte auf dem Gebiet jüdischer Musik, *Professor A. Z. Idelsohn*, später mit dem Text „Hava Nagila" verbunden hat.

Idelsohn berichtet, dass diese Melodie ihren Weg nach Jerusalem fand, dem Treffpunkt frommer Juden aus vielen Ländern. Hier hörte er dieses „Niggun" und schrieb es 1915 nieder. Als er dann 1918 eine passende Melodie für ein „Folkkonzert" suchte, dachte er an das rhythmische „Niggun" aus Sadagora und schrieb dafür den heute bekannten Text „Hava Nagila" und arrangierte das ganze für Chor.

Die Konzerthörer waren von dem Lied begeistert. Am folgenden Tag wurde es in den Straßen Jerusalems gesungen und bald erschallte die Melodie in ganz Palästina. Später wurde sie zum Lieblingslied für die Juden vieler Länder. „Chalutzim" und „Chalutzot" begannen nach dieser Weise zu tanzen und sie tanzten die „Hora".

Dieses chassidische „Niggun" in Verbindung mit der „Hora" wurde zum Symbol für den starken Willen zum Leben der jüdischen Jugend.

(1948)

Die Geschichte von „Eili, Eili"

Es war im Jahre 1896. Eine jiddische Theatergesellschaft führte im Windsor-Theater in New York City Schauspiele und Dramen auf. Im April war ein historisches Drama: „B'rocho" oder „The Jewish King Of Poland" (Der jüdische König Polens) von *Professor Hurowitz* in Vorbereitung.

Als die Proben begonnen hatten, erhob sich die Frage nach der Musik. Ein Musiker, *Jacob Koppel Sandler*, der zu der Zeit Verbindung zur Bühne hatte - später war er Chorleiter in einer Synagoge - wurde gebeten, sehr kurzfristig einige Soli und Chöre zu komponieren. Der Autor des Dramas bat Sandler vor allem um ein Solo, das von einer Sängerin in Erinnerung an das Martyrium eines jungen Mädchens gesungen werden sollte. *Professor Hurowitz* wies den Komponisten auf die Psalmen hin, in denen er den Text für dieses besondere Solo finden könne.

Als Sandler eines Nachts in der Bibel las, stieß er auf den zweiten Vers des Psalms 22: „Eili, Eili, lama azawtani – „Mein Gott, mein Gott, warum hast du mich verlassen?". Dieser Vers inspirierte ihn zu dem heute so bekannten und im jüdischen Volk beliebten Lied.

Schon während der Premiere des Stücks wurde „Eili, Eili" zu einem unmittelbaren Erfolg. Zwei großartige jiddische Schauspielerinnen ihrer Zeit, *Sophie Karp* und *Bertha Kalisch*, halfen, „Eili, Eili" zu dem herausragenden populären jiddischen Lied zu machen.

„Eili, Eili" wurde in verschiedenen Ausgaben und Fassungen veröffentlicht. Aber oft wurde der Name des Verfassers weggelassen und so geriet er in Vergessenheit. Die „Gesellschaft für jiddische Volksmusik" in Petersburg, Russland, veröffentlichte kurz vor dem ersten Weltkrieg eine Bearbeitung des Liedes von *Schalit* und verlieh „Eili, Eili" den Status eines „Volksliedes". „Eili, Eili" erschien immer wieder auf Konzertprogrammen, und selbst wenn es nicht planmäßig auf dem Programm auftauchte, verlangte das Konzertpublikum danach.

Das Lied liegt in etlichen Übersetzungen vor: in Deutsch, Französisch und Englisch. (Der Verfasser ist noch auf keine hebräische Bearbeitung gestoßen.) Eine der besten amerikanischen Vokalausgaben wurde von *Kurt Schindler* bearbeitet.

Der musikalische Wert von „Eili, Eili" wurde oft angezweifelt, und doch haben die besten Musiker diese Melodie für verschiedene Instrumente bearbeitet. Zum einen gibt es die berühmte Umsetzung für Violine und Klavier von *Misha Elman*. (Der Verleger bezeichnet die Komposition als „Traditionelle Jiddische Melodie".)

Die „Oxford University Press", London, England, veröffentlichte eine Bearbeitung von „Eili, Eili" für Cello und Klavier von *Samuel Alman*. (Der Untertitel lautet hier: „Traditionelle Hebräische Melodie".) Die jüdische Komponistin *Mana-Zucca* schrieb eine interessante Paraphrase für Klavier: „Eili, Eili". *Jacob Weinberg*, ein weiterer zeitgenössischer Komponist, bearbeitete „Eili, Eili" für Klavier in einer modernen Form. Von *Joseph M. Rumshinsky* existiert eine Fassung des Liedes für ein Männerquartett.

J. K. Sandler kreierte ohne Zweifel in Text und Melodie einen echten Volksstil. „Eili, Eili" ist in der Stimmung eines Synagogengebets komponiert. Die jahrhundertealten Schreie des jüdischen Volkes, die Ausdruck des Elends und der tiefen Trauer sind, verursacht durch Verfolgung und Unterdrückung, hallen in den traurigen Motiven der Melodien wider. Auch wenn „Eili, Eili" für das Theater geschrieben wurde – *Sandler* komponierte das Lied im Sinne eines Gebets und ein Gebet spricht immer das Herz der Menschen an.

(1948)

Eili, Eili

Eili, Eili, lamo azovtanu.
Mit feir un flamn hot men uns gebrennt
Iberal all hot men uns gemacht zu shand zu spot
Obzutreten fun us hot noch keiner net gewagt
Fun unser heileger Toire, fun unser gebot.
Oy Eili, Eili, lamo azovtanu
Lama azovtanu, Eili, Eili.
Ich heet mit moire unsre Toire, un ich bet,
Rette uns! Rette uns a mol,
    for unsere Ovos, ovos-ovoseino
Her zu mein gebet un mein gewein,
Veil helfen kenst du nor Gott allein
Veil Shma Isroel,
Adoshem elokeinu, adoshem Echad

Oif'n Pripetschik brent a Faierli

Unter den jiddischen Volksliedern kann man diese Melodie wohl als eine der beliebtesten ansehen. Kennzeichnend für ein Volkslied ist die Tatsache, dass beide, der Autor und der Komponist, unbekannt sind. Ein Volkslied bringt die Gefühle und Gedanken eines Menschen zum Ausdruck, der seine Empfindungen in Worte fassen kann, die vom einfachen Volk leicht verstanden werden. Solch ein Gedicht verbreitet sich mündlich. Sehr bald wird entweder dem Text eine Weise angepasst oder eine Melodie erfunden. Der Prüfstein für ein echtes Volkslied ist seine allgemeine Akzeptanz durch das Volk.

Die Melodie „Oif'n Pripetschik", die in vielen Sammlungen jüdischer Volkslieder entdeckt wurde, hat ihren Weg zu jüdischen Siedlungen verschiedener Länder gefunden. Sie war ursprünglich jedoch kein echtes Volkslied, denn wir kennen ihren Autor und Komponisten. *M. M. Warschowsky*, der noch mehr Lieder im Stil von Volksliedern schuf, war kein professioneller Liedermacher, sondern ein echter Folksänger. *Warschowsky*, um 1845 geboren (er starb 1907), war Rechtsanwalt in Kiew, Russland. Er schrieb zahlreiche Gedichte in jiddischer Sprache, vertonte und sang sie bei Treffen mit Freunden. Unter seinen Kollegen befand sich der berühmte jiddische Schriftsteller *Sholom Alechem*. Dieser drängte *Warschowsky*, seine Lieder zu veröffentlichen. „Oif'n Pripetschik" wurde in *Warschowskys* Bändchen „Jewish Folk-Songs" (Jüdische Volkslieder) im Jahre 1900 abgedruckt. *Sholom Alechem* schrieb zu dieser Veröffentlichung eine Einleitung, in der er prophezeite, dass die Lieder wahre Volkslieder werden würden. Ein halbes Jahrhundert später lebt „Oif'n Pripetschik" immer noch unter den jiddisch sprechenden Gruppen weiter.

Das Lied schildert die Geschichte des alten „Cheder". Trotz der verständlichen Grenzen des „Cheder" ruft man sich gern den „Rebbe" in Erinnerung, der mit seiner einfachen Methode und von Begeisterung erfüllt die Herzen der jungen Kinder für die Lehren der Tora aufschloss.

Oif'n Pripetschik

1. *Oif'n pripetschik brent a faierli,*
   un in shtub is hejs.
   Un der rebe lernt kleijne kinderlech
   dem alef-bejs.

   Refrain:
   Set sche kinderlech,
   Gedenkt she, tajere, wos ir lernt do,
   Sogt sche noch a mol un take
   noch a mol: „Komets-alef: o!"

2. *Lernt, kinder, mit grojs cheschek,*
   Asoj sog ich aich on,
   Wer s'wet gicher fun aich kenen iwre,
   Der bakumt a fon.

3. *As ir wet, kiderlech, elter wern,*
   wet ir alejn farshtejn,
   wie'fl in die ojsjes liegn trern
   un wie fiel gewejn.

4. *As ir wet, kinder, dem goles schlepn,*
   Ojsgemutschet sajn,
   Solt ir fun di ojsjes kojech schepn,
   Kukt in sej arajn!

Diese Melodie kann wohl als typisch jüdisch gelten. Nach *A. Z. Idelsohn* ist sie in der „Magen Avos"-Tonlage geschrieben. Das ist die Tonleiter, in der einige Gebete im Freitagabend-Gottesdienst gesungen werden. Da sich der Einfluss russischer Volksmusik nicht leugnen lässt, wurde die Melodie in eine jüdische musikalische Ausdrucksweise umgeformt.

Es gibt andere Lieder von *Warschowsky*, die in unserer Zeit immer noch gesungen werden, wie zum Beispiel „Dem Milner's Treren" (Des Müllers Tränen). Es handelt sich um die Geschichte eines jüdischen Müllers, der im Alter rücksichtslos aus seiner Mühle vertrieben wurde.

Ein frühes zionistisches Lied mit dem Titel „Das Lied fun Broit" (Das Lied vom Brot) ist den Siedlern in Palästina gewidmet, die vor 1900 ins

Land kamen. Eins der vergessenen Lieder von *Warschowsky*, „Zion", sollte zu neuem Leben erweckt werden. Der Dichter hat den inbrünstigen Wunsch, in „Erez Israel" (Land Israel) bestattet zu werden. Da er aber für die Reise zu alt ist, betet er zu Gott, die jüngere Generation solle nach Palästina zurückkehren, wo neue Bäume und neue Blumen wachsen werden.

Einige Werke von *Warschowsky* sind noch heute in Palästina lebendig und werden dort Hebräisch gesungen. Eine kürzlich erschienene Publikation mit dem Titel „Semer Am" (Volkslied) liefert hervorragende Übersetzungen jiddischer Lieder ins Hebräische. Unter diesen Übersetzungen ruft *Warschowskys* „Dem Milner's Treren" in der neuen Sprache dieselbe tiefe Wirkung hervor wie im ursprünglichen Jiddisch.

Eine hebräische Fassung von „Oif'n Pripetschik" war bereits 1912 veröffentlicht worden. Sie wurde äußerst populär. Aber auch der zeitgenössische Komponist *Zavel Zilberts* schrieb eine moderne Bearbeitung des Liedes, die 1934 veröffentlicht wurde.

(1947)

CHANUKKA: FREUDE BEIM LICHTANZÜNDEN
Holzschnitt aus einem alten Minhagim-Buch,
Amsterdam 1723

TISCHA BEAW: KLAGE ÜBER ZION
Holzschnitt aus einem alten Minhagim-Buch,
Amsterdam 1723

Zion und Israel
Musikalische Impressionen

Nahezu zweitausend Jahre lang haben jüdische Schriftsteller ihrer Sehnsucht nach Rückkehr ihres Volkes in das Heilige Land Ausdruck verliehen. In den Synagogen betont der Kantor als Vorleser und musikalischer Interpret der Liturgie stets bestimmte Redewendungen der Gebete, wie zum Beispiel „O, mögen unsere Augen Zeugen deiner Rückkehr nach Zion sein", oder „O, rufe ein neues Licht hervor, das über Zion scheine". Das geschieht gewöhnlich in einem traditionellen, oft wehklagenden Gesang.

In Israels trauriger Geschichte glomm trotz rücksichtsloser Verfolgung und gnadenloser Unterdrückung beständig ein Funken Hoffnung auf Erlösung ihres Volkes in den Herzen der Juden. Dieser Gedanke wird in hebräischer und in jiddischer musikalischer Folklore ausgedrückt. Ein typisches Beispiel ist das jiddische Lied „Jerusalem", ein echtes Volkslied, denn weder der Verfasser des Gedichts noch der Komponist dieser tief bewegenden Melodie sind bekannt. Der Text drückt die Heimatlosigkeit des Juden aus, der gezwungen ist, von Land zu Land zu wandern. Sein einziges Ziel ist Jerusalem, sein einziger Ruf ist „Jerusalem, du bist mein geheiligter Ort!"

Dieses jiddische Volkslied inspirierte offensichtlich den hebräischen Schriftsteller *A. Hameiri*, sein berühmtes Gedicht „Jerusalem" zu schaffen. Geschrieben ungefähr 1920, wurde der Text der Originalmelodie des oben erwähnten jiddischen Volksliedes angepasst. Und das alte jiddische Volkslied, umgewandelt in ein modernes hebräisches Gedicht, gab vielen Menschen, die Zion wieder aufbauten, und denen, die für seine Wiederherstellung beteten, neue Hoffnung. Das Gedicht, das mit den Worten „Meal Pisgath Har Ha-Tsofim" beginnt, fand sogar seinen Weg in eine kürzlich erschienene Ausgabe des „Siddur".

Der gegenwärtige Kampf der jüdischen Armee ist in dem Lied „Soldiers Of Zion"(Soldaten Zions), einem jiddischen Gedicht von *Morris Rosenfeld*, vorhergesagt. *Abraham Reisen*, ein zeitgenössischer jiddischer Schriftsteller, vermittelt ein Bild von Palästina in einem seiner Gedichte „In Erez Jisrael" (Im Lande Israel). Die Musik ist von *A. W. Binder*.

Der französisch-jüdische Komponist *Darius Milhaud* vertonte zwei französische Gedichte von *Albert Cohen*, „Hymn To Zion" (Hymne an Zion) und „Israel Lives" (Israel lebt). *Milhaud* versucht in beiden Liedern, veröffentlicht 1926 in Wien, eine orientalische Stimmung wiederzugeben. „Israel est vivant! Tes fils viennent vers toi!" (Israel lebt! Deine Söhne kommen zu dir!)

Ein anderer französischer Komponist, *Daniel Lazarus*, schrieb „Hymn Juif" (Jüdische Hymne) als Teil einer seiner Symphonien, 1934 veröffentlicht:

„Auf, lasst unsere Herzen jubeln, treue Söhne Israels. Nah ist eine reiche Ernte, wir werden das Korn schneiden." *Ernest Bloch* und *Erich-Walter Sternberg* widmeten dem Namen „Israel" große Orchesterwerke. *Bloch* schrieb die Symphonie „Israel" und der palästinensische Musiker *Sternberg* schuf „Die zwölf Stämme Israels". Letzterer schildert in seinem Werk die zwölf Stämme des alten Israel in zwölf Variationen, wobei die letzte eine vierstimmige Fuge ist.

Ernest Bloch schrieb das symphonische Fragment „Israel" zwischen 1912 und 1916. Das Werk mit Solopartien und einem Frauenchor wurde zum ersten Mal 1917 in New York City aufgeführt. Es war *Blochs* Absicht, die Symphonie zu vollenden. Aber von den Schrecken des Ersten Weltkriegs überwältigt, lehnte der Komponist ab, die fehlenden Teile zu schreiben, die „die Freude über die Erlösung des jüdischen Volkes" zum Ausdruck hätten bringen sollen.

Wird *Ernest Bloch* jemals die Verwirklichung des alten Traumes Israels komponieren? Wird er die Symphonie zu Ende führen, deren Hauptthema eine Versinnbildlichung der Prophezeiung Jesajas wäre:

„Denn aus Zion soll die Tora hervorgehen, und das Wort des Herrn aus Jerusalem"?

(1948)

Hatikva – 50 Jahre Jüdische Nationalhymne

Die Hymne „Hatikva" ist zweifellos das populärste weltliche hebräische Lied, das im vorigen Jahrhundert komponiert wurde. Der Name des Autors, *Naftali Herz Imber*, der durch sein Gedicht Unsterblichkeit erlangte, ist vielen, die die jüdische Nationalhymne singen, vertraut.

Der Text wurde 1878 in Europa geschrieben, 1886 in Jerusalem veröffentlicht und 1897 in Basel als die offizielle zionistische Hymne angenommen.

> ## Hatikva
>
> *Solange tief im Herzen*
> *Die Seele eines Juden sich sehnt,*
> *Und gen Osten*
> *Ein Auge blickt, nach Zion,*
> *Ist unsere Hoffnung nicht verloren,*
> *Frei zu sein als Volk in unserem Land,*
> *Dem Land Zions und Jerusalems.*

Viele Nachforschungen nach dem Ursprung der Melodie sind angestellt worden. Als Quellen werden ganz unterschiedlich spanische, polnische und tschechoslowakische Volkslieder, aber auch sephardische Synagogenmelodien angegeben. Eine Version besagt, dass ein Pionier-Siedler in Rischon Lezion, *Samuel Cohen*, die Melodie für das Gedicht geschrieben habe. Wir kennen zwar das genaue Datum der ersten Drucklegung des Textes, aber wir besitzen bis heute keine verlässlichen Angaben über die erste Veröffentlichung der Vertonung.

Magnus Davidsohn lenkte meine Aufmerksamkeit auf die Existenz eines frühen Drucks der Musik zur „Hatikva". Rein zufällig hatte er diese seltene Kopie in einer Sammlung jüdischer Musik hier in Amerika gefunden. Die darin vorliegenden vier hebräischen Melodien wurden 1895 in Breslau, Deutschland, veröffentlicht. Eines dieser Lieder war die „Hatikva" und trug den Titel „Longing" (Sehnsucht).

Kantor S. T. Friedland, der Herausgeber der Publikation, erwähnt nicht ausdrücklich das Lied, das zwei Jahre später die zionistische Hymne wurde. In einer knappen Einleitung nennt er ein paar Fakten hinsichtlich der Wanderschaft der Melodie von Palästina nach Breslau. Er erzählt von einem Besucher aus Syrien, der im Winter 1895 nach Breslau kam. Syrien bedeutet natürlich Palästina, Syrien war damals ein Teil von Palästina. *Friedland* identifiziert den Besucher, der die vier seltsam klingenden Melodien sang, nicht näher. Er war aber von der echten jüdisch-orientalischen Stimmung, die ihn an die besseren traditionellen Intonierungen in der Synagoge erinnerte, so beeindruckt und begeistert, dass er die Gesänge in Noten umsetzte und eine Klavierbegleitung dafür komponierte. Die „Hatikva"-Begleitung spricht für die musikalische Erfahrung des *Kantors Friedland*.

(1947)

Joseph Achron (1886-1943)
Aus Anlass des fünften Jahrestages seines Todes

Joseph Achron nimmt unter den Komponisten hebräischer Musik einen hohen Rang ein. Der Platz, den ein Komponist schließlich in der Musikgeschichte einnehmen wird, kann nicht innerhalb weniger Jahre nach seinem Tod bestimmt werden. Doch „der Fall Achron" verdient eine besondere Betrachtung - so ausführlich, wie es der Platz in einer Zeitung ermöglicht - zu einer Zeit, da hebräische Musik mehr denn je aufgeführt wird.

Geboren in Litauen im Jahre 1886, setzte *Achron* – nach intensivem Violinstudium als Jugendlicher in Warschau – seine musikalische Ausbildung in St. Petersburg fort, wobei er den Schwerpunkt auf Komposition und Orchestrierung legte. Er war einer der Gründer der „Gesellschaft für jüdische Volksmusik" in Petersburg im Jahre 1908. Später wurde er Leiter der Violin-Meisterklasse am Charkow Konservatorium in Russland (1913-1916). Nach kurzem Aufenthalt in Berlin, Deutschland, (1922-1924), ließ sich der Komponist 1925 in New York nieder. 1934 zog er nach Hollywood, dort starb er am 29. April 1943. (Während der Zeit in Berlin reiste Achron in den Orient und verbrachte einige Zeit in Palästina.)

Es gibt nur eine kleine Gruppe jüdischer Komponisten, die bewusst in hebräischem Stil schrieb, wobei sie sich die mannigfachen jüdischen Musiktraditionen zunutze machten. *Achrons* Beziehung zum musikalischen Erbe seines Volkes wird deutlich, sobald man nur einige seiner Kompositionen sorgfältig anhört.

Seine Popularität begann mit der kunstvollen Bearbeitung einer hebräischen Volksmelodie für Violine und Klavier, die 1914 in St. Petersburg veröffentlicht wurde. Obwohl sich in der Zwischenzeit unser Konzept der Behandlung jüdischer musikalischer Folklore gewaltig geändert hat (dieses Material sollte und kann nämlich nicht in klassisch-europäische Harmonie gezwungen werden), soll *Achrons* Verdienst, dass er Folklore für Konzertaufführungen geeignet gemacht hat, nicht geschmälert werden. Die „Hebräische Melodie" behauptet nach mehr als drei Jahrzehnten ihren Platz auf Konzertprogrammen und ihre Aufzeichnungen sind noch immer gefragt.

Joseph Achron, ein Konzertviolinist, schrieb zahlreiche Werke für sein Instrument. Dazu zählen in hebräischer Stimmung „Scher" (Tanz) und „Agada"(Märchen). Er komponierte drei Solokonzerte für Violine und Orchester. Der zweite Satz des Ersten Solokonzerts, der 1925 geschrieben wurde und *Jasha Heifetz* gewidmet ist, gründet sich auf zwei jemenitische Themen. Die beiden anderen Konzerte wurden jeweils mit dem Komponisten als Solisten vom Philharmonischen Orchester in Los Angeles unter der Leitung von *Otto Klemperer* in den Jahren 1936 und 1939 aufgeführt.

Achrons für die Bühne geschriebene Werke liegen nur handschriftlich vor. Man findet Begleitmusik zu „The Tenth Commandment" (Das Zehnte Gebot), komponiert nach einem Stück von *A. Goldfaden*. *Achron* schuf gleichfalls Musik zu „Stempenyu, The Fiddler" (Stempenyu, der Fiedler), einem Bühnenstück von *Sholom Aleichem*. Der Komponist arrangierte das Werk als „Suite für Violine und Klavier", veröffentlicht 1932 in Wien. Die „Suite" ist auch wieder ein hervorstechendes Beispiel für die Verwendung jüdischer musikalischer Folklore Osteuropas.

Der produktive Komponist schrieb 1931 auch einen „Evening Service For The Sabbath" (Abendgottesdienst für den Sabbat). Der „Evening Service", ein modernistisches Werk, das vollständig mit dem klassischen oder romantischen Stil synagogaler Musik des 19. Jahrhunderts bricht, eröffnet neue Ausblicke auf die Entwicklung hebräischer religiöser Musik. Beachtenswert unter den Werken seiner Kammermusik ist „Elegy" für ein Streichquartett, das 1947 in Palästina gedruckt wurde. Das Quartett, das aus Anlass des zehnten Jahrestages des Todes von *Joel Engel* geschrieben und dem Andenken dieses herausragenden jüdischen Komponisten gewidmet wurde, basiert auf einem aus lediglich drei Tönen bestehenden Motiv - den drei Buchstaben E - G - E des Namens Engel.

(1948)

Michael Joseph Gusikow (1806-1837)
Ein in Vergessenheit geratener Virtuose

Unter den führenden Mitgliedern der herausragenden Symphonieorchester der Nation genießt der Name *Gusikow* einen vorzüglichen Ruf. Diese Familie kann auf ihre Vorfahren – was die Musik betrifft – mit dem gleichen Stolz zurückblicken, wie die Nachkommen der Pilgerväter auf die Taten ihrer Vorfahren. Der Begründer des musikalischen Ruhms der Familie *Gusikow* war *Joseph Michael Gusikow*, der wohl als der erste große jüdische Virtuose von internationalem Rang bezeichnet werden kann.

Bevor wir die Beziehung dieses herausragenden Musikers zur chassidischen Musik darlegen, werden wir seine Lebensgeschichte kurz erzählen: *Gusikow*, geboren in Sklow, Russland, im Jahre 1806, stammte aus einer Familie jüdischer Musiker, „Klezmorim", wie sie im jüdischen Idiom genannt werden. Sein Vater war sein erster Flötenlehrer. Später erfand der junge *Gusikow* sein eigenes Instrument, die „Strohfiedel", die aus Stroh und Holz gebaut war. Er spielte sein Instrument mit solcher Virtuosität, dass die Adligen Europas ihn an ihre Höfe holten. Er machte Gastspielreisen durch Russland, Österreich, Deutschland, Frankreich und Belgien. Nach einem Konzert in Leipzig, Deutschland, schrieb der Komponist *Felix Mendelssohn* an seine Mutter: „*Gusikow* ist ein echtes Phänomen. Er ist keinem Virtuosen auf der Welt unterlegen. Lange Zeit habe ich an keinem Konzert so viel Gefallen gefunden wie an diesem, da *Gusikow* ein wahres Genie ist."

Unter seinen Bewunderern in Berlin befand sich ein jüdischer Dichter, der *Gusikow* eine hebräische und eine deutsche Ode widmete. In Paris und in Brüssel wurde er unter Jubel mit den höchsten Ehren begrüßt. Doch Tuberkulose, die ihn viele Jahre lang geplagt hatte, fesselte ihn schließlich 1837 in Aachen ans Bett. In einigen biographischen Notizen über *Gusikow* wird behauptet, dass er während eines Konzerts mit seiner „Strohfiedel" in den Händen starb. Diese Behauptung ist nicht korrekt, da *Gusikow* am 21. Oktober 1837 in den Armen seines Bruders verschied. Die jüdische Gemeinde von Aachen richtete ein würdiges Begräbnis aus, an dem Juden und Nicht-Juden dem berühmten Musikgenie die letzte Ehre erwiesen.

*Michael Joseph Gusikow und seine Strohfiedel
Lithographie von Kreihuber, Wien, 1836*

Auf *Gusikows* Konzertprogramm standen Transskriptionen von Opern, seine eigenen Kompositionen und jüdische Melodien. Man glaubt, dass seine eigenen Werke verloren gegangen sind, da bis heute kein einziges Originalmanuskript gefunden wurde. Aber *Eduard Birnbaum* (1855-1920), der erste bedeutende Sammler jüdischer Musik und Forscher auf diesem Gebiet, lenkte die Aufmerksamkeit auf die „Schir Hamaalos" Melodie, die *Gusikow* zugeschrieben wird. Die Kantor-Gesellschaft Amerikas verdient Anerkennung, weil sie diese Bearbeitung mit einer Klavierbegleitung von *Zavel Zilberts* veröffentlicht hat.

„Schir Hamaalos", Psalm 126, wird am Sabbat und an Festtagen im jüdischen Haus vor dem Dankgebet nach dem Mahl gesungen.

Gusikows Melodie hat eine typische chassidische Stimmung, die das Glück und die Freude der Sabbatfeier zum Ausdruck bringt. In ihrer auffallenden rhythmischen Struktur könnte sie als ein schönes Beispiel für jüdischen Tanz gedeutet werden.

Gusikow ist jetzt vergessen, aber sein Geist, der in ganz Europa vor mehr als 100 Jahren die Zuhörer bezauberte und entzückte, lebt in seiner „Schir Hamaalos" Melodie fort .

(1948)

Mordechai Sandberg
Der erste Komponist, der das Buch der Psalmen in Originalhebräisch vertonte

Die New York Times berichtete vor kurzem über die Sitte einer religiösen Sekte, die Bibel ohne Unterbrechung zu lesen. Die Aufgabe wurde in ungefähr 70 Stunden bewältigt. Diese interessante Tatsache erinnerte den Verfasser an die Möglichkeit, viele Teile der Bibel in einer besonderen Zeremonie nicht nur zu lesen, sondern auch singen zu lassen, entweder von einem Chor oder Vorsänger oder auch mit der Gemeinde.

Die musikalische Auslegung der Bibel verdient ein besonderes Studium. Der Inhalt verschiedener Teile des Alten Testaments kommt in spezifischen Gesängen zum Ausdruck. Sehr beliebt sind die Rezitationen (Neginot) des Pentateuch (Chumasch) und der Propheten (Nebiim), wie man sie während der Schriftlesungen bei Synagogengottesdiensten hören kann.

Der heutige Artikel beschränkt sich auf nur einen Teil der Bibel, und zwar auf die musikalischen Ausformungen des Buches der Psalmen, die in der allgemeinen Musik einen wichtigen Platz einnehmen, in der jüdischen Musik in ganz besonderer Weise. Niemand hat jemals versucht, eine umfassende Bibliographie zu schreiben über die Musik, die für die Psalmen geschrieben wurde. Allein die Aufgabe, dieses umfangreiche Material zu sammeln, wäre nicht einmal im Verlauf eines Menschenlebens zu leisten. Nahezu alle großen klassischen Komponisten zollten dem Buch der Psalmen musikalischen Tribut. (*Schuberts* musikalische Bearbeitung des Psalms 92 in Originalhebräisch mag erwähnt werden.) Die verschiedenen christlichen Konfessionen haben Hunderte, wenn nicht Tausende von Psalmengesängen und Melodien zu den Psalmen, die bei Gottesdiensten überall in der Welt gesungen werden.

In biblischer Zeit sangen große Chöre die Psalmen im alten Tempel in Jerusalem. Leviten waren die Sänger und Chorleiter. Leider ist diese Musik verloren gegangen. Alle Versuche, die Intonierungen der Psalmen des alten Israel zu rekonstruieren, führten lediglich zu Ergebnissen, die interessant, aber nicht singbar waren. Durch Israels lange Geschichte bis in die Gegenwart hinein hat das Singen von Psalmen eine wesentliche Rolle bei Synagogengottesdiensten gespielt sowie bei verschiedenen Feiern im jüdischen Leben. Ein wichtiger Teil der „Siddur-Feier" besteht aus Psalmen oder Psalm-Zitaten.

Psalmen sind in sehr vielen Sprachen verfasst. Heutzutage ist angesichts der Renaissance des Hebräischen als literarischer und gesprochener Sprache vielleicht folgende Frage aktuell: „Sind alle 150 Psalmen entsprechend der ursprünglichen hebräischen Sprache komponiert?" Diese gigantische musikalische Aufgabe wurde vor kurzem von *Mordechai Sandberg* zu Ende geführt. Er lebt jetzt in New York und ist der erste jüdische Verfasser, der das gesamte Psalmenbuch auf der Grundlage des hebräischen Textes vertont hat. *Sandberg* lebte viele Jahre in Palästina, bevor er nach Amerika kam. Der „Tenach" (hebräische Bibel), der stets auf seinem Schreibtisch lag, weist auf sein Verhältnis zum Hebräischen hin, desgleichen auf seinen musikalischen Auftrag. Er ist ganz erfüllt von orientalischer Musik, insbesondere von jüdisch-orientalischer Musik.

Musik zu den Psalmen zu schaffen verlangt eine besondere Ausrichtung, die man als typisch jüdisch-orientalische Deutung alter religiöser Dichtung Israels bezeichnen könnte. Da orientalische Musik nicht nur in Halbtönen ausgedrückt werden kann, sondern auch Drittel-, Viertel- und Achteltöne verwendet, erfand *Sandberg* sein eigenes System von Vorzeichen (Kreuze und bs). Dieses System ermöglichte ihm bei seinen Vertonungen der Psalmen, eine völlig neue Stimmung und Atmosphäre zu erzeugen. Der Verfasser hatte bei einem Treffen mit *Sandberg* Gelegenheit, einige Aufzeichnungen seiner Psalmen zu hören. (Es sei erwähnt, dass diese Musik in der üblichen traditionellen musikalischen Notierung aufgeführt wird, denn, wie der Komponist bemerkte, ist kaum ein Musiker in den feineren Differenzierungen orientalischer Musik geübt.) *Sandbergs* musikalische Denkweise ist fremdartig, aber sehr eindrucksvoll. Seine Kompositionen wurden in New York und in Palästina aufgeführt und positiv aufgenommen. Die Herangehensweise des Komponisten beim Komponieren im „hebräischen Stil" ist – wie viele Versuche in moderner Musik – diskussionswürdig. *Sandbergs* musikalische Umsetzung des Buches der Psalmen ist nach Meinung des Verfassers ein gewagter, jedoch beachtenswerter Schritt in die nicht erschlossenen Gebiete jüdischer Musik.

(1947)

Joachim Stutchevsky
Begegnung mit Mr. Schawua Tow

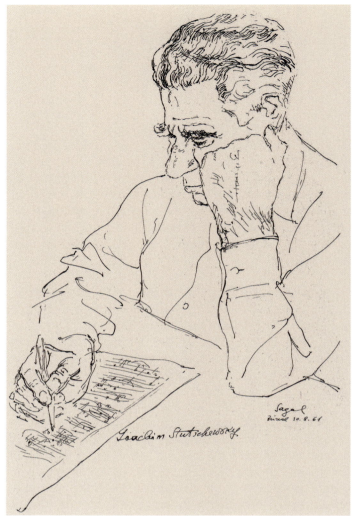

Haben Sie jemals von „Mr. Schawua Tow" gehört? Neulich bin ich ihm begegnet und ich möchte, dass auch Sie ihn kennen lernen, da Tausende von Menschen in den Kibbuzim in ganz Palästina ihn bereits kennen.

Sein richtiger Name ist *Joachim Stutchevsky*, Cellist, Komponist und Pionier jüdischer Musik. Aber bevor ich Ihnen mehr über ihn erzähle, sollten Sie wissen, wie *Mr. Stutchevsky* „Mr. Schawua Tow" wurde. („Schawua Tow" auf Jiddisch „A gute woch", eine gute und glückliche Woche, sind die üblichen Worte, mit denen wir die kommende Woche am Ende des Sabbats begrüßen.)

Eine der vielfältigen musikalischen Aufgaben *Joachim Stutchevskys* in Palästina ist es, chassidische „Niggunim" zu sammeln und diese Melodien durch Konzerte, die er in zahlreichen Siedlungen des Landes gibt, populär zu machen. *Mr. Stutchevsky* gibt eine kurze Einführung in die jüdische Musik, mit besonderer Betonung der chassidischen Musik, und spielt einige dieser Melodien auf dem Cello, um seine Ausführungen zu illustrieren. Aber er begnügt sich nicht mit einer nur passiven Zuhörerschaft. Er findet heraus, welches „Niggun" die meisten seiner Zuhörer anspricht und bringt sie dazu, die betreffende Weise mitzusingen.

Bei einer seiner Aufführungen bat man ihn, ein „Niggun" zu lehren, das den Titel „Schawua Tow" trug. Die Zuhörerschaft nahm die chassidische Weise, die ihren Ursprung in einem kleinen osteuropäischen Dorf hatte, mit Begeisterung auf. Bald sang man das „Niggun" während der Arbeit und in Ruhepausen. Es reiste gleichsam mündlich von Kibbuz zu Kibbuz. Selbst die Kinder Palästinas begannen die leicht zu behaltende Melodie bei ihren Zusammenkünften und Festen zu singen. *Stutchevsky* als der Musiker, der tatsächlich die Erwachsenen und die jungen Leute das „Niggun" lehrte, wurde mit der Zeit mit dieser Melodie identifiziert. Als er eines Tages zu einem Konzert in einem Kibbuz erschien, begrüßten ihn die Kinder: „Scham holech Schawua Tow! – Da kommt Mr. Schawua Tow!"

Joachim Stutchevsky, der sich zur Zeit in Amerika aufhält, begann seine Konzertreise durch dieses Land mit einem Konzert in der Carnegie Hall. Seine Frau Julia, eine Sopranistin und feinsinnige Interpretin palästinensischer Lieder, trat bei dieser Aufführung zusammen mit dem Cellisten und Komponisten auf. *Stutchevsky* spielte zwei eigene neue Werke: eine „Palestinian Suite" (Palästinensische Suite), geschrieben 1942, und eine „Suite of Hassidic Tunes" (Suite chassidischer Weisen), komponiert 1946, beide für Cello und Klavier. Er ist einer der bedeutenden Lehrer seines Instruments, des Cellos. Seine vier Bände mit dem Titel „The Art of Playing the Violoncello" (Die Kunst, Violoncello zu spielen) wurden einmal „The Bible for the cellist" (Die Bibel für den Cellisten) genannt.

Als Komponist veröffentlichte *Stutchevsky* Werke für verschiedene Instrumente in hebräischem Stil. Ein früher Beitrag in dieser Stilart ist „Devekuth" – (Devotion/Hingabe) für Cello und Klavier aus dem Jahre 1925.

Die folgenden Werke gehören ebenfalls zur Schaffensperiode vor seiner Emigration nach Palästina:

- „Three Pieces Hebraiques" (Drei hebräische Stücke) für Cello und Klavier, Wien 1936
- „Quatre Danses Hebraiques" (Vier hebräische Tänze) für Klavier
- „Rikkud", ein palästinensischer Tanz für Klavier
- „Piano Album for the Jewish Young" (Klavier-Album für die jüdische Jugend), 1938
- „Bagatelles" (Bagatellen) für Klavier, 1933

In Palästina schrieb *Stutchevsky* etliche neue Werke. Unter seinen veröffentlichten Kompositionen befinden sich drei Bände: „Piano Miniatures for Children" (Klavier-Miniaturen für Kinder) und „Hassidic Dances" (Chassidische Tänze), bearbeitet für Klavier. Beide Werke erschienen 1947 in Tel Aviv. Am bekanntesten sind jedoch fünf kleine Bände „Hassidic Tunes" (Chassidische Weisen).

Er hat auch mit der Veröffentlichung einer „Library of Jewish Music" (Bücherei jüdischer Musik) begonnen. In dieser Reihe ist es sein Ziel, Musik, die nicht mehr verlegt worden ist, erneut verfügbar und die Werke der modernen Komponisten beim Volk populär zu machen. Wir erwähnen aus dieser „Bücherei" die folgenden Kompositionen:

- *L. Zeitlin*, „Niggun by Rabbi Nachman of Brazlaw" für Streichquintett
- *Joseph Achron*, „Elegy" (Elegie) für Streichquartett
- *M. Starominsky*, „Three A Capella Choruses" (Drei A-Capella-Chöre)

Stutchevsky schrieb viele Artikel über jüdische Musik für europäische Zeitungen und Zeitschriften. Die Essays wurden 1935 in Wien publiziert. Ein Vortrag über dasselbe Thema, den *Stutchevsky* viele Male in Palästina hielt, wurde 1946 in hebräischer Sprache veröffentlicht.

Palästina beginnt damit, seine kulturellen Botschafter zum Rest der Welt zu entsenden. *Joachim Stutchevsky* ist der Vertreter der neuen Musik, die jetzt im jüdischen Heimatland geschaffen und die Komponisten und Auditorien in der Diaspora inspirieren wird.

Stutchevsky, der musikalische Berater des „Waad Leumi", des Jüdischen Nationalrats in Palästina, bringt Amerika die Botschaft „einer authentischen und nationalen jüdischen Musik, die helfen wird, jüdische Kunst in die große geistige Gemeinschaft aller Kulturvölker zu integrieren".

(1948)

SCHOFAR-BLASEN AN ROSH-HA-SHANA
Holzschnitt aus einem alten Minhagim-Buch,
Amsterdam 1723

Beiträge in wissenschaftlichen Periodica
Eric Mandell

Vom Sammeln jüdischer Musik

Es ist nahezu unbegreiflich, dass die erste umfangreiche Bibliographie der jüdischen Musik erst kürzlich im Jahre 1951 veröffentlicht wurde, denn die Wissenschaft der Bibliographie von Musik hat eine lange Geschichte. Nach *Dr. Alfred Sendrey* taucht ein früher Hinweis auf jüdische Musik bereits in der „Bibliotheca instituta et collecta primum a Conrado Gesnero" auf, das heißt in der Büchersammlung, die zuerst von *Konrad Gesner* eingerichtet und zusammengetragen wurde, herausgegeben und erweitert von *Jacob Fries* im Jahre 1583. In den folgenden Jahrhunderten schenkten einige Sammler von Judaica und Hebraica auch jüdischer Musik Aufmerksamkeit oder nahmen Literatur zu diesem Thema in ihre Sammlungen auf.

Schließlich erschien im Jahre 1951 die erste breit angelegte und umfangreiche Sammlung jüdischer Musik. Dabei handelt es sich um das Werk von *Dr. Alfred Sendrey* mit dem Titel „Bibliography of Jewish Music", das von der „Columbia University Press" in New York veröffentlicht wurde. Das Erscheinen dieses Bandes war bestimmt eine Offenbarung für Leiter von Musikbibliotheken, die oftmals keine Informationen über Jüdische Musik hatten. „Es wird für die meisten seiner Leser eine Überraschung sein", sagte der berühmte *Curt Sachs*, der *Sendreys* Buch ein „eindrucksvolles Sammelwerk" nannte. *Sendreys* Werk bedeutete einen Meilenstein in der Erforschung der jüdischen Musikgeschichte.

Für den Verfasser, der durch den Aufbau einer eigenen Kollektion geistlicher und weltlicher jüdischer Musik viele Jahre auf diesem Gebiet gearbeitet hat, war der Inhalt dieser Sammlung jedoch keine Überraschung. Sammeln war der einzige Weg, sich ein – wenn auch nur dürftiges – Bild von dem äußerst umfangreichen Fachgebiet zu verschaffen, das seit mehr als zweitausend Jahren existiert. Ich will an dieser Stelle keine detaillierte kritische Bewertung der Bibliographie *Sendreys* vornehmen. Eine erste Arbeit dieser Art kann allerdings nicht ohne Fehler oder Auslassungen sein. Etwa drei Fünftel der 10.682 aufgelisteten Angaben beziehen sich auf Literatur; nur etwas mehr als 4.000 auf Musikwerke, die entweder als Manuskript oder gedruckt vorliegen. Diese 4.000 Eintragungen können nur der Anfang einer bibliographischen Studie jüdischer Musik sein.

Sendrey selbst stellt fest: „Es mag künftiger Arbeit überlassen sein, alle Lücken auszufüllen, die möglicherweise vorhanden sind." Und Lücken sind tatsächlich vorhanden! Ich kann mir einen Ergänzungsband mit etlichen tausend Einzelpositionen zur Musik vorstellen, die bei *Sendrey* nicht aufgelistet werden und die bereits vor der Veröffentlichung seines Werkes im Jahre 1951 gedruckt worden waren. *Sendrey* übersah z. B. einen knappen, aber wichtigen Versuch einer Bibliographie der jüdischen Musik, die von *Moshe Gorali* in Hebräisch abgefasst und in Tel Aviv 1950 veröffentlicht worden war. Dieses Büchlein nimmt etwa 575 Einzelpositionen auf und schließt Musik und Literatur zu dem Thema ein. Auch listete *Sendrey* anscheinend nicht die vollständigen Bestände der großen Musiksammlungen in Europa auf, die sich auf jüdische Musik beziehen, sondern nimmt nur gelegentlich Bezug darauf. Obwohl er tatsächlich in einigen Privatsammlungen jüdischer Musik in Amerika arbeitete, übersah er eine Anzahl von Sammlungen, die sich in den Händen von Komponisten oder Kantoren in Amerika und anderswo befinden. Offen gesagt, viele Bände und Notenblattausgaben in meiner Bibliothek tragen den Vermerk „NIS" – nicht in *Sendreys* Werk, ein Ausdruck, der als Titel für einen Ergänzungsband dienen könnte, der vielleicht in Zukunft zusammengestellt wird.

Ein Ergänzungsband könnte zusätzlich das Material der Zentralen Notenbibliothek in Tel Aviv einbeziehen, das Material der Bibliothek in Haifa sowie der Musikabteilungen der Nationalen Jüdischen Bibliothek und der Universitätsbibliothek in Jerusalem. Ein Studium der

Blick in die Bibliothek des Gratz-College mit Ausstellung der Mandell-Collection (Mitte des 20. Jahrhunderts).

Eric Mandell mit William Pepper, Journalist der „Philadelphia Jewish Times", bei der Vorbereitung seiner Ausstellung im Feburar 1947.

Sammlung der Jüdischen Abteilung der Königlichen Bibliothek in Kopenhagen könnte weiteres Licht auf die Bibliographie der jüdischen Musik werfen. Intensive Studien könnten in der Notenbibliothek des Britischen Museums und in den Musikabteilungen der Nationalen Bibliothek in Paris betrieben werden. Forschungen in den Musikarchiven Italiens und Spaniens würden mit Sicherheit diese internationale Nachforschung vervollständigen.

Sendreys Bibliographie ist trotz allem ein sehr wichtiger Anfang für die Bibliographie der jüdischen Musik. Die vielen Auslassungen und die zahlreichen wirklichen Fehler sollten nicht als Herabsetzung des Werkes von *Sendrey* angesehen werden. Es steht jedoch fest, dass sich insgesamt Forschungen auf dem Gebiet der Bibliographie jüdischer Musik erst im Anfangsstadium befinden.

Sendrey bemerkt, dass er Musik, die mit dem jiddischen Theater zu tun hat, nicht berücksichtigte, empfahl jedoch nachdrücklich ein Spezialstudium dieses Gebietes. Für jiddische Operetten und Bühnenstücke komponierte Musik ist für die jüdische Kultur von Bedeutung und verdient eine besondere Behandlung. Es gibt die vielen sogenannten „Operetten" von *Abraham Goldfaden*, die in verschiedenen jüdischen Gemeinden überall auf der Welt aufgeführt und durch die viele Menschen in bestimmten jüdischen Volksgruppen angezogen wurden. Zahlreiche Lieder daraus und Lieder anderer Komponisten auf diesem Gebiet – alle im Stil von Volksmusik – wurden sehr populär und sind noch lebendig. Grundlagen für die bibliographische Forschung wurden in dem in jiddischer Sprache abgefassten Buch „Yiddish Playwrights and Theatre-Composers" (Jiddische Bühnenschriftsteller und Theaterkomponisten) von *Sholem Perlmutter* gelegt, das 1952 in New York veröffentlicht wurde.

Das umfangreiche Gebiet jüdischer Musik in ihrer Vielfalt ist international. Da jüdische Musik in vielen Ländern geschrieben wurde, könnte nur ein Weltreisender den Versuch unternehmen, eine umfassende Bibliographie zu dem Thema zusammenzustellen.

Seit dem Beginn des 19. Jahrhunderts wurde jüdische Musik regelmäßig gedruckt, doch der Druck jüdischer Musik begann bereits 1518. Mit diesem Zeitabschnitt kann sich der hier vorliegende kurze Essay nicht beschäftigen. (Vgl. *Herbert Lowenstein*, „Notations of Jewish Music before 1800" (Aufzeichnungen jüdischer Musik vor 1800), in: „Kirjath Sefer", Vol. XIX, Jan. 1943, Jerusalem)

Der echte Sammler ist ein lebnslang Lernender. (Und bisweilen umgekehrt: Der ernsthafte Student ist ein leidenschaftlicher Sammler!) Nur ein Sammler, der von der Suche nach unentdeckten Gebieten getrieben wird, ein Sammler, der Tausende von Einzelwerken jüdischer Musik gesehen und sich damit beschäftigt hat, wird zu folgendem Schluss kommen: Der wirkliche Experte kann niemals behaupten, dass er alles weiß. Als Sammler vom Beginn meiner Studienzeit an bin ich mir stets der Tatsache bewusst gewesen, dass jeder Laie, jeder Musiker, jeder Musikhändler noch Material vorlegen kann, das jede Vorstellung übersteigt. Diese Erkenntnis betrifft vor allem die jüdische Musik. Wegen der Wanderungen der Juden durch verschiedene Länder kann sie in jedem Land auftauchen, in der kleinsten Stadt, an gänzlich unerwarteten Orten.

Wer wird nicht zutiefst bewegt sein, wenn er die „Lamentation on the Death of Dr. Herzl" (Wehklage über den Tod des *Dr. Herzl*) in einem kleinen Londoner Buchladen findet? [Diese hebräische Elegie wurde in Rakitno in der Nähe von Kiew, Russland, 1904 veröffentlicht. (NIS – nicht bei *Sendrey* zu finden!) Sie wurde von *N. M. Jasnogorodsky* verfasst und vertont und von *M. Melnikow*, der sich später *Milner* nannte, für Klavier bearbeitet (Über *Moses Milner* siehe *Albert Weisser*, „The Modern Renaissance of Jewish Music" – Die moderne Renaissance der jüdischen Musik, New York, 1954)]

Wer denkt schon an ein hebräisches Liederbuch – von dem nur der Text existiert – das 1925 in Bagdad gedruckt wurde? Wer erwartet einen gedruckten Vortrag mit dem Titel „Hebrew Music" (Hebräische Musik), veröffentlicht 1914 in Kapstadt? Wer bewahrt ein kleines Blatt mit dem Text der „Hatikva" auf, das 1947 in München, Deutschland, zur Verteilung in einem Lager für DP (Displaced Persons) gedruckt wurde? Wer weiß schon, dass das erste gedruckte Notenblatt der „Hatikva" wahrscheinlich 1895 in Breslau, Deutschland, veröffentlicht wurde? Wer wird nicht gerührt sein, wenn er ein kleines Buch durchblättert, das den Titel trägt: „Songs and Poems from the Ghettos and Concentration Camps" (Lieder und Gedichte aus den Ghettos und Konzentrationslagern), 1946 in Bergen-Belsen veröffentlicht? Wer wird nicht überrascht sein, den europäischen Schriftsteller *Max Brod* als Komponisten zu entdecken? [Übrigens veröffentlichte *Brod* auch ein Büchlein mit dem Titel „Israel's Music" (Israels Musik) 1951 in Tel Aviv.] Dies sind nur ein paar Randbemerkungen zur Bibliographie jüdischer Musik.

Im Folgenden möchte ich in Kürze Teile meiner Sammlung beschreiben. Seit einigen Jahren entsteht ein Katalog, der nach Themen geordnet, aber von seiner endgültigen Form weit entfernt ist. Zusätzliche Nachforschungen über Verlagshäuser jüdischer Musik sind nötig, vor allem über ehemalige Verlage in Europa. Und hier beginnen die Schwierigkeiten, die beim Sammeln einzelner Notenblätter entstehen. Musik, die in Buchform veröffentlicht und durch Einbände geschützt ist, hat bessere Überlebenschancen. Von Musikern benutzte Notenblätter hingegen werden mit der Zeit abgegriffen und am Ende oftmals weggeworfen. Und die Druckereien – zum Teil als Folge des Zweiten Weltkriegs – existieren nicht mehr. Ihre restlichen Publikationen sind entweder vernichtet oder sind, wenn gerettet, an unbekannten Orten versteckt.

Der Verfasser fand dennoch ein paar Musikkataloge verschiedener europäischer Verlagshäuser. Diese liefern nicht nur wertvolles bibliographisches Material, sondern auch Titel, nach denen man weiter suchen kann. In meinem Karteikartenkatalog sind unter anderen die folgenden Verlagshäuser und ihre Publikationen vertreten:

GESELLSCHAFT FÜR JÜDISCHE VOLKSMUSIK IN PETERSBURG, 1909-1918, druckte etwa 80 musikalische Einzelwerke, Vokal- und Instrumentalmusik.

JUWAL VERLAGS-GESELLSCHAFT FÜR JÜDISCHE MUSIK, BERLIN, etwa 1923-1927, Verlagsnummern gehen bis 180.

JIBNEH-MUSIKVERLAG, JERUSALEM-BERLIN-WIEN-NEW YORK, etwa 1922-1943, Katalognummern beginnen mit 301 und gehen bis 420.

UNIVERSAL-EDITION, WIEN, veröffentlichte ebenfalls Musik jüdischer Komponisten; viele ihrer aufgelisteten Einzelwerke haben einen jüdischen Inhalt, wie die Titel anzeigen. Universal-Edition übernahm den Restbestand von Jibneh-Juwal und veröffentlichte einen Spezialkatalog unter dieser Überschrift.

EDITION OMANUT, ZAGREB, YUGOSLAVIA, von 1933-1939, nur etwa 20 Einzelwerke veröffentlicht.

COLLECTION „MIZMOR", EDITIONS SALABERT-PARIS, beginnend 1932.

MUSIKSEKTION DES STAATSVERLAGES, MOSKAU, Musik in meiner Bibliothek, gedruckt in den Jahren von 1925-1948.

Ich beschließe diese unvollständige Auflistung mit den Namen weiterer Verlage jüdischer Musik in Europa, die aber jetzt nicht mehr existieren.

R. MAZIN & CO., LONDON, zum größten Teil jiddische Lieder (Die Gesellschaft arbeitet noch als Buchgeschäft, veröffentlicht aber keine Musik mehr).

NIGUN, WARSAW (Warschau), eine kleine, aber wichtige Ausgabe.

Musikverlag für Nationale Volkskunst, Berlin-Halensee, veröffentlichte viele künstlerische Bearbeitungen jiddischer Volkslieder mit Klavierbegleitung.

J. Kaufmann, Frankfurt a. M. und M. W. Kaufmann, Leipzig; beide spezialisierten sich auf die Veröffentlichung von Synagogenmusik.

Mit Ausnahme der letzten drei Gesellschaften sind alle Musiktitel in meiner Bibliothek unter dem Namen des jeweiligen Verlags eingeordnet. Einige dieser Editionen sind nahezu vollständig, es fehlen noch Publikationen von der „Gesellschaft für jüdische Volksmusik" in Petersburg. (Der Verfasser hätte gern Informationen darüber, wo sich ein vollständiger Satz finden lässt.) Natürlich können bestehende Verlagshäuser für jüdische Musik hier nicht aufgelistet werden. Aber gründliche Nachforschungen über nicht-existierende Verlagshäuser und solche, die heute jüdische Musik verlegen, wären für weitere bibliographische Studien wichtig.

Oftmals haben jüdische Komponisten Kataloge ihrer Werke angelegt. Eins der faszinierendsten Beispiele dieser Art ist eine vollständige Auflistung aller 140 Kompositionen des verstorbenen *Joseph Achron*. Seine Frau, die verstorbene *Marie Achron*, stellte diesen Katalog zusammen. (Es ist das Lebenswerk von *Achron*, in dem viele musikalische Bearbeitungen in hebräischem Stil zu finden sind.)

Mein Karteikartenkatalog ist nach Themen geordnet; einige davon sind hier aufgelistet:

Kol Nidre, eine Sammlung von über 100 Notenblatt-Editionen, Vokal- und Instrumentalmusik dieses berühmten Gesanges. (*Sendrey* führt nur etwa 65 Titel an. Meine Auflistungen umfassen keine Bearbeitungen des „Kol Nidre", die in Bänden oder Anthologien synagogaler Musik veröffentlicht worden sind.)

Eli - Eli, eine Sammlung von ungefähr 60 Notenblatt-Bearbeitungen dieses populären jiddischen Liedes, die mit einem amerikanischen Druck aus dem Jahre 1906 beginnt. Selbst *Misha Elman* konnte nicht widerstehen, eine Konzert-Fassung dieser Melodie für Violine und Klavier zu schreiben.

Hatikva, die jüdische Nationalhymne, ist in meiner Bibliothek mit ungefähr 40 verschiedenen Notenblatt-Bearbeitungen vertreten. An dieser Stelle sollten die Choralfassung des führenden israelischen Komponisten *Paul Ben-Haim* erwähnt werden sowie das Werk eines weniger bekannten Musikers amerikanischer Herkunft namens *Misha Portnoff* „Variations on the Theme of Hatikvah" (Variationen über das Thema der Hatikva-Melodie), komponiert als Solo für Klavier. Es handelt sich um ein Werk von 31 Seiten!

Volkslieder der Nationen spiegeln ihre Geschichte und Kultur. Der Sammler jüdischer Musik, vorausgesetzt, dass er sich als Student seines auserwählten Faches versteht, erwirbt damit über die Jahre hin ein gutes Bild von den Sehnsüchten, den Leiden, den Wanderungen und schließlich der erfüllten Hoffnung der Juden. Zum Studium der Lieder des jüdischen Volkes - seien sie Hebräisch, Jiddisch oder selbst Ladino (Spaniolisch, Juden-Spanisch) abgefasst - wäre die Anlage einer Akte, geordnet nach spezifischen Themen, sehr hilfreich.

Im Folgenden weitere thematische Abteilungen in meiner Bibliothek:

Der Zion-Gedanke
Diese Lieder drücken die Sehnsucht nach Rückkehr in die Stadt Jerusalem aus. Sie werden in vielen Ländern gedruckt. Von den zeitgenössischen Komponisten zitieren wir nur *Darius Milhaud*, dessen Lied „Hymne de Sion" (Hymne auf Zion) *Chaim Weizman* gewidmet wurde. Das Lied wurde 1926 in Wien veröffentlicht.

Israel
Es gibt zahlreiche jiddische Lieder, die von der Gründung des neuen Israel handeln. Viele von ihnen wurden lange vor 1948 veröffentlicht.

Palästina und Israel
Viele hebräische Lieder, die den Wiederaufbau des alten Heimatlandes schildern, wurden vor 1948 komponiert. Unter den modernen Bearbeitern dieser Lieder zitieren wir *Aaron Coopland*, *Paul Dessau*, *Ernst Toch* und *Erich Walter Sternberg*.

Theodor Herzl
Diese Lieder handeln entweder von dem Begründer des modernen Zionismus oder sind ihm gewidmet.

JÜDISCHE ARBEITERLIEDER
Dies ist eine Auswahl, die in erster Linie aus Klavierbearbeitungen von Volkstänzen aus Osteuropa besteht.

JÜDISCHE HOCHZEITSMUSIK
Der russische Komponist *Alexander Krein* setzte das beliebte hebräische Lied „Hava Nagila" in einen Hochzeitsmarsch (für Klavier) um.

JÜDISCHE MÄRSCHE
Die meisten Märsche sind für Klavier bearbeitet. *Mihail Jora* komponierte „Marche Juive" (Jüdischer Marsch) für Großes Orchester, 1931 in Wien veröffentlicht.

JÜDISCHE GESCHICHTE IM LIED
Einige Titel werden hier aufgeführt:

„Dreyfus Marsch" (1899)

„Kishineff Massaker" (1904)

„Der Pogrom" (1906)

„Der wandernde Jude" (1924)

„Ewige Zuflucht" (1939)

„Hitlers Fall" (1941!)

„Lieder der jüdischen Partisanen" (1946)

Ausstellungen jüdischer Musik

Seit meiner Ankunft in Amerika habe ich mich besonders bemüht, in den Vereinigten Staaten gedruckte jüdische Musik zu sammeln. Ein kleiner Teil dieser Sammlung wurde in den Monaten Februar und März 1961 in der Ausstellungshalle des „B'nai B'rith Building" in Washington, D.C. ausgestellt. Dieses war die erste derartige Ausstellung in Amerika. Besondere Aufmerksamkeit fand die Abteilung: „Americana in Yiddish Songs" (Amerikanisches in jiddischen Liedern). Die Ausstellung war eine Sammlung einzelner Notenblätter mit populärer Musik, die das Leben amerikanischer Juden während der letzten sechzig Jahre berührte in Erinnerung an Ereignisse wie den Untergang der Titanic, die Weltwirtschaftskrise und das „Triangle Fire". „B'nai B'rith" druckte einen kleinen Katalog. Teile der Bibliothek Eric Mandells waren bei Ausstellungen in Philadelphia, Washington und New York zu sehen.

Die größte Ausstellung jüdischer Musik, die je gezeigt worden ist, wurde vom Verfasser in der „Freien Bibliothek" in Philadelphia zusammengestellt und war in den Monaten Februar und März 1947 zu sehen.. Dreihundert Einzelexemplare lagen aus. Beispiele aus dem riesigen Bereich geistlicher und weltlicher Musik wurden gezeigt, einschließlich von Manuskripten und Literatur zum Thema in verschiedenen Sprachen. Die Ausstellung umspannte mehrere Jahrhunderte und veranschaulichte den Druck jüdischer Musik in vielen Ländern. Ein Faltblatt listet zusätzlich zu den Auslagen in Wandkästen die 27 Ausstellungsvitrinen auf, die die Geschichte der jüdischen Musik von der Zeit der Bibel bis zur Gegenwart illustrieren.

Das „Jüdische Museum" in New York richtete im Oktober 1948 einen besonderen Raum für die Präsentation jüdischer Musikliteratur aus der Eric Mandell-Sammlung ein. Diese Ausstellung, die ursprünglich für eine kurze Zeit gedacht war, wurde ohne Veränderung mehr als zwei Jahre lang gezeigt. Besondere Aufmerksamkeit wurde der Synagogenmusik, die auch Handschriften umfasste, gewidmet.

Kleinere Ausstellungen wurden aus Anlass der „300-Jahr-Feier jüdischer Siedlung in den Vereinigten Staaten von Amerika" im „Jüdischen Museum" in New York und im „Smithsonian Institute" in Washington gezeigt. Auch das „Curtis Institute" in Philadelphia stellte eine Kunstsammlung jüdischer Vokal- und Instrumentalmusik aus.

Die Birnbaum-Sammlung

In seiner Bibliographie nahm *Dr. Sendrey* keine besondere Klassifizierung für „Manuskripte" vor. Diese sind vielmehr in den entsprechenden thematischen Abteilungen enthalten. (Vielleicht beabsichtigte *Dr. Sendrey* nicht, genaue

Studien zu den Fundorten von Manuskripten zu betreiben.) Die berühmteste Sammlung von Handschriften synagogaler Musik wird in der „Birnbaum-Sammlung" aufbewahrt, die einen Teil der Bibliothek des „Hebrew Union College" in Cincinnati bildet. Ich möchte die Aufmerksamkeit auf *Dr. Eric Werners* Artikel richten, der den Titel trägt: „Manuskripte jüdischer Musik in der Eduard-Birnbaum-Sammlung", veröffentlicht im Jahrbuch des „Hebrew Union College", Band XVIII, 1944. In seiner Studie weist *Dr. Werner* besonders auf die große Bedeutung des Katalogs der liturgischen Musik von *Birnbaum* hin, in dem er alle Melodien synagogaler Lieder auflistet, die in Europa zwischen 1700 und 1900 gedruckt oder geschrieben wurden. Alte Originalhandschriften synagogaler Musik sind heute schwer zu finden. *Eduard Birnbaum* leistete gute Forschungsarbeit in Europa und hatte das Glück, viele der Handschriften erwerben zu können.

Die Sammlung Idelsohn

A. Z. Idelsohn veröffentlichte eine Anzahl Handschriften in seinem monumentalen zehnbändigen Werk: „Thesaurus hebräischer Melodien des Orients". Für bibliographische Zwecke sei erwähnt, dass nur die deutsche Fassung des „Thesaurus" in zehn Bänden vollständig vorliegt. Sie wurden zwischen 1914 und 1932 veröffentlicht. Sieben Bände haben Einleitungen in englischer Sprache, veröffentlicht zwischen 1923 und 1933. Nur fünf Bände, die in den Jahren 1922 bis 1928 gedruckt wurden, haben Einleitungen in hebräischer Sprache. (Es ist bezeichnend, dass der erste Band des „Thesaurus" 1914 veröffentlicht wurde, dem Jahr, in dem der Erste Weltkrieg begann. Band VII, in Englisch abgefasst, erschien 1933, dem Jahr, in dem Deutschland offiziell in die Hände des nationalsozialistischen Regimes geriet!) Die Einleitungen zu den zehn Bänden des „Thesaurus" sind eine Fundgrube bibliographischer Anmerkungen, und *Idelsohn* war ein verlässlicher Bibliograph.

Arbeiten von Arno Nadel

Als ich Deutschland im Jahre 1939 verließ, lag die größte Anthologie synagogaler Musik, die je begonnen wurde, erst als Manuskript vor. Der Verfasser war *Arno Nadel* (geboren in Wilna 1878, gestorben in Auschwitz 1943). Der mir hier zur Verfügung stehende Platz gestattet nicht einmal eine kurze biographische Skizze. *Nadel*, ein Mann mit vielen Talenten, war ein schöpferischer Schriftsteller und Dichter, ein Künstler, ein Schriftsteller, der über jüdische Musik schrieb, und ein Bearbeiter jiddischer Volkslieder. Er komponierte auch für die Synagoge. Besondere Aufmerksamkeit verdient die berühmte Anthologie synagogaler Musik, sieben schwere Folianten, von *Nadel* „Compendium-Hallelujah" betitelt. Er begann mit der Arbeit an diesem Compendium ungefähr 1923. Das Werk wurde am 8. November 1938 abgeschlossen, und zwar mit einer Komposition des Bearbeiters, Auszügen aus Psalm 150 für einen Chor von 13 Stimmen, Horn, zwei Klaviere und Orgel. Die Originalhandschrift dieser abschließenden Komposition wurde mir von Nadel ausgehändigt, als ich Deutschland im Jahre 1939 verließ. Sie wird immer noch in meiner Bibliothek aufbewahrt.

Nadels „Compendium" war das Werk lebenslangen Sammelns und Studierens. Ich weiß nicht, ob ein vollständiger Index des Werkes überlebt hat. Die Anthologie behandelt den gesamten Zyklus der liturgischen Musik für das Jüdische Jahr und zitiert Auszüge der bedeutendsten Komponisten synagogaler Musik, einschließlich Ost- und Westeuropas. Wenngleich er in der Hauptsache gedruckte Werke berücksichtigte, legte *Nadel* auch viele Handschriften vor, die niemals veröffentlicht wurden. *Nadels* eigene Kompositionen, unter ihnen synagogale Musik und Bearbeitungen jiddischer Volkslieder, werden in Manuskriptform in meiner Sammlung aufbewahrt. Sie wurden von *Nadel* nichtjüdischen Freunden vor seiner Deportation nach Auschwitz überlassen und haben den Zweiten Weltkrieg überlebt. Ich erwarb den Nachlass von der Familie nach dem Krieg. Die Handschriften stellen heute Dokumente eines Versuches dar, Synagogenmusik auf der Grundlage traditioneller Gesänge zu schreiben.

Die Fischer-Sammlung

Ich erwarb ebenfalls die musikalische Hinterlassenschaft des verstorbenen Kantors *Heinrich Fischer*, der früher in Wien lebte. Er hatte großes Glück, dass er im Jahre 1938 nach England entkommen konnte, und er hatte ebenfalls das Glück, dass er seine gesamte Sammlung mitnehmen konnte. *Fischer* starb im Jahre 1948 in Leeds, England. Ich kaufte diese Hinterlassenschaft von *Fischers* Sohn. *Heinrich Fischer* war der letzte Kantor der berühmten Synagoge in der Seitenstettengasse in Wien. In seiner Sammlung werden außer seltenen Musikdrucken *Fischers* persönliche Noten und die Chorbücher der Synagoge aufbewahrt.

Synagogale Musik

In der Nacht vom 9. auf den 10. November 1938 wurden Hunderte von Synagogen in Deutschland niedergebrannt und mit ihnen wurden die Partituren, die meist auf der Empore aufgehoben wurden, vernichtet. Nur Partituren, die entweder gedruckt vorlagen oder deren handschriftliche Kopien vor November 1938 aus Deutschland hinausgeschafft worden waren, blieben erhalten. Auf diese Weise haben die amtlichen Noten der Berliner Gemeinde als gedrucktes Material überlebt. Die veröffentlichte Musik der Berliner Reformgemeinde ist ebenfalls verfügbar. Ich habe in meiner Bibliothek Kopien von Handschriften aus vielen Gemeinden: Wien, wie oben erwähnt, Königsberg, Ostpreußen (zusammengestellt von *Eduard Birnbaum*), drei Folianten synagogaler Musik, geschrieben um 1900 in Odessa, Russland, sowie Musikbücher, die in Ungarn benutzt wurden. Unter den gedruckten Noten größerer jüdischer Gemeinschaften möchte ich London, Paris und Brüssel erwähnen.

Einzelexemplare

Besondere Aufmerksamkeit verdienen ein paar Handschriften in meiner eigenen Bibliothek, die meines Erachtens von Bedeutung sind. Sie beinhalten synagogale Musik, insbesondere die Rezitative des Kantors.

Die „Handschrift Aschkenas" ist ein Foliant von 94 Seiten, geschrieben auf schwerem Büttenpapier. Weder der Name des Verfassers noch ein Datum oder Ort ist angegeben. Die Musik ist für einen drei- oder vierstimmigen A-cappella-Chor. Die dreistimmigen Bearbeitungen sollen von einem männlichen Chor gesungen werden, die vierstimmigen Sätze sind für einen gemischten Chor geschrieben. Es gibt eine beträchtliche Anzahl Kompositionen für verschiedene Synagogengottesdienste, die, soweit ich ermitteln konnte, noch nicht gedruckt vorliegen. Ein Beispiel dafür ist ein dreistimmiger Satz des berühmten hebräischen Liedes „Kol Nidre". Die Handschrift kann ungefähr 1830 verfasst worden sein. Der Verfasser oder Kopierer war ein geübter Musiker, vertraut mit italienischen musikalischen Fachbegriffen wie „Solo Terzetto", „Da capo" und „Volti subito", und der sich ebenfalls mit dem Schreiben der Titel in schönen hebräischen Schriftzeichen auskannte.

„Chasanuth Mikol Haschanah", eine weitere Handschrift, ist ein vollständiges Jahreskompendium alter ursprünglicher Synagogenmelodien, die in München, Deutschland, von dem Bassisten *L. Kellermann* zu Beginn des neunzehnten Jahrhunderts aufgeschrieben wurden. Laut einer Notiz in dem Band starb *Kellermann* am 18. August 1843. Von besonderem Interesse sind „die Tabulaturen der Tora und Megillot für die Sabbate, Fest- und Bußtage". Diese handschriftliche Kopie wurde von *A. Z. Idelsohn* in Bd. VII des „Thesaurus hebräischer Melodien des Orients" erneut abgedruckt.

Die Mendel-Manuals

Abschließend möchte ich fünf handschriftliche Bände mit kantoralen Rezitativen vorstellen, denen der Verfasser den Titel „The Mendel-Manuals" (Mendel-Handbücher für Kantoren) gegeben hat.
Die Größe dieser Bände, rechteckige Oktavbände, zeigt an, dass sie während der Gottesdienste benutzt wurden. Der Kantor sang aus dem Exemplar, das auf seinem Pult lag. Ich habe die erste dieser Handschriften von einem New Yorker Händler 1947 erworben. Gemäß einer Angabe des letzten Besitzers stammte sie aus Heilbronn in Deutschland und wurde dort vor mehr als einhundert

Jahren verwendet. Besonders interessant ist die Tatsache, dass beides, Noten und hebräischer Text, von rechts nach links geschrieben sind. Die Abfassung mit hebräischen Buchstaben gibt außerdem zu erkennen, dass der Verfasser ein guter Schreiber war, den man auf Hebräisch „Sofer" nennt. Er muss auch ein ausgezeichneter Musiker gewesen sein. Andernfalls hätte er die Musik nicht von rechts nach links niederschreiben können. Ein Verfassername lässt sich in dem Band, den ich im Jahre 1947 erwarb, nicht finden. Etwa zehn Jahre später kaufte ich vier weitere Handschriften in rechteckigen Oktavbänden. Sogleich erkannte ich eine enge Beziehung zu dem Band, den ich gerade beschrieben habe. Da war wieder die schöne hebräische Schrift, die Musik, die von rechts nach links lief. Dieses Mal offenbarten die Handschriften den Namen des Verfassers und auch den Ort der Entstehung.

Einer der vier Bände wurde in Esslingen in Süddeutschland verfasst. Der Name des Verfassers lautete *Mendel*. (Dies war, nebenbei bemerkt, mein Name in Deutschland, wo ich Kantor war.) In einem der Bände findet sich ein Datum des Jahres 1849. Vom Notenpapier her kann man mutmaßen, dass einige Bände sehr viele Jahre früher begonnen wurden. Der Verfasser muss ein bemerkenswertes musikalisches Gedächtnis gehabt haben, das ihn befähigte, vollständige Gottesdienste aufzuzeichnen. In ihrer Gesamtheit umfassen diese fünf handschriftlichen Bände die Gesänge des Kantors für die Hohen Feiertage, ebenfalls einen Nachmittagsgottesdienst für den Sabbat und für die drei Wallfahrts-Festtage.

Ich habe die „Mendel-Manuals" mit den in *Idelsohns* „Thesaurus" veröffentlichten Handschriften prüfend verglichen und bin zu der Überzeugung gekommen, dass sie dem großen Sammler *Eduard Birnbaum* ebenso wie *A. Z. Idelsohn* entgangen sein müssen.

Die „Mendel-Manuals", die im Einzelnen noch nicht beschrieben wurden, sind meiner Meinung nach wichtige Dokumente des west-aschkenasischen „Chasanut". Jedweder Komponist, der traditionelle Synagogenmelodien dieses Ursprungs verwenden möchte, wird hier einen Schatz an Basismaterial finden. Ich stelle mir das auch für größere Orchesterformen vor. Abschließen möchte ich meine knappe Beschreibung dieser Handschriften mit einer kurzen Bemerkung über die künstlerischen Fähigkeiten des Schreibers. Er hat sogar einen Teil mit Bildern von Musikinstrumenten illustriert. Er zeichnete auch das Miniaturbild einer Synagoge, möglicherweise seiner eigenen. In dieser Hinsicht ist diese besondere Handschrift wohl ein „Unikat".

Schlussbemerkungen

In meiner Bibliothek gibt es noch viel mehr Handschriften jüdischer Musik, die, wenn man die nahezu vollständige Vernichtung der jüdischen Kultur in Europa in Betracht zieht, schon heute historische Dokumente darstellen und als Quelle wichtig sind, um der fast verlorenen Musik nachzuspüren und das Wissen über sie neu zu beleben.

Nur dem vereinten Bemühen von Bibliographen, die in den größten und wichtigsten Musikbibliotheken der Welt arbeiten und die die großen Fundgruben jüdischer Einrichtungen einbeziehen können, wäre es möglich, eine umfassendere Bibliographie zu schaffen. Die Errichtung eines internationalen Zentrums für die Bibliographie der jüdischen Musik würde Interesse wecken und wissenschaftliche Studien fördern innerhalb einer Schicht der jüdischen Kultur, die vielfach vernachlässigt wurde.

Eine philosophisch ausgerichtete Bibliographie könnte wohl die Mutter aller Weisheit genannt werden. Und die Bibliographen mit ihrer Geduld, Ausdauer und Sorgfalt verdienen einen bevorzugten Platz im Himmel, so dass sie ausruhen und der von den Engeln gesungenen Sphärenmusik lauschen können. In Bezug auf die Bibliographie der jüdischen Musik liegt das abschließende „Halleluja" noch in weit entfernter Zukunft.

(1963)

Salomon Sulzer (1804-1890)

*Salomon Sulzer, Portrait von Manzi Kestel-Bauer, 1914
Jüdisches Museum Hohenems*

„Am Donnerstag, dem 12. Mai 1904, um 19 Uhr s.t. in der großen Halle des „Musikvereins", so lautet die Einleitung des Programms für ein Konzert, das in Wien von der „Gesellschaft für die Sammlung und Bewahrung künstlerischer und historischer jüdischer Andenken" zusammengestellt worden war.

Der Dirigent war Professor Joseph Sulzer, Sohn Salomon Sulzers, Kaiserlich-Königlicher Hofmusiker, der auch Chorleiter der Wiener Israelitischen Kultusgemeinde war. Die teilnehmenden Künstler waren: der Hofschauspieler Konrad Loewe, die Kantoren Bela Gutmann und Don Fuchs und die vereinigten Chöre der beiden Hauptsynagogen Wiens.

Das Programm umfasste Hebräische Musik, Psalmen und Synagogengebete. Franz Schuberts Arrangement der hebräischen Worte des 92. Psalms, eines Sabbatpsalms, wurde bei dem Konzert zum ersten Mal öffentlich aufgeführt, obwohl es fast achtzig Jahre früher – im Jahre 1827 – komponiert worden war. Alle anderen Musikstücke, die zur Aufführung gelangten, waren entnommen der Sammlung „Schir Zion" von Salomon Sulzer, dem berühmten Kantor und liturgischen Komponisten. Die Elite der Wiener Juden versammelte sich im „Musikverein" zu dem Konzert, das anlässlich des hundertsten Jahrestages der Geburt Salomon Sulzers am 30. März 1804 stattfand. Er hatte in der Synagoge an der Seitenstettengasse seinen Dienst von ihrer Einweihung am 9. April 1826 bis zu seiner Pensionierung am 2. April 1881 verrichtet – 55 Jahre lang. Sulzer starb am 17. Januar 1890.

Das Konzert war ursprünglich für den 5. Mai in der kleinen Halle des Musikvereins geplant worden. Da aber Tausende von Konzertbesuchern erwartet wurden – so ein zeitgenössischer Bericht – mussten Termin und Ort des Konzerts verlegt werden. Es fand schließlich am 12. Mai in der großen Halle statt. Am 20. März war ein festlicher Gedenkabend in der Stadtsynagoge begangen worden. Es war das erste Mal in der Geschichte der synagogalen Musik, dass der hundertste Geburtstag eines Komponisten liturgischer Musik gefeiert wurde.

Ein weiteres Gedenken an Sulzers hundertsten Geburtstag fand in Königsberg, Ostpreußen, statt. Die Hundertjahrfeier wurde veranstaltet vom dortigen Kantor Eduard Birnbaum, der später als Sammler jüdischer Musik Berühmtheit erlangen sollte. Die „Israelitische Wochenschrift" (Berlin) berichtete am 15. April 1904, dass er in Königsberg das Konzert zu Ehren Sulzers arrangiert hatte, und zwar gleichzeitig mit einer Ausstellung von Manuskripten Sulzers und Erstausgaben aus seiner eigenen Sammlung.

An Sulzers hundertsten Geburtstag wurde auch in Amerika erinnert. Reverend S. Rappaport, Kantor an der „West End Synagoge" in New York, veröffentlichte 1904 eine Kurzbiografie über ihn. 1940 wurde die fünfzigste Wiederkehr des Todestages Sulzers in New York von der amerikanischen Gesellschaft jüdischer Geistlicher und

Kantoren begangen, die ein Gedenkkonzert organisierte, an dem prominente Rabbiner, Kantoren und Komponisten teilnahmen.

„Salomon Sulzer und die Wiener Jüdische Gemeinde", veröffentlicht in Wien im Jahre 1904 von Dr. M. Steiner, enthält einen interessanten Überblick über die Situation der Juden im Allgemeinen und über synagogale Entwicklungen vom Ende des achtzehnten Jahrhunderts bis zu Sulzers Tod im Jahre 1890. Der herausragende Rabbi Isaac Noah Mannheimer (1793-1865) war mit der Aufgabe betraut worden, das Ritual für die „Seitenstetten-Synagoge" zu entwerfen und eine Gottesdienstordnung im Geist der Aufklärung einzuführen. Auf seine Empfehlung hin wurde Sulzer bereits im Alter von 22 Jahren als Kantor nach Wien berufen.

Sulzers künstlerische Persönlichkeit, seine ausgezeichnete Stimme und seine Begabung als Komponist beeindruckten nicht nur seine Zeitgenossen. Bis auf den heutigen Tag wird er immer noch als eine einzigartige Erscheinung in der Geschichte der synagogalen Musik angesehen. Er ist zu einer beinahe legendären Figur geworden, und einige biografische Skizzen enthalten angebliche Geschehnisse aus seinem Leben, die an das Phantastische grenzen, insbesondere in Hinsicht auf seine Kindheit. Zum Beispiel soll ihn im Alter von sieben Jahren ein göttliches Wunder vor dem sicheren Tod errettet haben, als seine Heimatstadt Hohenems in Vorarlberg von Wasserfluten überschwemmt wurde. Dies Ereignis soll seine Mutter dazu bewogen haben, den jungen Salomon, der ein Levit war, dem Dienst an Gott zu weihen.

Die Wahrheit ist nüchterner. Sulzer selbst schrieb 1876, dass er in frühester Jugend durch den Kantor von Hohenems, Salomon Eichberg, in die synagogale Musik eingeführt und bereits kurz nach seiner „Bar Mizwa" Vorbeter in der Synagoge wurde. Gemäß den damals geltenden Bestimmungen musste die Ernennung eines Kantors von der Regierung bestätigt werden. Die Bestätigung war jedoch Eichberg verweigert worden, weil er Ausländer war. Dadurch war das Amt des Kantors vakant. Der junge Sulzer bewarb sich 1817 auf diese Stelle. Der Gedanke, einen Jugendlichen, der gerade seine „Bar Mizwa" hinter sich hatte, zu ernennen, selbst wenn er nach jüdischem Gesetz als mündiges Mitglied der Gemeinschaft betrachtet werden konnte, erregte in der Gemeinde Widerstand. Da die Mitglieder untereinander keine befriedigende Einigung erzielen konnten, wurde die Angelegenheit schließlich über die üblichen Kanäle nach Wien weitergeleitet, wie Eduard Kulke in einer 1866 in Wien veröffentlichten Biographie über Sulzer berichtet. Kaiser Franz Joseph persönlich bestätigte die Ernennung des 13-jährigen Sulzer als Kantor der jüdischen Gemeinschaft in Hohenems unter der ausdrücklichen Bedingung, dass er sich zunächst weiteren Kantorstudien widmete. Salomon fuhr zuerst in die Schweiz, um bei einem Kantor namens Lippmann Unterricht zu nehmen, der von Gemeinde zu Gemeinde reiste und Sabbatgottesdienste leitete. Diese Gottesdienste waren sehr beliebt und dienten als Ersatz für öffentliche Konzerte, insbesondere in kleineren Gemeinden. Diese reisenden Kantoren wurden häufig von Sängern begleitet, die als „Meschorerim" bekannt waren – ein Tenor („Singerl") und ein Bass. Die „Meschorerim" unterstützten den Kantor und ersetzten die instrumentale Begleitung. Drei Jahre lang reiste Sulzer durch die Schweiz, Schwaben und Frankreich. In Elsass-Lothringen begegnete er, so schrieb Sulzer, „organisierten jüdischen Gemeinden, die mir eine tiefere Einsicht in die Erfordernisse synagogalen Lebens ermöglichten. Ich suchte überall nach dem Ideal meines zukünftigen Berufes, suchte das, wonach meine Seele sich sehnte. Überall sammelte ich Eindrücke, die einen bestimmenden und prägenden Einfluss auf meine Vorstellung vom Kantorenamt hatten, und sogar noch vor Ablauf der drei Jahre kehrte ich in meine Heimatstadt Hohenems zurück, um im Alter von sechzehn Jahren die ersten Früchte meiner Studien auf Gottes Altar niederzulegen." Die kleine Gemeinde Hohenems wurde in der jüdischen Welt nur bekannt, weil sie der Geburtsort dieses herausragenden, bis heute berühmten Vertreters der synagogalen Musik war. Ich zitiere nochmals Sulzer selbst: „Indem ich meinem schöpferischen Drang nachgab, arbeitete ich somit intuitiv an einem entlegenen Ort, fernab von Kunst und Künstlerkollegen, ohne jede Anleitung außer der meines eigenen Geschmacks, wobei ich mich ständig weiter entwickelte und danach strebte, die Ordnung des Gottesdienstes zu verbessern. Ich hatte keine Ahnung von der Bekanntheit meiner Arbeit, bis ich einen Ruf aus Wien erhielt, der mich zu einer Vorstellung in der Kaiserstadt einlud".

Der „Ruf" erging an Sulzer in einem Brief vom Vorstand der Wiener Gemeinde, der das Datum vom 23. Dezember 1825 trug. Sulzer trat am 12. Februar 1826 zum ersten Mal in Wien auf und sang traditionelle Synagogenlieder zusammen mit zwei „Hilfssängern", die er aus Hohenems mitgenommen hatte. Seine eigenen Worte lauteten: „Ich kam, ich sang, ich siegte auch hier. Das Ergebnis war meine Anstellung auf Lebenszeit".

Die Einweihung der neuen Synagoge in der Seitenstettengasse fand am 26. April 1826 statt und bedeutete einen Meilenstein in der Neugestaltung des musikalischen Teils in der Liturgie der Wiener Gemeinde. Sulzers Reformen und seine schöpferische Aktivität wurden ein Vorbild für ganz Europa einschließlich Russland, und bald nahmen seine Kompositionen den Weg über den Ozean und wurden zum Standardteil des kantoralen Repertoires vieler amerikanischer Synagogen.

In Verbindung mit der Errichtung der Synagoge in der Seitenstettengasse muss – wenn auch nur kurz – erneut die überragende Bedeutung des Rabbis Isaac Noah Mannheimer erwähnt werden. Er kam 1825 nach Wien und war für die Reform der Gottesdienste in der österreichischen Hauptstadt verantwortlich. Der so genannte „Mannheimer Ritus" wurde von einer Versammlung von Leitern, Repräsentanten und Mitgliedern der Wiener Gemeinde als verpflichtend angenommen, und dieser Beschluss wurde in den Statuten des „Bethauses der Israeliten in Wien" festgeschrieben.

Wien, Synagoge in der Seitenstettengasse („Stadttempel"), Aquatintastich, um 1830. *Jüdisches Museum Hohenems*

Es war ein sehr glückliches Ereignis in der Geschichte der Synagoge in der Seitenstettengasse, dass dieser berühmte Mann bei seiner Arbeit einen Kantor zur Seite hatte, der durch seine künstlerische und zutiefst ernsthafte Auffassung von seinem Amt Ordnung und Würde in die Musik der synagogalen Liturgie brachte.

Trotzdem führte die unmittelbare Nähe zweier derartig starker Persönlichkeiten wie Mannheimer und Sulzer notwendigerweise dazu, dass zwischen ihnen gelegentliche Spannungen und Belastungen entstanden, und Sulzer wurde 1865 vom Dienst suspendiert, weil er, so Eduard Birnbaum: „in drastischer Form Mannheimers Mitarbeit bei der Einführung der neuen Liturgie in die Synagoge ablehnte". Mannheimer, selbst Sohn eines Kantors, war in der Tat „ein hoch qualifizierter und kenntnisreicher Ratgeber, der sich an der Gestaltung und musikalischen Planung der Gottesdienste beteiligte".

Mannheimer starb im Jahre 1865. Elf Jahre später schrieb Sulzer herzliche Worte über den Rabbi: „Möge dieser großartige Mann, der mir vor vielen Jahren auf dem dunklen Pfad, dem alle Sterblichen folgen müssen, voranging, der mein Ratgeber und Mentor war, mein Freund und Amtskollege ... an der ewigen Glückseligkeit teilhaben".

An dieser Stelle sollte Mannheimers und Sulzers gemeinsame Teilnahme an den Begräbnisfeierlichkeiten für die bei der Wiener März-Revolution Getöteten erwähnt werden. (17. März 1848). Unter den ersten fünfzehn tödlich Verwundeten befanden sich zwei Juden. Dr. Rosenmann berichtet, es sei verabredet worden, ein römisch-katholischer Priester solle alle Begräbnisriten vollziehen, als Rabbi Mannheimer in voller Amtstracht und von Sulzer begleitet die Friedhofskapelle betrat, um seine priesterlichen Verpflichtungen an den jüdischen Toten zu erfüllen.

Am Anfang seiner Laufbahn sah sich Sulzer mit einer nahezu unüberwindlichen musikalischen Aufgabe konfrontiert. Die Synagogenmusik befand sich in einem chaotischen Zustand und Sulzer hatte gegen eine korrupte musikalische Tradition anzukämpfen. Aber obwohl es kein jüdisches Beispiel gab, an dem er seine Neuorganisation hätte ausrichten können, war er sich der Bedeutung der aus der Vergangenheit überkommenen echten Traditio-

Rabbiner I. N. Mannheimer und Kantor S. Sulzer in Amtstracht am Grab der Märzgefallenen des Jahres 1848

nen voll bewusst. Nur ein einziger Mann vor ihm hatte den Versuch unternommen, die synagogale Musik zu reformieren – Salomone de Rossi von Mantua im frühen siebzehnten Jahrhundert. Aber Rossi versäumte es sicherzustellen, dass seine Chorwerke von seinen Nachfolgern im Amt aufgeführt würden, und sie blieben bis zum Ende des vorigen Jahrhunderts vergessen.

Sulzers Aufgabe war es, die echten traditionellen Synagogenmelodien auszuwählen, sie so weit wie möglich auf ihre ursprüngliche Form zurückzuführen und sie von allen Zusätzen und Überlagerungen zu reinigen, die der Synagoge in musikalischer Hinsicht fremd waren.

Zusätzlich musste er diese Melodien harmonisieren. In seiner Jugend hatte er sich ernsthaften musikalischen Studien in Karlsruhe gewidmet, und als junger Wiener Kantor hatte man ihm die Möglichkeit geboten, bei anerkannten Meistern zu studieren. Einer der bekanntesten Meister war Ignaz Xavier Ritter von Seyfried (1776-1841), ein Schüler Haydns und ein Freund Mozarts und Beethovens. Unter Sulzers weiteren Lehrern für Komposition befand sich Josef Fischhof (1804-1857).

enthält den Musikteil der Liturgie für den Sabbat, die drei Hohen Feiertage, für Neujahr, den Bußtag, Purim und Tischa B'Aw sowie verschiedene andere Lieder. Das Inhaltsverzeichnis listet 159 Kompositionen auf, und Sulzer selbst berichtet in einer Fußnote, dass 37 Stücke von anderen Komponisten beigesteuert wurden – sogar von Franz Schubert, von Seyfried, Fischhof und anderen. Von den übrigen 122 Stücken, die vom Verfasser selbst komponiert wurden, basieren 36 auf traditionellen Synagogenmelodien. Wie bereits gesagt, Sulzer widerstrebte es, mit der Tradition zu brechen. Er brach jedoch tatsächlich mit der Vergangenheit, als er begann, die alte Musik der Synagoge zu harmonisieren. Hier sah er sich einem fast unlösbaren Problem gegenüber. Der Rhythmus musste zuerst festgelegt werden. Dann musste er in ein starres Taktschema gezwungen werden; das brachte die Gefahr der Verzerrung der alten Melodien mit sich. Erst im zweiten Band von „Schir Zion" wagte sich der „reife" Sulzer in größerem Umfang an traditionelle „Chasanut" für Kantor und Chor. Die Kompositionen in Band I wurden im Stil der zeitgenössischen Chormusik abgefasst und von zeitgenössischer weltlicher und kirchlicher Musik stark beeinflusst.

Vom Beginn seiner Arbeit in Wien an war sich Sulzer der Tatsache bewusst, dass er noch viel über Komposition lernen müsse. Um sein Repertoire für den Tempel in der Seitenstettengasse zu vervollständigen, gab er Melodien für die Liturgie bei einigen bekannten Wiener Komponisten in Auftrag. Es ist bezeichnend für Sulzers Ehrfurcht vor der Tradition und für seine Wertschätzung der Bedeutung des Hebräischen, dass diese Komponisten – einige davon Nichtjuden – gebeten wurden, den hebräischen Originaltext zu Grunde zu legen, nicht die deutsche Übersetzung. Dies war keine leichte Aufgabe.

Erwähnt wurde bereits Schuberts Vertonung des Psalms 92 nach dem hebräischen Urtext. Die deutsche Fassung erschien erst 1870, als der Wiener Verleger Ludwig Doblinger die Übersetzung der hebräischen Bibel von Moses Mendelssohn herausbrachte.

In „Schir Zion" (veröffentlicht in zwei Bänden) brachte Sulzer seine eigenen Kompositionen und die Werke heraus, die er in Auftrag gegeben hatte. Das Vorwort zu Band I wurde bereits 1838 oder 1839 geschrieben, aber der Band selbst wurde erst 1840 oder 1841 gedruckt. Das Vorwort zu Band II datiert aus dem Jahre 1865, aber das Gesamtwerk erschien vermutlich 1866. Der erste Band des „Schir Zion"

Sulzer konnte den Einflüssen der Klassik auf seine Musik nicht widerstehen, obwohl er im Vorwort zur ersten Ausgabe von „Schir Zion" geschrieben hatte: „Wie bereits angedeutet worden ist, betrachtete ich es als meine Pflicht, so viel Rücksicht wie möglich auf Melodien zu nehmen, die uns aus der Antike überliefert sind, und ihren altehrwürdigen Kern von nachträglich vorgenommenen willkürlichen und geschmacklosen Verschönerungen zu befreien. Ich möchte sie zurückführen auf ihre originale Reinheit – sowohl musikalisch als auch textlich –, so dass sie mit den Gesetzen der Harmonie übereinstimmen."

Das Erscheinen des ersten Bandes von „Schir Zion" erregte das Interesse vieler bedeutender Gemeinden in Europa und Amerika. Aus Berlin wurde beispielsweise berichtet, dass Kantor Ascher Lion nicht in der Lage war, die Chorpartituren wegen ihrer antiquierten Notenfassung zu entziffern. Nur mit Unterstützung des jungen Louis Lewandowski, der später selbst einen Ruf als Komponist synagogaler Musik erlangte, der lediglich dem Sulzers nachstand, wurde er in die Lage versetzt, die Musik aus Wien zu studieren. Genauso wie in Wien Sulzers Musik fast ausschließlich gesungen wurde, so herrschten in Berlin bei den Notenblättern, welche die Gemeinde verwendete, Lewandowskis Kompositionen vor. Diese Noten blieben im Gebrauch, bis das Naziregime Synagogengottesdienste verbot und damit begann, Juden zu deportieren. Doch gibt es noch ein paar Kompositionen von Sulzer, die in der Berliner Gottesdienstordnung ihren Platz nahezu ein Jahrhundert lang behaupteten. Ein Beispiel dafür ist sein „Ein Kamocha", das Gebet, das die Tora-Lesung einleitet. Wir finden es – in einer deutschen Übersetzung – sogar unter den gedruckten Noten der Berliner Reformgemeinde (veröffentlicht im Jahre 1928).

In Amerika wurde seine Musik bald nach Erscheinen des ersten Bandes von „Schir Zion" gesungen. Nach A. W. Binder bat im Jahre 1849 Leo Sternberger, der Kantor der „Ansche-Chesed-Gemeinde" in New York, darum, Sulzers Partitur möge ihm so schnell wie möglich zugeschickt werden.

Bevor der Band erschien, wurde Sulzer oft um Manuskripte seiner Kompositionen gebeten. Erst als – nach seinen eigenen Worten – die Nachfrage von Gemeinden und Kantoren nach seinen Noten mit jedem Jahr zunahm, stimmte er widerwillig der Veröffentlichung des Bandes zu. Einzelne seiner Kompositionen waren jedoch schon früher gedruckt worden. Eduard Birnbaum berichtet, dass einige Stücke synagogaler Musik von Sulzer ohne dessen Wissen in Kopenhagen 1836 veröffentlicht worden waren. Ebenfalls sind Werke von Sulzer in einer Sammlung von Chorliedern zu finden, welche um 1838 von der „Königlichen israelitischen Oberkirchenbehörde zu Stuttgart in Württemberg" herausgegeben wurden. Der zweite Band dieser Sammlung enthält auch Sulzers berühmte Fassung seines „Adon Olam" in A-Dur. Seine Tätigkeit als Komponist begann bereits während seiner Zeit als junger Kantor in Hohenems und setzte sich ohne Unterbrechung von 1826 bis 1839 fort. „Schir Zion" brachte Sulzer bald Ruhm in der Welt der jüdischen Musik ein. Er wusste genau, dass er von der authentischen jüdischen Musiktradition bei der Publikation seiner Choralstücke abgewichen war, doch wies er im Vorwort zu „Schir Zion" darauf hin, dass er ein Handbuch für Kantoren im Laufe des Jahres zu veröffentlichen beabsichtige. Soviel ich weiß, erschien das Handbuch niemals, und mir sind nie entsprechende Manuskripte Sulzers begegnet. Viele dieser Gesänge erschienen 1866 im zweiten Band von „Schir Zion". Sie wurden vermutlich den Manuskripten von Liedern für Kantoren entnommen.

Das Vorwort zur Erstausgabe von „Schir Zion", Band II, enthielt die folgende Notiz: „Dieser zweite Teil sollte nicht bloß seinen Vorgänger ergänzen. Es handelt sich um eine gesonderte Sammlung liturgischer Gesänge für alle Gelegenheiten, allgemeine und besondere. ... Aus diesem Grund enthält er alles, was sich durch langen Gebrauch für rituelle Zwecke bewährt hat, ebenso alles, was musikalisch wertvoll ist und was bereits einen dauerhaften Platz in den Herzen der Gemeindemitglieder gefunden hat."

Sulzer fährt fort: „Besondere Aufmerksamkeit habe ich den ehrwürdigen Weisen des berühmten Nestor Maharil gewidmet, die ich häufig als Grundlage für meine eigenen Kompositionen verwende." (Maharil war Jacob ben Moses Halevi, geboren 1365 in Mainz. Er schrieb die jeweils übliche Praxis der synagogalen Liturgie fest und trat für die Bewahrung der traditionellen synagogalen Musik ein.) "Ich beachtete sogar genau die polnische Gesangschule, soweit sie etwas wirklich Typisches anbot, um die Musik in ihrer authentischen Einzigartigkeit zu zeigen."

Der zweite Teil von „Schir Zion" zeigt den Komponisten auf dem Höhepunkt seines Schaffens. Wie sehr er zum traditionellen Stil der Kantorengesänge zurückkehrt, zeigt sich besonders in dem Gebet „W'teeraw L'fanecha Atiratenu", das den priesterlichen Segen einleitet und im Laufe des „Mussaf" an den Hohen Feiertagen gesungen wird. Komponiert ist es im Stil des achtzehnten Jahrhunderts. Der Kantor singt ein Rezitativ, anschließend wiederholendie „M'schorerim", die Hilfssänger, seine Worte. Dies ist jedoch

Salomon Sulzer 1857 mit Bildnis seiner 1855 verstorbenen Gattin

alles andere als willkürliche Improvisation – das ganze Arrangement hält eine strenge musikalische Form ein.

Der zweite Teil enthält auch die Komposition „Wajehi Binsoa Ha'aron", die vermutlich heute überall in Europa in Gebrauch ist. Ohne Übertreibung kann man sagen, dass man sie in Hunderten von amerikanischen Synagogen hören kann. Diese Komposition ist eine Originalschöpfung Sulzers. „Das Gesetz tritt hervor von Zion und das Wort des Einen Ewigen aus Jerusalem". Sulzer setzte die Melodie in den Dreivierteltakt, und dieser Kunstgriff erklärt wahrscheinlich ihre große Beliebtheit.

Noch viel mehr ließe sich über die anderen liturgischen Kompositionen Sulzers sagen. Darunter sind einige, die man als Perlen der synagogalen Musik bezeichnen kann. Der mir hier zur Verfügung stehende Platz gestattet indes nur eine Bemerkung über die meisterhaften musikalischen Bearbeitungen des bedeutenden Gebetes „Rosch Haschana Mussaf": „Am Neujahrstag wird es geschrieben und am Sühnetag wird es besiegelt". Heute, genau wie vor 100 Jahren, beeindruckt diese Komposition als eine tiefgründige musikalische Interpretation des jüdischen Geistes. Ihre vollkommene Wiedergabe stellt höchste musikalische und künstlerische Ansprüche an Kantor und Chor.

„Schir Zion" hat bis heute fünf Auflagen erlebt. Joseph Sulzer brachte die zweite Auflage 1905 heraus, und diese revidierte Auflage diente als Vorlage für alle nachfolgenden. Die fünfte Edition erschien in New York 1954 aus Anlass des 150. Jahrestages der Geburt des Komponisten.

Das Standardwerk „Kantorial Anthology" von Gershon Ephros, veröffentlicht in fünf Bänden zwischen 1929 und 1957, enthält eine Auswahl der besten Kompositionen von Sulzer. Man kann es in vielen öffentlichen Musik-Bibliotheken auf der ganzen Welt finden, und es stellt ein unverzichtbares Handbuch für jeden Kantor und jeden Musiker dar, der an synagogaler Musik interessiert ist.

An dieser Stelle muss eine der vielen Auszeichnungen erwähnt werden, die Sulzer zuteil wurden. Die „Gesellschaft der Musikfreunde" in Wien ernannte ihn 1845 zum „Professor des Gesanges", eine Stellung, die er bis 1848 innehatte.

Sulzers Ruhm verbreitete sich nicht nur nach Amerika, sondern auch bis ins Heilige Land, wo seine Kompositionen noch zu seinen Lebzeiten gesungen wurden. Dies wird in einem Brief von Kantor Bardaki am 19. Schewat 5640 (1860) bestätigt. Zu der Zeit übte Bardaki seinen Dienst an der „Bet-Jacob-Synagoge" in Jerusalem aus. Franz Liszt schrieb in seinem Buch „Die Zigeuner und ihre Musik in Ungarn" (1861) über Sulzer: „Nur einmal haben wir die Gelegenheit gehabt, eine Ahnung von dem zu bekommen, was jüdische Kunst werden könnte, wenn die Israeliten in vollem Umfang die Intensität ihrer ureigensten Gefühle in Form ihrer Spiritualität zu erkennen gäben. Wir machten die Bekanntschaft von Kantor Sulzer in Wien ... und um ihn zu hören, besuchten wir die Synagoge, deren Musikdirektor er war. ... Es schien, als ob die Psalmen über uns wie Feuergeister schwebten und sich tief vor dem Allerhöchsten verneigten, um als Schemel seiner Füße zu dienen. Dann verkündeten majestätische, triumphale Klänge die Macht des Gottes Abels und Noahs, Isaacs und Jacobs, und es war unmöglich, nicht mit der ganzen Sympathie seines Herzens in die Anrufung dieses

Chores einzustimmen, der – wie auf mächtigen Schultern – die Last der Tradition so vieler Jahrtausende trug, so vieler göttlicher Wohltaten, so vieler Aufstände und Strafen und solch unzerstörbarer Hoffnung".

In den von Sulzer selbst 1876 anlässlich des goldenen Jubiläums seiner Berufung zum Kantor verfassten Erinnerungen verriet der Mann, der das Amt des „Oberkantors" so ruhmreich ausfüllte, dass er gegen die Bezeichnung „Kantor" sei. Sie sei, wie er sagte, ein Lehnwort aus einer anderen Religion und beschreibe nicht wirklich den Inhalt seines heiligen Amtes. Johann Sebastian Bach war beispielsweise „Kantor" der Thomaskirche in Leipzig. Sulzer zog die hebräischen Benennungen „Chasan" oder „Schaliach Tzibur" vor.

Salomon Sulzer hatte 14 Kinder. Er starb am 17. Januar 1890. Seine Todesanzeige war von seinen vier Söhnen unterzeichnet: Julius, Emile, Carl und Joseph. Zusätzlich tauchen die Namen der folgenden Töchter auf: Marie Belart, Hermine Gingold, Henriette Biacchi, Rose Wagner, Rachel Niederhofheim, Auguste Fischel und Fanny Abrest.

Soweit sich ermitteln lässt, ist bislang noch keine umfassende Biographie über Salomon Sulzer geschrieben worden. Auch sind meines Wissens nach keine intensiven Forschungen hinsichtlich seiner Nachkommen angestellt worden.

Salomon Sulzers Sohn Julius war Opernkomponist: Eins seiner Werke wurde in Prag aufgeführt. Er starb 1891. Joseph war ein berühmter Cellist, gleichzeitig war er Leiter der Vereinigten Wiener Synagogenchöre. Er starb 1926.

Soweit ich ermitteln konnte, waren zwei von Sulzers Töchtern Opernsängerinnen. Marie Belart arbeitete einmal an der „Kaiserlichen Wiener Opernschule". Henriette Biacchi sang auf spanischen und italienischen Bühnen und war 1866 Intendantin der „Kaiserlichen Oper von Mexiko".

Noah Mannheimer und Salomon Sulzer sind zwei Persönlichkeiten, die den Anfang der Neugestaltung der Synagogenliturgie unter textlichen und musikalischen Gesichtspunkten symbolisieren. Gemeinsam setzten sie einen höchstmöglichen Standard für den Gottesdienst in Wien.

Heutzutage werden wieder regelmäßig Gottesdienste gefeiert in der Synagoge in der Seitenstettengasse, die die jahrelange Schreckensherrschaft der Nazis überlebte. Die Mauern, die einst das Echo der Stimmen Mannheimers und Sulzers zurückwarfen, hallen heute erneut vom Klang des Gebetes und dem Gesang des Kantors wider.

Der letzte Kantor, der vor dem Krieg in der „Seitenstettengasse-Synagoge" wirkte, war Heinrich Fischer. Er verließ (vermutlich gegen Ende 1938) Österreich und ging nach England, wo er Kantor in Leeds wurde. Es gelang ihm, seine private Musikbibliothek, das Ergebnis seiner langjährigen Sammlertätigkeit, zu retten. Sie ist heute Teil der „Eric-Mandell-Library of Jewish Music". Neben zahlreichen anderen Einzelstücken enthält sie Partituren und Chorbücher, die von Fischer eigenhändig geschrieben wurden, einschließlich einer als Handschrift vorliegenden Partitur für die Hohen Feiertage. Diese besteht fast ausschließlich aus Sulzers Kompositionen. Fischers Sammlung umfasst auch eine seltene Originalausgabe von Sulzers Komposition „Ein Requiem zur Feier des Seelengedächtnisses", das die Psalmen 49 und 16 enthält.

Heute wird neue liturgische Musik in Zion geschaffen. Wie schon gesagt, wurden Sulzers „Lieder von Zion" in Jerusalem bereits 1860 gesungen. Es ist bezeichnend für Sulzers Haltung gegenüber jüdischer Musik, dass er im Nachwort zu „Schir Zion" über „nationale Melodien" schrieb. Er war der Erste, der für die richtige Aussprache und Betonung der hebräischen Texte, die in der synagogalen Musik Verwendung finden, eintrat.

Sulzers Grundsätze hinsichtlich der hebräischen Sprache sind offenkundig die Grundlage für die Beiträge zur synagogalen Musik, die uns aus Israel erreichen. Haim Alexander, Paul Ben-Haim, Itzhak Edel, Joseph Rambam und Erich Walter Sternberg sind einige der Komponisten, deren Namen uns dabei einfallen.

Sulzers „Lieder von Zion" breiteten sich aus von Wien, um der ganzen Welt Gottes Wort zu verkünden – und vom neuen Zion werden sich die nationalen Melodien ausbreiten, von denen Sulzer bereits 1840 sprach. Es ist zu hoffen, dass diese neue sakrale Musik einen fruchtbaren Einfluss auf die Entwicklung der religiösen Musik in der Diaspora ausüben wird.

Letters to the Editor
Leserbriefe von Eric Mandell aus dem „Aufbau"

Ein verschwiegener Name – Louis Lewandowski

Das Buch der Psalmen ist das grosse Gebetbuch vieler Menschen, und die Komponisten aller Zeiten haben sich immer wieder in die Psalmen versenkt und sie musikalisch ausgedeutet. Eine grosse, umfassende Anthologie der Psalmen in Musik ist mir zwar bis heute noch nicht zu Gesicht gekommen.

Da liegt nun vor mir auf dem Schreibtisch ein Band *Psalms with Music*. Das Werk ist 1953 in *Hollywood*, Cal., erschienen. Ich blättere durch den Band. Da sind nun die wohlbekannten Psalmen 23, 25, 36, 37, 39, 42, 43, 51, 62, 65, 67, 84, 90, 100, 103, 113, 121 und 134.

Alle sind für gemischten Chor mit Orgelbegleitung zu Musik gesetzt. Handfeste Chormusik, romantisch angehaucht. Und ich beginne mich zu wundern, wer ist der Komponist? Die Titelseite nennt *keinen Komponisten*. Als Herausgeber (compiled by) zeichnet *Rev. Daniel Platkin*. Der Text ist ins Englische und ins Hebräische durch Paul Diskount übertragen (transliterated).

Ist das nicht eine eigenartige Sache: Ein Musikbuch von 184 Seiten mit Psalmen. Wer ist der Komponist? Hat der Zusammensteller, Rev. Platkin, es nicht gewusst? Und aus welcher Sprache hat denn der Uebertrager, Paul Diskount, die Psalmen übersetzt?

Das Titelblatt verrät nur: *Copyright 1953 by Republic Records, Inc. Made in U. S. A.* Ja, dieses Werk ist in Amerika gedruckt, aber die Musik wurde in Deutschland komponiert. Und kein Geringerer als *Louis Lewandowski* ist der Schöpfer dieser Psalmenchöre. Da liegt auf meinem Schreibtisch auch ein Band:

„Achtzehn Liturgische Psalmen für Soli und Chor", componirt und Sr. Majestät Dem König von Bayern, Ludwig II., in tiefster Ehrfurcht zugeeignet von L. Lewandowski.

Das Buch wurde durch Breitkopf & Härtel in Leipzig veröffentlicht. Diese, wahrscheinlich im Jahre 1874, von Lewandowski in deutscher Sprache vertonten Psalmen finden wir nun wieder in „Psalms with Music" zusammengestellt von Rev. Platkin. Der Psalm 113 ist in der Originalausgabe von Lewandowski nicht zu finden. Dagegen ist der Psalm 46, in der deutschen Ausgabe veröffentlicht, nicht in dem amerikanischen Nachdruck enthalten.

Hat Rev. Platkin nicht gewusst, wer diese Psalmen komponiert hat? Eine Angabe, dass der Komponist des Werkes „Psalms with Music" dem Herausgeber unbekannt ist, hätte sicherlich dem wissenschaftlichen Ruf des Herrn Platkin nicht geschadet. Wie man die Zusammenstellung und den Abdruck von Psalmen von Lewandowski durch Rev. Platkin, ohne auch nur eine einzige Andeutung über seinen musikalischen Schöpfer zu machen, aufnehmen wird, das will ich gern dem Urteil der Musikwissenschaft überlassen.

Eric Mandell
Philadelphia, Pa.
Friday, August 26, 1955

Um den Nachlass von Joseph Achron

Ich möchte folgende kurze Erklärung zu dem Artikel im „Aufbau" über Achrons Nachlass machen. Die verstorbene Marie Achron war, soweit ich es beurteilen kann, eine treue Hüterin des musikalischen Nachlasses ihres Gatten. Sie hat ein komplettes Verzeichnis seiner Kompositionen, auf dem meine folgenden Bemerkungen beruhen, angefertigt.

Achron hinterliess 140 Werke, das also weit über die Angabe im „Aufbau" hinausgeht. Vom Gesamtschaffen Achrons wurden 49 Kompositionen veröffentlicht, nicht 10 oder 12. Viele dieser gedruckten Werke sind in meiner Bibliothek Jüdischer Musik.

Das Verzeichnis von Achrons Schaffen enthält eine Reihe von Werken für Orchester. Einige davon können für Aufführungszwecke von Musikverlegern geliehen werden.

Es wird nicht allgemein bekannt sein, dass ausserdem noch sieben Kompositionen für Orchester im Manuskript in der weltberühmten „Fleischer Collection" in Philadelphia deponiert wurden. Partitur und Stimmen stehen für Aufführungen zur Verfügung.

Eric Mandell
Philadelphia, Pa.
Friday, July 15, 1960

Dritter Teil

Die Sammlung Eric Mandell im Gratz College 273
Brücke zur Vergangenheit und Quelle für die Zukunft jüdischer Musik
Marsha Bryan Edelman

Notenblätter 281
der Kompositionen und Bearbeitungen von Erich Mendel/Eric Mandell
gesammelt von Ronna Honigman

Verzeichnis der Lieder 281

Adon Olam · Musik der Synagoge 316
Zu einer CD-Einspielung ausgewählter Kompositionen
von Erich Mendel/Eric Mandell
Ensemble „mendels töchter"

Bibliographie 319
Verzeichnis der Veröffentlichungen von Erich Mendel/Eric Mandell
zusammengestellt von Ronna Honigman

Die Sammlung Eric Mandell im Gratz College

Brücke zur Vergangenheit und Quelle für die Zukunft jüdischer Musik

Marsha Bryan Edelman

Die Jüdische Musik hat eine lange und vielgestaltige Geschichte. Weil Juden praktisch überall auf der Erde gelebt haben und stets von der Musik der sie umgebenden Kultur beeinflusst worden sind, gibt es überhaupt keine Musikrichtung, schon gar nicht in der Liturgie, die allen Juden gemeinsam ist. In der Tat hört man einzig und allein zu jeder Zeit und in jeder Generation die immer wiederkehrende Frage, sogar von „Ethnomusikwissenschaftlern": „Was ist jüdische Musik?" Eine Antwort, oder wenigstens der Ansatz für eine Antwort, für die sogar Konsens zu finden wäre, lautet: „Alles in der Sammlung Eric Mandell."

Die abenteuerlikche Geschichte der Sammlung

Eric Mandell war ein Mensch mit großen Visionen und vielen Talenten. Besonders wichtig war ihm die Liebe zur Musik seines Volkes – zuerst zur Musik der aschkenasischen Juden Europas und später der jüdischen Gemeinden Nordamerikas und Israels. Zunächst um seiner eigenen Interessen als Kantor und Musiker willen, später in dem starken Wunsch, die schriftlichen Dokumente als solche zu erhalten, erwarb er sich große Verdienste als Sammler allen Materials, das mit jüdischer Musik zu tun hatte: Artikel und Bücher über jüdische Musikgeschichte und Musiktheorie, Zusammenfassungen und kritische Beurteilungen von Musikaufführungen und neuen Kompositionen und natürlich die Musik selbst in gedruckten Partituren und in Handschriften. Die Geschichte, wie Mandell die Sammlung in Europa aufbaute, wie er sie während der dunklen, frühen Tage des Zweiten Weltkriegs in den Niederlanden in „schützende Obhut" gab, wie er bei Kriegsende den Verlust des Materials entdeckte und dann die Sammlung in der Sicherheit seines neuen Zuhauses in Amerika erneut aufbaute (und erweiterte), ist eine Geschichte, die es wert wäre, von einem der besten Abenteuer-Schriftsteller aufgezeichnet zu werden. Das Resultat ist jedenfalls eine nahezu unvergleichliche Fundgrube, deren Umfang und Wert die Sammlung Mandell zu einem der größten Schätze jüdischer Musik in Privatbesitz macht, die es weltweit gibt.

Frühe Notendrucke
aus der Eric Mandell Collection

Was also ist jüdische Musik? Sie findet sich – laut Mandell – in allen Bereichen: Von jiddischen Volksliedern bis zu populären Gesängen von Abraham Goldfaden, dem „Vater des jiddischen Theaters", vom traditionellen Synagogengesang und der Kantillation bis hin zu Choralwerken, geschaffen von den großen Kantoren-Komponisten der Reformbewegung des 19. Jahrhunderts; von frühen Kunstliedern und Kammermusikwerken der ersten Schöpfer weltlicher jüdischer Musik für die Konzertbühne bis zu Werken für Chor und Orchester israelischer Komponisten, die vom Judentum inspirierte Kunstmusik für den neuen Staat Israel schrieben. Das „goldene Zeitalter" des Kantorengesangs, von Europa nach Amerika „importiert", spiegelt sich wider in den Rezitativen der Sammlung: Viele wurden von Kantoren und Dirigenten handschriftlich kopiert und bearbeitet, um sie ihren begrenzten musikalischen Möglichkeiten anzupassen, so zum Beispiel bei Werken von Komponisten, die für die Entfaltung des amerikanischen Stils in der Synagogenmusik schrieben. Beschreibungen einiger Schätze, die sich in der Sammlung Mandell finden, werden die Vielfalt der Sammlung aufzeigen, den Wert einiger ihrer ungewöhnlicheren Bestände und die Vielseitigkeit, mit der Mandell seine Sicht von „jüdischer Musik" deutlich machte.

Eine unvergleichliche Fundgrube

1) Unter den ältesten Stücken der Sammlung befinden sich die acht Bände von Benedetto Marcellos „Estro Poetico Armonico". Dieser italienische Komponist vertonte in den Jahren von 1724 bis 1726 eine Auswahl aus den ersten 50 Psalmen für den Gebrauch in der Kirche in italienischer Sprache. Die Sammlung Mandell besitzt einen Nachdruck des Originals aus dem Jahr 1803 – aber warum eine Sammlung katholischer Psalmen in

Einige der alten Stücke

einer Bibliothek für jüdische Musik? Weil Marcello elf Melodien „entlieh", die er hörte, als er sowohl sephardische (spanuolo = „spanisch") wie auch aschkenasische (tedesco = „deutsch") Synagogen in Italien besuchte. Anstatt die Melodien einfach nur zu „entleihen", was viele Komponisten vor ihm und seither getan haben, schrieb Marcello die Melodien nach dem Gehör nieder und verband die Musik in seinem o. g. Buch in ihrer ursprünglichen Form mit den original hebräischen liturgischen Texten, z. B. dem Refrain aus dem Lied Lecha Dodi, mit dem man den Sabbat begrüßt, den eröffnenden Takten der Kaddisch-Doxologie (Lobpreisungsformel für den Festtag Rosch Haschanah), dem ersten Vers der Chanukka-Hymne Ma'oz Tsur und Abschnitten aus dem Psalm 114, die den Auszug aus Ägypten in Erinnerung rufen und an Festtagen rezitiert wurden. Er wollte bei den westlichen Musikern kein besonderes Interesse erwecken mit der atypischen Notation der Texte von rechts nach links, die es erlaubte, die Anordnung der hebräischen Schriftzeichen an ihrer richtigen Stelle in der Musik zu belassen, (fast alle europäischen Komponisten verlassen sich auf in lateinische Schrift transkribierte Texte, die von links nach rechts verlaufend unter den Noten stehen), dennoch spielte Marcello eine wesentliche, wenn auch unbeabsichtigte Rolle für Generationen künftiger Musikwissenschaftler, weil nur er die Traditionen der italienischen Synagoge des frühen 18. Jahrhunderts in Notenschrift umsetzte. Trotz der zunehmenden Verfügbarkeit gedruckter Partituren jüdischer Kunstmusik blieb das Wissen um synagogale Musik eine fast ausschließlich mündliche Tradition, aufgenommen durch ständiges Hören in den Gottesdiensten und weitergegeben als ererbtes Vermächtnis an Generationen von Musikfachleuten von ihren Vorvätern. Wie es beim größten Teil der Volksmusik der Fall ist, hielt es das „Volk" selbst nicht für nötig, sie aufzuschreiben; in einer Zeit, in der es noch keine Aufnahmen gab, stellte Marcello sicher, dass wenigstens einiges Wissen um die Ausübung gottesdienstlicher Musik das Auf und Ab der Zeit, verblassende Erinnerungen und sich verändernde musikalische Vorlieben überleben würde.

Moderne jüdische Musik

2) Von 1908 bis 1917 schuf und förderte die „Gesellschaft für Jüdische Volksmusik" (Society for Jewish Folk Music) den Gedanken einer „säkula-

Rabbinern gegenüber der Rolle der Musik (sie wurde als unangemessen für diejenigen empfunden, die mehr als 1800 Jahre später immer noch den Verlust des Jerusalemer Tempels „beklagten") ebenso wie die begrenzten Möglichkeiten in der Praxis hielten dieses Genre aus der jüdischen Kultusgemeinde heraus, trotz ihrer Beliebtheit überall in Europa und der offensichtlichen Vertrautheit jüdischer Musiker mit Werken berühmter Komponisten westlicher Tradition. Als das 20. Jahrhundert heraufdämmerte, war eine Gruppe junger russischer Musiker davon überzeugt, dass die „jüdische Nation" eine eigene Kultur benötige, um von den Völkern der Welt wertgeschätzt zu werden. Sie schickten sich an, ein solches Repertoire zu schaffen, indem sie jüdische Volkslieder und andere traditionelle Stoffe in Werke integrierten, die für außerliturgische Räume vorgesehen waren. Später reichte die Inspiration, die die „Würze" dieser traditionellen Materialien bot, aus, weitere Originalwerke zu beeinflussen. Die Mitglieder der „Gesellschaft" führten Hunderte von Konzerten auf, um ihre Arbeit zu fördern und eine Hörerschaft dafür zu gewinnen. Sie schafften es auch, 83 Publikationen herauszubringen, die etliche Werke für Violine (oder Cello) und Klavier enthielten, einige der frühesten jiddischen Kunstlieder und Chorfassungen (einschließlich der frühesten Vertonung von Hatikvah, die etwa 40 Jahre später die Nationalhymne des jüdischen Staates werden sollte). Abschriften vieler dieser Werke sind Teil der Sammlung Mandell. Obwohl sie nicht so alt wie einige andere Veröffentlichungen sind, stellen diese von der „Gesellschaft" herausgegebenen Werke doch die früheste Blütezeit der modernen jüdischen Musik für die Konzertbühne dar und waren sozusagen die Vorläufer für spätere Werke von Ernest Bloch, Leonard Bernstein, Hermann Berlinski und zahlreichen anderen.

3) Die frühen Reformer synagogaler Musik wiesen den traditionellen Nusach-Gesang als unwillkommenes Relikt einer alten Zeit zurück, die längst abgelöst worden war von modernen „Empfindungen" beim Gottesdienst und in der Kultur überhaupt. Bedauerlicherweise ging die synagogale Musik durch das Fehlen einer homogenen Tradition schnell in einen Zustand der Anarchie über, da weder ein Konsens über ihre Angemessenheit für den Gottesdienst bestand noch eine objektive Bewertung ihrer Qualität.

Reform der synagogalen Musik

Louis Lewandowski (1821-1894), Chorleiter an der Neuen Synagoge in der Oranienburger Straße in Berlin, prägte wie kein anderer die synagogale Musik Deutschlands.

Salomon Sulzer: „Schir Zion"

Salomon Sulzer setzte diesem Chaos mit seiner Veröffentlichung von Schir Zion, 1840, ein Ende; der zweite Band wurde im Jahre 1866 herausgegeben, beide Bände enthalten die Gebete für das ganze Jahr. Durch den Einfluss, der von Sulzers Popularität als Kantor der Großen Synagoge Wiens ausging, und durch sein Ansehen als Sänger weltlicher Musik – ganz zu schweigen von der deutlichen Überlegenheit der Musik, die er schrieb – wurden seine Kompositionen in „aufgeklärten" Synagogen quer durch Europa und bald auch in den Vereinigten Staaten maßgeblich. Aufgrund der Beliebtheit seines Werkes wurden seine ersten Bände nachgedruckt, wobei die „klassische" die ist, die Sulzers Sohn Josef eine Generation später herausbrachte. Damals war die Orgel, deren Präsenz in der Synagoge anfänglich umstritten war, zu einem akzeptierten Bestandteil der gottesdienstlichen Praxis geworden, und die Ausgabe, die Josefs Orgelbegleitungen zu dem anfänglichen A-cappella-Band seines Vaters als Besonderheit aufwies, wurde zum „Standard". Der früheste Band (in der Sammlung enthalten neben seinem späteren „Geschwister") bleibt ein geschichtlich bedeutsamer Beitrag. Er stellt den Beweis für die ersten Bemühungen dar, Tradition und Reform im modernen jüdischen Gottesdienst zu verschmelzen.

Nicht alle Stücke der Sammlung Mandell sind so alt oder so selten. Mandell war an der Gegenwart ebenso wie an der Vergangenheit interessiert und bezog zahlreiche Publikationen aus jüngerer Zeit in seine Bestände mit ein. Die allgegenwärtige „Cantorial Anthology" von Gershon Ephros, Bände von Kinderliedern, zusammengestellt von Harry Coopersmith, und Musikgeschichten von Sendrey und Saleski, die in der Zeit Mandells neu waren, wurden sofort nach Herausgabe seiner Bücherei hinzugefügt. Dies galt auch für Partituren „moderner" Synagogengottesdienste von Charles Davidson, für jiddische Kunstlieder von Lazar Weiner, Werke mit „chassidischem Charakter" von dem israelischen Immigranten Joachim Stutschewski und für Bearbeitungen sephardischer Lieder von Alberto Hemsi und Mario Castelnuovo-Tedescho.

Zeitgenössische kantorale Musik

Mandells Bestände gingen über das Musikalische weit hinaus. Zusätzlich zu Gesangbüchern der Reformbewegung von 1892 an sammelte Mandell ebenfalls Gebetbücher, verschiedene Ausgaben von „Ost und West", einem deutschen Kunstmagazin, das zwischen 1901 und 1922 erschien, Bücher über jüdische Geschichte und etliche Bände des „American Jewish Yearbook". All dies weist auf Mandells breite Interessen ebenso wie auf sein Einfühlungsvermögen dafür hin, dass man die Musik des jüdischen Volkes nicht verstehen kann, ohne die jüdischen Menschen selbst zu verstehen.

Viele wichtige Sammlungen sind in privater Hand, von Wissenschaftlern begehrt aber für die Allgemeinheit nicht zugänglich außer bei Sonderausstellungen. Einige Büchereien werben voller Stolz mit ihren kostbaren Beständen, halten sie jedoch unter festem Verschluss, zugänglich nur mit besonderer Erlaubnis, und auch nur jeweils ein Band. Studenten und Wissenschaftler haben wenig Möglichkeiten, den Umfang der Sammlung kennen zu lernen oder über eine unverhoffte Überraschung zu stolpern während man eigentlich etwas ganz anderes gesucht hatte. Mandell wusste genau, dass viele Institutionen ihre Bestände schüt-

Die Sammlung Mandell – offen für Forscher und Musiker

Gratz College in Philadelphia, USA

zen wollten, indem sie diese eifrigen Besuchern vorenthielten – ebenso indem sie gestiftete Sammlungen vor aller Welt in aufgestapelten Kisten in feuchten Kellern versteckten – aus Mangel an geeignetem Lagerplatz oder an Personal, sie zu katalogisieren. Seine Wahl, das Gratz College zur Heimat für seine Sammlung zu machen, gründete sich auf die Verpflichtung dieses Colleges, diese Musik auch weiterhin lebendig zu erhalten und der Öffentlichkeit zugänglich zu machen. Durch ein Abkommen, das durch das Amt von Professor Shalom Altman – damals Direktor der Tyson-Musikabteilung des Gratz College – ermöglicht wurde, erwarb das College im Jahre 1970 den Löwenanteil von Mandells Sammlung. (Mandell behielt einige Sammelstücke in seinem Besitz, die für ihn besondere Bedeutung hatten. Als er im Jahre 1986 starb, wurden einige davon Freunden und Familienmitgliedern vermacht, während andere an Ort und Stelle blieben und heute im Gratz College lagern.)

Umfang der Sammlung – Aufbewahrung – Sicherheitssysteme

Insgesamt umfasst die Sammlung Mandell über 15.000 Stücke. Das Material wurde ursprünglich in einem kleinen Raum, der für die Sammlung bestimmt war, untergebracht; dieser war jedoch zu klein, um einen leichten Zugang zu seinen reichhaltigen Schätzen zu ermöglichen. Mit dem Umzug des College in ein größeres Gebäude im Jahre 1989 nahm die Sammlung Mandell ihren rechtmäßigen Platz als Eckstein der „Schreiber-Bibliothek für Jüdische Musik" ein, wo sie verbleibt – geschützt gegen Diebstahl durch ein Sicherheitssystem, das alle Bibliotheksgäste überwacht, und gesichert gegen Verfall, Feuer- oder Wasserschäden durch die Temperaturkontrollen und Sicherheitssysteme, die in dem Raum installiert sind.

Diese technischen Schutzmaßnahmen für die Sammlung sind natürlich von höchster Bedeutung, aber das College ist auch stolz darauf, dass der mühelose Zugang zur Sammlung erhalten bleibt. Mandell und seine Frau Martha, die Bibliothekarin war, hatten peinlich genaue Aufzeichnungen über den Inhalt der Sammlung angefertigt. Sie wurden auf Karteikarten erfasst in Kategorien mit individuellen Bezeichnungen, die Mandell gewählt hatte, die aber unvereinbar mit den üblichen Standards für Kongress-Bibliotheken waren. Ein über vier Jahre laufendes Projekt, das zwischen 1986 und 1990 durchgeführt wurde, sicherte die Katalogisierung aller Bücher. Tausende individueller Folio-Notenblätter, kleine Publikationen im Taschenbuchformat, Artikel und Manuskripte verbleiben in Mandells ursprünglichen Kategorien, in den stabilen schwarzen Kästen, in denen er sie aufbewahrte, allerdings auf offenen Regalen, zugänglich für alle. Studenten, Wissenschaftler und Künstler sind willkommen, die Materialien durchzusehen, und über die Jahre hin haben Hunderte aus dem Reichtum dieser Bestände Nutzen gezogen. Die Sammlung stellt eine wichtige Quelle für Studenten in ihrem Studienprogramm zum Magistergrad (M. A.) in jüdischer Musik am Gratz College dar, für Kantoren in den örtlichen Gemeinden (es gibt mehr als 100 Synagogen im umliegenden Staat, die eine Stunde Fahrt oder weniger vom Gratz College entfernt sind), für Künstler von örtlichen Kunsteinrichtungen, einschließlich des Curtis Instituts für Musik und des Philadelphia Orchesters sowie für Gastprofessoren aus aller Welt. Kuratoren aus dem „Nationalmuseum für Amerikanische Jüdische Geschichte" in Philadelphia, aus dem Holocaust-Museum in Washington, D. C., und aus Museen überall in Europa haben die Sammlung besucht oder Materialien für offizielle Ausstellungen ausgeliehen. Die Popularität und der leichte Zugang zum Internet und die wechselseitige Ausleihe zwischen den Bibliotheken haben das Interesse an den Beständen und deren Nutzung enorm gesteigert.

Die Stimme Eric Mandells ist schon seit fast 20 Jahren verstummt, aber die Musik, die er liebte, bleibt lebendig. Die Sammlung Eric Mandell ist ein Schlüssel zur Vergangenheit der jüdischen Musik – und so wie sie nachfolgende Studentengenerationen und andere Menschen prägt, besitzt sie die Macht, die Zukunft jüdischen Musiklebens auf lange Sicht zu beeinflussen.

Die Sammlung Eric Mandell – lokal genutzt und weltweit gefragt

Noten der Kompositionen und Bearbeitungen von Erich Mendel/Eric Mandell

Adon Olam I	283
Adon Olam II	285
Ein Keloheinu	287
V'Shom 'Ru	291
Magen Avot	293
Ahavas Olom	295
Hanerot Halalu	297
En Komoho	299
Adonai Z'Kharanu	301
Shalom Alechem I	304
Shalom Alechem II	305
Mah Tovu	307
Hodo Al Erets	309
Mi Khamokha	309
Sh'Ma	311
Az Yashir	313
Vay'hi Binsoa	315

"EN KELOHENU" CONGREGATIONAL MELODY with PIANO ACCOMPANIMENT by ERIC MANDELL

Adon Olam

Der Herr der Welt, er hat regiert, ehe ein Gebilde geschaffen war, zur Zeit,
da durch seinen Willen das All entstand, da wurde sein Name König genannt,
und nachdem das All aufhören wird, wird er allein, der Ewige, regieren.

Er war, er ist, und er wird sein in Herrlichkeit.
Er ist einzig und kein Zweiter ist da, ihm zu vergleichen, zuzugesellen.
Er ist ohne Anfang, ohne Ende, ihm ist die Macht und die Herrschaft.

Er ist mein Gott, und mein Erlöser lebt, der Fels meines Anteils zur Zeit
der Not. Er ist mein Panier und Zuflucht mir, der den Kelch mir reicht
am Tage, da ich rufe. In seine Hand empfehle ich meinen Geist zur Zeit,
da ich schlafe und erwache.

Adon Olam I

Adon Olam

Der Herr der Welt, er hat regiert, ehe ein Gebilde geschaffen war, zur Zeit,
da durch seinen Willen das All entstand, da wurde sein Name König genannt,
und nachdem das All aufhören wird, wird er allein, der Ewige, regieren.

Er war, er ist, und er wird sein in Herrlichkeit.
Er ist einzig und kein Zweiter ist da, ihm zu vergleichen, zuzugesellen.
Er ist ohne Anfang, ohne Ende, ihm ist die Macht und die Herrschaft.

Er ist mein Gott, und mein Erlöser lebt, der Fels meines Anteils zur Zeit
der Not. Er ist mein Panier und Zuflucht mir, der den Kelch mir reicht
am Tage, da ich rufe. In seine Hand empfehle ich meinen Geist zur Zeit,
da ich schlafe und erwache.

Adon Olam II

Ein Keloheinu

Keiner ist wie unser Gott, keiner ist wie unser Herr, keiner ist wie unser König, keiner ist wie unser Erretter. Wer ist wie unser Gott, wer wie unser Herr, wer wie unser König, wer wie unser Erretter? Laßt uns danken unserem Gott, unserem Herrn, unserem König, unserem Erretter. Gesegnet unser Gott, unser Herr, unser König, unser Erretter. Du bist unser Gott, unser Herr, unser König und unser Erretter.

Ein Keluheinu

PAGE 1a

CERTIFICATE OF REGISTRATION OF CLAIM TO COPYRIGHT IN A MUSICAL COMPOSITION

REGISTRATION No. ©CE unpub. 102077 CLASS E

THIS IS TO CERTIFY that the following statements for the musical composition herein named have been made a part of the records of the Copyright Office. In witness whereof the seal of the Copyright Office is hereto affixed.

Sam B. Warner
Register of Copyrights
United States of America

NOT VALID WITHOUT COPYRIGHT OFFICE IMPRESSION SEAL

1. COPYRIGHT OWNER OR OWNERS (Give full names and addresses)
   Eric Mandell, 5435 Gainor Road, Philadelphia 31, Pa.

2. TITLE OF MUSICAL COMPOSITION "En Kelohenu" congregational melody with piano accompaniment

3. COMPOSERS, AUTHORS, ETC. After "Nature of authorship" insert, for example: music, words, translation, arrangement, compilation, or other suitable description. Full name (including full middle name), pseudonym (if any), and year of birth and, if dead, year of death, are requested for cataloging purposes.

   (a) Name: Eric —— Mandell   Citizenship: American
   Nature of authorship: composer, of music   Birth 1902   Death ___
   Domicile: 5435 Gainor Road, Philadelphia 31, Pa.

   (b) Name: ___
   Nature of authorship: ___
   Domicile: ___

   (c) Name: ___
   Nature of authorship: ___
   Domicile: ___

   (d) Name: ___
   Nature of authorship: ___
   Domicile: ___

4. FOR PUBLISHED WORKS ONLY. Give date when copies bearing copyright notice were first placed on sale, sold, or publicly distributed ___
   (Month, day, and year)

SEND CERTIFICATE, REFUND (IF ANY), AND OTHER COMMUNICATIONS TO:

Name: Eric Mandell
Address: 5435 Gainor Road,
Philadelphia 31, Penna.
(City) (Zone) (State)

(Over for new version)

DATE OF RECEIPT IN COPYRIGHT OFFICE
APPLICATION: NOV -7 1947
ONE COPY OF MUSICAL COMPOSITION: NOV -7 1947
TWO COPIES OF MUSICAL COMPOSITION:

V'Shom'Ru

Die Kinder Israels mögen den Sabbat hüten, den Sabbat
zu feiern in ihren Gemeinden als ewigen Bund.
Zwischen mir und den Kindern ist er ein Zeichen für ewig,
dass in sechs Tagen der Ewige den Himmel
und die Erde geschaffen und am siebenten Tag feierte und ausruhte.

V'Shom'Ru

Magen Avot

Schild unserer Väter, dein Wort gibt den Toten das ewige Leben.
Gott, der Herr, ist heilig, keiner ist wie er. Er gibt seinem Volk
Frieden am heiligen Sabbat.
Mit Ehrfurcht dienen wir ihm. Wir preisen ihn jeden Tag und
segnen seinen Namen.
Der Gott des Friedens, er heiligte den Sabbat und segnete den siebten Tag,
um seinem Volk Frieden zu schenken und es an die Schöpfung zu erinnern.

Magen Avot

Ahavas Olom

Mit ewiger Liebe hast du das Haus Israel, dein Volk, geliebt. Lehre, Gebote, Gesetze und Rechtssatzungen hast du uns gelehrt. Darum, Ewiger, unser Gott, wenn wir uns hinlegen und wenn wir aufstehen, sprechen wir von deinen Gesetzen und wir freuen uns an den Worten deiner Lehre und an deinen Geboten immer und ewig; denn sie sind unser Leben und die Dauer unserer Tage, und über sie wollen wir nachsinnen Tag und Nacht.

Ahavas Olom

Hanerot Halalu

Diese Lichter zünden wir an wegen der Rettung – wegen der Zeichen
und Wunder, die du für unsere Väter durch deine heiligen Priester
ausgeführt hast. Allen acht Chanukkatagen sind diese Lichter geweiht.
Wir dürfen sie nur betrachten, um deinem Namen zu danken –
Für deine Wunder, für deine Hilfe, für dein allmächtiges Tun.

Hanerot Halalu

En Komoho

Hoch erhaben bist du, o Herr, es preisen deine Werke dich. Es rühmt deine Macht das All, und dein Reich wird ewig sein. Der Ewige regieret durch alle Zeiten. Er segne sein Volk, gelobt sei er. Hoch tut euch auf, ihr Tore der Welt, dass der König der Ehre einziehe. Der Herr ist ein grosser Gott, der Herr ist ein grosser König. Alles lobe seinen heiligen Namen.

En Komoho

Adonai Z'Kharanu

Der Ewige hat an uns gedacht, er segnet, er segnet das Haus Israel,
er segnet das Haus Aron; er segnet, die den Ewigen fürchten, die Kleinen
mit den Großen. Hinzutun soll der Ewige zu euch, zu euch und euren
Kindern. Gesegnet ihr dem Ewigen, des Himmels Schöpfer und der Erde.
Der Himmel ist des Ewigen, die Erde aber gab er für die Menschenkinder.
Nein, nicht die Toten preisen Gott und nicht, die in die Stille sinken.
Wir aber preisen Gott, von nun an bis in Ewigkeit. Halleluja!

Adonai Z'Kharanu

Fortsetzung Adonai Z'Kharanu

Fortsetzung Adonai Z'Kharanu

Shalom Alechem I

Friede mit euch
Engel des Dienstes,
Engel des Höchsten,
vom König aller Könige gesandt,
dem Heiligen,
gelobt sei er.

Eure Einkehr sei zum Frieden,
Engel des Friedens,
Engel des Höchsten,
vom König aller Könige gesandt,
dem Heiligen,
gelobt sei er.

Shalom Alechem II

Friede mit euch
Engel des Dienstes,
Engel des Höchsten,
vom König aller Könige gesandt,
dem Heiligen,
gelobt sei er.

Eure Einkehr sei zum Frieden,
Engel des Friedens,
Engel des Höchsten,
vom König aller Könige gesandt,
dem Heiligen,
gelobt sei er.

Mah Tovu

Wie schön sind deine Zelte, Jakob, deine Wohnstätten, Israel!
Durch die Fülle deiner Gnade darf ich in dein Haus kommen,
mich vor deiner heiligen Stätte bücken in Furcht vor dir!
Ewiger, ich liebe die Stätte deines Hauses, den Ort, wo deine Ehre thront.
Ich bücke mich, werfe mich nieder und kniee vor dem Ewigen, meinem
Schöpfer. Ich richte meine Gebete zu dir, Ewiger, zur Zeit des Wohlgefallens,
Gott, in der Fülle deiner Gnade erhöre mich mit deiner treuen Hilfe.

Mah Tovu

Fortsetzung Mah Tovu

Hodo Al Erets

Mi Khamokha

Sh'Ma

Höre, Israel, der Ewige, unser Gott,
der Ewige ist einzig!
Gelobt sei der Name der Herrlichkeit
seines Reiches immer und ewig!

Az Yashir

Damals sang Mose und die Kinder Jisrael
dieses Lied dem Ewigen, und sie sprachen also:
„Dem Ewigen will ich singen,
Denn hoch ist er erhaben;
Das Ross und seinen Reiter
Stürzt' er ins Meer.
Mir Macht und Kraft ist Jah,
Und ward mir Rettung.

Der ist mein Gott, ihn rühm ich,
Gott meines Vaters, ihn erheb ich,
Der Ewige, ein Kriegsheld,
„Der Ewige" sein Name."

Az Yashir

Vay'hi Binsoa

Und wenn die Lade aufbrach, so sprach Mose, HERR, steh auf! Lass deine Feinde zerstreut werden und alle, die dich hassen, flüchtig werden vor dir! Und wenn sie sich niederließ, so sprach er: Komm wieder, HERR, zu der Menge der Tausende in Israel!

Vay'hi Binsoa

Adon Olam · Musik der Synagoge
Zu einer CD-Einspielung ausgewählter Kompositionen von Erich Mendel/Eric Mandell

Ensemble „mendels töchter"

Die Notenblätter mit Kompositionen und Bearbeitungen synagogaler Musik, die der Bochumer Kantor und Chordirektor der Har-Zion-Synagoge Philadelphia hinterlassen hat, sollen nicht Papier bleiben. Das Erich-Mendel-Projekt der Evangelischen Stadtakademie Bochum und die Bemühungen der amerikanischen Kantorin Ronna Honigman zielen darauf ab, die kreative Auseinandersetzung mit dieser Musiktradition zu fördern und die Werke in und außerhalb der Synagoge erklingen zu lassen. Ansätze dazu dokumentiert eine CD, die das Ensemble „mendels töchter" im Jahr 2004 eingespielt hat. Vier junge Musikerinnen – im Hauptberuf diplomierte Musiktherapeutinnen – fanden sich zusammen: Barbara Keller (Violine, Akkordeon, Percussion, Gesang), Cornelia Klären (Gesang, Klavier, Percussion), Stephanie Mutter (Klarinette, Kontrabass, Gesang, Pauke) und Ulla Pfefferle (Klavier, Querflöte, Gesang). Gemeinsam zeichnen sie verantwortlich für Arrangement, Instrumentierung und Interpretation. Im Booklet, das hier auszugsweise zitiert wird, beschreibt der Musikjournalist Oliver Daschkey die Arbeit des Ensembles und den Inhalt der CD.   *Manfred Keller*

Die erste Aufgabe, die es bei der Arbeit an den Liedern zu bewältigen galt, war das Hinzufügen grundlegender Harmonien in den Notentext. Mendel hatte lediglich die Melodiestimmen zu den einzelnen Texten notiert, die Stücke jedoch nicht komplett ausharmonisiert. Dessen nahm sich Ulla Pfefferle an, mit viel Gespür für einen intimen und nie überladenen Gesamtklang. So gibt es in keinem der Stücke abrupte Akkordwechsel oder gar unangenehme harmonische Überraschungen – ein einfacher und wirkungsvoller Kunstgriff. Das Ziel, die sensiblen, teils uralten Gebete in den Vordergrund zu stellen, hat Ulla Pfefferle während ihrer Arbeit nie aus den Augen verloren.

Ensemble „mendels töchter", Münster
von links: Ulla Pfefferle, Stephanie Mutter, Barbara Keller, Cornelia Klären.

Spielerische Freiheiten in der Interpretation und Experimentierfreude prägten den wohl wichtigsten Schritt in der Beschäftigung mit den Liedern. Die Lieder fanden ihre Form im Prozess des gemeinsamen Probens und Improvisierens. Um gemeinsam tief in die Musik einzudringen, um als Ensemble an einem Strang zu ziehen, entwickelten die Musikerinnen zu jedem einzelnen Stück Assoziationen. **Magen Avot** („Schild unserer Väter") trug den Arbeitstitel „Leidenschaft", bei **En Komoho** („Hoch erhaben

Seite aus dem CD-Booklett „Adon Olam"

Inhalt der CD:
- Lieder von Erich Mendel/Eric Mandell, eingespielt vom Ensemble „mendels töchter"
- Erich Mendel – Stimme der Synagoge Ein Portrait von Manfred Keller

bist du") dachten die vier Musikerinnen an ein großes Gotteshaus und das **Ein Keloheinu** („Hoher und erhabener Gott") sollte anmutig wie ein stiller Fluss fließen.

mendels töchter lassen sich nicht in eine Schublade stecken. Das beweisen sie mit ihren Arrangements, in denen sie gekonnt verschiedene Stile und Spieltechniken miteinander vereinen. Die vier Künstlerinnen verstehen sich weder als religiöse Botschafter, noch eint sie der Wille, mit ihrer Musik einen kleinen, esoterischen Zirkel bedienen zu wollen. Jedes der zehn Lieder hat einen eigenen unverkennbaren Charakter.

Das im 3/4-Takt stehende **Adon Olam** („Herr der Welt") wirkt wie ein Rundgesang aus einer alten Zeit. Durch die sich überlagernden Stimmen von Klarinette, Violine, Klavier und dem plastischen, klaren Gesang von Cornelia Klären entsteht gegen Ende eine fast mystische Atmosphäre. Bei **Ein Keloheinu** ist die Begleitung auf ein Minimum zurückgenommen. Das Klavier und der greifbare Klarinettenton bilden die schlichte Basis für ein tieftrauriges Lied, bei dem der zärtliche dreistimmige Gesang in vollem Ausdruck in Erscheinung tritt. Es ist das vielleicht persönlichste Stück des ganzen Tonträgers. Von musikalischen Gegensätzen lebt das zweiteilige **V'Shom'Ru** („Die Kinder Israels"). Im ersten Part lächelt dem Zuhörer ein im Stile des argentinischen Tango gespieltes Akkordeon keck entgegen. Der Gesang ist ausdrucksstark, ja fast schon ein wenig bestimmend, der Aussage des Textes jedoch durchaus angepasst: „Du sollst den Sabbat hüten!" Nach einer überraschenden Generalpause folgt dann ein Tempowechsel. Stephanie Mutters Klarinette in diesem Instrumentalteil trägt deutliche Züge der Klezmer-Musik.

Dem dramatischen **Magen Avot** ist eine ausgedehnte instrumentale Einleitung vorangestellt, in der die Klarinette mit ihrem durchdringenden Ton wie eine menschliche Stimme behandelt wird. Gemeinsam mit Klavier und der später einsetzenden Violine wird hier ein transparenter musikalischer Teppich gewoben. **Ahavas Olam** („Ewige Liebe") kommt vollkommen ohne Text aus. Das Stück, welches die Liebe Gottes thematisiert, scheint aus dem Nichts emporzusteigen. Über den Ostinato-Ton e schichten *mendels töchter* vorsichtig Violine und Klavier. Die Stimmen beider Instrumente schweben gemeinsam in die Höhe. Sie werden in imitierender Weise miteinander verwoben und immer weiter verdichtet. **Hanerot Halalu** („Diese Lichter zünden wir an") kommt in einem festlichen und dennoch einfachen Gewand und dem eigentlichen Anlass angemessen daher: Die Hymne wird traditionell am Chanukkafest in der Synagoge gesungen. Einflüsse des amerikanischen Minimalisten Steve Reich begegnen uns in **En Komoho** („Hoher und erhabener Gott"). Die *töchter* arbeiten in dem komplexesten Stück der vorliegenden Sammlung mit Da-Lontano-Effekten in den Gesangsstimmen. Das Akkordeon verstärkt den Eindruck von Nähe und Ferne zusätzlich, während die Pauke markante Akzente setzt. Das instrumentale **Adonai Z'Kharanu** („Der Ewige hat unser gedacht") hat trotz seiner klagenden Einleitung einen freundlichen Charakter. Die sich wiederholenden Accelerandi, die unbekümmerte Zweistimmigkeit zwischen Violine und Klarinette, atmet alpenländische Luft und lässt den Zuhörer an ein Scherzo aus einer Mahler-Symphonie denken.

Musik-CD „Adon Olam – Herr der Welt" Bochum 2004

Weltbekannt ist der Friedensgruß **Sholom Alehem** („Friede mit euch"). Ihn gibt es wohl in unzähligen musikalischen Versionen. In der vorliegenden Einspielung wird der Text in zarter Dreistimmigkeit vorgetragen. Die Melodie atmet schlichte Eleganz. Auch hier begegnet uns wieder eine tiefgründige Traurigkeit. Querflöte, Klavier und Klarinette werden im Zwischenspiel zu einem dichten musikalischen Satz miteinander verknüpft. Im 4/4-Takt steht ein weiteres **Adon Olam**, dessen chorischer Duktus zu Beginn im weiteren Verlauf immer wieder aufgebrochen wird. Es lebt vor allem durch die spannungsreichen Akkordwechsel im B-Teil und die klopfenden Percussions sowie durch Imitationen in den Vokalstimmen.

Für die meisten Menschen in Westeuropa ist jüdische Musik ein fernes, ja manchmal sogar unbekanntes Gut. Im allgemeinen Kulturverständnis beschränkt sie sich allenfalls auf Klezmer-Klänge. Oder aber sie wird unsinnigerweise in den Regalen der Musikläden als ein Anhängsel der so genannten „Weltmusik" geführt. Dass dies eine falsche Einschätzung ist, dass es fernab des treibenden Klangs von Fidel und Klarinette eine heute fast vergessene religiöse Musik gibt, die dem Musizierenden viele Freiheiten lässt und die mit der gesamten jüdischen Kultur untrennbar verbunden ist, beweisen *mendels töchter* mit dieser CD.

Oliver Daschkey

Bibliographie
Verzeichnis der Veröffentlichungen von Erich Mendel/Eric Mandell
zusammengestellt von Ronna Honigman

„Konzert für Kinder", in: Gemeindezeitung, Nr. 7, S. 4, 25. Dezember 1936, Düsseldorf

„Das hebräische Lied im Musikunterricht der jüdischen Schule", in: Jüdische Schulzeitung, 13. Jahrgang, Nr. 3, S. 1-5, 5. März 1937, Mannheim

Das hebräische Lied im Musikunterricht der jüdischen Schule. S. 145ff.

„Vom Semirot-Singen", in: Blätter des Jüdischen Frauenbundes, XIII. Jahrgang, Nr. 5, S. 7-9, Mai 1937, Berlin

Den Sabbat in die Herzen singen. Vom Semirot-Singen. S. 120ff.

„Ignaz Brüll – Zur Frage der Jüdischen Musik", in: Der Jüdische Kantor, 11. Jahrgang, S. 1f., September 1937, Hamburg

Ignaz Brüll (1846-1907). Zur Frage der „Jüdischen Musik". S. 141f.

„Michael Joseph Gusikow", in: Israelitisches Wochenblatt, Nr. 42, S. 16, 31. Oktober 1937, Hamburg

Michael Joseph Gusikow. Zur 100. Wiederkehr seines Todestages am 21. Oktober 1937. S. 157f.

„Elias Grün", in: Der Jüdische Kantor, 11. Jahrgang, Nr. 3, November 1937, Hamburg

Elias Grün. Ein unbekannter Aufzeichner süddeutscher „Chasanut" um 1830. S. 138

„Bekannte und unbekannte jüdische Sängerinnen", in: Blätter des Jüdischen Frauenbundes, XIV. Jahrgang, Nr. 2, S. 8+9, Februar 1938, Berlin

Jüdische Sängerinnen – Geschichte und Geschichten. S. 153ff.

„Niggunim", in: Israelitisches Familienblatt, Nr. 8, S. 17, 24. Februar 1938, Hamburg

Niggunim. Plauderei über jüdische Melodien. S. 143f.

„Zur Gestaltung des Oneg Shabbat in der jüdischen Schule", in: Jüdische Schulzeitung, 14. Jahrgang, Nr. 3, S. 3+4, 1. März 1938, Mannheim; 14. Jahrgang, Nr. 4, S. 1-3, 1. April 1938, Mannheim

Sabbatfeier und jüdische Identität. Zur Gestaltung des Oneg Schabbat in der jüdischen Schule. S. 126ff.

„100 Jahre Haggada von Isaak Offenbach", in: Israelitisches Familienblatt, Nr. 15, S. 18, 14. April 1938, Hamburg

100 Jahre Haggada von Isaak Offenbach. Erinnernde Gedanken aus dem Jahre 1938. S. 139f.

„Ein Jüdischer Musiker – Zum 20. Todestag von Bogumil Zepler", in: Jüdische Rundschau, Nr. 65

Bogumil Zepler – Ein jüdischer Musiker. Zu seinem 20. Todestag am 17. August 1938. S. 159

„Arno Nadel", in: Israelitisches Familienblatt, Nr. 39, S. 19, 29. September 1938, Hamburg

Arno Nadel. Zu seinem 60. Geburtstag am 3. Oktober 1938. S. 161f.

„Zum Tode von Abraham Zwi Idelsohn", in: Jüdisches Gemeindeblatt für Berlin", Nr. 38, S. 9, 18. September 1938, Berlin; in: Jüdisches Gemeindeblatt für Mannheim, 16. Jahrgang, Nr. 19, S. 3, 7. Oktober 1938, Mannheim

Abraham Zwi Idelsohn – Ein Nachruf. Zum Tode des Gelehrten am 16. August 1938. S. 165

„Abschied von Oberkantor Peissachowitsch", in: Jüdisches Gemeindeblatt für Berlin, Nr. 42, S. 13, 16. Oktober 1938, Berlin

Abschied von Oberkantor Peissachowitsch. S. 160

„Isaak Offenbachs Pessach Haggada", in: Aufbau, p. 8, April 11, 1941, New York

„100 Jahre En Kelohenu", in: The Jewish Way, pp. 11-12, June 14, 1942, New York

„Impressions of a London Air Raid", in: The Jewish Times, p. 7, November 27, 1942, Philadelphia

„Abraham Zvi Idelsohn – Founder of the Science of Jewish Music", in: The Synagogue Light, vol. 13, no. 9, pp 6, 13+14, May, 1946, New York

„Joel Engel", in: The Jewish Forum, vol. XXX, no. 4, pp. 101-103, April 1947, New York

„Story of En Kelohenu", in: The American Hebrew, p. 48, April 4, 1947, New York; in: Jewish Times, p. 8, March 28, 1947, Baltimore; in: Jewish Exponent, pp. 8-9, March 28, 1947, Philadelphia; in: Hebrew Watchman, p. 11, April 2, 1947, Memphis; in: The Jewish Beacon, April 3, 1947 (no city), Texas; in: The Jewish Advocate, April 3, 1947, Lowell, Mass.; in: The Jewish Criterion, pp. 162-164, April 4, 1947, Pittsburg

Die Geschichte von En Kelohenu. S. 221f.

„Abraham Zvi Idelsohn – Founder of the Science of Jewish Music", in: Jewish Exponent, Section 5, pp. 1+16, October 1, 1948, Philadelphia

„Magnus Davidsohn", in: Israelitisches Wochenblatt, 17. Oktober 1947, Zürich

„Yigdal Elohim Chay", in: Jewish Exponent, p. 8, November 28, 1947, Philadelphia

Jigdal Elohim Chai - Groß ist der Gott des Lebens. S. 230f.

„Ki Mitzion Tetze Torah", in: Jewish Exponent, p. 18, November 21, 1947, Philadelphia

„Maoz Tzur Y'shuati", in: Jewish Exponent, p. 33, December 5, 1947, Philadelphia

Maoz Tsur – Chanukka-Lied. S. 240f.

„Hatikva – 50 Years a Jewish Anthem", in: Jewish Exponent, p. 15, December 12, 1947, Philadelphia

Hatikva – 50 Jahre Jüdische Nationalhymne. S. 248

„Shalom Alechem", in: Jewish Exponent, p. 22, December 19, 1947, Philadelphia

Schalom Alechem. S. 236f.

„Oif'n Pripetshik Brent a Faierli", in: Jewish Exponent, p. 22, December 26, 1947, Philadelphia

Oif'n Pripetschik brent a Faierli. S. 245f.

„Shabbath Hamalkah – The Sabbath Queen", in: Jewish Exponent, p. 20, January 2, 1948, Philadelphia

Schabbat Hamalkah – Königin Sabbat. S. 232f.

„Shir Hamaalos B'shuv Adonai", in: Jewish Exponent, p. 33, January 9, 1948, Philadelphia

Michael Joseph Gusikow (1806-1837). Ein in Vergessenheit geratener Virtuose. S. 250

„L'cha Dodi – 2000 Times Set to Music", in: Jewish Exponent, p. 18, January 16, 1948, Philadelphia

L'cho Dodi – Komm, mein Freund. S. 226f.

„Mordechai Sandberg", in: Jewish Exponent, p. 5, January 23, 1948, Philadelphia

Mordechai Sandberg. Der erste Komponist, der das Buch der Psalmen in Originalhebräisch vertonte. S. 251

„Oz Yoshir Moshe – The Song of Moses", in: Jewish Exponent, p. 18. January 30, 1948, Philadelphia

Das Lied des Mose. S. 234f.

„Piano Music in Hebraic Style", in: Jewish Exponent, p. 23, February 6, 1948, Philadelphia

„The Story of Eili, Eili", in: Jewish Exponent, p. 21, February 13, 1948, Philadelphia

Die Geschichte von „Eili, Eili". S. 244

„Jewish Choirs and Choral Societies", in: Jewish Exponent, p. 20, February 20, 1948, Philadelphia

„Adon Olam", in: Jewish Exponent, p. 21, February 27, 1948, Philadelphia

Adon Olam – Herr der Welt. S. 228f.

„Meet 'Mr. Shavua Tov' – Joachim Stutchevsky", in: Jewish Exponent, p. 20, March 5, 1948, Philadelphia

Joachim Stutchevsky. Begegnung mit Mr. Schuwa Tow. S. 252f.

„Hava Nagila", in: Jewish Exponent, p. 20, March 12, 1948, Philadelphia

Hava Nagila. Eines der bekanntesten Lieder aus Palästina. S. 243f.

„Again We Chant the Book of Esther – The Great Purim Oratorio" in: Jewish Exponent, p. 20, March 19, 1948, Philadelphia

Musik zu Purim. Wieder stimmen wir den Gesang des Buches Esther an. S. 241

„Violin Music in Hebraic Style", in: Jewish Exponent, p. 20, March 26, 1948, Philadelphia

„Sh'ma Yisroel – Hear, O Israel", in: Jewish Exponent, p. 20, April 2, 1948, Philadelphia

Sch'ma Jisrael – Höre, Israel. S. 223f.

„Music from Palestine", in: Jewish Exponent, p. 35, April 9, 1948, Philadelphia

„Notes on Seder Melodies", in: Jewish Exponent, p. 38, April 16, 1948, Philadelphia

Anmerkungen zu Seder-Melodien. S. 238

„Orchestral Music in Hebraic Style in The Edwin A. Fleisher Collection", in: Jewish Exponent, p. 33, April 23, 1948, Philadelphia

„The ‚Hallel' Prayer", in: Jewish Exponent, p. 54, April 30, 1948, Philadelphia

Das „Hallel"-Gebet. S. 239

„Joseph Achron, 1886-1943", in: Jewish Exponent, p. 21, May 7, 1948, Philadelphia

Joseph Achron (1886-1943). Aus Anlass des fünften Jahrestages seines Todes. S. 249

„The Intonation of the Pentateuch", in: Jewish Exponent, p. 33, May 14, 1948, Philadelphia

Die Vertonung des Pentateuch. S. 225

„Niggunim", in: Jewish Exponent, p. 21, May 21, 1948, Philadelphia

Niggunim. S. 242

„Zion and Israel – Musical Impressions", in: Jewish Exponent, p. 23, May 28, 1948, Philadelphia

Zion und Israel. Musikalische Impressionen. S. 247

„Chamber Music in Hebraic Style", in: Jewish Exponent, p. 21, June 4, 1948, Philadelphia

„Israeli Music", in: Jewish Exponent, May 6, 1949, Philadelphia

„Ein verschwiegener Name" (L. Lewandowski), in: Aufbau, p. 8, August 26, 1955, New York

„Ein verschwiegener Name" (L. Lewandowski), in: Aufbau, p. 8, August 26, 1955, New York
Letters to the Editor, S. 270

"Origins of Kol Nidre", in: Jewish Exponent, p. 10, September 12, 1958, Philadelphia

„Sein Werk überlebt ihn – Schätze aus dem Nachlass Arno Nadels", in: Aufbau, October 3, 1958, New York

Arno Nadel – sein Werk überlebt ihn. Ungehobene Schätze aus dem Nachlass des vielseitigen Künstlers. S. 163f.

„Kol Nidre – Musical Reflections", in: The Jewish Digest, pp. 13-17, October 1959, Houston, Texas

„Um den Nachlass von Joseph Achron", in: Aufbau, p. 16, July 15, 1960, New York

„Um den Nachlass von Joseph Achron", in: Aufbau, p. 16, July 15, 1960, New York
Letters to the Editor, S. 270

„A Kaleidoscopic Look at Collecting", Address delivered at the Eighth Annual Convention of the American Conference of Cantors, June 13, 1961, pp. 21-42, South Fallsburg, New York

„A Collector's Random Notes on the Bibliography of Jewish Music", in: Fontes Artis Musicae – Review of the International Association of Music Libraries, Volume X, pp. 34-42, 1963, Kassel, Basel, Paris, London, New York

Vom Sammeln jüdischer Musik. S. 254ff.

„Nusach and ‚Pseudo-tradition'", in: Har Zion Bulletin, pp. 8-9, January 11, 1963, Philadelphia

„Maoz Tzur", in: Jewish Exponent, p. 32, December 6, 1963, Philadelphia

„Many Modern Purim Plays Influenced by Broadway", in: Jewish Exponent, p. 54+56, February 21, 1964, Philadelphia

„Salomon Sulzer 1904-90", in: Josef Fraenkel (ed.) The Jews of Austria, Essays on their Life, History and Destruction, Hartford, Conn.: Hartmore House, Inc., 1967

Salomon Sulzer (1804-1890). S. 262ff.

Bisher unveröffentlichte Manuskripte

„Herz Hähnle Hachenburger – Ein vorsulzerischer Synagogenkomponist", Manuskript, 12 Seiten

Herz Hähnle Hachenburger (1787-1851). Ein vorsulzerischer Synagogenkomponist. S. 131ff.

„Erläuterungen zu den Gebeten und Melodien des Freitagabendgottesdienstes", Vortrag (26 Seiten), gehalten am 27. November und 11. Dezember 1935 in Bochum, am 25. Januar 1936 in Herne und am 26. Februar 1936 in Dortmund

Der Sabbat – Licht und Freude. Erläuterungen zu den Gebeten und Melodien des Freitagabendgottesdienstes. S. 107ff.

Anhang

Glossar liturgischer Texte und Lieder 324
Michael Rosenkranz

Glossar der Sachbegriffe 343
Michael Rosenkranz

Dank 350

Verzeichnisse 350

Dokumentennachweis und Fotonachweis 350

Autorinnen und Autoren · „Spurensuche – Jüdisches Leben in Bochum" 351

Glossar liturgischer Texte und Lieder
Zusammengestellt und kommentiert von Michael Rosenkranz

Vorbemerkung zu Aussprache und Umschrift des Hebräischen

Nach der Zerstörung des Zweiten Tempels in Jerusalem und der Vertreibung der Juden ins Exil bildeten sich im Judentum zwei große Hauptgruppen aus, die sich vor allen Dingen durch kulturelle Merkmale (Sangesweise, Bräuche, Kleidung), aber auch durch die Aussprache des Hebräischen unterscheiden. Im deutschen Kulturraum („Aschkenas"), später auch in ganz Osteuropa, das Aschkenasische, in Spanien („Sepharad"), später im ganzen Mittelmeerbereich und im Nahen Osten, das Sephardische, dem auch die kulturelle Ausprägung der Juden im Orient (zum Beispiel im Irak, in Persien, im Yemen) nahe steht und dessen Aussprache sich im heutigen Israel durchgesetzt hat. Die aschkenasische Aussprache des Hebräischen hat verschiedene regionale Varianten. In Deutschland wurde es bis zur Scho'ah in einer deutschen Variante ausgesprochen, welche heute nur noch sehr wenige und inzwischen alte, in Deutschland vor der Scho'ah geborene Juden beherrschen. Bis zu seiner Auswanderung 1939 benutzte Erich Mendel diese deutsche Variante (hier „deutsch-aschkenasisch", von Erich Mendel auch west-aschkenasisch genannt).

Nach 1941 passte er sich in Aussprache und Umschrift des Hebräischen jedoch seinem neuen Wirkungsort USA an, wohin die vorwiegend aus Osteuropa stammenden jüdischen Auswanderer ihre osteuropäisch-aschkenasische Aussprache-Variante mitgebracht hatten (hier osteuropäisch-aschkenasisch genannt). Aus der jüdischen Bevölkerung des damaligen Palästina stammende Liedtitel dagegen gab er in der dort vorherrschenden sephardischen Ausracheweise wieder. In seinem Bemühen, seinen Lesern das Lesen und Aussprechen der hebräischen Wörter einfacher zu machen, verzichtete Erich Mendel auf eine einheitliche Umschriftweise. Dies führte dazu, dass dieselben hebräischen Worte in verschiedenen seiner Aufsätze, teilweise aber auch im selben Artikel, von der Aussprache und der Umschriftweise her verschieden wiedergegeben sind, zum Beispiel: ssauro(h), t(h)auro(h), t(h)ora(h) = Thorah. Das grammatikalisch wichtige, jedoch stumme H am Wortende wird oft weggelassen. In der Umschrift wird oft kein Unterschied zwischen dem T des Buchstaben Tet und dem Th des Buchstaben Thaw gemacht. Das hebräische Schwa, das ist das schwache, unbetonte e, bzw. die Vokallosigkeit, hat in der lateinischen Umschrift keine befriedigende Entsprechung; es wird oft mit „e", „'" oder gar nicht wiedergegeben, zum Beispiel in Schema' = Sch'ma' = Schma' (dt. „Höre!").

In den nachfolgenden Glossarien werden die hebräischen Begriffe von links nach rechts angegeben in Deutsch-aschkenasisch (wie bei Erich Mendel bis 1939), in Osteuropäisch-aschkenasisch (wie bei Eric Mandell nach 1941), bzw. in Sephardisch in internationaler Umschrift.

Deutsch-aschkenasische Aussprache	Osteuropäisch-aschkenasische Aussprache	Sephardische Aussprache in internationaler Umschrift
Adaun aulom	Adon olom	Adon ʻolam

„Herr der Welt".
Diese Hymne, die gerne am Anfang, meist aber am Ende des Gottesdienstes gesungen wird, wird von einigen dem jüdisch-spanischen Dichter Schelomoh ben Yehudah ibn Gabirol (genannt Avicebron; geb. um 1020 in Malaga, gest. 1057/58 in Valencia) zugeschrieben. Sie besingt die Allmacht Gottes, in dessen Schutz sich der Mensch stellt.

Adaunoj aus leamau jitten, adaunoj jeworech ess amau wascholaum	Adonoy oz leamo yitten, adonoy adonoy yevorech ess amo vascholom	Adonay ʻoz le-ʼamo yithen, adonay yevarekh eth ʼamo va-schalom

„Der Ewige gebe Kraft Seinem Volk, der Ewige segne Sein Volk mit Frieden".
Aus Psalm 29,11. Diese Stelle wird im Morgengottesdienst vor dem Ausheben der Thorarolle aus dem Schrein gesungen.

Adaunoj elauhechem emess	Adonoy elohechem emess	Adonay eloheykhem emeth

„Der Ewige ist euer Gott, – Wahrheit (ist es)". Schlussworte des Schmaʻ Israel.

Adaunoj moloch	Adonoy moloch	Adonay malakh

„Der Ewige regiert, ...".
Anfangsworte dreier Psalmen, die am Anfang des Freitagsabend-Gottesdienstes gesungen werden:
```
          Ps. 97:   Adonoy moloch togel hoʼoretz      ... thagel ha-ʼaretz
          Ps. 99:   ... jirgesu amim                   ... yirgezu ʼamim
          Ps. 93:   ... geʼuss lowesch                 ... geʼuth lavesch
```

Adaunoj s'choronu	Adonoy z'choronu	Adonay z'kharanu

„Der Ewige hat unser gedacht". Aus Psalm 115, 12.

Addir bamoraum adaunoj	Addir bamorom adonoy	Addir ba-marom adonay

„... mächtig in der Höhe ist der Ewige". Aus dem Psalm 93,4.

Addir bimlucho	Addir bimluchoh	Addir bi-m'lukhah

„Machtvoll als Herrscher ...".
Anfangsworte des Liedes „Ki lau noe", gesungen am Ende des Pessach-Seder-Abends.

Addir hu jiwne wejssau bekorauw	Addir hu jibne beso b'korow	Addir hu yivneh veytho be-qarov

„Machtvoll ist Er, - möge Er Sein Haus bald erbauen".
Lied, in Deutschland im 15. Jh. entstanden, welches in die Pessach-Haggadah eingefügt wurde und am Ende des Seder-Abends gesungen wird. Zählt die Eigenschaften Gottes in Form eines alphabetischen Akrostichons auf.

Ahawo rabbo	Ahavoh rabboh	Ahavah rabbah

„Mit großer Liebe (hast Du uns geliebt)".
Zweiter Segensspruch vor dem Schmaʻ Israel im Morgengottesdienst.

Deutsch-aschkenasische Aussprache	Osteuropäisch-aschkenasische Aussprache	Sephardische Aussprache in internationaler Umschrift
Akdamuss	Akdomus	Aqdamuth

„Vorwort". Hymne vor dem Lesen der Thorah im Morgengottesdienst am Wochenfest (Schavu'oth). Verfasst im 11. Jh. von Me'ir ben Yitzchaq Nehoray in Worms. Geschrieben als teilweise alphabetisches Akrostichon in aramäischer Sprache. Es preist den Ewigen als Weltenschöpfer, preist Israel, das die Thorah empfangen hat, und beschreibt den seligen Zustand der Frommen am Ende der Tage.

–	–	Al naharoth bawel ('Al naharoth bavel)

„An den Strömen Babels". Anfangsworte von Psalm 137.

–	–	Amida ('Amidah)

„Stehen" Anderer Name für die im Stehen gebetete „Schemauneh essreh" (Schemoneh essreh; Achtzehn-Bitten-Gebet).

–	–	Am jissrael chaj ('Am yissra'el chay)

„Das Volk Israel lebt". Volkslied.

–	–	Aschrei kol yere adonai (Aschrey kol yere adonay)

„Heil dem, der den Ewigen fürchtet". Aus Psalm 128, 1.

Ausseh scholaum bimraumow, hu jaasseh scholaum olenu weal kol jisroel	Osseh scholom bimromow, hu jaasseh scholom olenu weal kol yissroel	'Osseh schalom bi-m'romaw, hu ya'asseh schalom 'aleynu we-'al kol yissra'el

„Der Frieden schafft in der Höhe, Er bereite uns Frieden und ganz Israel". Schlusssatz des Kaddisch-Gebetes.

–	–	Awinu malkenu (Avinu malkenu)

„Unser Vater, unser König". Lied, gesungen in gering unterschiedlichen Versionen an Rosch ha-Schanah und an Yom Kippur. Gemäß bTalmud, Traktat Tha'anith 25b, wurde es vor etwa zweitausend Jahren erstmals von Rabbi Eli'ezer anlässlich einer schweren Dürreperiode gebetet, worauf es angefangen habe zu regnen.

Baui challoh, baui challoh	Boi challoh, boi challoh	Bo'i khallah, bo'i khallah

„Komm, Braut, komm, Braut!". Textstelle aus der letzten Strophe des Schabbath-Liedes „Lecho daudi".

Baui wescholaum	Boi vescholom	Bo'i ve-schalom

„Komm in Frieden". Anfangsworte der letzten Strophe des Schabbath-Liedes „Lecho daudi" (Lekha dodi) von Schelomoh ben Moscheh ha-Lewi al-Kabbetz (um 1505-1576).

Bauu weneizei likras schaboss hamalkoh	Bou wenetze likras schaboss hamalkah	Bo'u we-netze liqrath schabbath ha-malkah

„Kommt, lasst uns der Königin Schabbath entgegengehen".
Textstelle aus bTalmud, Tr. Schabbath 119a, die dem Lied „Lecho daudi" zugrunde liegt.

Deutsch-aschkenasische Aussprache	Osteuropäisch-aschkenasische Aussprache	Sephardische Aussprache in internationaler Umschrift
Baruch el eljaun	Baruch el eljon	Barukh el 'elyon

„*Gelobt sei der höchste Gott*". Schabbath-Gesang, gesungen am Schabbath-Mittag. Verf. Rabbi Schmu'el, Mainz, gest. 1221

| Bemachschowoh techilloh | Bemachschovoh techilloh | Be-machschavah thechillah |

„*Im Plane (Gottes) das Erste*". Textstelle aus dem Schabbath-Lied „Lecho daudi".

| Beni uwen benej jisroel | Beni uven beney yissroel | Beyni u-veyn bney yissra'el |

„*Zwischen Mir und den Kindern Israels (sei der Bund ein ewiges Zeichen)*". Exodus 31,17. Textstelle aus dem Zusammenhangstext „Weschomru".

| – | – | Ben schischim lesiknah (Ben schischim le-ziqnah) |

„*Ein Sechzigjähriger ist reich an Jahren*". Zitat aus dem Mischnah-Traktat Pirke Awot („Sprüche der Väter"), Abschnitt 5, Absatz 24.

| Berausch Haschonoh | Berosch haschonoh | Be-rosch ha-schanah |

„*An Rosch ha-Schanah*". Lied zu einer Textstelle aus der Schilderung des göttlichen Gerichts „Unessane taukef" (U-nethaneh toqef; „Wir wollen die Heiligkeit dieses Tages verkünden") im Mussaf-Gebet an Rosch ha-Schanah. Verfasser wahrscheinlich Rabbi Kalonymus ben Meschullam aus Mainz (11. Jh.), nach der Legende jedoch dem Märtyrer Rabbi Amnon aus Mainz zugeschrieben.

| Beschallach | | |

„*Beim Fortziehen lassen*". Name des Thorah-Wochenabschnitts Exodus 13, 17 – 18, 16; enthält das „Lied am Schilfmeer" (Exodus 15, 1 ff).

| Bismiraus noria lau | Bizmiros noria lo | Bismirot naria lo (Bi-z'miroth nariya'lo) |

„*Mit Liedern wollen wir Ihm zujubeln*". Aus Psalm 95,2. Wird am Anfang des Schabbath-Empfangsgottesdienstes gesagt.

| – | – | B'jom kajiz (Be-yom qayitz) |

„*An einem Sommertag*" Israelisches Volkslied

| – | – | Bou nsapper (Bo'u n'sapper) |

„*Kommt, lasst uns (von Israels Eigenschaften) erzählen*". Volkslied

| Borachu ess adaunoj hamwauroch | Borechu (Borchu) ess adonoy hamevoroch | Barekhu eth adonay ha-mevorakh |

„*Lobet den Ewigen, den Hochgelobten*". Gebetsaufruf zu Beginn des Gottesdienstes.

| Boruch Atoh Adaunoj | Boruch atoh Adonoy | Barukh athah Adonay |

„*Gesegnet seist Du, Ewiger, …*". Anfangsworte einer Berakhah (Segensspruch).

Deutsch-aschkenasische Aussprache	Osteuropäisch-aschkenasische Aussprache	Sephardische Aussprache in internationaler Umschrift
Boruch atoh adaunoj goal jisroel	Boruch atoh adonoy goal yissroel	Barukh athah adonay ga'al yissra'el

„Gesegnet seist Du, Ewiger, der Israel erlöst". Segensspruch nach dem Schma' Israel im Morgen- und Abendgottesdienst.

Chad gadjo(h)	Chad gadyoh	Chad gadyah

„Ein Zicklein (mein Vater kaufte)"; (oft auch übersetzt „Ein Lämmlein ...").
In seiner Bedeutung vielschichtiges, in aramäischer Sprache geschriebenes Lied, am Ende des Seder-Abends gesungen. Es besingt die Unrecht ahndenden Strafinstanzen bis hin zu Gott, der schließlich selbst den Tod vernichtet. Es erschien erstmals im 16. Jh. in einer Haggadah aus Prag.

Chag Purim	Chag Purim	Chag Purim

„(Das) Purim-Fest". Titel und Anfangsworte eines volkstümlichen Purim-Liedes. Verfasser nicht bekannt.

–	–	Chaj haschem uwaruch zuri (Chay ha-Schem u-varukh tzuri)

„Lebendig ist der Ewige, und gesegnet mein Fels". Gedicht von Chajjim Jizchak für den Schabbath-Morgen.

Chasal Siddur Pessach	Chassal ssiddur pessach	Chassal ssiddur pessach

„Beendet ist der Pessach-Seder". Einstrophiges Lied, das ursprünglich den Seder-Abend abschloss und mit einer Bitte um Rückkehr nach Zion in Freude endet. Verfasser Yossef ben Schmu'el Bonfils (Tow Elem), Frankreich, 11. Jh.

Dajejnu (Dajeinu)	Dayeinu	Dayeynu

„Es wäre uns genug gewesen".
Refrain zu einem Lied, das während des Pessach-Seders, nach der Erörterung der Zehn Plagen, gesungen wird und in dem in fünfzehn Steigerungen die Liebestaten Gottes am Volk Israel aufgezählt werden.

Das lid fun broit		

„Das Lied vom Brot". Jiddisches Lied von Mark M. Warschawsky.

Dem Ewigen singt		

(hebräisch:) „Schiru l-adonay". Aus Exodus 15, 21, - das Lied der Mirjam.

Dem melner's treren		

„Des Müllers Tränen". Jiddisches Lied von Mark M. Warschawsky.

Der Herr segne und behüte dich		

(hebräisch:) „Yevarekhekha adonay we-yischmerekha". Anfangsworte des aharonitischen Priestersegens (Numeri 6, 24-26).

Der Orimann		

„Der Orimann". Titel eines jiddischen Liedes, das eine Bearbeitung durch Arno Nadel und Bogumil Zepler erfahren hat.

Deutsch-aschkenasische Aussprache	Osteuropäisch-aschkenasische Aussprache	Sephardische Aussprache in internationaler Umschrift
Echod mi jaudea	Echod mi jodeia	Echad mi yodea'

„Eins, – wer weiß es?". Vorletztes Lied aus der Pessach-Haggadah in Form eines Frage-und-Antwort-Gesangs zur Belehrung der Kinder. Ordnet der Zahlenreihe 1 bis 13 religiöse Begriffe zu (1 = der einzige Gott, 2 = die zwei Bundestafeln, 3 = die drei Stammväter, usw.). Vermutlich im 15 Jh. in Deutschland entstanden.

–	Eili, Eili, lamo azovtani	Eili, Eili, lama azawtani (Eli, Eli, lamah azavthani)

„Mein Gott, mein Gott, warum hast Du mich verlassen?".
Eingangsvers des 22. Psalms und Anfangsworte eines ansonsten in jiddischer Sprache geschriebenen Liedes, das Jacob Koppel Sandler 1896 in New York City als Gesangssolo zu dem historischen Drama „B'rocho" oder „The Jewish King of Poland" in Erinnerung an das Martyrium eines jungen Mädchens geschrieben hat (Text und Melodie) und das später als „jiddisches Volkslied" zahlreiche Bearbeitungen erfahren hat. In dem jiddischen Lied ist das Objekt des Verlassens allerdings in die Mehrzahl gesetzt: „Lamo azovtanu" („Warum hast Du uns verlassen?").

Ein komaucho	Eyn komocho	Ein kamocha (Eyn kamokha)

„Keiner gleicht Dir". Anfangsworte eines Liedes, in dem Gott verherrlicht wird, und das vor dem Ausheben der Thorarolle aus dem Schrein im Morgengottesdienst am Schabbath gesungen wird.

El eljaun	El elyon	El 'elyon

„Höchster Gott". Gottesbezeichnung im ersten Segensspruch des Achtzehn-Bitten-Gebetes.

–	–	Elijahu hannawi (Eliyahu ha-navi)

„Elijahu, der Prophet". Lied über den Propheten Elijahu (Elias), gesungen im Anschluss an die Schabbath-Ausgangszeremonie: In diesem Augenblick wird das Kommen des Messias ersehnt, als dessen Vorbote Elijahu gilt (vgl. Maleachi 3, 23).

Elijahu-Lied		

Es gibt mehrere Lieder dieses Namens, die am Schabbath-Ausgang in Erwartung des Messias und seines Vorboten Elijahu gesungen werden. Das bekannteste Lied beginnt mit den Worten „Eliyahu ha-navi, Eliyahu ha-Thischbi" („Elijahu, der Prophet, Elijahu, der Tischbite").

Eli zijaun	Eli tziyon	Eli tziyon

„Klage, Zion ... !". Anfangsworte eines der Klagelieder im Morgengottesdienst an Tisch'ah be-Av.

Emess weemunoh	Emess weemunoh	Emeth we-emunah

„Wahrheit und Treue (ist all dies)". Anfangsworte des ersten Segensspruchs nach dem Schma' Israel im Abendgottesdienst.

En Kelauhenu	En Kelohenu	Eyn k-Eloheynu

„Keiner ist wie unser Gott".
Fünfstrophiges Preislied, welches am Ende des Schabbath-Morgen-Gottesdienstes gesungen wird. Bekannte Vertonung durch Julius Freudenthal.

Deutsch-aschkenasische Aussprache	Osteuropäisch-aschkenasische Aussprache	Sephardische Aussprache in internationaler Umschrift
Frommer Mann		

(jiddisch:) „Frumer man". „Lied vom frommen Mann": Gemeint ist möglicherweise das Lied von Elijahu.

–	–	Gad, Efrayim (Gad, Efraim)

„Gad, Efrajim". Kinderlied

Ganzkaddisch		

„Ganzes Kaddisch".
Erweiterte Form des Kaddisch, vom Vorbeter gesprochen am Ende eines Gottesdienstes, bzw. eines großen Gottesdienstabschnitts.

Geschem		

„Regen".
In das Achtzehn-Bitten-Gebet zwischen Schemini Atzereth (Festtag des Achten Tages) und Pessach eingeschobene gleichnamige Bitte um Regen.

–	–	Geschem tow (Geschem tov)

„Guter Regen". Kinderlied

–	Hachamoh merosh hoilonos nistalkoh	Ha-chamah me-rosch ha-ilanoth nissthalqah

„Die Sonne ist von den Baumwipfeln verschwunden". Anfangsworte des Schabbath-Liedes „Schabboss hamalkoh".

–	–	Hajarden (Ha-Yarden)

„Der Jordan". Volkslied

Hajaum harass aulom	Hayom harass olom	Ha-yom harass 'olam

„Heute war die Welt vollendet".
Lied, welches an Rosch ha-Schanah im Mussaf-Gebet nach dem Blasen des Schofars (Widderhorn) gesungen wird.

Hajaum, im bekaulau sischmou	Hayom, im bekolo sischmou	Ha-yom, im be-qolo thischma'u

„Noch heute, wenn ihr Seiner Stimme gehorchet". Textstelle aus Psalm 95, 7.

–	–	Hakol joducha (Ha-kol yodukha)

„Alles dankt Dir". Gebetstext im Anschluss an „Borechu" am Anfang des Schabbath-Morgengottesdienstes.

Halbkaddisch		

„Halbes Kaddisch".
Nur scheinbar gekürzte, jedoch älteste Form des Kaddisch; gesprochen als Lobpreisung Gottes zwischen den Gottesdienstabschnitten.

Deutsch-aschkenasische Aussprache	Osteuropäisch-aschkenasische Aussprache	Sephardische Aussprache in internationaler Umschrift
Hallel		

„Lobgesang" Festgefügte Reihung der Psalmen 113 – 118, die an den Pilgerfesten, an Rosch Chodesch (Neumondstag) und an Chanukkah im Morgengebet unmittelbar nach dem Achtzehn-Bitten-Gebet gesagt, bzw. gesungen werden, an Rosch Chodesch und ab dem dritten Tag Pessach jedoch mit zwei Textauslassungen, weshalb man auch vom großen, bzw. kleinen Hallel spricht. Das Hallel wird mit einem Segensspruch eingeleitet.

Hallelujoh	Hallelujoh	Hallelu-Yah

„Preiset den Ewigen" Anfangswort des 150. Psalms und auch einiger anderer Psalmen.

Hammawdil bejn kaudesch lechaul	Hammawdil ben kodesch lechol	Ha-mavdil beyn qodesch le-chol

„Der unterscheidet zwischen Heiligem und Profanem". Lied von Yitzchaq ha-Qatan, von dem darüber hinaus nichts bekannt ist. Es wird im Anschluss an die Schabbath-Ausgangs-Zeremonie gesungen und bittet (im Angesicht des nun wieder beginnenden Alltags) um Vergebung der Verfehlungen und um Erlösung.

Haschkiwenu	Haschkivenu	Haschkiveynu

„Bette uns zur Ruhe" Erstes Wort des zweiten Segensspruchs nach dem Schma' Israel im Abendgottesdienst.

–	–	Hatikva (Hatikvah, Hatikwa, Hatikwah, Ha-tiqwah)

„Die Hoffnung". Name eines Liedes, dessen Text Naphtali Hertz Imber im Jahr 1878 schrieb, vermutlich in Jassy, Rumänien, inspiriert durch den Gründer von Petach Tiqwah, einer unweit vom heutigen Tel Aviv gelegenen Stadt. Er veröffentlichte ihn zuerst im Jahr 1886 in Jerusalem. Die Melodie schrieb Samuel Cohen, ausgehend von einem rumänischen Volkslied, das auch in B. Smetanas „Die Moldau" anklingt. Dieses Lied war seit dem 1. Zionistischen Weltkongress 1897 in Basel (nach anderer Quelle seit dem 18. ZionistischenWeltkongress 1933 in Prag) die Hymne der Zionistischen Bewegung und wurde 1948 die Nationalhymne des Staates Israel.

Haudu	Hodu	Hodu

„Danket (dem Ewigen)". Anfangswort der Psalmen 118 und 136.

–	–	Hava nagila (Havah nagilah)

„Auf, wir wollen uns freuen und fröhlich sein". Liedtext von Kantor Moshe Nathanson zu einer chassidischen Melodie, entstanden im Kreis um Rabbi Israel von Rushin von Sadagora (Sadagura) in der Bukowina (ehemals Nordrumänien) um 1840, nach Palästina gebracht Anfang des 20. Jh. durch Zvi Idelsohn. Nach Eric Mandell habe Zvi Idelsohn 1918 den Text selber zu der Melodie geschrieben. Dieses Lied ist heute Teil der klassischen israelischen Folklore und eine beliebte Horrah (=Reigen)-Tanzweise.

–	–	Hine ma tow (Hineh mah tov)

„Seht, wie gut ist es … ". Volkslied nach Psalm 133, 1. Wird nach verschiedenen Melodien, u.a. auch als Kanon gesungen.

Hissaurari, hissaurari	Hissorari, hissorari	Hith'orari, hith'orari

„Erwache, erwache, (dein Licht geht auf)". Textstelle aus dem Schabbath-Lied „Lecho daudi".

Deutsch-aschkenasische Aussprache	Osteuropäisch-aschkenasische Aussprache	Sephardische Aussprache in internationaler Umschrift
Im jewauun el menuchossi	Im yevoun el menuchossi	Im yevo'un el menuchathi

„Sie sollen nicht zu Meiner Ruhestätte kommen". Schlussworte des Psalm 95, 11.

Jaaleh	Jaaleh	Ya'aleh

„Es steige empor ... ". Anfangswort zweier unterschiedlicher Texte: „Jaaleh wejowau" (Ya'aleh we-yavo; „Es steige empor und komme ..."): Einschub in das Achtzehn-Bitten-Gebet an Neumonds-, Feier- und Halbfeiertagen. Eine Bitte um Erhörung und Erbarmen. In talmudischer Zeit bereits bekannt. Im Aufbau eine Opferdarbringungszeremonie im Tempel darstellend.
„Jaaleh tachanunenu" (Ya'aleh thachanunenu; „Es steige empor unser Flehen ... „):
Mittelalterliches Gedicht, welches im Yom-Kippur-Abendgottesdienst im Anschluss an das Sündenbekenntnis als erstes von fünf Gedichten gesungen wird. Es enthält, mit den Anfangsbuchstaben in umgekehrt alphabetischer Reihenfolge, in jeder Zeile ein Wort, das unsere Beziehung zu Gott umschreibt.

Jaaleh kaulenu	Jaale kolenu	Ya'aleh qolenu

„Es steige empor unsere Stimme". Anfangsworte der zweiten Zeile des Liedes Jaaleh tachanunenu im Jom Kippur-Abendgottesdienst.

Jaum schabboss kaudesch hu (Yom schabbath qodesch hu)	Jom schabboss kodesch hu	Jom Schabbat kodesch hu

„Der Schabbath-Tag ist ein Heiligtum".
Schabbath-Gesang. Aus den Zeilen-Anfangsbuchstaben ergibt sich vermutlich der Verfassername: Jonathan der Starke, – der Legende nach ein Troubadur. Das Lied preist den, der den Schabbath in rechter Weise begeht. Wird zu verschiedenen Melodien deutschen und osteuropäischen Ursprungs gesungen.

Jaum schekullau schabboss umenuchoh lechaje hoaulomim	Yom schekullo schabboss umenuchoh lechayye hoolomim	Yom sche-kullo schabbath u-menuchah le-chayyey ha-'olamim

„Ein Tag, der ganz Schabbath und Ruhe des ewigen Lebens ist". Aus dem Lied der Leviten im Tempel am Schabbath; wird zitiert am Ende des Schabbath-Mussaf-Gottesdienstes und im Tischgebet am Schabbath.

Jaum seh lejisroel auroh wessimchoh	Jom zeh lejissro'el oroh wessimchoh	Jom se lejissrael (Jom zeh l'jisrael, Yom zeh le-Yissra'el) orah we-ssimchah

„Dieser Tag ist für Israel Licht und Freude". Schabbath-Gesang, verfasst von dem Kabbalisten Rabbi Yitzchaq Luria (1534 – 1572), der zuletzt in Safed lebte; eines der wenigen Lieder, die er in Hebräisch schrieb; besingt Gottes Geschenk der Schabbath-Ruhe an den Menschen.

„Jerusalem"		

(jiddisch:) „Jeruscholajim" Jiddisches Volkslied

Jigdal Elauhim chaj	Jigdal Elohim chai	Yigdal Elohim chay

„Erhaben ist der lebendige Gott". Dichterische Zusammenfassung der 13 Glaubensgrundsätze des Maimonides; wurde möglicherweise von Dani'el ben Yehudah, Richter am Rabbinatsgericht zu Rom in der zweiten Hälfte des 14. Jahrhunderts, verfasst; wird gern am Anfang oder am Ende eines Gottesdienstes gesungen.

Deutsch-aschkenasische Aussprache	Osteuropäisch-aschkenasische Aussprache	Sephardische Aussprache in internationaler Umschrift
Jischtabach	Jischtabach	Yischthabbach

„Es sei gepriesen (Dein Name)". Anfangswort des letzten Preislieds am Ende des Psalmen-Abschnitts des Morgengottesdienstes.

–	Jissmach Mosche	Yissmach Moscheh

„Es freute sich Moses". Einfügung in das Achtzehn-Bitten-Gebet im Schabbath-Morgengottesdienst.

	Jissmchu adirim	Yissmechu adirim

„Es freuen sich die Starken in der Freude über die Offenbarung der Thorah". Volkslied

Jissmchu bemalchussecho	Jissmechu bemalechussecho	Jissmchu bmalehutcha (Yissmechu be-malkhuthekha)

„Freuen werden sich mit Deinem Reiche ...". Einfügung in das Achtzehn-Bitten-Gebet im Schabbath-Mussaf-Gottesdienst.

Jiwne weissau bekorauw	Jibne beso b'korow	Yivneh veytho be-qarov

„Er möge Sein Haus bald erbauen". Anfangsworte des Pessach-Liedes Addir hu.

Joh ribbaun alam we'almajja	Joh ribbon alam we'almajja	Jah ribbon alam wealmajja (Yah ribbon 'alam we-'almayya)

„Gott, Herr aller Welten". Schabbath-Gesang, verfasst in aramäischer Sprache von Rabbi Yissra'el Nadschara, geb. 1555 in Safed, gest. 1628 in Gaza. Hymne an den Schöpfer der Welt, verbunden mit der Bitte um Erlösung aus der Verbannung und Rückkehr zum Heiligtum.

Kaddisch		Qaddisch

„Heiligung" Öffentlich vorgetragener Lobpreis zur Verherrlichung Gottes, auf den die Gemeinde antwortet mit den Worten „Yehe Schmeh rabba mevarakh ..." („Sein großer Name sei gesegnet ..."). Das Kaddisch entstand während der Zeit des Zweiten Tempels und diente ursprünglich zur Verabschiedung der Gemeinde nach rabbinischen Lehrvorträgen. In der Folgezeit bildeten sich verschiedene Varianten aus, die sich durch Erweiterungen, bzw. Einschübe unterscheiden und in der Liturgie unterschiedlich eingesetzt werden:
„Halbes Kaddisch": Älteste Form; dient der Trennung von Gottesdienstabschnitten.
„Ganzes Kaddisch": Steht am Ende eines Gottesdienstes.
„Kaddisch der Rabbinen": Steht am Ende einer Textlesung aus dem rabbinischen Schrifttum; wird auch „Lern-Kaddisch" genannt.
„Großes Kaddisch": Wird vom nächsten Hinterbliebenen am Grab eines soeben Beerdigten gesagt; ist die einzige Kaddisch-Form, in der die Wiederbelebung der Toten angesprochen wird.
„Kaddisch des Trauernden": Im Trauerjahr und danach an jedem Jahrzeittag vom nächsten Hinterbliebenen gesagte Kaddisch-Form, mit der Gott auch im Leid gepriesen wird.
Das größtenteils in aramäischer Sprache verfasste Kaddisch endet mit einer hebräisch formulierten Bitte um Frieden („Ausseh scholaum bim'raumow"/ „'Ossee schalom bi-m'romaw"; „Der Frieden bewirkt in Seiner Höhe ..."), die gern gesungen wird.

Kaddisch jossaum		Qaddisch yathom

„Kaddisch der Waise". Hebräische Bezeichnung des Kaddisch des Trauernden.

Deutsch-aschkenasische Aussprache	Osteuropäisch-aschkenasische Aussprache	Sephardische Aussprache in internationaler Umschrift
Kedduscha(h)		Qedduschah

„Heiligpreisung". Text der Bekennung der Heiligkeit Gottes in Form eines Wechselgesangs, eingeschoben in das Achtzehn-Bitten-Gebet des Morgengottesdienstes und, mit etwas anderem Text, auch des Mussafgebets bei der lauten Wiederholung durch den Vorbeter. Enthält, als zentralen Bestandteil, eine Textstelle aus Jesaja 6, 3 („Und einer rief dem anderen zu und sprach: Heilig, heilig, heilig ist der Ewige der Heerscharen, voll ist die ganze Erde Seiner Herrlichkeit"), die von der Gemeinde gesungen wird.

Ki keschimcho	Ki keschimcho	Ki ke-schimkha

„Denn wie Dein Name, (so ist Dein Ruhm)". Text im Anschluss an die Schilderung des göttlichen Gerichts „Unessane taukef" im Mussaf-Gebet an Rosch ha-Schanah.

Ki lau no'eh	Ki lo nueh	Ki lo na'eh

„Denn Ihm gebührt …". Achtstrophiges Lied, das die Macht Gottes besingt. Es wird nach dem Tischgebet und den Hallel-Psalmen am Ende des Pessach-Seder-Abends gesungen. Verfasser unbekannt.

–	–	Kol 'od balevav p'nimah

„Solange noch tief im Herzen …". Anfangsworte der Hymne der Zionistischen Bewegung, der „Hatikwah".

Ki onu amcho	Ki onu amcho	Ki anu 'amkha

„Denn wir sind Dein Volk". Lied, welches am Versöhnungstag (Yom Kippur) vor dem Sündenbekenntnis gesungen wird. Zum Text vergleiche Hoheslied 2, 16 , bzw. Midrasch Schir ha-Schirim Rabbah 2, 16.

Ki sissa	–	Ki thissa

„Wenn du aufnimmst". Name des Thorah-Wochenabschnitts Exodus 30, 11 – 34, 35.

Ki wo, ki wo, lischpaut hoorez	Ki vo, ki vo, lischpot hooretz	ki va, ki va, li-schpot ha-aretz

„Denn Er ist gekommen, ist gekommen, die Erde zu richten". Textstelle aus Psalm 96, 13.

–	Kol mekaddesch schewii	Kol meqaddesch schvi'i

„Jeder, der den siebten Tag heiligt". Schabbath-Gesang am Freitagabend. Umfasst sieben (in manchen Versionen acht) Strophen. Verfasser vermutlich Mosche Bar Kalonymos, der im 10. Jahrhundert in Deutschland lebte.

–	Kol nidre (Kol nidrei)	Kol nidrey

„Alle Gelübde … (seien aufgelöst)". In aramäischer Sprache geschriebenes, sehr altes Lied, welches am Beginn des Yom-Kippur-Abendgottesdienstes steht und das diesem Gottesdienst auch den Namen gegeben hat. Bitte um Aufhebung aller Schwüre, die man unter Zwang und gegen die eigene Überzeugung getan hat. Erhielt besondere Aktualität durch die Zwangstaufen im Mittelalter. Bekannte Bearbeitung der traditionellen Melodie durch Max Bruch 1880.

Komme, o Braut, komme, o Braut		

(hebräisch:) *„Baui challoh, baui challoh (Bo'i khallah, bo'i khallah) !"*. Textstelle aus bTalmud, Traktat Schabbath 119a, die dem Schabbath-Lied „Lecho daudi" zugrunde liegt.

Deutsch-aschkenasische Aussprache	Osteuropäisch-aschkenasische Aussprache	Sephardische Aussprache in internationaler Umschrift
–	–	Kruim anu (Qru'im anu)

„Zerfetzt und zerlumpt sind wir". Vagabundenlied

–	–	Laolam haba (La-'olam ha-ba)

„In der zukünftigen Welt (wird Schabbath-Ruhe sein)". Volkslied

–	–	Lech lecha (Lekh lekha)

„Mach dich auf den Weg".
Name des Thorah-Wochenabschnitts Genesis 12, 1 – 17, 27.

Lecho daudi likrass kalloh, penei schabboss nekabbloh	L'cho dodi ...	Lekha dodi ...

„Auf, mein Freund, der Braut entgegen, Königin Schabbath wollen wir empfangen".
Schabbath-Lied, das den Schabbath als Königin und Braut allegorisiert; verfasst um 1540 von Schelomoh ben Moscheh ha-Lewi al-Kabbetz (um 1505 – 1576); oft vertont.
Beim Singen der letzten Strophe dieses Liedes im Schabbath-Abendgottesdienst wendet man sich der Eingangstüre zu, um die erwartete Königin Schabbath zu empfangen.

Lechu nerannanoh	Lechu nerannanoh	Lekhu nerannanah

„Kommt, lasst uns jubeln ...".
Psalm 95; Psalmodie für Vorbeter und Gemeinde zu Beginn der Schabbath-Empfangsfeier.

Ledaur wodaur nagid godlecho	–	Le-dor wa-dor nagid godlekha

„Von Geschlecht zu Geschlecht wollen wir Deine Größe verkünden".
Textstelle aus der Kedduschah (Heiligpreisung) im Achtzehn-Bitten-Gebet des Morgengottesdienstes.

Lehagid babauker chasdecho weemunosscho baleilauss	–	Le-hagid ba-boqer chassdekha we-emunathekha ba-leyloth

„Zu verkünden am Morgen Deine Gnade und Deine Treue in den Nächten".
Textstelle aus Psalm 92, 3.

Lejauschew hojoh aumer		

vermutlich fehlerhaft wiedergegeben; heißt wahrscheinlich: Wechach hojoh aumer (We-khakh hayah 'omer) => siehe dort

Ma jediduss ...	Ma jediduss ...	Ma jedidut menuchatech (Ma j'didut ... ; Mah yediduth menuchathekh ...)

„Wie angenehm ist deine Ruhe".
Sechs-strophiges Lied, gesungen in der Schabbath-Empfangsfeier am Freitagabend;
nach den Zeilen-Anfangsbuchstaben verfasst vermutlich von einem gewissen Menachem;
erstmals vor 400 Jahren gedruckt. Es schildert, wie der Schabbath begangen wird und vergleicht ihn mit den Freuden der künftigen Welt.

Deutsch-aschkenasische Aussprache	Osteuropäisch-aschkenasische Aussprache	Sephardische Aussprache in internationaler Umschrift
Ma jofit uma no'amt	–	Ma jafit uma naamt (Mah yafith u-mah na'amth)

„Wie schön und freundlich bist du". Schabbath-Lied, verfasst von Rabbi Mordokhay bar Yitzchaq Ezobi aus Carcassone (13. – 14. Jahrhundert); besingt die Wonne, die der Schabbath bereitet. Seine vermutlich aus Deutschland stammende Melodie erreichte große Beliebtheit in Polen im 17. und 18. Jahrhundert, sowohl unter Juden als auch unter Nichtjuden, wurde jedoch vom polnischen Landadel missbraucht, indem bei Zechgelagen jüdische Pächter gezwungen wurden in demütigender Weise als Possenreißer zu dieser Melodie zu tanzen, weshalb dieses Lied in vielen Gemeinden außer Gebrauch kam.

Ma nischtano	–	Mah nischthanah

„Was unterscheidet (diese Nacht von allen anderen Nächten)?". Eingangsworte eines Vier-Fragen-Textes, mit dem das jüngste Kind der Tafelrunde den Seder (=Pessach-Abend-Ritualordnung)-Führenden veranlasst, die Pessach-Geschichte (Haggadah) zu erzählen. Diese vier Fragen werden gesungen.

–	–	Mataj jawo hammaschiach (Mathay yavo ha-maschiach)

„Wann wird der Messias kommen?". Volkslied

–	–	Mattot (Mattoth)

„Stämme (der Kinder Israels)". Name des Thorah-Wochenabschnitts Numeri 30, 2 – 32, 42.

Mauzi	–	Motzi

„Hervorbringend (das Brot aus der Erde)". Name des Segens über das Brot; im erweiterten Sinn das gesegnete Brot selber.

–	–	Meal pisgath har ha-tsofim (Me-'al pissgath har ha-tzofim)

„Auf dem Gipfel des Aussichtsberges (= Mt. Scopus in Jerusalem)". Anfangsworte des Gedichtes „Jerusalem" von A. Hameiri, das er um 1920 dichtete und dessen Text der Melodie des jiddischen Liedes „Jeruscholajim (=Jerusalem)" angepasst wurde, nach der es gesungen wird.

Melech eljaun	Melech eljon	Melekh 'elyon

„Höchster König". Wechselgesang zwischen Vorbeter und Gemeinde im Mussaf-Gebet an Rosch ha-Schanah; eine Hymne über die Erhabenheit Gottes, mit dem Refrain „in Ewigkeit wird Er regieren" am Ende jeder Strophe.

Menucho wessimcho	Menuchoh wessimchoh	Menucha wessimcha (Menuchah we-ssimchah)

„Ruhe und Freude". Freitagabend-Schabbath-Lied mit fünf Strophen, dessen Verfasser, gemäß den Zeilen-Anfangsbuchstaben der ersten drei Strophen, Moscheh hieß. Es besingt die Freude über den Ruhetag, der an die Schöpfung der Welt erinnert.

Metar arzechem beitau	Metar artzechem beito	M'tar artzekhem be-'itho

„(So werde Ich den) Regen eures Landes zu seiner Zeit (geben)". Textstelle aus dem Schma' Israel, Deuteronomium 11, 14.

Deutsch-aschkenasische Aussprache	Osteuropäisch-aschkenasische Aussprache	Sephardische Aussprache in internationaler Umschrift
Mi chomaucho boelim adaunoj	Mi chomocho boelim adonoy	Mi khamokha ba-elim, adonay

„Wer ist wie Du unter den Göttern, Ewiger?". Aus Exodus 15, 11; gesungene Textstelle aus dem Segensspruch zwischen dem Schma' Israel und dem Achtzehn-Bitten-Gebet im Morgengottesdienst.

Mikdasch melech, ir meluchoh	Mikdasch melech, ir meluchoh	Miqdasch melekh, 'ir melukhah

„Heiligtum des Königs, Stadt der Königsherrschaft". Anfangsworte der dritten Strophe des Schabbath-Liedes „Lecho daudi".

Min hamezar	Min hametsar	Min ha-metzar

„Aus der Bedrängnis ... ". Psalm 118, 5, der Bestandteil des Hallel-Gebetes ist.

Missaud chachomim	Missod chachomim	Mi-ssod chakhamim

„Nach dem Ratschluss der Weisen ... (öffne ich meinen Mund mit Gebet ...)". Einschub ins Achtzehn-Bitten-Gebet im Mussaf-Gottesdienst an Rosch ha-Schanah und Yom Kippur.

Moaus zur	Mo'oz tsur	Maos zur (Maoz tsur, Ma'oz tzur)

„Zuflucht, Hort (meiner Hilfe)". Fünf-strophiges Lied, mit später hinzugefügter sechster Strophe, das am Tempelweihfest (Chanukkah) nach dem Entzünden und Segnen der Lichter gesungen wird und den Bogen spannt zwischen der Tempel-Wiedereinweihung durch die Makkabäer einst und der Tempel-Wiedereinweihung durch Gott dermaleinst; verfasst vor dem Jahr 1250 von einem gewissen Mordokhay, wie aus den Anfangsbuchstaben der Strophen hervorgeht.

Mogen owaus(s)	Magen avos	Magen avoth

„Schild (=Beschützer) der Väter". Gebetstext im Anschluss an das Achtzehn-Bitten-Gebet im Freitagabend-Gottesdienst.

Mussaf-k'duscha	–	Mussaf-Gottesdienst-Qedduschah

„Mussaf-(Gottesdienst)-Kedduschah". Die besondere Textvariante der Kedduschah (Heiligkeitsbezeugung Gottes) im Mussaf-Gebet der Feiertage.

–	–	Odcha ki anitani (Odkha ki 'anithani)

„Ich danke Dir, dass Du mich erhört (andere Übersetzungsmöglichkeit: gezüchtigt) hast". Textstelle aus Psalm 118, 21, der Bestandteil des Hallel-Gebetes ist.

Oh, mögen unsere Augen Zeugen Deiner Rückkehr nach Zion sein		

(hebräisch:) „We-thechezenah 'eynenu be-schuvkha le-tziyyon be-rachamim". Textstelle aus dem Achtzehn-Bitten-Gebet.

Oh, rufe ein neues Licht hervor, das über Zion erscheine		

(hebräisch:) „Or chadasch 'al tziyyon tha'ir". Textstelle aus dem ersten Segensspruch vor dem Schma' Israel.

Oif'n pripetschik brent a faierli		

„Auf dem Herd brennt ein Feuerchen". Jiddisches Lied, geschrieben und komponiert von Mark M. Warschowsky (Warschawsky; geboren um 1845, gestorben 1907).

Deutsch-aschkenasische Aussprache	Osteuropäisch-aschkenasische Aussprache	Sephardische Aussprache in internationaler Umschrift
Olenu leschabbeach	Olenu …	'Aleynu le-schabbeach

„An uns ist es zu preisen den Herrn des Alls". Gebet am Ende des Gottesdienstes.

Oneg schaboss	Oneg schaboss	'Oneg schabbath

„Wonne des Schabbaths". Das Wort bezeichnet die Gesamtheit der angenehmen Empfindungen, die der Schabbath bereitet. Es wird auch gebraucht für die Schabbath-Feier selbst und ist zugleich Titel eines Liedes über eine Textstelle im Achtzehn-Bitten-Gebet des Mussaf-Gottesdienstes am Schabbath, beginnend mit den Worten „Jissmechu bemalchussecho" (Yissmechu be-malkhuthekha; „Freuen werden sich, … die den Schabbath … eine Wonne nennen").

Oschamnu	Oschamnu	Aschamnu

„Wir haben uns schuldig gemacht". Erstes Wort des kollektiven Sündenbekenntnisses (Widuy) an Yom Kippur (Versöhnungstag).

Os joschir Mosche	Oz joschir Mosche (Oz yoshir Moshe)	Az yaschir Moscheh

„Damals sangen Mosche (und die Kinder Israels) …". Das Lied des Moses: Anfangsworte des Liedes nach der Errettung der Kinder Israels am Schilfmeer (Exodus 15, 1-18), welches sich an die Psalmenlesungen im Morgengottesdienst anschließt. (Vergleiche auch das Lied der Mirjam, Exodus 15, 21)

Sauf maasseh	–	Sof ma'asseh

„Abschluss des Schöpfungswerkes". Textstelle aus dem Schabbath-Lied „Lecho daudi", die sich auf den Schabbath bezieht.

–	–	Schabbat Hamalkah (Sabbath hamalka, Schabbath ha-malkah)

„Schabbath, die Königin". Schabbath-Lied, das auf den Sonnenuntergang hinweist und zum Empfang der Königin Schabbath auffordert; verfasst von Chayim Nachman Bialik (1873 – 1934), vertont von Pinkes Minkowsky (1859 – 1924).

Schawua tow	Shavua tov	Schavua' tov

„Eine gute Woche !". Wunschwort am Ende des Schabbaths in Bezug auf die nun beginnende neue Woche und zugleich Worte eines dann gesungenen Liedes.

Schemauneh essreh	–	Schemoneh essreh

„Achtzehn"-(Bitten-Gebet) Das Achtzehn-Bitten-Gebet ist das jüdische Hauptgebet, welches mit seiner Erstformulierung auf die hundertzwanzig Männer der Großen Versammlung im 5. Jh. v.d.Z. zurückgeht. Es bestand ursprünglich aus achtzehn Bitten und Lobpreisungen, denen im 2. Jh. d.Z. eine neunzehnte Bitte hinzugefügt wurde, wodurch sich der Name des Gebets jedoch nicht änderte. Die Reihenfolge der einzelnen Bitten ist festgelegt und stellt ein kunstvoll gestaltetes Gebäude dar. An Feiertagen werden die mittleren zwölf Bitten ersetzt durch eine dem betreffenden Feiertag eigene Bitte, weshalb dann auch vom Sieben-Bitten-Gebet der Feiertage gesprochen wird. Das Achtzehn-Bitten-Gebet ist Bestandteil jedes Gottesdienstes. Vor allen Dingen im Mussaf-Gebet der Feiertage wird es durch Einschübe, die den betreffenden Feiertag kennzeichnen, erweitert. Es wird stehend und zunächst leise gebetet, danach vom Vorbeter laut wiederholt. Häufig verwendete andere Bezeichnungen des Achtzehn-Bitten-Gebets sind: „Achtzehn-Gebet", „'Amidah" (hebräisch „Stehen", da es im Stehen gebetet wird), „Thefillah" (hebräisch „Gebet", da es das Gebet im eigentlichen Sinne, das Hauptgebet, ist).

Deutsch-aschkenasische Aussprache	Osteuropäisch-aschkenasische Aussprache	Sephardische Aussprache in internationaler Umschrift
Schir hakowaud	–	Schir ha-kavod

„*Lied der Ehre (Gottes)*". Lied, welches im Schabbath-Morgengottesdienst bei geöffnetem Thorahschrein stehend gesungen wird. Es beginnt mit den Worten „An'im semiraus" (An'im zemiroth; „Lieblich singen will ich Lieder").

Schir hama'alauss	Shir hamaalos	Schir hamaalot(h) (Schir ha-ma'aloth)

„*Ein Stufengesang*". Anfangsworte des Psalms 126, mit dem das Tischgebet (nach dem Essen) eingeleitet wird.

Schiru ladaunoj schir chodosch, Schiru ladaunoj kol hoorez	–	Schiru l-adonay schir chadasch, schiru l-adonay kol ha-aretz

„*Singet dem Ewigen ein neues Lied, singet dem Ewigen, alle Lande!*". Anfangsworte von Psalm 96, 1.

Sch'ma jissroel (Schema ...)	Sh'ma yisro'el	Sch'ma Jisrael (Schma' Israel, Sch'ma' Yissra'el)

„*Höre Israel!*". Im Abend- und im Morgengottesdienst gesprochenes Bekenntnis zum einzig einen Gott; der gesamte Text besteht aus den Thorah-Stellen: Deuteronomium 6, 4, Deut. 6, 5 – 9, Deut. 11, 13 – 21, Numeri 15, 37 – 41.

Scholaum alejchem	Sholom ale(c)hem	Schalom alechem (Schalom 'aleykhem)

„*Friede sei mit euch, (Engel des Dienstes, Engel des Höchsten)*". Im Babylonischen Talmud, Traktat Schabbath 119b, wird beschrieben, dass ein guter und ein böser Engel den Menschen am Freitagabend auf dem Weg von der Synagoge nach Hause begleiten: Ist der Schabbath-Tisch zu Hause nach bestem Vermögen schon gerichtet, erfolgt Segensspruch durch den guten, andernfalls Fluchspruch durch den bösen Engel. Dies ist die Grundlage für das Lied „Schalom alechem" am Übergang vom synagogalen Abendgebet zur häuslichen Schabbath-Abend-Feier. Es wurde vor etwa 400 Jahren von Kabbalisten eingeführt.

Schomaur ess jaum haschabboss	–	Schamor eth yom ha-schabbath

„*Hüte den Schabbath-Tag*". Textstelle aus Deuteronomium 5, 12. (Siehe auch: „Sochaur ess jaum haschabboss")

–	–	Schoschanat Jaakow (Schoschanath Ya'aqov)

„*Rose Jakobs*". Name eines an Purim (Losfest) gesungenen Liedes, das die Freude Israels über die Errettung vor Vernichtung ausdrückt. Die Rose ist eine Allegorie auf Israel (vgl. Hohes Lied 2, 2). Das Lied wird im Morgengottesdienst, nach dem Vorlesen des Buches Esther nach der Thorah-Lesung, gesungen. Es besingt die Taten Mordokhays (Mordechais) und Esthers und erinnert an den Versuch Hamans, das jüdische Volk auszurotten.

–	–	Schoftim

„*Richter*". Name des Thorah-Wochenabschnitts Deuteronomium 16, 18 – 20, 9.

–	–	Selichot (Sselichoth)

„*Vergebungen*". Bezeichnung der Bußgebete, die an den Hohen Feiertagen (Rosch ha-schanah und Yom Kippur) und zwischen ihnen gesprochen werden.

Deutsch-aschkenasische Aussprache	Osteuropäisch-aschkenasische Aussprache	Sephardische Aussprache in internationaler Umschrift
Sochaur ess jaum haschabboss	–	Zakhor eth yom ha-schabbath

„Gedenke des Schabbath-Tages". Textstelle aus Exodus 20, 8. Sie wird im Kiddusch (Heiligungsritus über Wein und Brot) am Ende des Schabbath-Morgengottesdienstes zitiert. (Siehe auch: „Schomaur ess jaum ...")

Sochrenu lachajim	–	Zokhrenu la-chayim

„Gedenke unser zum Leben". Einschub in das Achtzehn-Bitten-Gebet am „Schabbath der Umkehr" (Schabbath schuvah), - der Schabbath vor dem Versöhnungstag, bzw. am Versöhnungstag selbst.

–	–	Tefillah (Thefillah)

„Gebet" Im engeren Sinn „Das Gebet", - eine andere Bezeichnung der „Schemauneh essreh" (Schemoneh essreh; das Achtzehn-Bitten-Gebet).

Tefillas schewa	–	Thefillath scheva'

„Sieben-Gebet" Sieben-Bitten-Gebet: Die an Feiertagen aus sieben Bitten bestehende „Schemauneh essreh" (Schemoneh essreh; Achtzehn-Bitten-Gebet).

–	–	Terumah (Therumah)

„Spende". Name des Thorah-Wochenabschnitts Exodus 25, 1 – 27, 19.

Ulowdau bechol lewawchem uwchol nafschechem	–	U-le-'avdo be-khol levavkhem u-ve-khol nafschekhem

„... und Ihm zu dienen mit euerm ganzen Herzen und eurer ganzen Seele". Textstelle aus Deuteronomium 11, 13, die im Schma' Israel enthalten ist.

Unessaneh taukef	–	U-nethaneh toqef

„Wir wollen die Heiligkeit dieses Tages verkünden". In das Achtzehn-Bitten-Gebet im Mussaf-Gottesdienst an Rosch ha-Schanah und Yom Kippur, vor der Kedduschah (Heiligung) eingeschobener Text, in dem das göttliche Gericht geschildert wird. Verfasser wahrscheinlich Rabbi Kalonymus ben Meschullam aus Mainz (11. Jh.), - nach der Legende jedoch dem Märtyrer Rabbi Amnon aus Mainz zugeschrieben.

Uwejaum ssimchas'chem	–	U-ve-yom ssim'chathekhem

„Und am Tag eurer Freude". Textstelle aus Numeri 10, 10.

Uweschaufor godaul (Uweschaufer godaul)	Uweschofor godol	U-we-schofar gadol

„Und mit einem großen Schofar (Widderhorn) (wird geblasen)". Textstelle aus der Schilderung des göttlichen Gerichts „Unessane taukef" („Wir wollen die Heiligkeit dieses Tages verkünden") im Mussaf-Gebet an Rosch ha-Schanah und Yom Kippur. Verfasser wahrscheinlich Rabbi Kalonymus ben Meschullam aus Mainz (11. Jh.), nach der Legende jedoch dem Märtyrer Rabbi Amnon aus Mainz zugeschrieben.

Uwezeilkenofecho	Uwetzel kenofejcho	Uve-tzel kenafejkha

„Und im Schatten Deiner Fittiche (birg uns)". Text aus dem zweiten Segensspruch nach dem Schma' Israel im Abendgebet.

Deutsch-aschkenasische Aussprache	Osteuropäisch-aschkenasische Aussprache	Sephardische Aussprache in internationaler Umschrift
–	–	Uwiom haschabbat (U-ve-yom ha-schabbath)

„Und am Schabbath-Tage …". Textstelle aus Numeri 28, 9, die die Form des Ganzopfers für den Schabbath beschreibt. Dieser Text wird im Mussaf-Gebet am Schabbath in das Achtzehn-Bitten-Gebet eingefügt.

–	–	Vay'hi bimei Achashverosh (Wa-yehi bi-y'mey Achaschwerosch)

„Es war in den Tagen des Achaschwerosch …". Anfangsworte des Buches Esther, welches an Purim (Losfest) gelesen wird.

Wadaunoj elauhim emess	Wadonoy elohim emess	W-adonay elohim emeth

„Aber der Ewige, Gott, ist Wahrheit". Textstelle aus Jeremia 10, 10, die den letzten Worten des Schma' Israel und dem direkt angeschlossenen ersten Wort des nachfolgenden Textes sehr ähnlich ist: „Ani adaunoj elauhejchem. Emess …" („Ich bin der Ewige, euer Gott. Wahrheit ist es …").

–	–	Wajak'hel (Wayaq'hel)

„Er versammelte". Name des Thorah-Wochenabschnitts Exodus 35,1 – 38, 20.

Wajechullu	Wajechullu	Wa-yekhullu

„Es waren vollendet (Himmel und Erde) …". Textrezitation aus Genesis 2, 1, vor dem Kiddusch (Heiligungsritual über Wein und Brot), im Anschluss an den Freitagabendgottesdienst.

–	–	Wajehi binsoa ha'aron (Wa-yehi bi-nsoa' ha-aron)

„Und es geschah, wenn die Lade (zur Weiterwanderung) aufbrach, …". Textstelle aus Numeri 10, 35, die vor dem Ausheben der Thorarolle aus dem Schrein gesungen wird (nach dem Lied „Ein komaucho").

Wechach hojoh aumer	–	We-khakh hayah omer

„Und er sagte so: …". Text aus dem Mussaf-Gebet an Yom Kippur (Versöhnungstag), in dem die Selbstbezichtigung des Hohenpriesters und seine Bitte um Sühnung vor der Ausführung des Sühnungsrituals geschildert wird. (Siehe auch „Wechach hojoh mauneh".)

Wechach hojoh mauneh	–	We-khakh hayah moneh

„Und er zählte so: …". Text aus dem Mussaf-Gebet an Yom Kippur (Versöhnungstag), in dem die Durchführung des Sühnungsrituals durch den Hohenpriester geschildert wird. (Siehe auch „Wechach hojoh aumer".)

Wechaul maaminim	Wechol maaminim	We-khol ma'aminim

„Alle sind überzeugt". Lied, gesungen im Mussaf-Gebet an Yom Kippur (Versöhnungstag), als Einschub in das Achtzehn-Bitten-Gebet, nach der Kedduschah: Wechselgesang zwischen Vorbeter und Gemeinde, mit Akrostichon sowohl in der Vorgabe des Vorbeters, als auch in der Erwiederung durch die Gemeinde. Preislied auf Gott.

Deutsch-aschkenasische Aussprache	Osteuropäisch-aschkenasische Aussprache	Sephardische Aussprache in internationaler Umschrift
Wehi scheomdo	W'hi sch'omdo	We-hi sche-'amdah

„Und diese (Verheißung) hat Gültigkeit". Lied, gesungen während der Seder-Feier am Pessach-Abend. Der Text besagt, dass in jeder Generation sich jemand erhebt, um Israel zu vernichten, es stets jedoch von Gott errettet wird.

Wehogen baadenu	Wehogen baadenu	We-hagen ba-'adenu

„Schütze uns". Textstelle aus dem zweiten Segensspruch nach dem Schma' Israel im Abendgebet.

Wenissmach bediwre ssaurossecho	Wenissmach bedivre ssorossecho	We-nissmach be-divrey thorathekha

„Wir wollen uns an den Worten Deiner Lehre freuen". aus dem 2. Segensspruch vor dem Schma' Israel im Abendgebet.

Werou wonow gewurossau	Werou vonow gevurosso	We-ra'u vanaw gevuratho

„Seine Kinder sahen Seine Allmacht". Textstelle aus dem ersten Segensspruch nach dem Schma' Israel im Abendgebet; leitet über zur großen Preisung Gottes durch Israel, gesungen von der ganzen Gemeinde: „Mi chomaucho bo'elim" (Mi khamokha ba-elim; „Wer ist wie Du unter den Göttern ?"; Exodus 15,11).

Weschomru (Wschomru)	Weschomru	We-schamru

„Es sollen hüten (die Kinder Israels den Schabbath)". Textstelle aus Exodus 31, 16 ; wird u. a. zitiert im Freitagabend-Gottesdienst, nach dem zweiten Segensspruch im Anschluss an das Schma' Israel.

Wtaher libenu	Wetaher libenu	We-taher libenu

„Und reinige unser Herz". Gern gesungene Textstelle im Achtzehn-Bitten-Gebet im Schabbath-Morgen-Gottesdienst.

–	–	W'teeraw l'fanecha atiratenu (We-the'erav le-faneykha 'athiratheynu)

„Wohlgefällig sei vor Dir unser Flehen". Gebet, welches im Morgengottesdienst an den Hohen Feiertagen (Rosch ha-schanah und Yom Kippur) vor dem Priestersegen ins Achtzehn-Bitten-Gebet eingefügt wird.

Zadik katomor jifroch	–	Tzaddiq ka-thamar yifrach

„Der Gerechte blüht gleich der Palme". Aus dem Schabbath-Psalm 92, 13.

–	–	Zion (Tziyyon)

„Zion". Titel eines Liedes über Zion von Mark M. Warschawsky.

Zur mischelau ochalnu	–	Zur mischelo achalnu (Tsur mischelo ... , Tzur mi-schelo akhalnu)

„Fels (=Gott), – von dem Seinen haben wir gegessen". Vier-strophiges Schabbath-Lied, das meist als letzter Gesang vor dem Tischgebet gesungen wird. Es basiert auf der Erzählung (Midrasch Bereschith Rabba 49,4), Abraham habe seine Gäste immer aufgefordert zu danken und auf ihre Frage, was sie sagen sollten, geantwortet: „Sagt: Gelobt sei der Herr der Welt, der uns gespeist hat". Der Text des Liedes lehnt sich an die ersten drei Segenssprüche des Tischgebets an (Der die Welt speist; Der das Heilige Land gegeben hat; Der Jerusalem wieder erbaut). Das Lied stammt, nach Leo Hirschfeld, aus der frühen Tannaitischen Periode (1. – 2. Jh.), nach Herbert Loewe jedoch aus dem 12. Jh.; Verfasser unbekannt.

Glossar der Sachbegriffe
erstellt von Michael Rosenkranz

AKROSTICHON
(altgriechisch:) „Zeilenanfang": Poetisches Mittel bei Gedichten oder Liedern, womit die Anfangsbuchstaben der Zeilen oder Verse – im Zusammenhang gelesen – einen Namen oder Spruch ergeben.

ALEF BEIS (Alef beyth)
(hebräisch:) „Alphabet".

ALIJAH (Mehrzahl: Alijot)
(hebräisch:) „Das Hin(auf)gehen" zur Thorah-Lesung, auch Einwanderung (ins Heilige Land).

ARAUN HAKAUDESCH (Aron ha-qodesch)
(hebräisch:) „Schrein des Heiligtums", – der Thorah-(Rollen-)Schrein.

ASCHKENAS (Aschkenaz)
Der mitteleuropäisch-jüdische Kulturraum.

ASCHKENASIM
Juden des ursprünglich mitteleuropäisch-jüdischen Kulturraumes, die im Rahmen von Flucht und Wanderung im Mittelalter auch Osteuropa besiedelten, ab dem 19. Jahrhundert sich dann auch in der Neuen Welt und in anderen Kontinenten niederließen.

AUSS (Oth)
(hebräisch:) „Mahn- oder Erinnerungszeichen": Der Schabbath ist ein solches Zeichen, gesetzt zur Erinnerung an Gottes Ruhen nach dem Schöpfungswerk.

AWAUDOH ('Avodah)
(hebräisch:) „(Gottes)dienst".

AWODAT KODESCH ('Avodath qodesch)
(hebräisch:) „Arbeit am Heiligtum": Das ist der Dienst im Tempel, bzw. in der Synagoge.

BARCHES
(jiddisch:) „(Die beiden) Schabbath-Brote": Meist geflochtene Hefezöpfe, über die am Freitagabend zu Hause, bzw. am Samstag, nach dem Morgen- und Mussaf-Gottesdienst, im Rahmen des Kiddusch der Segen gesprochen wird.

BAR MIZWA / BAT MIZWA
(hebräisch:) „Sohn des Gesetzes / Tochter des Gesetzes": Jüdische Jungen werden mit 13 Jahren, jüdische Mädchen mit 12 Jahren religionsmündig und dann so bezeichnet.
Der Begriff wird oft auch für die damit verbundene Feier der Religionsmündigkeit verwendet.

BESAMIM (Bessamim)
(hebräisch:) „Wohlgerüche": Bezeichnung der duftenden Gewürze, die in einem oftmals kunstvoll gestalteten Behältnis („Besamim-Büchse") verwahrt sind und an denen man im Rahmen der Schabbath-Ausgangszeremonie („Hawdala") riecht, um den Duft des Schabbaths mit in die neue Woche zu nehmen.

BIMOH (Bimah)
(hebräisch:) „Erhöhter Platz": Der erhöhte Platz mit Tisch im Zentrum der Synagoge, auf dem die Thorah-Rolle zur Lesung aufgerollt wird.

BNE BRISS (B'nai B'rith, B'ney B'rith)
(hebräisch:) „Söhne des Bundes": Name einer unpolitischen jüdischen Loge zum Zweck der Selbsterziehung im Sinne von Wohltun, Menschenliebe und Freundschaft; 1843 in Amerika gegründet.

BORACHU
(hebräisch:) „Segensspruch"; Segensformeln, Segen

B'ROCHOH (B'rakhah; Mehrzahl: B'rakhoth)
(hebräisch:) „Segensspruch".

CHAG
(hebräisch:) „Fest".

CHALLE
(jiddisch:) „Challah": Teighebe; im erweiterten Sinn das Schabbath-Brot.

CHALLA (Challah)
(hebräisch:) „Teighebe": Im engeren Sinn der abzutrennende Opferanteil am zubereiteten Teig; im weiteren Sinn das aus dem Teig gebackene Schabbath-Brot.

CHALUZ (Chalutz); Mehrzahl: Chaluzim (Chalutzim; weiblich: Chalutzot)
(hebräisch:) „Pionier, Vorkämpfer": Jüdische Siedler in Palästina.

CHAMISCHAH ASSAR BESCHWAT (Chamischah 'assar be-Schvat) = TU be-Schvat
(hebräisch:) „Der 15. im (Monat) Schvat": Das Fest Neujahr der Bäume, – etwa im Februar –, an dem des wunderbaren Gelobten Landes gedacht wird und Bäume gepflanzt werden.

CHANUKKA(H)
(hebräisch:) „Einweihung": Name des achttägigen jüdischen Lichterfestes um die Zeit der längsten Nacht. An diesem Fest wird der Tempel-Wiedereinweihung in Jerusalem im Jahr 167 v.d.Z. durch die Makkabäer gedacht. Nach der Legende gab der mit nur wenig Öl wiederentzündete siebenarmige Tempelleuchter (Menorah) acht Tage lang wachsendes Licht.

CHASAN (Chazan; Mehrzahl: Chasanim, Chazanim)
(hebräisch:) „Vorbeter": Kantor im jüdischen Gottesdienst.

CHASANUT (Chazanuth)
(hebräisch:) „Das Singen des Vorbeters": Die Gesangskunst der jüdischen Kantoren.

CHASSID; Mehrzahl: Chassidim
(hebräisch:) „Fromm": Ein Frommer; im engeren Sinn Anhänger des Chassidismus.

CHASSIDISMUS
Im 18. Jahrhundert in der Ukraine von Rabbi Israel ben Elieser, genannt Baal Schem Tov, begründete religiös-mystische Bewegung im Judentum, gekennzeichnet durch eine volkstümliche inbrünstige Frömmigkeit, als Gegenbewegung gegen eine verstandesbetonte Frömmigkeit.

CHAWER (m.), Chawerah (w.), Chawerim (m., Mehrz.), Chawerot (w., Mehrz.)
(Chaver ...) (hebräisch:) „Kamerad / Kameradin": Gegenseitige Anrede in den Kibbutzim.

CHEDER; Mehrzahl: Chadorim (Chadarim)
(hebräisch:) „Zimmer / Stube": Die Lehrstube der traditionellen osteuropäisch-jüdischen Elementarschule. Sie wurde von Knaben bis zur Religionsmündigkeit (Bar Mizwah) besucht. Unterrichtsfächer waren Thorah und Talmud. Heute sind Chadarim nur noch in

ultraorthodoxen, meist chassidischen Gemeinschaften zu finden.

CHEREW (Cherev)
(hebräisch:) „Schwert".

CHEWRA KADDISCHA (Chevrah Qaddischa)
(hebräisch-aramäisch:) „Heilige Gesellschaft": Beerdigungsgesellschaft in jüdischen Gemeinden: Gruppe ehrenamtlich tätiger Gemeindemitglieder, die Sterbende begleitet, Verstorbene beerdigt, Hinterbliebene betreut.

CHUMASCH
(hebräisch:) „Fünfbuch, Pentateuch": Bezeichnung der gedruckten Ausgabe der Fünf Bücher Moses, der Thorah.

CHUPPA(H)
(hebräisch:) „Traubaldachin": Unter der Chuppah wird die jüdische Trauung vollzogen.

DEVEKUTH
(hebräisch:) „Anhänglichkeit, Hingabe": Bezeichnung einer wichtigen religiösen Tugend gegenüber dem Wort Gottes.

DORAUM (Darom)
(hebräisch:) „Süden, Mittagsseite".

ECHOD (Echad)
(hebräisch:) „Eins, Einer, ein Einziger".

ELIJAHU (Eliyahu)
(hebräisch:) „Mein Gott ist der Ewige": Name des Propheten Elias (Elija), von dem in I.Könige 17 ff. und II.Könige 1 ff. berichtet wird.
Der Prophet gilt als Vorbote des kommenden Messias (Maschiach), – siehe das Prophetenbuch Maleachi 3, 23.

ELUL
Name eines Monats im jüdischen Kalender, im Spätsommer gelegen; letzter Monat vor dem jüdischen Neujahrstag (Rosch ha-schanah).

EMESS (Emeth)
(hebräisch:) „Wahrheit".

EREZ (Eretz)
(hebräisch:) „Land": Im engeren Sinn das Heilige Land.

EREZ ISRAEL (Eretz Yissra'el)
(hebräisch:) „Land Israels": Das Heilige Land.

GOLA(H)
(hebräisch:) „Exil, Verbannung": Diaspora.

GUT SCHABBES!
(jiddisch:) „(Ich wünsche einen) guten Schabbath!": Wunschformel am Ende des Gottesdienstes am Schabbath.

HAFTARA(H), Mehrzahl: Haftaroth
(hebräisch:) „Abschließende Bemerkung": Abschnitt aus den Prophetenbüchern, der im Anschluss an den Thorah-Abschnitt im Gottesdienst an Schabbath und Feiertagen gelesen wird und thematisch oft mit diesem übereinstimmt.
Das Lesen der Haftarah entstand zur Zeit des Religionsediktes unter Antiochus IV. (168-165 v.d.Z.), um das Verbot der Thorah-Lesung zu umgehen.

HAGGADA(H) (Mehrzahl: Haggadot(h)) schel Pessach
(hebräisch:) „Erzählung von (der) Pessach-(Nacht)": Im engeren Sinn Name des Gebetbuches für die häusliche Feier am ersten und zweiten Pessach-Abend, dem Seder: Enthält in volkstümlicher Weise die Erzählung vom Auszug aus Ägypten, umrahmt von liturgischen Texten, Thorah- und Talmud-Zitaten, rabbinischen Geschichten (Midraschim) und Liedern; wird traditionell vom Familienoberhaupt gelesen.

HAKAFOT (Haqqafoth)
(hebräisch:) „Umkreisungen": Umzüge durch die Synagoge an Simchat Thorah (Thorah-Freudenfest), bei denen die aus dem Thorah-Schrein genommenen Thorah-Rollen tanzend und singend durch die Synagoge getragen werden.

HALACHAH, Mehrzahl: Halachoth
(hebräisch:) „Gangart": Der gesetzgeberische Teil des Talmud; allgemein: das Religionsgesetz; im engeren Sinn: religionsgesetzlich bindende Bestimmung.

HALLELUJA(H) (Hallelu Yah)
(hebräisch:) „Preiset den Ewigen".

HASKALA(H)
(hebräisch:) „Bildung": Bezeichnung für die hebräischsprachige, sich national motivierende, dem weltlichen Wissen sich öffnende jüdische Aufklärungsbewegung in Mittel- und Osteuropa ab der Mitte des 18. Jahrhunderts.

HAUSOFOH (Hossafah)
(hebräisch:) „Hinzufügung".

HAWDALA(H) (Havdalah)
(hebräisch:) „Unterscheidung": Name der Unterscheidungs-Zeremonie am Ende des Schabbaths gegenüber der nun beginnenden neuen Woche mit Entzündung neuen Lichts, Segen über Wein und wohlduftende Gewürze, über die Träger des Lichts und Preisung Gottes, der zwischen Heiligem und Alltäglichem unterscheidet.

HECHASAN BENIGGUN
(hebräisch:) „Der Kantor, mit einer Melodie": Anweisung für den Vorbeter, eine bestimmte liturgische Textstelle mit Gesang vorzutragen.

HODU
„Dank", Psalm 136, wird während des Sederabends rezitiert. Er verdeutlicht die Gnade Gottes, die dem Volk Israel zuteil wurde und wird.

HORA (Horrah), Mehrzahl: Horoth (Horroth)
(arabisch:) „Reigentanz": Form gemeinschaftlichen Tanzens, die unter den jungen jüdischen Siedlern Palästinas große Beliebtheit erlangte und inzwischen ein typisches Merkmal des klassischen israelischen Folkloretanzes ist. Reigentänze waren zuvor schon in chassidischen Kreisen Osteuropas bekannt.

HUMASCH (Chumasch)
(hebräisch:) „Fünfbuch, Pentateuch": Gedruckte Ausgabe der Fünf Bücher Moses, der Thorah.

ISRAEL
Latinisierte Form des Namens Jissrael (Yissra'el).

JAUM KIPPUR (Jom Kippur, Yom Kippur)
(hebräisch:) „Versöhnungstag": Höchster Festtag des jüdischen Festjahreskreises, erinnert an die Versöhnung Gottes mit dem Volk Israel nach der Sünde des Goldenen Kalbes; liegt zehn Tage nach Rosch ha-schanah, dem Tag des Gerichts, und gilt als der Tag, an dessen Ende das dort beschlossene Urteil zum Leben oder zum Tod besiegelt wird.
Sehr ernster, der inneren Einkehr, Buße und Bitte um Vergebung gegenüber dem Mitmenschen und Gott für begangene Vergehen geweihter Tag, an dem 24 Stunden gefastet wird, mit sehr ergreifender Liturgie; einziger Festtag, der durch fünf Gottesdienste gekennzeichnet ist.

JAUREH (Yoreh)
(hebräisch:) „Frühregen": Siehe auch Deuteronomium 11, 14 und Schema' Israel.

JESCHIWA (Yeschivah), Mehrzahl: Jeschiwot (Yeschivoth)
(hebräisch:) „Sitzung": Bezeichnung einer talmudischen Hochschule, auch der rabbinischen Lehrhäuser im Mittelalter. Sie ist im Gegensatz zum Cheder eine höhere Bildungsanstalt und dient bis heute der Gelehrten- und Rabbiner-Ausbildung.

JIDDISCH
Aus dem Mittelhochdeutschen hervorgegangene Sprache der aschkenasischen Juden; bildete mehrere Dialekte aus; literarische Hochblüte Ende des 19. Jahrhunderts in Osteuropa; wird heute noch in aschkenasischen Zentren in Westeuropa, in den USA und in Israel gesprochen.

JISCHUW (Yischuv)
(hebräisch:) „Bevölkerung": Im engeren Sinn die Gesamtheit der jüdischen Bevölkerung in Palästina vor 1948.

JISSROEL (Jissrael, Yissra'el)
(hebräisch:) „Gottesstreiter, Streiter mit und für Gott": Israel: Weihename Jakobs nach dem Kampf mit dem Engel (Genesis 32, 29). Bezeichnung seiner Nachkommen (Kinder Israels/Volk Israel/Israeliten). Jüdischer Vorname. Seit 1948 auch Name des Staates Israel.

JOGAUN (Yagon)
(hebräisch:) „Kummer".

JOM KIPPUR, vgl. Jaum Kippur

JOMIM NAUROIM (Yamim nora'im)
(hebräisch:) „Furchterregende Tage": Die zehn Bußtage zwischen Rosch ha-schanah, dem Tag des Gerichts, und Yom Kippur, dem Versöhnungstag.

JOMIM TAUWIM (Jomim towim / Yamim tovim), (hebräisch:) „Gute Tage": Festtage, Feiertage. Einzahl: Jaum tauw (Jom tow, Yom tov)

JONTEFF
(jiddisch:) „Feiertag".

KABBALA(H) (Qabbalah)
(hebräisch:) „Empfangen": Bezeichnung für die jüdische Mystik. Sie sucht unter anderem mit Buchstabendeutungen und Aufzeigen von Zahlenzusammenhängen (Zahlenmystik) in tiefere Bedeutungsschichten der Thorah vorzudringen. Die Anhänger der Kabbalah nennt man Kabbalisten.

KABBALAT SCHABBAT (Qabbalath schabbath)
(hebräisch:) „Empfang des Schabbaths": Die Schabbath-Empfangsfeier am Freitag-Abend.

KADDISCH (Qaddisch)
(hebräisch:) „Heiligung". Öffentlich vorgetragener Lobpreis zur Verherrlichung Gottes, auf den die Gemeinde antwortet mit den Worten „Yehe Schmeh rabba mevarakh ..." („Sein großer Name sei gesegnet ..."). Das Kaddisch entstand während der Zeit des Zweiten Tempels und diente ursprünglich zur Verabschiedung der Gemeinde nach rabbinischen Lehrvorträgen. In der Folgezeit bildeten sich verschiedene Varianten aus, die sich durch Erweiterungen, bzw. Einschübe unterscheiden und in der Liturgie unterschiedlich eingesetzt werden: (zu den Varianten vgl. Art. Kaddisch im Glossar der Lieder, in diesem Buch S. 333)

KEREN KAJEMET LEJISSRAEL (Qeren qayemeth le-yissra'el)
(hebräisch:) „Fonds für die Erhaltung Israels": Jüdischer Nationalfonds. Organisation im ehemaligen Palästina und heutigen Israel, deren Auftrag die Urbarmachung des Landes ist.

KIDDUSCH (Qiddusch)
(hebräisch:) „Heiligung, Weihesegen": Weihezeremonie über Wein und Brot am Schabbath, an den Pilgerfesten und Rosch ha-schanah, mit jeweils etwas unterschiedlichem Text, der der Heiligkeit des jeweiligen Feiertags, seiner Besonderheit und seiner Beziehung zum Auszug aus Ägypten gedenkt.

KIDDUSCH LESCHACHARIT BESCHABBAT (Qiddusch le-schacharith be-schabbath)
(hebräisch:) „Kiddusch im Anschluss an den Morgengottesdienst an Schabbath": Großer Weihesegen (Kiddusch rabba) nach dem Morgengottesdienst an Schabbath.

KIDDUSCH RABBA (Qiddusch rabba)
(hebräisch:) „Großer Weihesegen": Kiddusch mit erweitertem Text, zelebriert im Anschluss an den Morgengottesdienst an Schabbath und Feiertagen.

KLESMER (Klezmer)
(jiddisch:) „Musikinstrumente" (von hebräisch „Klej semer (kley zemer)" Musikinstrumente).

KLESMORIM (Klezmorim)
(jiddisch:) „Musikanten": Bezeichnung insbesondere der osteuropäisch-jüdischen Musikanten, die zu freudigen Anlässen, wie Hochzeiten, Musik machten, - eine Musik mit charakteristischer Rhythmik und Tonalität, heute als Klesmer-Musik bekannt.

KOL NIDRE
„Alle Gelübde", Eröffnungsgebet am Jom Kippur.

LEVIT
Angehöriger des israelitischen Stammes Levi (Lewi), der im alten Israel den Dienst im Tempel versah.

LULOW (Lulaw, Lulav)
(hebräisch:) „Palmblatt": Eine der vier Pflanzenarten (neben der Bachweide, der Myrte und der Citrusfrucht Ethrog), die, nach Leviticus 23, 40, zusammengefasst den Feststrauß bilden, der an Sukkoth (Laubhüttenfest) in der Lulaw-Zeremonie geschüttelt wird.

MAARIW (Ma'ariv)
(hebräisch:) „Der Abend werden lässt": Name des Abendgebets, bzw. des Abendgottesdienstes.

MACHSOR (Machzor)
(hebräisch:) „Kreislauf": Bezeichnung für das Gebetbuch der Feste im jüdischen Festjahreskreis; es beinhaltet neben den üblichen Gebeten Zusatzgebete und Ergänzungen sowie die Thorah- und Prophetenlesungen für den jeweiligen Festtag.

MAJUFISS-JUDE
(jiddisch/deutsch:) Bezeichnung eines Menschen, dessen Verhalten erniedrigend ist. Der Ausdruck leitet sich her von dem Schabbath-Lied „Ma jofit uma no'amt", zu dem polnische Landadelige im 18. Jahrhundert bei Zechgelagen Juden zwangen, in sich-erniedrigender Weise zu tanzen.

MALKAUSCH (Malqosch)
(hebräisch:) „Spätregen": Siehe auch Deuteronomium 11, 14 und Schema' Israel.

MASCHIACH
(hebräisch:) „Gesalbter": Durch Salbung Geweihter; im engeren Sinn der am Ende der Zeiten erwartete Nachkomme König Dawids, der der Gesalbte Gottes genannt wird, der die Herrschaft der Gerechtigkeit im Sinne von Gottes Wort auf Erden errichten wird; latinisiert „Messias".

MEGILLAH
(hebräisch:) „Schriftrolle": Antike Buchform, bei der von Hand beschriebenes Pergament auf Stäbe gewickelt wird. Zum Lesen wird die Schriftrolle dann aufgerollt. Diese Form hat sich erhalten bei der Thorah-Rolle, bei der die Pergamentbahn von beiden Enden her auf Stäbe gewickelt wird, und bei der Esther-Rolle (Megillath Esther; das Buch Esther), bei der die Pergamentbahn nur vom Ende her auf einen Stab gewickelt wird. Während die Thorah-Rolle normalerweise "Ssefer", d.h. "Buch" genannt wird, bezeichnet das Wort "Megillah" im engen Sinn das Buch Esther, in dem die wunderbare Rettung des jüdischen Volkes vor Ausrottung geschildert wird, der Anlass für das Feiern des Purim-Festes, an dem es eine Verpflichtung ist, dem Vortrag des Buches Esther abends und noch einmal morgens zu lauschen. Ihr Vortrag geschieht mit einer besonderen Melodie. Da im Buch Esther der Name Gottes nicht ein einziges Mal vorkommt, – im Gegensatz zu anderen biblischen Büchern –, ist es nach jüdischen Religionsgesetz erlaubt, die Schriftrolle mit Bildern kunstvoll zu verzieren, wodurch sich das Fortleben dieser Buchform bis in unsere Zeit beim Buch Esther erklärt.

MEGILLE
(jiddisch:) „Schriftrolle": Im engeren Sinn: Die Schriftrolle Esther, das ist das Buch Esther.

MENAZEACH (Menatzeach)
(hebräisch:) „Chormeister, Sangmeister, Chorleiter".

MESCHORERIM (M'schorerim)
(hebräisch:) „Sänger, Dichter" (Mehrzahl).

MESUSA (Mezuzah)
(hebräisch:) „Türpfosten": Im engeren Sinn das auf Pergament geschriebene „Schema' Israel", geborgen in einem Kästchen und so an den Türpfosten geheftet, gemäß Deuteronomium 6, 9, – eine Hilfe zur Erinnerung der Worte Gottes.

MIDASS HADIN (Midath ha-din)
(hebräisch:) „Eigenschaft des Gerichts": Mit der Strenge des Gesetzes.

MIDASS (HO)RACHAMIM (Midath (ha-)rachamim)
(hebräisch:) „Eigenschaft des Erbarmens": Mit Milde.

MIDRASCH
(hebräisch:) „Lernen, Forschen, Auslegung": Erläuternder, homiletischer Bibelkommentar. Bezeichnung auch einer Gruppe von außerkanonischen Texten, durch die der oft knappe Bibeltext detailreich erweitert wird.

MINCHA(H)
(hebräisch:) „Besänftigungsopfer": Bezeichnung des Nachmittags-Gebetes, bzw. des Nachmittags-Gottesdienstes.

MINHAG (Mehrzahl: Minhagim)
(hebräisch:) „Brauch / Gebräuche".

MISCHNA(H)
(hebräisch:) „Lehre, Lernen durch Wiederholung": Bezeichnung der Kerntexte der Mündlichen Thorah (das ist: der mündlichen Lehre; im Gegensatz zur Schriftlichen Thorah, den Fünf Büchern Moses); jahrhundertelang mündlich überlieferte, nach der Zerstörung des Zweiten Tempels schließlich niedergeschriebene und kanonisierte Gesetzes-Sammlung, im 2. Jahrhundert d.Z. von Rabbi Yehudah ha-Nassi abschließend redigiert.

MISRACH (Mizrach)
(hebräisch:) „Osten, Morgenseite": Gen Osten, d.h. in Richtung zum Tempelberg: Bezeichnung der Gebetsrichtung in jüdischen Gemeinden, die westlich von Jerusalem liegen.

MISSINAI (Mi-Ssinay)
(hebräisch:) „Vom (Berg) Sinai her": Ausdruck, der besagt, dass etwas, zusammen mit der Thorah, am Sinai bereits offenbart worden ist.

M'LAWEH MALKAH
(hebräisch:) „(Fort-)Begleiten der Königin (Schabbath)": Bezeichnung der Schabbath-Ausgangszeremonie am Samstag-Abend.

MUSSAF
(hebräisch:) „Hinzugefügtes,": Bis zur Zerstörung des Tempels fand an Schabbath, an den Pilgerfesten und an den Hohen Feiertagen (Rosch ha-schanah und Yom Kippur) nach dem Morgengottesdienst ein weiterer, hinzugefügter Opfergottesdienst statt. Mit der Zerstörung des Tempels fanden die Tieropfer ein Ende, die Opfergottesdienste wurden durch gleichnamige Wortgottesdienste ersetzt. So findet auch heute an den genannten Feiertagen nach dem Morgengottesdienst ein zusätzlicher Mussaf-Gottesdienst statt, in dessen Achtzehn-Bitten-Gebet das Flehen um die Wiedererrichtung des Heiligtums eingefügt wird.

NEBIIM (Nevi'im)
(hebräisch:) „Propheten": Die Bücher der Propheten sind, neben der Thorah und den Schriftwerken (Chthuvim), der zweite Teil der hebräischen Bibel (TeNaCh).

NEGINAH (Mehrzahl: Neginoth)
Bezeichnung der Tonfolgen und melodischen Wendungen, mit denen die Wörter der Texte der hebräischen Bibel gesungen werden; sie geben Hinweise für die musikalische Gestaltung und Betonung der Wörter, die Grundlage für die Interpretation durch den Vortragenden sind.
Die Neginoth tragen teilweise aramäische Namen und werden wiedergegeben durch besondere Zeichen, die neben den Vokalzeichen über oder unter dem betreffenden hebräischen Wort stehen. Die Neginoth werden unterschiedlich gesungen, je nachdem, ob es sich um die Thorah-Lesung oder die Lesung eines anderen Bibeltextes handelt. Andere Bezeichnungen für die Neginoth: Ta'am (Mz. Te'amim); Trop.

N'ILLAH (Ne'illah)
(hebräisch:) „Das Abschließen": Name des fünften und letzten Gottesdienstes an Yom Kippur, an dessen Ende, der religiösen Vorstellung gemäß, die Tore des himmlischen Gerichts geschlossen werden. Anschließend wünscht man sich, dass das Siegel gesetzt wurde unter ein gutes Urteil des göttlichen Gerichts, mit Eintragung in das Buch des Lebens.

NESCHOMOH JESSEROH (Neschamah yetherah)
(hebräisch:) „die gesteigerte, die hochgestimmte Seele": Die durch den Schabbath bedingte, hochgestimmte Seele des Menschen, die er am Schabbath-Ende wieder verliert.

NIGGEN
(jiddisch:) „Niggun".

NIGGUN (Mehrzahl: Niggunim)
(hebräisch:) „Melodie": Im Chassidismus Bezeichnung für ein wortloses oder nur auf einzelne Silben gesungenes Lied, das die Funktion eines Gebetes haben kann. Bei Festen gesungen, können Niggunim eine sehr spirituelle Atmosphäre schaffen.

NUSSACH
(hebräisch:) „Fassung, Lesart": Bezeichnung der traditionell gebräuchlichen Vortragsweisen

der Gebete, wobei die am meisten verbreiteten der Aschkenasische Nussach (bis zur Scho'ah vor allem in Mittel-und Osteuropa) und der Sephardische Nussach (im Mittelmeerraum und nahen Osten) sind.

Odcha Ki Anitani
ist Teil des Hallel-Gebetes. Der Text ist Psalm 118 entnommen: „Ich will Dich preisen, dass Du mich gebeugt und warst mir zur Rettung. Der Stein, den die Bauleute verwarfen, ist zum Eckstein geworden".

Oleh ('Oleh)
(hebräisch:) „Hinaufgeher": Einwanderer ins Heilige Land, das durch das auf dem Berg liegende Zion verkörpert wird.

Omud ('Amud)
(hebräisch:) „Stehpult": Das Lesepult des Vorbeters.

'Oneg (Mehrzahl: 'Onegim)
(hebräisch:) „Wonne, Lust".

'Oneg chol
(hebräisch:) „Wonne des Alltags".

Oneg schabbat ('Oneg schabbath)
(hebräisch:) „Wonne des Schabbaths": Ausdruck nach Jesaja 58, 13: Die Gemeinde, auch der einzelne, sollen Lust am Schabbath haben, die Wonne die der Schabbath bereiten kann, verspüren und sich auf ihn freuen. Im engeren Sinn Gestaltungsweise des Schabbaths, wie sie Ch. N. Bialik (1873 - 1934) in Tel Aviv initiiert hat, um das Hochgefühl, das das Einhalten des Schabbaths vermitteln kann, wieder erlebbar zu machen.

Oreach (Mehrzahl: Orchim)
(hebräisch:) „Gast (Mz. Gäste)".

Owaus der Jomim nauroim (Avoth der Yamim nora'im)
(Hebräisch/deutsch:) „Väter" der „Furchterregenden Tage": Dieser Ausdruck bezeichnet (vermutlich) die „Mogen Owaus" (Magen Avoth) – Tonlage (Steiger) der Hohen Feiertage (Rosch ha-schanah und Yom Kippur) für den Kantorsgesang. Siehe auch unter „Mogen Owaus" und „Steiger".

Palästina (Eigenschaftswort: palästinensisch)
Römische Namensbildung aus dem Namen der Philister, der Feinde des Alten Israels, für die dem Heiligen Land entsprechende römische Provinz nach der Zerstörung des Zweiten Tempels. Bezeichnung des Heiligen Landes bis 1948, dem Jahr der Ausrufung des Staates Israel, danach nur noch des nicht-israelischen Anteils.

Pentateuch
(altgriechisch:) „Das Fünfbuch": Hebräisch Chumasch: Bezeichnung der gedruckten Ausgabe der Fünf Bücher Moses, der Thorah, im Gegensatz zur handgeschriebenen Thorah-Rolle.

Pessach
(hebräisch:) „Vorüberschreiten, Überspringen": Name des Festes, das in der Frühlingsvollmondnacht gefeiert wird, an dem des Auszugs aus Ägypten, das ist der Befreiung aus der tödlichen Sklaverei gedacht wird, zugleich das Fest der ungesäuerten Brote. Die mit dem Blut des Opferlamms gekennzeichneten Häuser der Israeliten wurden vom Todesengel in dieser Nacht übersprungen, sodass die Israeliten am Leben blieben, während er die Ägypter schlug. Das Feiern dieses Festes geschieht nach einer festgelegten rituellen Ordnung (hebr. „Seder"); das dafür verwendete Gebetbuch ist die Pessach-Haggadah. Pessach ist das erste der sogenannten Pilgerfeste, an denen man zur Zeit des Tempels nach Jerusalem pilgerte. Der aramäische Name des Festes lautet Pascha (Pass'cha).

Pirke Awot (Pirqey avoth)
(hebräisch:) „Kapitel der Väter": Unter der Bezeichnung „Sprüche der Väter" bekannter Mischnah-Traktat aus der Ordnung Neziqin: Sammlung von Wahlsprüchen von Schriftgelehrten und Tannaiten; Bestandteil der Liturgie: Sie werden, kapitelweise, vom Schabbath nach Pessach an bis zum 17. im Monat Tammus, teilweise bis Rosch ha-schanah, im Nachmittag-Gebet, nach dem Achtzehn-Bitten-Gebet, gelesen.

Purim
(hebräisch:) „Lose": Name des am Winterende gelegenen Festes, an dem der Errettung vor der geplanten Ausrottung des Jüdischen Volkes durch den Amalekiter-Nachkomme Haman gedacht wird. Die Ausrottung sollte an einem durch Lose festgelegten Tag stattfinden, der sich durch den mutigen und selbstlosen Einsatz der Königin Esther jedoch von einem Schreckens- zu einem Freudentag für die Juden umwandelte. Es ist ein fröhlich-ausgelassenes Fest mit Maskeraden und gegenseitigem Beschenken. Das Buch Esther wird laut vorgelesen.

Rausch haschonoh (Rosch Haschana, Rosch ha-schanah)
(hebräisch:) „Kopf des Jahres": Das Jüdische Neujahrsfest, am Übergang vom Sommer zum Herbst gelegen, – ein besinnliches Fest, auch Tag des Gedenkens (Bedenkens der eigenen Verhaltensweise im zurückliegenden Jahr) und Tag des Schofar-Blasens (zum Aufrütteln) und Tag des (göttlichen) Gerichts genannt, – der erste der beiden Hohen Feiertage, gefolgt von zehn Tagen der Buße und Umkehr und anschließend dem Versöhnungstag (Yom Kippur). Nach jüdischer Auffassung ist Rosch ha-schanah auch der Tag, an dem die Welt erschaffen wurde.

Rebbe (jiddisch) / Rabbi (hebräisch)
„Mein Meister": Ehrenbezeichnung der jüdischen Gelehrten und Lehrer in Osteuropa. Nicht zu verwechseln mit der Bezeichnung „Rabbiner".

Rikkud
(hebräisch:) „Tanz".

Roow (Ra'av)
(hebräisch:) „Hunger".

Rosch Chodesch
(hebräisch:) „Anfang des Monats": Der Neumondstag. Gehört zu den acht mit der Thorah gegebenen Festtagen, ist seit der Zerstörung des Tempels jedoch nur noch ein sogenannter Halb-Feiertag (ohne Arbeitsverbot). Ist auch heute noch durch eigene liturgische Elemente und Texte gekennzeichnet.

Rosch Haschana
„Haupt des Jahres", ist das jüdische Neujahrsfest, an dem das Schofar (Widderhorn) geblasen wird. Nach jüdischer Auffassung wurde an diesem Tag die Welt erschaffen. Im Gegensatz zu vielen anderen Religionen und Kulturen ist der Beginn des neuen Jahres im Judentum sehr ernst. Es ist der Anfang der zehn Bußtage. Die Tage von Rosch Hashana bis Jom Kippur gelten als Tage der Umkehr zu Gott.

Rosch Haschana Mussaf
Der Mussaf-Gottesdienst an Rosch ha-schanah.

Sabbat (latinisiert) / Schabbos(s) (Schabbat) / Schabbes (jiddisch). Hebräisch: „Er ruhte":

Bezeichnung für den siebten Tag der Woche, an dem der Ewige von Seinem Schöpfungswerk ruhte und den Er deshalb auch dem Menschen, aller Kreatur und der Erde als Ruhetag gab, an dem jegliche Arbeit verboten ist, sodass Atem geschöpft werden kann, – ein Geschenk der Liebe. Der Schabbath gilt als der höchste der acht mit der Thorah gegebenen Feiertage.

Schalom (Schalaum)
(hebräisch:) „Friede".

Schaliach tzibur
(hebräisch:) „Abgesandter der Allgemeinheit, Wortführer": Derjenige, den die Gemeinde bestimmt hat, vor Gott mit lauter Stimme vorzutragen, was der Einzelne leise betet: Vorbeter.

Schalosch sseudot (Schalosch sse'udoth)
(hebräisch:) „Drei Mahlzeiten": Bezeichnung der drei Mahlzeiten am Schabbath: Am Freitagabend, im Anschluss an den Morgen- und den Mussaf-Gottesdienst und am Nachmittag, nach dem Nachmittags-Gottesdienst, vor Einbruch der Dunkelheit.

Schemini Atzereth
(hebräisch:) „Der angehaltene Achte": Das sich unmittelbare an das Laubhüttenfest anschließende und gleichsam dessen achten Tag bildende letzte der acht mit der Thorah gegebenen Feste, der Festtag des Achten Tages oder das Schlussfest, an dem das (ersehnte, jedoch noch in der Zukunft liegende) Erreichen des Ziels der Wanderung und damit das Ende der Thorah gefeiert wird: Fröhliches Fest, an dem die jährliche Thorah-Lesung beendet wird und, da die Menschheit noch nicht wirklich am Ziel angekommen ist, an dem auch sogleich mit der neuen Lesung der Thorah begonnen wird. Ab diesem Tag, und bis Pessach, wird in das Achtzehn-Bitten-Gebet eine Bitte um Regen eingeschoben. Dieses Fest wird in der Diaspora an zwei Tagen gefeiert, wobei der zweite Tag des Festes Simchath Thorah heißt.

Schewat (Schevat, Sch'vat)
Name eines Monats des jüdischen Kalenders; er liegt etwa im Januar/Februar.

Schir (Mehrzahl: Schirim)
(hebräisch:) „Lied, Gesang".

Schofar
(hebräisch:) „Widderhorn": Name eines sehr alten Blasinstruments, welches aus einem Widderhorn gefertigt wird und sehr durchdringende Töne hervorbringt; hat heute noch kultische Funktion an Rosch ha-schanah und Yom Kippur.

Schowuauss (Schawuot, Schavu'oth)
(hebräisch:) „Wochen": Das zweite der Pilgerfeste, an dem zur Zeit des Tempels nach Jerusalem gepilgert wurde. Es liegt sieben Wochen nach Pessach, und zwar am fünfzigsten Tag danach, und gedenkt der Offenbarung der Thorah am Berg Sinai.

Schul
(jiddisch:) „Kleine Synagoge".

Schulchan Aruch (Schulchan 'arukh)
(hebräisch:) „Gedeckter Tisch": Kompendium des jüdischen Religionsgesetzes, verfasst von Josef Karo in Safed; Erstausgabe in Venedig 1564.

Seder
(hebräisch:) „Ordnung": Bezeichnet die rituelle Ordnung, mit der die häusliche Feier am Pessach-Abend durchgeführt wird, die daher auch Seder-Feier heißt, während der Abend auch Seder-Abend genannt wird. Der Seder umfasst die Erzählung vom Auszug aus Ägypten, verbunden mit der Aufforderung, das damit verbundene Befreiungserlebnis selbst nachzuvollziehen, – im geistigen Bereich mit Hilfe von Merkworten, im körperlichen Bereich mit Hilfe ritueller Speisen. Seder-Nächte: In der Diaspora wird der Seder-Abend zweimal hintereinander gefeiert.

Sefiroh-Zeit (Zeit der Ssefirah)
(hebräisch/deutsch:) „Zeit der Zählung": Die Zeit zwischen Pessach und Schawu'oth. Ab dem zweiten Pessach-Tag zählt man sieben mal sieben Tage bis zum Wochenfest (Schawu'oth) am fünfzigsten Tag. Zur Zeit des Tempels wurde an jedem dieser Tage ein Scheffel ('Omer) Gerste dargebracht, weshalb man auch von der Zeit der 'Omer-Zählung spricht. Da in dieser Zeit, unter anderem, sehr viele Pogrome stattfanden, gilt sie als Periode der Trauer und als ungeeignet für Hochzeiten.

Semer (Zemer)
(hebräisch:) „Lied".

Semer am (Zemer 'am)
(hebräisch:) „Volkslied".

Semiraus (Semirot, Z'miroth) (Einzahl: Semiro / Semira, Z'mirah)
(hebräisch:) "Lied(er), Gesang/Gesänge": Festlieder, die an Feiertagen gesungen werden. Die wohl größte Untergruppe stellen die Schabbath-Lieder dar. Zu allen Semirot gibt es verschiedene Melodien, die stark die kulturellen Einflüsse der jeweiligen Region widerspiegeln und teilweise, bis auf den Text, kaum von der herkömmlichen Folklore der Bevölkerung zu unterscheiden sind.

Semirot leschabbat (Z'miroth le-schabbath)
(hebräisch:) „Lieder für Schabbath".

Sephardim (Sefardim, Ss'fardim)
Ursprünglich Juden der iberischen Halbinsel (hebräisch Ss'farad), die im Rahmen von Flucht und Vertreibung sich ostwärts in den Ländern des nördlichen Mittelmeeres bis hin zur Türkei, aber auch in Nordafrika niederließen, später dann auch in die Neue Welt auswanderten.

Siddur (Ssiddur)
(hebräisch:) „Das Ordnen": Jüdisches Gebetbuch für die Gottesdienste am Werktag und am Schabbath, deren Gebetsordnung es wiedergibt; im Gegensatz zum Gebetbuch für die Feiertage des Jahres, dem Machsor.

Siddur-Feier
Ungewöhnlicher Ausdruck; gemeint ist wohl der Morgengottesdienst, dessen zweiter großer Abschnitt aus dem Rezitieren bestimmter Psalmen besteht.

Sidra (Ssidrah, Mehrzahl: Ssidroth)
(hebräisch:) „Serie, Folge": Wochenabschnitt der Thorah: Die Thorah ist in 54 Wochenabschnitte unterteilt; an jedem Schabbath wird ein Wochenabschnitt gelesen, sodass im Lauf eines Jahres die ganze Thorah einmal gelesen wird. Da an Feiertagen besondere Wochenabschnitte gelesen werden, kommt es mehrfach zu Verschiebungen, die durch das Lesen zweier kurzer Abschnitte an einem Schabbath dann wiederaufgefangen werden. Die einzelnen Schabbathe (Schabbathoth) des Jahres werden oft nach der an ihnen gelesenen Sidrah benannt.

Sidrah B'schallach
(hebräisch:) „Wochenabschnitt ‚Beim Fortziehenlassen'": Bezeichnung des mit dem Wort „Beim Fortziehenlassen" beginnenden Wochenabschnitts (Exodus 13, 17 - 18, 16), der das Lied am Schilfmeer enthält (Exodus 15, 1 ff).

Simchat Tora (Simchath Thorah, Ssim'chath Thorah). Hebräisch: „Freude an der Thorah":

Das Thorah-Freuden-Fest: In der Diaspora gefeierter zweiter Tag von Schemini Atzereth; der Abschluss der jährlichen Thorah-Lesung und der Neubeginn der Thorah-Lesung sind auf diesen Tag verlegt. Vor der Lesung werden alle vorhandenen Thorah-Rollen aus dem Schrein genommen und tanzend und mit Gesang durch die Synagoge getragen.

SIMCHOH (Ssim'chah)
(hebräisch:) „Freude".

SOFER (Ssofer)
(hebräisch:) „Schreiber": Im engeren Sinn der Thorah-Schreiber, der Thorah-Rollen, Thefillin- und Mesusah-Texte handschriftlich verfertigt.

SSE'UDAH
(hebräisch:) „Mahlzeit".

SSE'UDAH SCHELISCHIT(H)
(hebräisch:) „Dritte Mahlzeit": Bezeichnung der dritten der drei an Schabbath eingenommenen Mahlzeiten (Schalosch sse'udoth).

STEIGER
Bezeichnung besonderer, traditioneller Tonabfolgen (Tonreihen) in der synagogalen Musik, die bestimmten Stellen im Gottesdienst zugeordnet sind und in der Regel den Namen der betreffenden Textstelle tragen, z.B. Mogen-Owaus-, Adonoy-Moloch-, Ahawo-Rabbo-Steiger.

SUKKAUS (Sukkot, Ssukkoth) (Einzahl: Sukko / Sukka, Ssukkah)
(hebräisch:) „Hütten": Name des dritten Pilgerfestes, an dem man zur Zeit des Tempels nach Jerusalem pilgerte, und welches der Zeit der Wüstenwanderung gedenkt, während der die Menschen nicht in festen Häusern wohnten, beschützt nur von Gott.

Das Fest dauert sieben Tage lang, während denen man in leicht gebauten, mit Laub gedeckten Hütten wohnt (bzw., je nach Witterung, in ihnen wenigstens die Mahlzeiten einnimmt). Es heißt daher auf deutsch "Laubhüttenfest". Im Herbst gelegen, ist es zugleich Erntedankfest, weshalb die Laubhütten mit Früchten und Girlanden geschmückt werden.

TALLIS (Tallith)
(hebräisch:) „Gebetsmantel": Bezeichnung des viereckigen Tuchs, an dessen Ecken die Schaufäden angebracht sind gemäß Numeri 15, 38, und in das sich der Betende im Morgengottesdienst (an Yom Kippur auch im Abendgottesdienst; an Thisch'ah be-Av nur im Nachmittagsgottesdienst) hüllt, – eine Meditationshilfe zum Bedenken der 613 Ge- und Verbote, die dem Menschen mit der Thorah gegeben wurden. Fromme Juden tragen eine kleine Version des Tallis (Tallis koton/ Tallith qatan) stets unter dem Hemd.

TALMUD (Thalmud)
(hebräisch:) „Studium, Lehre": Um 500 d.Z. abgeschlossene Niederschrift der über Jahrhunderte hinweg mündlich tradierten Diskussionen der Gelehrten über alle Bereiche des Lebens in Anlehnung an die Texte der Mischnah. Der Talmud besteht aus der hebräisch verfassten Mischnah und den vorwiegend auf Aramäisch geführten Diskussionen, der Gemarah. Man unterscheidet den größeren, jedoch jüngeren Babylonischen (bTalmud) vom kleineren, älteren Jerusalemer Talmud (jTalmud). Der Talmud stellt, nach der jüdischen Bibel, dem TeNaCh, das bedeutendste Werk religiöser jüdischer Literatur dar.

TAMMUS (Tammuz)
Name eines Monats des jüdischen Kalenders; er liegt etwa im Juni/Juli. Der 17. Tammus ist ein Trauer- und Halbfastentag, an dem man des Durchbruchs der Stadtmauer Jerusalems durch die Römer unter Titus gedenkt, die der Zerstörung des Zweiten Tempels vorausging.

TARGUM
(aramäisch:) „Übersetzung": Ins Aramäische übersetzter Pentateuch (Fünf Bücher Moses).

TEFILLIN (Thefillin)
(hebräisch:) „Gebetsriemen": Kleine Kästchen, die den Text des Schma' Israel auf Pergament handgeschrieben enthalten, und die mit Hilfe von Riemen, die an ihnen befestigt sind, im Morgengebet (außer an Schabbath und Feiertagen) an der Stirn („zwischen den Augen"), bzw. am linken Oberarm („dem Herzen gegenüber") angebracht werden.

TENACH/ TENACH
Kurzwort, gebildet aus den Anfangsbuchstaben der drei Teile der hebräischen Bibel, die es bezeichnet: Thorah (das sind die Fünf Bücher Moses), Nevi'im (die Prophetenbücher) und Chthuvim (die Schriftwerke).

THALLIM-SAGEN
Nach Erich Mendel „altjüdische Art des Wechselgesangs". Das Wort Thallim ist etymologisch und in seiner Bedeutung unklar.

THORAH-ROLLE
Schriftrolle, die den Text der Thorah (Fünf Bücher Moses) von Hand auf Pergament geschrieben enthält; rituelle, im Gottesdienst benutzte Buchform.
Die Thorah-Rollen werden mit dem meist kunstvoll bestickten Thorah-Mantel umhüllt und mit Kronen und einem umgehängten Schild geschmückt.
Sie werden aufbewahrt im Thorah-Schrein, der an der nach Jerusalem gerichteten Wand der Synagoge steht.

TISCHOH BEAW (Tischa b'aw, Thisch'ah be-Av)
(hebräisch:) „Neunter im (Monat) Av" Großer Trauer- und Vollfastentag in Erinnerung an die Zerstörung des Ersten und des Zweiten Tempels, etwa im August gelegen.

THORA, TORAH, THORAH / deutsch-aschkenasisch: Tauro, Ssauro)
(hebräisch:) „Lehre, Weisung": Die Lehre Gottes, am Berg Sinai offenbart in Form der schriftlichen Thorah, das sind die Fünf Bücher Moses, und in Form der mündlichen Thorah, die jahrhundertelang mündlich überliefert und im 2. Jahrhundert d. Z. schließlich als Mischnah niedergeschrieben wurde. Als unmittelbares Wort Gottes gilt die Thorah als der heiligste Teil der hebräischen Bibel (vgl. Art. Neginah, S. 346f.).

TROP
(altgriechisch/ lateinisch: Tropos, Tropus:) „Wendung, Art und Weise": Singweise für den Thorah-Text bei der Schriftlesung.

WA'AD LE'UMI
(hebräisch:) „Nationalkomitee": Name des jüdischen Nationalrats in Palästina vor 1948.

WEST-ASCHKENASISCH
Andere Bezeichnung für Deutsch-aschkenasisch, die aschkenasische Aussprachenform des Hebräischen, die bis zur Shoa in Deutschland üblich war.

ZADDIK (Tzaddiq; Mehrzahl: Zaddikim, Tzaddiqim)
(hebräisch:) „Gerechter": Ehrfürchtige Bezeichnung eines Rabbis in chassidischen Kreisen.

ZIZIS (Tzitzith)
(hebräisch:) „Schaufäden": Die Schaufäden an den vier Ecken des Gebetsmantels (Tallis) dienen der Erinnerung an die Ge- und Verbote, die den Menschen mit der Thorah gegeben wurden.

Dank

Dieses Buch konnte nur entstehen dank der tatkräftigen Hilfe vieler Menschen und der großzügigen Förderung durch zahlreiche Institutionen, denen an dieser Stelle sehr herzlich gedankt sei.

Den Zugang zum Werk Erich Mendels verdanke ich Jerry Freimark aus Philadelphia. Freimark, der 1938 mit siebzehn Jahren aus Bochum emigrierte, hatte zu seinem ehemaligen Lehrer an der Jüdischen Volksschule in Bochum bis zu dessen Tod im Jahre 1988 Kontakt. Die Recherchen, die Freimark im Jahr 2002 auf meine Bitte am Gratz College in Philadelphia anstellte, führten zum Kontakt mit Ronna Honigman und Marsha Bryan Edelman.

Eine Fülle von Materialien, die es ermöglichten, Mendels Leben nachzuzeichnen, stellte Johannes Otto aus Gelsenkirchen zur Verfügung. Für das Vertrauen, das er mir dabei schenkte, bin ich dem Neffen von Martha und Erich Mendel ebenso dankbar wie für seine Ermutigung, mich bei der Arbeit an diesem Buch von einem selbstauferlegten Zeitdruck zu befreien. Zu danken habe ich Johannes Otto schließlich für die Verbindung, die er zu Lionel Croll herstellte, einem Schüler Eric Mandells. Crolls briefliche Erinnerungen ergänzten das Bild, das der Neffe in den Gesprächen entwickelte, die wir über seinen Onkel führten.

Herzlich gedankt sei den Mitarbeiterinnen und Mitarbeitern aller Archive und Bibliotheken, die ihre eigenen Bestände zur Verfügung stellten und Materialien anderer Institutionen beschafften. Ein besonderer Dank gilt der „Germania Judaica. Kölner Bibliothek zur Geschichte des deutschen Judentums e.V.", dem „Jüdischen Museum Westfalen" in Dorsten, dem „Salomon-Ludwig-Steinheim-Institut" in Duisburg sowie den Ämtern und Einrichtungen der Stadt Bochum, die jederzeit zu Auskünften und zu Hilfen unterschiedlicher Art bereit waren.

Danken möchte ich all denen, die unmittelbar an der Aufbereitung des Materials, der Erstellung des Manuskripts und der Buchgestaltung mitgewirkt haben. Der Dank geht an Helga Gardiner und Annegret Steinhauer, meine ehemaligen Mitarbeiterinnen in der Evangelischen Stadtakademie Bochum, für alle Hilfe bei den Vorarbeiten. Ich danke besonders der stv. Vorsitzenden der Stadtakademie, Renate Blätgen, die auch diesem Buch wieder so viel Kraft und Zeit gewidmet hat wie allen vorausgegangenen Bausteinen des Projekts „Spurensuche - Jüdisches Leben in Bochum". Zu danken ist – last not least – Renate Lintfert für das ebenso einfühlsame wie gekonnte Layout und Dirk Hermes für seine große Sorgfalt bei den Satzarbeiten.

Ein besonderer Dank – persönlich und seitens der Stadtakademie – gilt den Institutionen, die durch namhafte Beträge die Herausgabe dieses Buches ermöglicht haben: der Kunststiftung NRW und der Stiftung der Sparkasse Bochum zur Förderung von Kultur und Wissenschaft. Dankbar verbunden bin ich Dr. Richard Erny, dem früheren Bochumer Kulturdezernenten, der Türen öffnete und Perspektiven entwickelte zur Pflege synagogaler Musik.   *M. K.*

Verzeichnisse

Dokumentennachweis

Architekturbüro Prof. Peter Schmitz, Köln: S. 8 (3x)

Evangelische Stadtakademie Bochum, Archiv: Seiten 152, 176, 316, 317, 318

Germania Judaica, Kölner Bibliothek zur Geschichte des deutschen Judentums e.V.: Seite 62

Israelitische Kultusgemeinde Wien, Archiv: Seiten 265, 268

Nachlass Erich Mendel / Eric Mandell (Privatbesitz Johannes Otto): Seiten 28, 29, 43 (Anm. 32), 44 (Anm. 36), 45, 47 (Anm. 45), 48 (Anm. 47, 48), 56 (Anm. 61, 62) 64f. (Anm. 72), 65 (Anm. 73), 66 (Anm. 76), 68, 68 (Anm. 79, 81), 69 (Anm. 83), 74f., 78 (2x), 79 (Anm. 101), 80, 81 (Anm. 105), 82, 83f., 85f., 86 (Anm. 107), 87 (Anm.

108), 90f. (2x, Anm. 116), 91 (Anm. 117), 92 (3x), 94 (unten), 94 (Anm. 127,128), 95 (Anm. 130), 97, 98f., 122, 124, 125 (2x), 140, 169 (2x), 173 (oben), 174 (3x), 175, 176f., 178 (2x), 180f., 183, 184, 200, 204, 288, 289

Stadt Bochum, Stadtarchiv: Seite 45 (oben)

Stadt Bochum, Amt für Geoinformation, Liegenschaften und Kataster: Seite 40 (Mitte)

Stadt Hattingen, Stadtarchiv: Seite 53

Stadt Herne, Stadtarchiv: Seite 18 (Mitte und oben)

Hinweis zu den Notendrucken: Die Kompositionen von Erich Mendel / Eric Mandell (S. 208 – 217 und 281 – 315) sind übernommen aus der Studie von Ronna Honigman, Eric Mandell: His Life and Work, p. 65 – 87 und p. 97 – 108. – Die in den Zeitungskolumnen aus dem „Jewish Exponent" enthaltenen Noten (S. 221 – 253) hat Mandell seinen Beiträgen eingefügt.

Fotonachweis

Agentur Lichtblick Bochum: Seite 58 (2x unten)

Dirk Vogel, Dortmund: Seiten 118 (2x), 219 (3x)

Gratz College, Philadelphia / Pa. (USA): Seiten 279, 280

Jüdisches Museum Hohenems: Seiten 262, 264, 266

Jüdisches Museum Westfalen, Dorsten: Seiten 25 (oben), 117, 121, 123, 160, 162, 166, 248

Landesmuseum für Kunst – und Kulturgeschichte, Münster: Seite 24

Leo Baeck Institute, New York: Seite 41

Nachlass Erich Mendel / Eric Mandell (Privatbesitz Johannes Otto): Seiten 8, 16 (oben), 25 (links), 42 (unten), 66, 93 (oben), 94 (oben), 99 (3x) 161, 163, 165, 169, 170 (2x), 171, 172 (2x), 173 (unten),179, 180, 181, 182 (2x) 183, 184, 185, 186, 188 (2x), 189, 191 – 194, 197, 198, 203, 250, 252, 255 (2x), 272 (2x), 274, 277

Die Holzschnitte auf den Seiten 221 – 253 entstammen einem Minhagim-Buch, Amsterdam 1723

Salomon-Ludwig-Steinheim-Institut, Duisburg: Seiten 46, 155

Stadt Bochum, Stadtarchiv: Seiten 37, 38 (2x), 39, 42 (oben), 43, 44, 45 (unten), 55

Stadt Bochum, Bildstelle des Presse- und Informationsamtes: Seiten 1, 36 (2x), 37, 38 (2x), 39, 40 (2x), 49, 50, 54, 58 (rechts oben), 59 (3x)

Stadt Darmstadt, Stadtarchiv: Seiten 132, 137, 158

Stadt Gronau, Stadtarchiv: Seiten 16 (unten), 17 (2x)

Stadt Herne, Stadtarchiv: Seiten 18 (unten), 20, 21

Stadt Mannheim, Stadtarchiv: Seiten 70, 71

Stiftung Brandenburgische Gedenkstätten – Museum u. Gedenkstätte Sachsenhausen: Seiten 76, 77 (2x)

Autorinnen und Autoren

Dr. Marsha Bryan Edelman, Studium in New York an der Columbia University und am Jewish Theological Seminary (Abschluss mit dem Master of Jewish Music). Promotion zum Doctor of Education im Jahr 1982 mit der Dissertation "Music Education in the Jewish Schools of Metropolitain New York". Seit 1999 Professorin für Musikerziehung am Gratz Colllege in Philadelphia/Pa.; Direktorin der Musikabteilung und der „Schreiber Jewish Music Library", deren Grundstock die „Eric Mandell Collection" bildet. Autorin u.a. von „Discovering Jewish Music", 2003.

Ronna Honigmann, M.A., Musikstudium am Philadelphia College of Performing Arts (Klavier u. Musikerziehung) u. am Gratz College in Philadelphia; dort Abschluss mit Magisterarbeit über Eric Mandell.

Sie arbeitet heute als Musiklehrerin an einer jüdischen Privatschule in El Cerrito, Kalifornien/USA. Eine Reihe ihrer Kompositionen synagogaler Musik wurden veröffentlicht, u.a. „Festival of Freedom", „Ani Maamim" und „Bless this House" (zur Einweihung der neuen Beth-El-Synagoge in Berkeley im September 2005 aufgeführt).

Dr. Manfred Keller, geb. in Datteln/Westf. 1940. Von 1972 bis 1979 Gemeindepfarrer in Württemberg; 1979 bis 2005 Kreispfarrer für Erwachsenen- und Familienbildung und Leiter der Evangelischen Stadtakademie Bochum sowie Synodalbeauftragter für den Christlich-Jüdischen Dialog im Kirchenkreis Bochum. Initiator des Projekts „Spurensuche – Jüdisches Leben in Bochum"; Veröffentlichungen u.a. zur jüdischen Geschichte Bochums und zum christlich-jüdischen Dialog. Seit 2002 Vorsitzender des Evangelischen Forums Westfalen.

Dr. Michael Rosenkranz, geb. in Stuttgart 1948, niedergelassen als Arzt für Allgemeinmedizin, Mitglied der Jüdischen Gemeinde Gelsenkirchen, seit 2000 auch aktiver Teilnehmer im Egalitären Minjan Ruhrgebiet (jetzt: Etz Ami – Jüdische Liberale Vereinigung im Ruhrgebiet und Münsterland e.V.). Autor von Artikeln zu jüdischen religiösen Themen (www.talmud.de). Beauftragter der Jüdischen Gemeinde Bochum-Herne-Hattingen für den Interreligiösen Dialog und Mitgestalter des Friedensgebetes der drei monotheistischen Religionen in Bochum.

Spurensuche – Jüdisches Leben in Bochum

Gemeinsam mit anderen Institutionen hat die Evangelische Stadtakademie Bochum seit 1985 daran gearbeitet, die jüdische Geschichte Bochums von den Anfängen bis zur Gegenwart zu erforschen und zu dokumentieren. Mit Hilfe großzügiger Sponsoren war es möglich, im Rahmen des Projekts „Spurensuche" eine Ausstellung, drei Bücher (s. unten) und die CD „Adon Olam - Musik der Synagoge" (s. S. 316ff.) herauszubringen.

Spuren im Stein. Ein Bochumer Friedhof als Spiegel jüdischer Geschichte. Hrsg. von Manfred Keller und Gisela Wilbertz Essen 1997 - ISBN 388474-522-0

Juden in Bochum. Arbeitshilfen und Materialien für Schule, Jugendarbeit und Erwachsenenbildung. Hrsg. von Manfred Keller, Bochum 1998

Gedenkbuch. Opfer der Shoa aus Bochum und Wattenscheid. Hrsg. von Manfred Keller, Hubert Schneider und Johannes Volker Wagner, Bochum 2000 - ISBN 3-89709-201-8